职业教育

法律职业教育精品系列教材

刑事侦查实务教程

段勇辉　赵漫英　林祝君　孙建安　主编

副主编

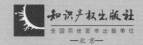

知识产权出版社

全国百佳图书出版单位

—北京—

图书在版编目（CIP）数据

刑事侦查实务教程/孙建安主编.—北京：知识产权出版社，2022.4
ISBN 978-7-5130-7998-3

Ⅰ.①刑…　Ⅱ.①孙…　Ⅲ.①刑事侦查－高等职业教育－教材　Ⅳ.①D918

中国版本图书馆CIP数据核字(2021)第266914号

责任编辑：赵　军　　　　　　　责任校对：谷　洋
封面设计：纵横华文　　　　　　责任印制：刘译文

刑事侦查实务教程

主　编　孙建安

出版发行：知识产权出版社有限责任公司	网　　址：http://www.ipph.cn
社　　址：北京市海淀区气象路50号院	邮　　编：100081
责编电话：010-82000860转8127	责编邮箱：zhaojun99668@126.com
发行电话：010-82000860转8101/8102	发行传真：010-82000893/82005070/82000270
印　　刷：天津嘉恒印务有限公司	经　　销：新华书店、各大网上书店及相关专业书店
开　　本：787 mm×1092 mm　1/16	印　　张：22.75
版　　次：2022年4月第1版	印　　次：2022年4月第1次印刷
字　　数：406千字	定　　价：88.00元

ISBN 978-7-5130-7998-3

法律职业教育精品系列教材
编 委 会

总 主 编

许传玺

编委会成员

前　言

　　《刑事侦查实务教程》是在侦查实践、教学、科研基础上编写的一部应用教材，试图为相关专业学生打造学习"刑事侦查"课程的学习蓝本和参考用书。俗话说，学技先学理，理不明则义不通，义不通则技不精。作为高等职业院校教材，《刑事侦查实务教程》每一章节前设定知识目标、技能目标，围绕这些目标安排学习内容，节后留有相关知识作业、技能作业，以图通过教学传授刑事侦查的原理知识，培养学生侦查破案的操作技能，提升侦查意识和素养。

　　《刑事侦查实务教程》在追求原理准确、方法正确的基础上，更加注重创新性。全书共四章，分为刑事侦查导论、刑事侦查措施、侦查破案程序步骤和刑事案件侦查。刑事侦查措施部分在传统侦查措施中增加了电子数据、信息勘验、网上摸排、网络控赃、网上辨认、网上通缉和辅助侦查措施等内容，部分措施涉及文书笔录的填写、制作方法。侦查破案程序步骤，力求简明扼要又具备可操作性。刑事案件侦查部分，在各类案件发案规律、案件特点的基础上，提出侦查方法和对策，增加了网络诈骗、电信诈骗案件的侦查；提出了以侦查途径为载体施用侦查措施的新理论观点，既注重侦查措施的正确应用，又考虑侦查途径的优化选择；为防止出现冤错案件，还考虑要注重证据的审查内容。

　　《刑事侦查实务教程》编写期间适值 2018 年《中华人民共和国刑事诉讼法》修改施行，公安部发布实施《公安机关办理刑事案件程序规定》（2020 年修正版），统稿时参照其加以修订。在编写中还参考引用了其他相关部颁规章、制度、程序、规范和同行的教材、论文等文献资料，也得到了院系领导同志的大力支持和热诚关怀，在这里一并表示崇高的敬意和由衷的感谢！

　　《刑事侦查实务教程》的编写，做了发挥各人所长的分工。孙建安任主编，段勇辉、赵漫英、林祝君任副主编，参编者分工如下：

　　孙建安：第一章之第一、第二、第四节，第二章之第一至第九节、第十二、十三节，第三章之第三节，第四章之第一至第六节、第八、第十至第十二节；

林祝君：第一章之第三节；

袁敏琴：第二章之第十、第十一节；

赵漫英：第二章之第十四、第十五节，第四章之第十三节；

段勇辉：第三章之第一、第二、第五节，第四章之第九节；

张静怡：第三章之第四节；

陈学清：第四章之第一节；

刘春生：第四章之第七节。

吴文静、徐红霞核订全书文稿，副主编提出修改意见，最终由主编统稿，修订定稿。

限于编者的实践经验和理论水平，本教程可能存在诸多不足之处，恳请专家、学者、读者批评指正。拙作若为一块砖，愿意抛砖引玉；倘若能算块璞玉，期望研磨发光！

编者于 2021 年

目　录

第一章　刑事侦查导论

教学目标：了解刑事侦查活动史和侦查学概况，掌握刑事犯罪和刑事侦查工作情况，把握刑事犯罪现状和发展趋势，掌握刑事侦查工作任务。

第一节　刑事侦查简史

知识目标：了解刑事侦查历史，尤其是我国古代侦查职能、近代侦查体制和历史。
技能目标：拓展学习熟悉古代勘查、法医、讯问策略方法。

一、刑事侦查历史认识

在科学地作出定义之前，我们姑且先粗略地认为刑事侦查就是对刑事犯罪进行的公开或秘密的调查活动。刑事侦查活动具有久远的历史，对于侦查活动的产生，人们有着不同的观点。西方基督教教徒认为，上帝是历史上第一个侦查员。这源于《圣经》的记载：上帝发现亚当因裸体而感到害羞时，问其是否偷吃了伊甸园的禁果，亚当说是夏娃给他吃了禁果；上帝又追问夏娃，夏娃回答说禁果是蛇诱骗她吃的。基督教教徒们据此认为上帝追问偷吃禁果事件是人间的第一次审讯，上帝就应该是侦查活动的鼻祖。换句话说，从宗教范畴认识，侦查活动发生于人类产生之初始。

资产阶级犯罪与侦查学家认为，侦查活动的产生应该追溯到无阶级的人类社会初期。虽然尚没有国家、警察、成文法律，但盗窃、抢劫等行为或已被视为"犯罪"。当那些山洞穴居者们发现其财物丢失，开始顺着踪迹追寻盗窃者之时，最原始的侦查活动就以古朴的萌芽形式产生了；当盗窃现场的第一个脚印被关注并同窃贼嫌疑的足迹相比对时，也该算作现场勘查和侦查技术的雏形了。

马克思主义关于犯罪和侦查的观点认为，侦查活动和刑罚、警察、监狱一样都是随着私有制、阶级、国家的形成而产生的。尽管我们无从精确地考证世界范围的侦查活动始于何时何地，但可以肯定的是，伴随人类社会犯罪、法律、刑罚的产生，国家机器的侦查职能如同警察从军队中逐步分离出来一样，渐渐地从原始融容状态游离成为一项专门的诉讼活动和独立的法律程序。

二、我国刑事侦查的历史

（一）我国古代的侦查职能

中国是世界古代文明的发祥地之一。原始社会后期，青铜器工具发明，劳动生产力大幅提高，私有制慢慢产生，国家、阶级逐步形成。原始氏族公社制向奴隶制国家转化过程中，约束氏族的原始习俗和惯例开始向代表统治阶级意志的国家法律转化。《史记·五帝本纪》和《尚书·尧典》记载，虞夏时（约公元前 21 世纪）皋陶辅佐尧舜，作士以理民，创刑造狱，针对"蛮夷猾夏（外族的入域侵略），寇贼奸宄（侵害人身和财产的罪名）"现象，对外防御用兵，对内正民用刑。士官皋陶集兵、刑职责于一身，是军、警合一的真实写照，作为司法官兼有侦查、审判、刑罚全面职权，这是有据可查的中国最早侦查职能的历史记载。四千多年的历史事实充分说明了中国是古代侦查职能的发源地，也是中国古代侦查活动在世界范围具有领先水平的有力证据。

中国首个奴隶制国家夏朝初始，兵刑同制。至夏朝"六卿"官制兵刑分离，由"士"专司狱讼，但侦查职能依旧包含于行政、司法职能。商朝王下最高司法官"司寇"，下设"正""史"官吏，畿内诸侯"多田"，由有司法职能的"士"辅佐，基层人员称"蒙士"；畿外诸侯"多伯"。至此，具有侦查职能的司法官员在纵向上初成体系。西周朝设专理刑狱官"司寇"，下设"士师"、"士"，为有侦查权的官职。春秋列国时期具有侦查职能的官员有"司虣""司稽""禁暴士""司隶""禁杀戮"，相当于如今的防暴、巡逻、治安、狱政警察和检察官，负有侦查、调查犯罪的任务。至此，侦查体制在横向上得到了丰富和扩展。

封建郡县制建立，郡守、县令兼理司法，执掌刑狱。秦朝始皇专任刑罚、亲自断狱，京师设中尉、内史，郡守、县令兼握司法权，县下设亭（似今公安派出所）和游徼等，亭有成员亭长、亭卒（亭父和求盗）。汉朝护卫京师设执金吾、司隶校尉，地方设协助郡守县令专司治安的都尉、贼捕掾、县尉等。隋唐时代侦查体制空前完备：隋设左右武侯卫、察非掾，州有法户、司法、兵刑参军，县有户、兵、法等曹佐；唐设左右金吾卫（昼夜巡查，执捕奸非）、法曹参军（决狱定刑，督捕盗贼）、司法、里正（检察非违）等。宋代侦查机构设为巡检司和县尉司，巡检司负责巡逻、捕盗、缉私等，县尉司主管捕捉盗贼和诉讼。元朝京师和地方分设警巡院、录事司主捕盗之事。明、清两代侦查体制得到极大发展。明朝京师设锦衣卫、五城兵马司、捕盗军队，大兴、宛平知县负责"缉保甲、严稽捕"维护京郊治安，地方有捕盗官、巡检司。清朝京城设步军统领衙门、五城兵马司，顺天府率大兴、宛平知事，地方设保甲制度，牌、甲、保长负责弭除盗贼、稽查犯罪。

（二）我国近代的侦查体制

1840 年鸦片战争后，帝国主义列强取得了领事裁判权并公然设立司法机关，清朝司法制度半殖民地化，法律制度变革使得侦查制度也随之发生变化。先是改良派在理论层面提出警政理论，推崇西方的警察和侦查制度，主张在中国创立新的侦查制度；后有维新派有关设巡捕为中心的警政建设奏折上奏朝廷并付诸实践。在维新志士和湖南巡抚陈宝箴的支持下，1898 年黄遵宪等人在长沙创办了湖南保卫局。保卫局设置总局、分局、小分局及迁善所，负责"去民害、为民生、检非违、索罪犯"，具有预防犯罪、缉捕盗贼、编查户口甚至刑事审判的职能。湖南保卫局具有军警、警政分离特征，成为中国近代警察制度和侦查体制的萌芽。1902 年，袁世凯在保定创设警务总局，开办巡警学堂为中国第一所警察学校。1905 年，清政府在北京建立第一个中央警察机关巡警部，后更名为民政部。巡警部下属机构中的京师内外城预审厅、协巡营、探防队履行刑事侦查职能。至民政部增设稽查缉捕局，又与探防队合并为缉探总局，专司侦探缉捕事宜，这成为中国近代侦查职能独立化的重要步骤。

辛亥革命后至北洋政府时期，中国近代警察制度和侦查体制正式建立起来。南京临时政府内务部下设警务局，首都警察机关为江宁巡警总局，部分起义省份开始启用警务、警察厅局名称。北洋政府时期的 1913 年，袁世凯下令把原巡警机构合并为京师警察厅，其下设司法处，负责刑事、侦查事项。京师和地方警察厅局均设侦缉队，执行各项侦查任务。1927 年，蒋介石为镇压革命大搞白色恐怖，设立内政部警政司，将各省、市、县警察机关更名为公安局，便衣、特务遍地，杀害共产党员和革命群众。

人民政权公安保卫机关建立起来。为确保党中央安全，1927 年底周恩来在上海组建中央特科（中央机关保卫组织），收集情报、掌握敌情，惩办特务、叛徒、内奸。1931 年 11 月在江西瑞金成立中华苏维埃临时政府，建立国家政治保卫局，这是人民政权最早的公安保卫机关。1938 年成立延安市警察队，即陕甘宁边区人民警察队伍，这是我国历史上最早一支比较正规的人民警察队伍。1939 年在党高级组织内成立社会部，下设侦查、治安、情报、保卫和中央警卫团等机构。1946 年哈尔滨公安局率先成立，1949 年 7 月在华北局社会部和华北人民政府公安部基础上组建中央军委公安部。这些公安机关虽尚未剥离于人民军队，但都有侦查、治安的重要职能。

（三）新中国刑事侦查的发展

1949 年中华人民共和国成立，彻底否定了旧社会的警察制度，各级人民政府相继建立了人民公安机关。在公安机关内组建了刑事侦查部门和预审部门，担负起反革命案件和其他刑事案件的侦查破案任务。1954 年又组建了各级人民检察院，负责经济犯罪案件的侦查。1966 年"文化大革命"开始，由于极"左"路线影响，十年动乱间法制遭到严重破坏，公检法被砸烂，刑事侦查工作受到毁灭性打击。1979 年后我国的刑事侦查工作才得以恢复，《中华人民共和国刑法》和《中华人民共和国刑事诉讼法》正式颁布，刑事侦查制度逐步完善起来。

公安部与最高人民法院、最高人民检察院共同发布《关于执行刑事诉讼法规定的案件管辖范围的通知》，公安部又先后制订和重新修订了《关于刑事侦查部门分管的刑事案件及其立案标准和管理制度的规定》以及《刑事案件现场勘查规则》《刑事技术鉴定规则》《预审工作规则》等部门规章，1987 年公安部制定了公安机关执行刑事诉讼法的实施细则，即《公安机关办理刑事案件程序规定》。这些规章制度对公安机关正确执行刑事诉讼法、大幅度提高办案质量起到重要作用，有力促进和有效侦破了一大批有影响的重特大刑事案件，对顺利开展严厉打击刑事犯罪活动起到了重要支撑作用，也促使刑事侦查工作更加制度化、法制化、规范化和科学化。

知识作业：

怎样理解我国古代、近代侦查职能、体制和新中国刑事侦查工作的发展？

技能作业：

查阅、搜集资料，归纳古代勘查、询问、审讯等值得现代侦查工作发扬借鉴的方法。

侦查知识链接——

《封诊式》竹简

《封诊式》竹简是 1975 年 12 月湖北省出土的睡虎地秦墓竹简之一，共 98 简，位于墓主头部右侧，简长 25.4 厘米，宽 0.5 厘米。标题写在最后一支简的背面。简文分 25 节，每节第一简简首写有小标题，包括《治狱》《讯狱》《封守》《有鞫》《覆》《盗自告》《盗马》《争牛》《群盗》《夺首》《告臣》《黥妾》《迁子》《告子》

《疠》《贼死》《经死》《穴盗》《出子》《毒言》《奸》《亡自出》等，还有两个小标题字迹模糊无法辨认。封诊式是关于审判原则及对案件进行调查、勘验、审讯、查封等方面的规定和案例。"式"是秦朝的一种法律形式，是关于国家机关在某些专门工作中的程序、原则及有关公文程式的法律文件。《封诊式》是"云梦秦简"中的一部分，它属于"式"的一种，是关于司法审判工作的程序、要求以及诉讼文书程序的法律文件。其中，除了两则关于"治狱"和"讯狱"的一般原则规定外，还有"封守""覆""有鞫"等有关法律文书程式的规定以及选编的典型式例。[1]

侦查知识链接——

古代近代审讯方法中的"五听"

"五听狱讼"是中国古代"纠问式"审讯中的一种表现形式和方法，可以说是基本的审讯方法之一。"五听"是中国古代审判官在审判活动中，观察当事人心理活动的 5 种方法。这种方法始于西周，对后世影响较大。《周礼·秋官·小司寇》记载："以五声听狱讼，求民情，一曰辞听；二曰色听；三曰气听；四曰耳听；五曰目听。"后人注释，辞听是"观其出言，不直则烦"，指听当事人陈述，理亏则语无伦次；色听是"察其颜色，不直则赧然"，就是观察当事人的面部表情，理屈的人通常会表现得面红耳赤，手足无措。"气听"是"观其气息，不直则喘"，指听当事人陈述时的呼吸，理亏则气喘；耳听是"观其聆听，不直则惑"，指观察当事人的听觉反应，理亏则听觉失灵；目听是"观其眸子视，不直则眊然"，指观察当事人的眼睛，其理亏则不敢正视。自西周起，以后各朝各代均将"五听"作为刑事审讯的重要手段，如《唐六典》规定："凡察狱之官，先备五听。"直到清朝，"五听"仍然是刑讯的后盾。[2]

第二节　刑事侦查学科概况

　　知识目标：了解刑事侦查学含义、产生及在我国的发展状况，掌握刑事侦查学内容体系。
　　技能目标：掌握刑事侦查学研究对象的内容。

---

[1] https://baike.sogou.com/v3127433.htm?fromTitle.
[2] https://iask.sina.com.cn/b/6cxWdkHVIZB.html.

刑事侦查实践的不断发展，促进了刑事侦查学的形成，并使其逐步成为一门相对独立的学科。刑事侦查学同刑法学、刑事诉讼法学一样，都是研究揭露犯罪、证实犯罪，保护公民、惩治犯罪人，巩固人民民主专政的专业学科。刑事侦查学为公安学一级学科下的二级学科。

一、刑事侦查学含义

刑事侦查学是研究刑事犯罪规律、特点以及揭露、证实犯罪的侦查对策的一门综合性应用学科。从社会科学到自然科学，几乎所有科学都可以为刑事侦查学所用。

刑事侦查学是以刑事犯罪侦查对策为主要内容的应用学科。刑事侦查学在研究刑事犯罪规律、犯罪案件特点的基础上，着重研究用以揭露证实、防控打击刑事犯罪的侦查对策。所谓侦查对策是指侦查机关在犯罪案件侦查活动中，为查明案情、弄清事实、收集证据、缉捕犯罪嫌疑人而采取的侦查方法（包括途径、措施、技术等）和策略的总称。

刑事侦查学以刑事侦查工作为基础。刑事侦查工作是实践，刑事侦查学是认识理论，是科学的知识体系。两者之间的关系是实践、认识，再实践、再认识，不断提升的统一辩证关系。由刑事侦查工作上升到刑事侦查学，需要经过经验总结和理论升华，刑事侦查学又以自身的科学理论来指导刑事侦查工作实践。

二、刑事侦查学的产生

刑事侦查学创始人是被国际学者公认的奥地利法院司法检验官，后任格拉茨大学教授的汉斯·格罗斯（Hans Gross, 1847—1915）。他刻苦钻研侦查知识，借鉴当代刑事技术成果，于1892年写成《侦查员的经验》一书，1893年出版了内容更丰富、体系更完善的著作《司法检验官手册》。汉斯·格罗斯首先使用"犯罪侦查学"这一专门术语，并最早提出了相对完整的侦查方法体系，被誉为"侦查学之父"。此后直到20世纪三四十年代，英、美、日、苏联等国家陆续出现了有关刑事侦查方面的专门著作，刑事侦查学逐步成为一门独立的学科。

刑事侦查活动在我国具有悠久历史且卓有成就，秦代的《封诊式》，宋代的《疑狱集》《折狱龟鉴》《棠阴比事》以及唐宋时期的《洗冤集录》等都是我国刑事侦查学的重要文献，记载了有关侦查的程序、方法、技术及策略等，为刑事侦查学的知识结构奠定了良好的基础。进入近代社会以后，由于我国封建专制制度和闭关锁国政策的影响，加之科学技术落后和外来势力的干扰，我国侦查实践与侦查理论的发展于 19 世纪中叶开始走向衰落，未能真正形成一门专门科学。

三、我国刑事侦查学的发展

我国刑事侦查学是在人民公安机关刑事侦查实践经验基础上，吸收古今中外刑事侦查理论的先进成分形成的。其形成发展经历了以下几个时期：

20 世纪 50 年代初期。1950 年公安部召开首次侦查工作会议，确定了侦查工作体系，为侦查实践奠定了基础，也为教学工作提供了依据。刑事侦查学除了对解放区的刑事侦查工作经验进行总结，也批判地吸收了日伪时期有关专业资料。刑侦与政保、治安等工作仍融合在一起，刑事侦查教材尚未形成体系。

20 世纪 50 年代中期至 60 年代初期。公安教学研究开始在全国范围内兴起，刑事侦查学主要总结新中国成立初期的刑侦工作经验，逐步进行系统化理论化，并学习借鉴苏联的犯罪侦查经验和理论，刑事侦查专业教材初步形成体系。

1966 年到 1976 年"文化大革命"时期。这是我国刑事侦查工作遭到严重破坏的时期，也是刑事侦查教学和理论研究发展比较缓慢甚至出现停滞的时期。

20 世纪 70 年代后期至今。这一时期全国恢复和创建了一批中高等公安政法院校，重新开设了刑事侦查学课程。刑事侦查学的理论研究准确反映了现阶段刑事犯罪活动的规律、特点和刑事侦查活动的优秀成果与成功经验，各种刑事侦查学教材、专著和论文大量涌现，刑事侦查学研究领域涉及学科内的各个方面；刑事侦查学研究的专门人才不断脱颖而出；刑事侦查学理论体系逐步形成并得到进一步完善。

四、刑事侦查学研究对象和内容体系

作为一门学科，刑事侦查学有其本身所具有的内在规律，有其特有的研究对象和内容体系。刑事侦查学主要的研究对象一是刑事犯罪活动的规律、特点，二是同刑事犯罪作斗争的侦查对策。刑事侦查学的任务是从理论上、方法上指导现实的侦查活动，以打击和预防刑事犯罪活动。

（一）刑事侦查学研究对象

从侦查对策角度看，刑事侦查学研究的主要内容有侦查途径、侦查措施（技术侦查措施）、侦查技术、侦查方法和侦查策略等。

1. 侦查途径。侦查途径是指从哪里入手、沿何种路途开展侦查工作，即搜集

案件线索、发现确定嫌疑人、调查犯罪事实、获取犯罪证据等工作的着手点和路径。侦查途径有模式途径与具体途径、公开途径与隐蔽途径、单一途径与综合途径、必选途径与择选途径、阶段途径与全程途径、简捷途径与迂回途径、进攻途径与防御途径、证据价值途径与非证据类途径等。侦查途径是侦查措施必须依托的载体，是侦查方法中最灵动的组成部分。与侦查措施相比，侦查途径具有对策的先导性、实施的方向性、内容的丰富性等特点。

2. 侦查措施。侦查措施是指有侦查权的部门在侦查破案、预防犯罪过程中，依据法律、法规采取的各种调查、查缉活动。侦查措施是侦查方法的重要组成部分，实施侦查措施的主体必须是侦查机关，侦查措施只能用于侦查破案和预防犯罪，采用侦查措施必须依据法律法规。侦查措施通常有现场勘查、调查询问、搜查、辨认、控制赃物、追缉堵截、通缉通报、侦查实验、讯问犯罪嫌疑人等。侦查措施可分为公开侦查措施、秘密侦查措施，常规（常用）侦查措施、技术侦查措施（曾称秘密侦查手段）、重大侦查措施，紧急侦查措施、强制性侦查措施等。

3. 侦查技术。侦查技术是指用于侦查的有关科学技术，即根据侦查的特殊需要而采用的各种刑事科学技术。侦查技术一般包括：（1）侦查记录技术，是记录、固定侦查客体位置、状态及特点的专门技术，如侦查照相、画图、录像、测量、登记等技术。（2）侦查勘验技术，指对侦查客体状态、形成原因以及与犯罪的关系等进行勘验的专门技术，如对痕迹、尸体、文书及犯罪遗留物的勘验及活体检验等技术。（3）侦查鉴定技术，指刑事诉讼过程中，为查明案情就案件中某些问题鉴别和认定的专门技术，如同一鉴定、种属鉴定、事实鉴定等技术。

4. 侦查方法。侦查方法是指侦查主体在侦查活动中为完成侦查任务、达到侦查目标、实现侦查目的所采取的规划、步骤、程序和手段，简而言之是指侦查破案所采取的各种方式和办法。侦查方法有狭义侦查方法和广义侦查方法之分。在使用侦查方法中选择侦查途径不可或缺，狭义侦查方法是侦查主体为了侦查破案，选择侦查途径，施用侦查措施（含技术侦查措施）、侦查技术、侦查谋略的活动。侦查途径、措施、技术诸方面密切联系、不可分割、相辅相成，构成千变万化、丰富多彩的侦查方法。侦查方法是在侦查实践中总结出来的，是侦查员选择途径、实施措施、运用技术进行破案的艺术。侦查对策可视为广义的侦查方法。

5. 侦查对策。侦查对策是侦查机关在案件侦查过程中，为查明案情、弄清事实、收集证据、缉捕犯罪嫌疑人而依法采取的各种侦查途径、侦查措施、技术侦查措施、侦查技术、侦查计谋等策略方法的总称。侦查对策反映了侦查行为方法的针对性、策略性，即针对犯罪活动规律特点和刑事案件具体特征施谋用策；侦查对策反映了侦查行为方法的方向性、综合性，即以侦查途径为载体综合运用侦查措施、技术、谋略，向着犯罪嫌疑人和犯罪证据推进。从对策视角侦查方法可分为一般方法和特殊方法。一般方法是对任何犯罪案件普遍采用的侦查方法，特殊方法是对某一类犯罪案件所采取的独特侦查方法。

（二）刑事侦查学内容体系

刑事侦查学主要包括内容体系如下。

1. 侦查导论部分。刑事侦查学的研究对象、体系和特点，与有关学科的关系；刑事犯罪活动特点，一般规律及发展趋势；刑事侦查的概念、任务、方针、原则，刑事侦查的基本原理。

2. 侦查措施部分。研究侦查人员在选择侦查途径的基础上，实施勘验检查、侦查实验、询问证人，搜查、辨认，追缉、堵截，通缉、通报，控制赃物，讯问犯罪嫌疑人等侦查行为及策略方法。

3. 侦查程序部分。依据刑事诉讼法和公安机关办理刑事案件的程序规定，采取的侦查破案的程序步骤。诸如侦查管辖、回避，受案、立案，分析判断案情，制定实施方案，发现认定嫌疑，破案、侦查终结。

4. 各类案件侦查方法。诸如杀人案件侦查、投放危险物质案件侦查、抢劫案件侦查、强奸案件侦查、放火案件侦查、爆炸案件侦查、绑架案件侦查、诈骗案件侦查、盗窃案件侦查等。

知识作业：

什么是刑事侦查学？怎样理解其内容体系？

技能作业：

针对某案例，指出侦查对策的构成要素是什么？

侦查知识链接——

法医学专著《洗冤集录》

最早的一部较完整的法医学专著是《洗冤集录》，通称《洗冤录》，南宋宋慈（1186—1249）著，成书于淳祐七年（1247），比 1602 年意大利人所写的欧洲第一部法医学专著早 350 多年。宋慈曾任广东、湖南等地司法官吏，办案中特别重视现场勘验。本书是他总结自己检验案件的丰富经验，并综合、核订、提炼前人所著《内恕录》等书中的有关内容写成。全书分 5 卷共 53 项，每项下又分若干条，其中不少内容符合近代法医学原理，曾为宋元明清各代刑事检验尸伤的准则。1779 年由法国巴黎《中国历史艺术科学杂志》首先节译刊出，1908 年法译单行本正式出版。此后，英、荷、德等译本相继出版。《洗冤集录》在世界法医学史上占有重要地位。

侦查知识链接——

刑事侦查学研究方法

刑事侦查学作为一门科学，具有特定研究对象，也有专门的研究方法。研究方法有三个层次：方法论、一般方法、专门方法。刑事侦查学必须以辩证唯物主义和历史唯物主义方法论作为理论基础，借鉴社会科学、自然科学的一般研究方法，结合刑事侦查实践，运用本学科专门方法研究刑事侦查理论与实践问题。刑事侦查学的专门研究方法有如下 6 种。

1. 社会调查法。刑事侦查学是一门社会科学，刑事侦查活动是社会活动，刑事侦查学研究坚持实事求是原则，掌握和弄清客观事实，占有第一手材料，需要运用社会科学研究的一般方法即社会调查法，它是刑事侦查学研究的重要方法。采用社会调查法必须坚持以侦查实践为前提，密切联系客观实际，对所获材料进行科学分析研究。

2. 经验总结法。刑事侦查学是一门实践性很强的应用科学，总结侦查实践经验是最基本的研究方法。总结侦查实践经验，特别要注意总结当前同刑事犯罪作斗争的新经验，制订出新对策并提炼、抽象、概括，上升为理论，丰富和完善刑事侦查科学，更好地指导侦查实践。

3. 案例分析法。各类刑事案件是侦查活动的出发点和归宿。对刑事案件的分析研究，既是刑事侦查的目标，又是刑事侦查的任务。通过对各种典型案例的分析，特别是解剖未破或已破的大案要案，从中获取正反两个方面的经验，将其升华为指导现实斗争的理论，这是刑侦研究中不可缺少的一项重要方法。

4. 科学实验法。刑事侦查学广泛应用自然科学的成果。刑事科学技术在利用自然科学、技术科学过程中，离不开科学实验法。刑事侦查中的侦查措施、技术侦查措施，也必须通过科学实验法加以完善。科学实验法是提高侦查对策科学性、技术性的重要方法。科学实验法与人们通常所说的"科学实验"概念是有区别的。

5. 比较研究法。比较研究法是对两种或两种以上有联系的事物辨别异同，从而更加清晰地认识事物的特点和规律。比较是侦查思维的固有特征，也是刑事侦查学研究的常用方法。比较的内容有发展史比较，各学派比较，犯罪现象比较，各种侦查措施、技术、方法比较等。比较的方法有定性鉴别与定量分析、揭示规律与描述现象等。

6. 移植借鉴法。刑事侦查学是一门综合性的应用科学，涉及多学科多门类研究成果，诸如社会科学、自然科学、技术科学、信息论、系统论、控制论、电子科学等在刑事侦查中的应用。移植、借鉴方法，绝不是简单地照搬其理论和方法，而是依据自身特点创造性地运用。

第三节　刑事犯罪情况

知识目标：了解刑事犯罪的基本情况，把握刑事犯罪的一般规律、特点。

技能目标：掌握剖析某阶段刑事犯罪的现状和发展趋势的方法。

《中华人民共和国刑法》（以下简称《刑法》，下文涉及法律均为简称）明确规定：一切危害国家主权、领土完整和安全，分裂国家、颠覆人民民主专政的政权和推翻社会主义制度，破坏社会秩序和经济秩序，侵犯国有财产或者劳动群众集体所有的财产，侵犯公民私人所有的财产，侵犯公民的人身权利、民主权利和其他权利，以及其他危害社会的行为，依照法律应当受刑罚处罚的都是犯罪，但情节显著轻微危害不大的，不认为是犯罪。

简而言之，犯罪是侵害统治阶级的统治秩序，由统治阶级以国家意志的形式在法律上加以规定，并且应当受到刑罚处罚的行为。刑事犯罪是刑事侦查的对象。了解认识刑事犯罪活动的基本规律、特点，进一步研究刑事犯罪的新情况、新问题以及发展趋势，有利于刑事侦查部门有针对性地采取最佳侦查对策，对侦破刑事案件和预防刑事犯罪的发生都具有极为重要的意义。

一、刑事犯罪的规律、特点

（一）刑事犯罪的一般规律

1. 起伏变化规律。起伏变化规律是指刑事犯罪活动因为受到政治、经济、文化、法治、道德、社会风气等各种因素影响和制约而呈现出的曲折变化及升降趋势。我国刑事犯罪的年代起伏为：新中国成立初期，1950 年立案约 50 万起，1952 年立案约 25 万起，1956 年立案约 18 万起；三年困难时期，1961 年立案约 42 万起，

1965 年立案不足 25 万起；"文革"时期，1966 年至 1976 年均立案 25 万起以上；20 世纪 80 年代，1981 年立案约 100 万起，而 1983 年、1984 年因严厉打击刑事犯罪，刑事犯罪案件锐减，1995 年立案约 260 万起；21 世纪以来，刑事犯罪案件在 500 万起上下浮动。季节、月份起伏：除了受社会形势影响有较长时期的起伏变化以外，在一年内受各季节、月份的影响也有一定的起伏变化规律。例如，强奸案、盗窃案等。地域、空间起伏：起伏变化规律也表现在空间方面，既有全国性的起伏也有局部地区的起伏。犯罪案件多发类型起伏：表现在案件类型方面，有全部犯罪案件的起伏和各类犯罪案件的起伏。

2. 因果联系规律。因果联系规律是指刑事犯罪活动中因果关系的普遍性和客观性，即各种犯罪现象之间的内在联系。例如，犯罪动机、目的与犯罪行为有因果联系，犯罪行为与犯罪结果有内在联系，犯罪行为与犯罪痕迹有必然联系，动机、目的与作案手段、作案方法也有紧密联系，犯罪结果与作案人的反常表现同样也存在若干联系，等等。因果联系是客观存在的，又是复杂多变的。犯罪动机复杂多样，犯罪成员特殊各异，犯罪环境条件各有不同，致使前后因果联系十分复杂。我们要透过现象抓住本质，充分把握犯罪活动的因果规律，排除假象和干扰，揭示犯罪过程的内在的必然性联系。

3. 相互作用规律。相互作用规律是指刑事犯罪现象及其行为的发生，与犯罪活动发生的内在原因、外在条件和相关因素之间相互联系、相互依存和相互作用。一般认为犯罪原因包括社会原因（宏观社会原因、微观社会原因）和个体原因，个体犯罪原因对犯罪行为的发生起着决定作用；犯罪条件对犯罪行为的发生不是必然的而是必要的，如犯罪时间条件、犯罪空间条件、犯罪工具条件等；犯罪相关因素对犯罪的发生既不是必然的也不是必要的，犯罪是各种犯罪因素综合作用的产物。犯罪原因是犯罪产生的根本，犯罪条件和相关因素只是促使和便利犯罪发生的客观因素。研究刑事犯罪的相互作用规律，对预防控制犯罪、揭露打击犯罪具有重要的现实意义。

（二）刑事犯罪的一般特点

1. 刑事犯罪呈多层次结构。刑事犯罪结构层次可理解为犯罪的阶段性。犯罪发生有其历史根源、社会因素、主观条件。犯罪案件自身发生、发展的层次有一定的规律性，每一层次有特定结构内容。一是犯罪的意向形成，主要由个人需要、意志和动机构成。犯罪动机是推动犯罪的内心驱动力。二是犯罪的预谋准备，选择目标、时机、手段，表现为踩点窥测、准备工具、纠集同伙等。三是犯罪行为的实施,即犯罪行为、结果,其外在表现为犯罪现场人、物、痕迹的变化。四是犯罪后的掩饰、应变,犯罪者掩盖罪行转嫁罪责,在心理、行为上掩盖自己以摆脱与案件的关系,也偶有案前、案中、案后都有掩饰者。

2. 刑事犯罪多表现为直接侵害。刑事犯罪行为直接侵害国家、集体或公民个人的利益,破坏正常的生产、生活秩序,又会对生命、健康、财产造成损害。每个具体案件一般具有明确的侵害对象,为广大群众有目共睹且深恶痛绝,这为侦查破案提供了极为有利的群众条件。犯罪行为涉及的人、事、物、时、空五个基本要素,必然在侵害行为过程中留下痕迹和信息。

3. 刑事犯罪多有现场可供勘查。刑事犯罪行为是在某一特定空间(地点)实施并造成一定后果,必定在现场留下犯罪踪迹和痕迹,不管是有形的痕迹(物质痕迹)还是无形的痕迹(心理痕迹、印象痕迹)都是破案的基础。刑事犯罪的直接侵害无论对人、事、物都有一定的破坏性,一般物质痕迹较为明显,如撬破工具、伤人凶器,勘查中尤其注意发现提取、检验鉴定。

4. 犯罪动机多样而且制约作案手段。任何犯罪行为都受一定的犯罪动机(内心起因)驱使,都是心理外化的结果。刑事犯罪动机复杂多样,为达到作案目的,必然要借助不同的犯罪手段。当然作案手段除了受动机制约外,还受其他多种因素的影响,如作案者的职业技能、发案时的具体情境等。

5. 犯罪隐蔽呈相对性,暴露呈绝对性。刑事犯罪的隐蔽性是指其遮掩藏匿性。刑事犯罪危害社会应受惩罚,多数犯罪者想逃避惩罚,这决定了犯罪行为本质上的隐蔽性:作案时空的秘密性、作案手段的狡猾性、主体身份的两面性。刑事犯罪的隐蔽性给侦查工作带来了难度。刑事犯罪的暴露性是刑事犯罪活动的客观存在和显露性。犯罪离不开时空、作案对象,总会暴露蛛丝马迹。暴露是绝对的,这决定了刑事犯罪归根到底可以被认识,案件可以被侦破,这是刑侦工作的有利条件。

二、刑事犯罪的现状及发展趋势

刑事犯罪活动与国家政治形势、经济状态、法治建设紧密联系,随着政治、经济、法治甚至文化、社会、生态形势的变化,当前和今后一段时期刑事犯罪活动将表现出以下几个方面的突出特点。

(一)侵犯财产犯罪居高不下,非接触形式犯罪尤为突出

多年来,盗窃、抢劫、抢夺、诈骗等侵犯财产犯罪发案数量一直居于首位,21 世纪初的几年甚至从 65% 上升至 85% 左右。随着社会经济形势变化,收入阶层

显现和贫富差距加大，犯罪行为人财欲更加膨胀，如盗抢银行、运钞车、保险柜、金店等有恶劣影响的特大案件时有发生，不容忽视；非法集资、非法传销、套路贷款等犯罪，在一段时期会更加猖獗，严重破坏社会秩序和经济秩序，应当引起高度重视。

近年来，侵犯财产犯罪虽然仍然占居主导地位，但传统的盗窃、诈骗、抢劫、抢夺类侵犯财产犯罪有所减少，而非接触性手段犯罪即通过电信通信、网络空间进行的侵犯财产犯罪一度高居榜首。以电信诈骗为例，其犯罪行为具有显著特点：一是发案数量较多，二是涉案金额巨大，三是常有跨国犯罪，四是套路层出不穷。诈骗形式包括假冒公检法诈骗、冒充熟人诈骗、利用伪基站发送链接诈骗等。作案人盘踞一隅利用手机、互联网、网络电话作案，与被害人无须见面，就能隐蔽、虚拟、背靠背地实施侵害，完成犯罪活动，而被害人遍布境内外、国内外不同地方。另外，新型支付方式由于技术、管理漏洞及人们防范意识薄弱，将成为犯罪者更多用来侵财犯罪的作案手段。

（二）严重犯罪案件有所下降，极端暴力案件时有发生

严重刑事犯罪在现阶段是指故意杀人、故意伤害致人重伤或死亡、强奸、抢劫、贩卖毒品、放火、爆炸、投毒（投放危险物质）八种犯罪案件。统计表明，近几年八种严重刑事犯罪案件下降幅度较大，而破案率明显提高，人民群众安全感和满意度大幅度提升。值得一提的是，命案新发数量下降而破案率增高，命案积案破案数上升。我国已成为命案发案率最低的国家，每十万人发生命案不足一起，但系列杀人、一杀多人或动辄杀害全家的灭门案件时有发生，性质严重、情节恶劣，具有极坏的社会影响。

暴力犯罪不是刑法分则中的罪名，而是针对作案手段采用暴力而言，是指使用刀砍、斧劈、枪杀、爆炸等强暴性手段实施侵害的犯罪行为。严重暴力案件是一系列作案手段暴力程度特别严重、性质特别恶劣、后果特别严重的犯罪案件。公安部把放火、爆炸、劫持、杀人、伤害、强奸、绑架、抢劫犯罪归为严重暴力犯罪范畴。犯罪形势严峻的标志之一是严重暴力犯罪一度猖獗。近年来，放火、爆炸、劫持、绑架、驾驶机动车滥撞无辜犯罪均有下降，尤其涉枪、涉爆犯罪案件下降幅度明显。严重暴力犯罪发案虽然有所下降，但仍时有发生，特别是个人极端暴力案件，由于作案手段残忍常造成伤亡惨重的后果，严重破坏治安秩序，社会影响和危害极大。

（三）恐怖主义犯罪仍具威胁，反恐、防恐任务艰险繁重

恐怖主义犯罪是指通过暴力、破坏、恐吓等手段，制造社会恐慌、危害公共安全、侵犯人身财产，或者胁迫国家机关、国际组织，以实现其政治、意识形态等目的的犯罪行为。近些年，欧美国家先后发生多起恐怖袭击事件，国际恐怖主义威胁持续严重并呈全球蔓延趋势，尤其是独狼式恐怖袭击已逐渐成为各国的主要威胁。随着恐怖主义发展呈全球化、个体化、社会化、网络化与复杂化趋势，我国面临的反恐形势也更加严峻。

中国海外利益、"一带一路"建设面临着国际恐怖主义威胁，周边地区反恐形势日趋复杂。暴恐意识形态、技战术、资金和人员有加速向我国周边地区渗透蔓延的可能，使得周边和西部地区反恐压力增大。利用电脑网络、手机通信等传播暴恐音频视频的违法犯罪行为仍然高发、频发。严厉打击组织、领导暴恐袭击、非法持有传播暴恐音视频等违法犯罪行为和去极端化，在一段时期内是政法机关反恐怖、反分裂的主要任务。深化严打暴恐活动专项行动，全面推动反恐怖斗争各项措施落实，筑牢防范暴恐势力的钢铁长城，是公安、司法机关维护国家安全和社会持续稳定的首要任务。

（四）犯罪呈明显智能、技能化趋势，网络犯罪形势日趋严峻

随着人们对犯罪的防范意识日趋增强和防护措施不断提高，犯罪人以智能性和技能性手法作案也相对增多。突出表现为"设计型"犯罪案件多发，越来越多的作案人案前周密设计，利用高智能、高技术实施犯罪行为。有些犯罪团伙甚至专门参加犯罪技能培训，犯罪手段专业化、职业化趋势明显。作案手段技术含量增加，在一些传统犯罪案件类型中，如溜门撬锁、撬盗金柜、盗窃机动车、金店盗抢案件中有所体现。这不仅给普通公民防范犯罪带来极大困难，也对侦查机关的侦破方法提出了新的挑战。

网络犯罪案件日趋多发，且具有能够瞬间完成、异地实施，大跨度、大范围犯罪的特点。一是针对电脑、手机和互联网犯罪，如网络窃密、盗取个人信息，传播计算机病毒等；二是依托互联网犯罪，如网络盗窃、诈骗，网上洗钱、套路贷、金融犯罪，网上集资、传销，网上倒卖公民信息，网上敲诈、诬告、诽谤，网络贩枪、贩毒、色情、赌博，甚至网络教唆犯罪等。互联网已成为多种犯罪的载体，网络技术增加了犯罪的隐蔽性，涉网、涉众经济犯罪加剧了社会风险。利用通信工具和金融工具实施的高科技犯罪，随着互联网技术迅速发展，犯罪手段必将更新换代，衍生出新的犯罪类型，对社会危害程度不可低估。网络犯罪打破时空界限，少有传统犯罪现场，少留痕迹物证，这给调查取证、侦查破案带来了极大难度。

（五）未成年人犯罪不容忽视，侵害儿童问题引人关注

青少年犯罪案件增加，犯罪成员低龄化趋势明显，未成年人恶性犯罪时有发生。青少年犯罪在高发年份占比达 70%，其中团伙犯罪更是高达 80% 以上，系当前乃至今后一段时期令人忧虑的社会问题。这与青少年受网络影响，出现早熟现象，以及个人失学、家庭残缺不无关系。青少年盗窃、抢劫、抢夺、伤害犯罪占比较大，强奸、贩毒、涉枪等犯罪案件也占相当比例。近年来，未成年人杀人、绑架、纵火、爆炸、投毒案件时有发生。

青少年在严重暴力犯罪案件作案成员中占有一定比例，在网络犯罪尤其电信诈骗犯罪案件中成员占比更高，包括利用网络传播色情、暴力、恐怖信息，侵犯他人隐私、名誉、财产权，破坏或侵入计算机系统和基于网络的盗窃、诈骗、伤害等犯罪。青少年犯罪案件突发性强、共同犯罪多，具有疯狂性、冲动性、暴力性、模仿性特点，并且呈现低龄化、团伙化、恶性化发展趋势。另外，拐卖、强奸、猥亵、虐待、伤害甚至残杀儿童案件以及校园欺凌类犯罪案件屡屡发生，犯罪后果严重，社会影响巨大，值得社会各界关注和公安司法机关高度重视。

（六）涉黑、涉恶犯罪活动猖獗，扫黑除恶任务长期而艰巨

近年来，公安机关开展打黑除恶专项斗争并取得成效，但黑恶势力依然比较活跃，呈现出分布范围广、滋生发展快、涉足领域多、再生能力强、社会危害大等特点。黑恶组织犯罪具有以下特点：一是组织类型增多，出现了"白黑红"、背靠大树、暴力冲突、联盟联合、暴力垄断等类型。二是涉足领域广泛，从建筑、装饰、采矿到食品、屠宰、娱乐、客运、房地产开发等行业；从小规模民企逐步控制垄断相关行业，进而到能源、交通、房地产等国计民生重点行业。三是多种犯罪交织，普通犯罪与经济、黄赌毒、制贩枪支犯罪和治安乱点交织一起。黑恶势力已经渗透到城镇改造、征地拆迁、基层选举、群体事件等社会问题中，成为影响社会稳定和群众安全的突出问题。

全国范围开展扫黑除恶专项斗争，针对涉黑涉恶新动向、新特点，持续组织扫黑除恶并与反腐败斗争结合起来，深挖黑恶势力"保护伞"。针对其控制农村市场、插手旧村改造、操纵农村选举等突出问题；针对涉黑涉恶突出的重点地区、行业、领域；针对"村霸"、宗族恶势力及"软暴力"等违法犯罪；针对基层腐败和涉黑"保护伞"，系统性、综合性、源头性、掘根性解决黑恶势力犯罪、社会治安和基层政权异化问题，全面铲除黑恶势力产生发展的经济和社会基础。公安部门持续加大对涉黑逃犯的缉捕力度，会同最高法、最高检、司法部联合发布《关于依法严厉打

击黑恶势力违法犯罪的通告》，公布举报信箱、网站和电话，广泛接受群众举报，并制定有奖举报措施，发动人民群众积极参与。扫黑除恶的任务长期而艰巨。

知识作业：

刑事犯罪的一般规律是什么？一般特点有哪些？

技能作业：

在调研基础上，概括近阶段刑事犯罪的变化趋势。

第四节 刑事侦查工作

知识目标：了解刑事侦查概念，理解刑事侦查主体、对象、活动。熟悉刑事侦查总体任务和防控犯罪的具体措施。

技能目标：掌握刑事侦查方针、原则的核心内容，并能在具体侦查活动中贯彻践行。

一、刑事侦查的概念

根据《刑事诉讼法》的规定，刑事案件的侦查由公安机关进行，法律另有规定的除外。具体来说，刑事侦查主要是指公安机关，依据国家法律和赋予的权力，运用侦查措施、技术侦查措施和刑事科学技术，同刑事犯罪作斗争的一项专门工作。

侦查与侦察含义接近但有所差异。其异同点根本在于查与察，"查"多用于表述过程，意为考察、搜寻、翻找，常用作调查；"察"多用于描述状态，意为仔细看、静静看、悄悄看，常用作观察。侦查是以犯罪嫌疑人、犯罪行为、犯罪证据为目标的调查活动，更注重行为过程的程序性；侦察包含暗中了解、秘密考察含义，更强调活动状态的秘密性。侦查是法律术语，公安、检察机关常用之；侦察是军事术语，多用于军事领域。公安机关也曾多用从军事引用的"侦察"。尽管侦查工作依然采取公开与秘密结合方法，但更加强调依法开展，注重程序合法性，不再神秘化，所以采用侦查一词。

（一）刑事侦查主体

刑事侦查的主体具有法定性。侦查主体是指具体行使侦查权力的机关，从刑事侦查学的角度，一般为公安机关，其法定性是国家通过立法形式将侦查权赋予特定的机关。公安机关承担着绝大多数刑事案件的侦查任务，是最主要的侦查主体；国家安全机关负责办理危害国家安全的刑事案件，行使与公安机关相同的职权；军队保卫部门对军队内部发生的刑事案件行使侦查权；罪犯在监狱内犯罪的案件由监狱部门进行侦查。

我国铁路、交通、民航、林业行业设专门的公安机关侦查机构负责本系统范围内的案件侦查工作，并接受本系统上级侦查部门和所在地方公安机关上级侦查部门的双重业务指导。海关部门的走私犯罪侦查机构，负责对中华人民共和国海关境内发生的涉税走私犯罪案件和海关监管区内发生的非涉税走私犯罪案件的侦查。《刑事诉讼法》还规定，除法律特别规定以外，其他任何机关、团体和个人都无权行使侦查权力。即任何其他机关、社会团体和个人擅自开展的侦查行为或具有侦查性质的调查活动，都有可能造成公民和法人的合法权益受到侵害，均属非法行为，应当受到法律追究。

刑事侦查人员是刑事侦查活动的主体和主导因素，是开展侦查活动的最积极、最能动的要素。侦查活动的成效取决于侦查人员的能力水平以及相互协作状态，取决于侦查人员的个人素质和整体素质。刑事侦查工作是否充满生机和活力取决于侦查人员的政治素质、业务素质、智力素质、身体素质和心理素质。侦查人员只有不断提高自身素质、增长法律知识、提高政策素养、提升侦查业务技能，才能最大限度地发挥工作积极性和能动性，才能胜利完成艰巨、复杂、危险的各项侦查任务。

（二）刑事侦查对象

刑事侦查对象具有特定性。刑事侦查对象即刑事侦查客体，也就是刑事犯罪案件。所谓刑事犯罪案件，是指因触犯刑律依法应受到刑罚处罚并经侦查机关立案侦查的犯罪事件。刑事犯罪案件应具备两个基本条件：一是犯罪事实条件，即《刑法》规定的应当给予刑罚处罚的行为事实。二是立案程序条件，即经过侦查机关审查，依据办理刑事案件的有关规定，履行立案手续、决定开展侦查。根据《刑事诉讼法》中的有关规定，公安机关、人民检察院、军队保卫部门、监狱以及海关走私犯罪侦查部门进行侦查的对象，也应当是有犯罪事实存在并且需要依法追究刑事责任的犯罪行为。

刑事犯罪案件由多项要素构成，包括与犯罪相关的作案时间要素、作案空间要素、涉案人员要素、作案行为要素和涉案物品要素等。刑事犯罪案件是刑事侦查活动的指向目标，没有刑事犯罪案件的存在，刑事侦查活动就失去其存在的必要。围绕犯罪案件，研究不同时期刑事犯罪的状况、规律、特点，研究类案与个案发生的原因及其变化趋势，才能制订出有效的侦查对策。刑事犯罪案件的发生规律主要有起伏变化规律、斗争消长规律、季节相关规律、区域分布规律、辐射蔓延规律等。

刑事犯罪案件从行为过程看，可以分为三种不同形态：一是已经实施的犯罪案件，二是正在实施的犯罪案件，三是尚未完全实施的犯罪案件。只有针对犯罪案件的具体形态，把握案件发生规律和犯罪行为特点，才能采取更有针对性的侦查对策和措施。

（三）刑事侦查活动

刑事侦查活动是与刑事侦查工作相关的活动。刑事侦查活动具有专门性，其中有些侦查措施带有强制性。犯罪人为了躲避刑法惩罚逃避强制打击，总是设法掩盖犯罪事实真相，割断自己与犯罪行为结果的直接联系，甚至故意布施烟幕、声东击西，玩弄各种反侦查伎俩。侦查机关必须采取强有力的刑事侦查活动，包括专门的调查活动和强制性侦查措施，才能及时、准确、有效地揭露证实犯罪、缉拿捕获犯罪嫌疑人，快速、高效地侦破各类刑事犯罪案件，才能同检察机关、人民法院一道将犯罪人绳之以法，以沉重打击各种刑事犯罪活动。

刑事侦查活动中有许多专门调查工作，主要包括现场勘验、检查，调查询问（询问被害人、报案人、证人等），讯问犯罪嫌疑人，侦查辨认，侦查实验，搜查、查封，扣押书证、物证，控制赃物，通缉通报，追缉堵截，鉴定等。此外还有技术侦查措施和隐匿身份侦查活动，也都具有专门性。侦查活动中的专门调查是法律赋予侦查机关的职权，不仅具有特定的工作内容而且常常使用特殊的调查方式，这与其他行业职业的调查工作不尽相同。其专门性常体现在调查对象的特定针对性、调查方法手段的高度专业性、调查目的的终极唯一性、调查过程的极强时限性等。

刑事侦查活动中有很多强制性措施，除了《刑事诉讼法》规定的拘传、取保候审、监视居住、拘留、逮捕五种强制措施外，还有搜查、查封、扣押书证物证、押解等侦查调查措施也都带有一定强制性。刑事侦查是具有侦查权机关的职权活动，其权力的行使以国家强制力为后盾。这些强制性措施既是侦查权力的体现，又是完成各项侦查任务的前提。没有侦查权的部门不得非法采用带有强制性的侦查措施，任何单位和个人不得干扰和阻碍侦查部门依法实施强制措施。侦查部门运用强制性侦查措施必须严格依法进行，防止侦查权力施用扩大化，禁止滥用其侵害公民的合法权益。

二、刑事侦查的任务

刑事侦查的任务是指侦查主体在刑事侦查工作中所承担的职责和需要完成的工作目标。刑事侦查的总体任务或称基本任务：侦查破案，打击刑事犯罪活动；防控犯罪，减少刑事案件发生。

（一）侦查破案，打击刑事犯罪活动

侦查破案，是刑事侦查工作的基本职能和首要任务。各级刑事侦查部门充分依据国家法律，运用国家赋予的侦查权力，综合施用侦查途径、措施、技术和谋略，对各类刑事案件积极侦查、及时破案，努力提高侦查破案效率。侦查破案率的高低既能反映对犯罪人打击的力度，又是衡量侦查工作优劣的标志之一。要做好侦查破案工作，一要全力以赴，及时侦破现行案件；把握时机，准确破获预谋案件；攻坚克难，尽力突破陈年积案。二要对那些重特大案件、系列性案件、有组织犯罪案件，尤其是严重暴力犯罪案件，做到专案专办，及时侦破。三要对非接触性犯罪等新型案件、多发性案件、带有黑社会性质的犯罪案件，组织合成侦查，全力侦破。四要对某阶段突出的犯罪活动，尤其是社会危害性大、群众关注的案件，适时开展专项战役，集中进行侦破打击。通过侦查破案沉重打击刑事犯罪活动，是社会治安综合治理的首要环节，也是落实社会治安综合治理其他各项措施的前提条件。

侦查破案的具体任务主要有四个方面：一是查明案情，认定事实，揭露犯罪，澄清嫌疑。二是收集证据，包括发现证据、固定证据、提取证据、审查证据、检验证据，证据包括物证、书证，证人证言，被害人陈述，犯罪嫌疑人、被告人供述和辩解，鉴定意见，勘验、检查、辨认、侦查实验等笔录，视听资料、电子数据。三是缉捕查获并讯问犯罪嫌疑人，包括采取强制措施，防止犯罪嫌疑人逃跑或继续犯罪。四是追缴作案工具、犯罪凶器、赃款赃物，也属于收集证据的内容之一。

（二）防控犯罪，减少刑事案件发生

防控犯罪，减少刑事案件的发生是刑事侦查工作的战略任务。通过侦查破案，研究犯罪的规律特点，可以提供预防控制犯罪的有效对策。打击犯罪与防控犯罪是同刑事犯罪作斗争的两项基本对策，是一个系统工程的两个部分，打中有防、防中有打、打防并举，两者相辅相成、相互促进、形成合力。要做到有效防控犯罪，一是结合侦查破案在把握犯罪活动规律基础上，动员全社会力量消减产生犯罪的条件和因素，从而预防刑事犯罪活动。二是在重点地区、复杂场所、特种行业建立联防网络，严密控制高危重点人员，遏制刑事犯罪案件。三是强化人力防范（巡逻、守护、护卫、押运等）、物理防范（周界防范、入口控制、空间报警、重点防控等）、技术防范（出入控制、入侵探测、视频监控、安全检查等），通过实现准确探测报警、最大延迟发案、应急反应制止功能，达到对犯罪活动预警、威慑、制止、记录佐证的目的。四是积极参与社会治安综合治理，与打击违法犯罪、社会教育、行政管理、法治建设、违法犯罪人改造等各项举措协同实施，最大限度地减少刑事案件发生。

防控犯罪的具体实施主要包括：一是加强刑事犯罪情报资料的收集存储、检索整理、分析研判工作，实现主动服务防控犯罪和情报主导侦查的基本要求。二是加强网络信息和视频监控信息的收集整理工作，强化大数据在侦查破案中发挥重要作用，其已成为预测预防犯罪的法宝。三是加强刑嫌人员（高危人员）和侦查阵地（包括实体和虚拟）的控制工作，以提高发现、控制犯罪及打击犯罪的能力。四是全面提高防范意识，对刑满释放人员加强教育和监督，减少其重新犯罪的机会和条件，消除各种犯罪诱因，有效防控犯罪活动减少案件发生。

三、刑事侦查的方针

多年来，刑事侦查工作贯彻"依靠群众，抓住战机，积极侦查，及时破案"的基本方针。这一方针是在长期刑事犯罪作斗争过程中逐步发展、完善起来的，是我国刑事侦查工作实践经验的科学总结，集中体现了侦查破案、预防犯罪活动的规律特点。早在1955年第一次全国刑侦工作会议上，就提出了"积极侦查，及时破案"的工作方针；1963年制定的刑侦工作细则中确定"抓住时机，积极侦查，依靠群众，及时破案"；1978年第三次全国治安工作会议将"时机"调整为"战机"，并把"依靠群众"提到首位，遂成为"依靠群众，抓住战机，积极侦查，及时破案"的"十六字"刑事侦查方针。

（一）依靠群众

依靠群众是刑侦工作的基础。一方面，群众是刑事犯罪斗争的力量源泉。刑事犯罪危害人民群众的财产、生命安全，是广大群众深恶痛绝的，人民群众支持、拥护侦查破案，打击犯罪。另一方面，任何刑事犯罪离不开群众所在的社会环境，作案者言行都会为群众所觉察，从这个意义上说群众确为侦查乃至公安工作的基础。必须要充分相信群众，依靠群众，发动群众，这是刑侦工作胜利的根本。

（二）抓住战机

抓住战机是侦查破案的关键。抓住战机、争取主动权是侦查破案的关键所在，所谓战机是有利于发现、查获并证实犯罪人，而不利于对方逃避、隐匿或反侦查的时机，即侦查破案的最佳时间状态。"战机"既是客观存在又具有偶然性，稍纵即逝。侦查中特别要抓住发案不久、痕迹明显、易于查证、证据未毁、赃物未销、作案人未及逃跑等有利的时机，以"快"取胜，以"快"争主动。当然一要快，二要准，否则欲速则不达，反而贻误战机。

（三）积极侦查

积极侦查是刑侦工作的基本要求。积极侦查是指侦查人员要充分发挥主观能动性并展现积极作为的工作态度。一是以对国家和人民高度负责的责任感和勇于献身的大无畏精神对待刑侦工作，不畏艰险、吃苦耐劳、战胜顽敌。二是努力培养求真务实的精神，以严谨的态度精准的业务对待各类犯罪案件，积极组织侦查，科学分析判断，主动采取措施，不断提高侦破能力和效率。三是强化磨炼意志力和耐性、韧性，树立长期作战、百折不挠、不破不休的坚强意志，即使面对陈年积案也要敢于并善于突破僵局。

（四）及时破案

及时破案是刑事侦查工作的目的。所谓及时破案是指对立案侦查中的刑事案件，只要查清了主要犯罪事实，获取了能够证实犯罪嫌疑人犯罪的证据，就应该当机立断宣布破案。刑事案件多是现行破坏，个案之间多没有紧密联系，一旦具备了破案条件，就要果断采取破案措施。这样既可以减少危害、挽回损失，有力惩罚犯罪人员，又不至于影响其他案件的侦查。对于个别集团犯罪、团伙犯罪、跨境犯罪或有"经营价值"的案件，可从大局出发，实施"延迟破案""局部破案"或"破案留根"。

20世纪80年代初期，我国刑事犯罪发生了显著变化，主要表现为严重暴力案件、涉外犯罪案件日益增多，集团犯罪、流窜犯罪、智能犯罪、经济犯罪、毒品犯罪和带有黑社会性质的犯罪危害越来越严重。为此，1984年召开的全国侦查工作会议提出，执行"十六字"刑侦方针须贯彻"主动进攻，先发制敌"的指导思想，以适应新时期刑事侦查工作面临的新形势，牢牢掌握同犯罪作斗争的主动权。1997年召开的全国刑侦工作会议提出，"建立公安机关统一指挥，快速反应，各警种各地区密切配合、紧密协作的打击犯罪整体作战格局。"在2010年全国刑侦工作会议上，针对带有广泛社会影响的案件频繁发生，黑恶有组织类犯罪猖獗，新型手段犯罪类案件不断涌现的犯罪新形势，提出了打好"合成战、科技战、信息战、证据战"的新要求，进一步丰富了刑事侦查工作方针的内涵。

在当前新的社会条件下，随着犯罪形势的变化，尤其是非接触类犯罪的比重加大，侦查实践中利用情报、信息引导侦查，开展互联网络侦查，借助大数据推动侦查，已经成为侦查工作的重点发展方向。侦查学界的许多专家学者提出修改刑事侦查工作方针的建议。具有代表性的提法有，"依靠群众，依托基础，注重协作，依法办案"，"依靠群众，依法高效，与时俱进，加强协作"，"利用社会资源，依托信息科技，整体协同侦查，依法高效办案"，等等。

四、刑事侦查的原则

刑事侦查的原则是指刑事侦查工作应当遵循的基本行为准则，即刑侦人员侦查意识和侦查行为规范。刑事侦查工作首先必须遵守《刑事诉讼法》规定的基本原则，此外还应该遵守专群结合、实事求是、快速反应、遵守法制与尊重和保障人权保守秘密、侦查协作等原则。这些基本原则是在长期侦查实践中概括总结出来的，是侦查活动得以顺利开展的重要保证。

（一）专群结合原则

专门工作与群众路线相结合，既突出侦查机关的主导作用又坚持走群众路线，密切联系群众。刑事侦查是一项由专门机关进行的专门工作。侦查的主体是专门的，《刑事诉讼法》规定的公安局、检察院、安全机关、军队保卫部门等专门国家机关拥有侦查的权限，而其他任何机关、团体和个人都无权开展刑事侦查活动。侦查的措施是专门的，即专门的调查工作和有关强制措施。侦查的目的是专门的，获取犯罪的证据以证实犯罪。侦查的组织形式是专门的，对重特大案件一般要专案专办。

走群众路线是我国刑事侦查工作的传统和特色，强调专门工作还必须紧紧依靠群众。群众是真正的英雄，蕴藏着同犯罪作斗争的强大力量；犯罪人也混迹于广大群众之中，各种犯罪迹象难免会暴露在群众面前。只有实行专门工作与群众路线相结合，充分发挥群众参与破案的积极性，加上强有力的专门工作，才能保证侦查活动的顺利进行，才能提高破案效率和办案质量。

（二）实事求是原则

实事求是中国共产党的思想路线，是指导公安工作的思想路线，也是刑事侦查工作必须坚持的基本原则。贯彻实事求是原则是因为刑事侦查工作政策性、法律性极强，既关系到当事人的人身自由和民主权利，又担负着打击犯罪、保护人民的崇高使命。实事求是原则要求在侦查活动中从刑事案件的客观实际出发，以犯罪事实为根据定案、定性，以查清犯罪事实、证明犯罪事实为基本任务，以认定犯罪事实、揭露犯罪事实为根本目的。在侦查中实事求是就是要按照案件的本来面目认识案件，剥茧抽丝去伪存真，反映案件事实真相，不夸大、不缩小，不偏听偏信，绝不主观臆断，避免放纵坏人、冤枉好人。这就要求侦查行为必须以调查研究为基础，尊重案件客观事实，高度重视犯罪证据。尽管侦查中会涉及侦查假设、回溯推理等貌似主观的思维方式，但必须以真实材料为客观依据，不能先入为主画像入框。坚持实事求是，必须解决不破不立、立案不实，有案不立、办案不实，先破后立、程序不实的问题。坚持实事求是还必须注意，侦查中一旦发现偏差或失误应当立即纠正，绝不可人为地制造冤假错案。

（三）快速反应原则

快速反应是刑事侦查工作基本原则之一，也是贯彻侦查工作方针的具体体现。因为刑事犯罪案件具有突发性强等特点，犯罪行为人不仅作案快、逃跑快，又常常毁赃灭证、毁尸灭迹，这给侦查工作带来极大挑战。尤其是严重暴力犯罪案件，不仅已经造成现行的破坏还可能继续发案造成更为严重的危害后果。侦查工作必须以快制快、争占主动，才能不误战机克敌制胜。首先，犯罪行为人为割断自己与犯罪行为的联系，往往迅速逃跑隐匿以逃避打击，只有快速反应、迅速出击才能及时发现逃跑中的犯罪嫌疑人甚至现场抓获作案者；其次，刑事犯罪的现行破坏性和严重危害性也要求刑事侦查工作必须快速反应、及时行动，把危害损失降低到最低限度；最后，犯罪现场的痕迹物证和耳闻目击者的记忆，随着时间推移有可能会被毁坏、消逝，只有抓住时机尽早取得相关证据才不会贻误战机。为此，一要加强快速反应体系和快速反应机制建设，充分发挥指挥中心和值班调度室作用，侦查分队、小队要值班备勤，接警后迅速反应、快速出击；二要不断提高刑侦队伍政治业务素质，做到训练有素技能精湛，培养雷厉风行、果断出击的战斗作风和快速反应能力；三要强化情报信息系统、网络信息平台建设和装备器材保障工作，充分发挥现代通信装备、交通设施的快捷效能。

（四）遵守法制与尊重和保障人权原则

所谓遵守法制原则是在刑事侦查工作中自觉遵守并正确运用法律、法规和规章，严格依照法律办案的行为准则，即依照法律对刑事案件立案、侦查、预审；决定、执行各项强制措施。遵守法制是我国《宪法》确立的一项基本原则，在《刑事诉讼法》和《公安机关办理刑事案件程序规定》中都有贯彻落实这一原则的具体规定。侦查中遵守法制原则必须坚持"以事实为根据，以法律为准绳"，使侦查活动完全忠实于本来的案件事实和法律规定；坚持有法必依，执法必严，违法必究，秉公办案，不徇私情；坚持公正执法，对于一切公民在适用法律上一律平等，在法律面前不允许有任何特权；坚持重证据，不轻信口供，严禁刑讯逼供。尤其在严厉打击刑事犯罪的战役中，更加强调在严格依法办案的前提下从重从快。为此，侦查人员必须努力学法懂法，全力尊法护法，严格守法执法。

尊重和保障人权有利于准确及时查明犯罪事实，正确应用法律惩罚犯罪人，保障无罪者不受刑事追究，维护社会主义法制，保护公民的人身权利、财产权利、民主权利和其他权利。认真遵循尊重和保障人权原则，有利于贯彻遵守法制原则，使依法办案落到实处，使侦查活动中在严格执法的前提下体现人文关怀，使执法行为融入人性化、人情味。严格把握尊重和保障人权原则不失为禁止刑讯逼供、非法拘禁、变相体罚等不法行为痼疾的一道"防火墙"。

（五）侦查协作原则

侦查协作原则也称协同作战原则。所谓侦查协作是指在案件侦查过程中侦查机关之间以及侦查部门与其他业务部门之间协同配合、互助合作的行为准则。在侦查工作中遵循侦查协作的原则，是刑事犯罪案件具有复杂性特点所决定的。现代刑事犯罪活动常常跨领域、跨行业、跨地区甚至跨越国界，侦查中涉及人多、牵涉面广、线索交叉、错综复杂，如果单打独斗、各自为战，很难实现稳、准、狠地打击刑事犯罪。只有遵循侦查协作原则，才能优化侦查资源、共享情报信息、增强作战能力、提高破案效率。侦查协作主要是：（1）各地刑侦部门之间的侦查协作，如通报案情、协查追逃等，多地成立了刑侦协作区，为深度合作创造了条件。俗话说，天下刑警是一家。在案件侦查上全国一盘棋，甚至加强国际合作，与境外警务部门尤其是国际刑警组织及其成员国的协作，可以为打击流窜犯罪、侦破跨境案件奠定坚实基础。（2）各个警种之间的侦查协作，刑事警察与治安、户籍、巡警、交警、经侦、禁毒，尤其是刑事技术、网络监察、技术行动等警种，在侦查中需要紧密协作。公安部提出的"合成侦查"，也是贯彻落实侦查协作原则的具体体现。（3）刑事侦查部门之间的侦查协作，如上下级刑侦部门间在指挥、协调、统一行动方面协作，以及与铁路、民航、交通、林业等公安机关的刑侦部门间的协作。（4）公安机关刑事侦查部门还需要同其他侦查机关进行协作，如人民检察院、国家安全机关、军队保卫部门、监狱管理部门、海关缉私侦查部门等。

（六）保守秘密原则

保守秘密既是侦查工作的突出特点又是一项基本原则。保守秘密原则是指侦查工作中调查访问所获、现场勘验所见的各种材料和部署实施的各项计划、措施，在一定时间、一定范围内不得对外泄露的原则。刑事侦查是同各种犯罪活动进行的斗争，具有极强的复杂性和艰巨性，处于侦查与反侦查尖锐矛盾的焦点上，保守秘密必须贯穿侦查活动的始终。为此，参与侦查工作人员一定要严格自律，增强保密意识，养成保密习惯，即便对亲人、家属也不透露半点案情。在侦破工作的诸多环节都应注意保守秘密：在立案审查确定侦查之前就要注意对案件线索来源和材料注意保密，例如，报案人、举报人、控告人及报案、举报、控告的材料不得对外泄露。在案件侦查中对案情分析的结论，制订的侦查计划，实施的侦查措施，部署的秘密力量，侦查工作推进状况以及案件当事人、被害人、证人的身份资料和隐私材料尤其注意保密。出于侦查工作需要必须公布案情时也需对某些情节注意保密，如涉及党和国家机密的案情、只有作案者和勘查者掌握的细节、尚未判断明了准确的情节等。即便是对已经侦破的重特大案件进行宣传报道，也应当注意对技术侦查措施和一些新型侦查途径的运用情况注意保密。值得注意的是，遵守保密原则但不能阻塞侦查协作地区和部门间情报信息的交流，要顾全大局从更高层面上把握侦查工作。

知识作业：

1. 什么是刑事侦查？怎样理解刑事侦查主体、对象、活动？

2. 怎样理解刑事侦查的总体任务和防控犯罪具体措施？

技能作业：

在某侦查活动情境下，贯彻践行侦查工作方针、原则。

第二章　刑事侦查措施

教学目标：了解刑事侦查措施及分类方法，把握部分常规、紧急、强制性侦查措施及其他辅助性措施的适用条件、程序规则、注意事项；掌握上述各类侦查措施的操作方法和部分笔录制作方法。

第一节　刑事侦查措施概述

知识目标：了解刑事侦查措施概念、分类及各种类型的侦查措施。
技能目标：掌握对侦查中施用的措施进行归类的方法。

一、刑事侦查措施概念

刑事侦查措施是指有侦查权的部门在侦破刑事案件、预防犯罪活动过程中，依据法律、法规、规章采取的各种刑事调查和查缉活动。换言之，刑事侦查措施是根据《刑事诉讼法》的规定，为了侦查破案、揭露证实犯罪人所采取的一系列刑事诉讼活动，即侦查部门同刑事犯罪作斗争所采取的具体举措，是侦查活动为达到侦查目的所必须借助的专门"工具"。侦查措施是侦查方法的重要组成部分，通常包括询问、讯问、勘验、检查、搜查、辨认、鉴定、实验、通缉、追缉、堵截等专门调查和查缉活动。

理解刑事侦查措施需要注意以下几个方面：第一，侦查措施的性质具有诉讼性和强制性。所谓诉讼性是指侦查措施的实施，须纳入刑事诉讼的轨道；所谓强制性是指侦查措施依靠国家强制力保证实施，被采取措施的人不得拒绝。第二，侦查措施的实施主体必须是刑事侦查机关。采用侦查措施是侦查权力的体现，只有拥有侦查权的侦查机关才能施用侦查措施。第三，侦查措施的应用目的只能是侦查破案和预防犯罪。打击和预防犯罪是采取侦查措施的根本目的，而处理人民内部矛盾的工作中不能应用，尤其是技术性侦查措施和强制措施更是如此。第四，侦查措施的具体目标是获取侦查对象有罪、无罪的证据，或者为查获缉拿犯罪嫌疑人再进一步获取犯罪证据。第五，侦查措施的采用依据必须是法律、法规、规章。侦查措施主要依据包括《刑事诉讼法》《公安机关办理刑事案件程序规定》《刑事侦查细则》等。第六，侦查措施的运用应该综合施策。采用侦查措施一般不搞单打一，而是在选定的侦查途径上科学组合使用，充分考虑应用时机和条件，将侦查途径、措施、技术有机地结合起来，发挥综合的侦查效能。

二、刑事侦查措施分类

侦查措施内容繁杂、种类众多，通常有现场勘查、调查询问、公开搜查、组织辨认、控制赃物、追缉堵截、通缉通报、侦查实验、讯问犯罪嫌疑人等。由于运用方式、采用时机、实施内容、法律性质不同，侦查措施可有多种分类方法。侦查措施一般可分为常规侦查措施、紧急侦查措施、秘密侦查措施（含技术侦查措施）、强制性侦查措施、基础性侦查措施、重大侦查措施等。

（一）常规侦查措施

常规侦查措施又称常用侦查措施。这类侦查措施是侦查部门在侦查破案中普遍采用的侦查措施，一般包括调查询问、现场勘验、摸底排队、组织辨认、公开搜查、侦查实验、侦查讯问等。常规性侦查措施具有三个特点：一是普遍使用。即使用率高，多数案件可用甚至每案必用，这就要求侦查人员必须熟练掌握。二是证据性强。大多能够直接作为证据证明犯罪，不需要再转换为其他措施间接使用。三是有广泛群众基础。大多在群众直接配合下完成，而且具有一定公开性。

（二）紧急侦查措施

紧急侦查措施是指那些需要在既定时间内完成部署并实施的措施。这类措施常常包括通缉通报、追缉堵截、控制赃物、涉爆处置、解救人质、架网布控等。紧急性侦查措施具有三个特点：一是具有时限性。即必须抢在犯罪嫌疑人相关行动之前，在一定时限内部署实施。二是战机性强。不仅时间紧迫，还要考虑特定地域范围，抓住有利战机常常是成败的关键，如果贻误战机则失去了价值。三是效果突出。若战机把握准确，措施落实到位，可以收到事半功倍一举突破全案的功效。

（三）秘密侦查措施

秘密侦查措施是指侦查人员在不暴露真实身份和真实意图的情况下所采取的各种调查和查缉活动。秘密侦查措施既包括常规措施的隐蔽形式如秘密询问、秘密辨认等，也包括内线侦查、外线侦查、控制下交付活动等，还包括其他技术侦查措施，如秘密侦听、邮件检验、密搜密取、密拍密录等。这类秘密措施具有三个特点：一是适用对象特定，严格履行审批手续。二是高度隐蔽，进行周密的组织设计。三是用作证据时做好保护工作。新的《刑事诉讼法》强调秘密措施获得材料可作证据使用，但对涉密资料、隐私材料、人员身份和技术方法应当注意保护。

（四）强制性侦查措施

强制性侦查措施包括刑事强制措施和带有一定强制性的侦查措施。刑事强制措施又称强制处分，是公安、司法机关为防止犯罪嫌疑人逃跑、自杀、行凶、串供、伪造或毁灭证据，对其人身自由实行强制限制措施。《刑事诉讼法》规定的刑事强制措施有五种：拘传、取保候审、监视居住、拘留和逮捕。带有强制性的侦查措施有搜查、查封、扣押物证或书证等。这类措施具有三个特点：一是严格依法性。严格依据国家法律依照法定程序实施，以保障公民正当权利不受侵犯。二是体现强制力。是刑事措施强制力和国家赋予侦查权力的体现。三是具有威慑力。对抗拒者和其他犯罪人员起到威慑和警诫作用。

（五）基础性侦查措施

基础性侦查措施也称侦查基础业务措施，是为主动、有效地开展侦查破案或预防发案而设置的各项基础业务建设。主要包括：（1）犯罪情报资料建设，通过各种渠道获得的有关刑事犯罪活动的情况、线索，经收集、整理、分类、储存、传递，用于检索、利用；（2）刑事嫌疑调查控制（高危人员调查控制），对具有犯罪迹象或可能但仍未证实者，进行调查控制，防止犯罪案件发生；（3）侦查阵地控制，是对容易被犯罪嫌疑人利用来犯罪或经常涉足的行业、场所进行控制的基础性措施；（4）侦查信息化建设，在侦查破案中广泛运用信息技术和计算机网络，支持侦查工作。包括互联网信息、通信信息、视频监控信息、银行卡信息、卫星导航信息等在侦查中的应用工程建设。

（六）重大侦查措施

重大侦查措施是侦查机关针对某一时期、某类犯罪活动突出问题，所开展的集中打击行动措施。重大措施主要包括专项斗争、破案战役和办案协作等。重大措施具有三个特点：一是对象重点突出。该类措施的打击对象一定是重点明确、危害突出的犯罪类型，如扫黑除恶行动、打击电信诈骗活动等。二是行动阶段性强。实施打击必须在特定的时间段内，集中优势兵力，形成拳头之势，完成侦打任务，达到既定目标，否则持续拖延形成疲劳战，难以收到效果。三是牵涉范围广。实施重大侦查措施常常需要各部门联合行动、各警种合成出击、各地区协同作战，甚至需要跨境跨国合作侦查，大规模采取行动。

当然具体某一项措施属于哪一种类型，要具体分析，种属关系可能互有交叉，也有同一项措施隶属于两种或多种类型的情况存在。

知识作业：

怎样理解刑事侦查措施？侦查措施怎样分类？

技能作业：

辨析某一侦查活动施用哪些侦查措施，如何归类。

第二节　调查询问

知识目标：了解调查询问的概念、对象、内容、作用，把握调查询问的注意事项和询问材料的甄别方法。

技能目标：掌握调查询问的方式、方法和询问笔录的制作方法。

一、调查询问概述

（一）调查询问的概念

调查询问是指侦查人员通过咨询问话向事主、被害人、知情人等了解有关情况，发现犯罪线索、获取证人证言，以查证犯罪的一项侦查措施。调查询问是侦查人员与案件有关人员或知情人员进行交流，从而发现侦查线索和犯罪证据的具体方法。调查询问是运用查询方式进行专门调查的一种形式，是坚持专门工作与群众路线相结合的具体体现。

这里所谓调查询问是指刑事调查询问，又称侦查询问。调查询问常常是现场访问的延伸和深入，是贯穿破案活动过程始终的侦查措施。调查询问的主体一般为侦查人员，若出于侦查策略考虑也可委托其他合适的人员代为询问。调查询问的对象一般是与案件有关或了解案件有关情况的人员。调查询问的形式则是交流谈话或咨询问答的方式。

（二）调查询问与调查访问的异同

调查询问与调查访问很接近且常常混用，但二者之间又有细微区别。访问多指现场走访，目标和范围不确定。它是指深入发案地周围、单位或群众中去，围绕发生的案件听取群众的议论和反映，调查案发前后有哪些情况和可疑迹象，以发现嫌疑线索和重点知情人，这是一个初步了解情况，发现线索的过程。调查询问一般是有针对性地深入调查，是有重点、有目的地向有关人员了解案件发生情况，发现案件发生经过和某些具体情节，是深入查明事实、搜集证言、获取证据的过程，一般是在初步访问的基础上进行。调查询问措施的使用常常贯穿于整个破案过程。

（三）调查询问与侦查讯问的区别

调查询问与侦查讯问是两种不同的侦查措施。一是询问与讯问的目标对象有所不同，询问的对象比较广泛，而讯问对象一般是犯罪嫌疑人。二是询问与讯问的基本任务有所不同，询问的重点目的在于寻找证据、认定证据，讯问则侧重在核实证据（现行案件）或侦破积压案件。三是询问与讯问所处的侦查阶段不同，询问贯穿于案件侦查的全过程，而讯问多在案件的侦查终结阶段。四是询问与讯问的调查对象所处地位有所不同，询问对象一般是自由公民，而讯问的对象则多是已经被限制自由的人员。

二、调查询问功能作用与地位

（一）询问的功能作用

侦查破案从实质上说就是一个调查取证的过程。调查询问是发现犯罪线索、查明事实真相、获取犯罪证据的专门工作和必要方法。作为一个常用措施，它在整个侦查活动中起着极其重要的作用。

1. 审查立案。刑事侦查部门对于报案、举报、控告以及自首的材料，需要进行调查审核，以确定是否符合公安机关立案的标准，即是否确有依法应该追究刑事责任的犯罪事实，从而决定是否确定立案。毫无疑问，调查询问是审查立案根据确定是否立案的最基本方法。例如，抢劫、强奸等案件，不经过询问则难以确定其案件事实有无和案情真伪；诈骗、扒窃等案件，调查访问、询问则更是辨别有无与真伪的关键。

2. 获取线索。发现获取有关犯罪活动和犯罪嫌疑人的线索，是侦破刑事案件的重要一步。犯罪人员就隐藏在现实生活之中，犯罪活动必然同周围的人、事、物发生联系。"若要人不知，除非己莫为"，这里所指的人并非都是侦查人员，可能是犯罪人的亲属、朋友、邻居、同事，耳闻目睹者及各类知情人等，要从人群之中把犯罪行为人找出来就得访问、询问这些人员，所以深入的调查询问是从群众中获取犯罪线索的主要来源。

3. 收集证据。收集获取证据首先要依靠的就是调查询问措施。《刑事诉讼法》规定证据中的证人证言、被害人陈述，都得通过调查询问收集。勘验和检查笔录、视听材料的获取，也常离不开调查询问。被告人供述和辩解没有经过调查询问核实也很难作为证据使用。嫌疑人的口供与证人证言、被害人陈述是否相符、有无矛盾，供述的侦查机关尚未掌握的犯罪细节，都要经过询问加以核实；对其辩解必须通过询问来澄清；尤其供述的一些新案件，必须运用调查询问及时查证，以利于侦破积案与隐案。

4.查明案情。案件发生后，侦查人员只知道犯罪结果和被侵犯客体，不知道犯罪原因和犯罪的主体。要了解案件发生经过、澄清事实真相，只有向群众了解案件情况。因为侦查人员不可能目睹案件的发生过程，只有通过向有关人员调查询问，才能获得第一手的犯罪材料。相比较而言，现场勘验获得的材料是客观物质，具有静态特征，而调查询问获得的往往是事物的动态特征、活的线索，现场勘验的局限性需要由调查询问的材料来弥补。分析案情、查明案情都需要通过调查询问这一常用措施来获得材料作为支撑。

（二）调查询问的地位

从功能和作用不难看出，调查询问措施在侦查破案工作中有着举足轻重的地位。侦查破案过程的各个阶段自始至终都离不开调查询问。运用好调查询问是每个侦查人员都必须掌握的基本功。

1.最基本的侦查措施。调查询问措施通过咨询问话交流沟通，获取询问笔录等材料，是最基本的侦查措施。任何其他侦查措施包括技术侦查措施的运用都必须以调查询问、调查访问为基础，以其作为后盾。没有调查询问任何侦查措施和技术侦查措施都无法运用，显然许多犯罪证据也就无从获取。

2.运用量最大的侦查措施。调查询问每案侦查必用，每一侦查阶段必用，自始至终贯穿于整个侦查过程。无论案件性质种类，案情复杂程度，从收集线索、确定嫌疑、搜集证据、审查重点，都离不开调查询问。调查询问措施的运用居于各项侦查措施之首。

3.践行群众路线的具体体现。刑侦工作方针"依靠群众"是基础，调查询问是依靠群众的具体体现。调查询问和访问也是联系群众、依靠群众的桥梁纽带。调查中可能遇到不同阶层、职业、年龄、学历、道德观和是非观的人，他们有着不同的社会经验和阅历，要让其坦言相告，还是有一定难度的。

4.侦查人员必备的基本功。调查询问是最基本、最常用的侦查措施。这一措施的运用说起来容易做起来难，能否完成询问任务，很大程度上取决于侦查员的综合能力水平。每个侦查员都应该在侦查实践中磨炼自己，不断提高调查询问能力，熟练掌握这一必备的基本功。

三、调查询问的对象及要点

调查询问工作涉及的范围广泛、对象众多、内容复杂、工作量大。调查的主要对象和内容要点主要体现在以下几个方面。

（一）报案人、举报人、控告人

首先要询问的是刑事案件的报案人、举报人、控告人。报案人是有关单位或个人发现犯罪事实的发生而向侦查机关报告的行为人。主要询问要点有犯罪事实和行为后果、发生与发现的经过、有无犯罪嫌疑人等。举报人即检举揭发人，是向侦查机关检举揭发犯罪嫌疑人的群众、同案犯等。主要询问要点有被举报嫌疑人情况、犯罪事实与根据、举报材料来源等。控告人多指将其发现的犯罪事实及犯罪嫌疑人向侦查机关控诉报告者，常常是被害人。主要询问要点有犯罪嫌疑人情况、犯罪事实及证据等。

（二）耳闻目睹者

刑事案件发案现场周围的群众往往是了解案件者，其中有的是犯罪行为的目击者，有的是犯罪现场的发现者，有的是犯罪人来去路线上的路遇者，也有的是各种情节的知晓者，他们往往能反映出与案件有关的人、事、物等具体情况。而调查询问就是深入到发案地附近的群众中去，设法查找途经发案地的过路人，就其亲眼所见、亲耳所闻中与案件有关的情况进行询问，提供线索。要注意叙述是否有误差，诸如当时光线、距离、噪声的影响，本人的视觉、听觉是否正常等。

（三）事主、被害人

主要指刑事案件的事主、被害人及其亲属或交往密切的社会关系人。他们是直接遭受犯罪行为的侵害者，或者是最早接触现场者，可能是某些情况的知情人。有些被害人或事主曾经与作案者有过正面接触（强奸、抢劫、诈骗等），能直接提供犯罪行为人的体貌、衣着、口音等特征。被害人的亲属、朋友、同学、同事，熟悉其品行表现、经济状况、起居习惯、交友往来、饮食衣着、携带物品、行走路线、活动范围和规律，甚至了解一些隐私情况。询问获知这些情况，对全面分析案情，发现嫌疑线索具有极其重要的作用。如，杀人案件不先查明被害人就很难找到加害者。要注意其是否隐瞒、夸大案情。

（四）犯罪嫌疑人

犯罪嫌疑人是被侦查人员认为有作案可能并需要进一步审查的人，在侦查中有时需要对犯罪嫌疑人及其家属进行正面或侧面询问。为了查明嫌疑人基本情况、作案时间、行踪去向，可在群众中进行调查。若情况允许也可正面询问嫌疑人，侦查实践证明，在许多情况下对嫌疑对象调查审查，不能完全采用"背靠背"的方式，必要时可以直接向嫌疑人发问，弄清情况。也可以与从其他角度获知的情形比较核对，以辨别嫌疑人言论的真伪。在某些案件某些时候不宜惊动嫌疑人，但为使侦查活动进一步深入进行，也可周密设计进行侧面了解，以示假隐真的探问形式调查询问，这是更高层次的询问。要注意询问的方式、时间、地点等。

（五）各类知情人员

所谓知情人是指虽然没有直接耳闻目睹犯罪活动及作案情况，也不是事主、被害人的社会关系人，但他们可能从某些角度了解与案件有关的人、事、物等情况，如有关单位负责人、辖区派出所民警、基层保卫干部、相关区域安保人员、当事人的邻居等。知情人可能了解被害人的生前表现、人际交往、婚恋情况、经济收入、债务关系，也可能了解嫌疑人的品行表现、前科劣迹、往来对象、犯罪欲望、所需所求等。这些人可能是曾经提供过某些可疑线索的人，发案单位地区的职能部门负责人，被盗窃、抢劫、诈骗财物的保管者、经手人等。

（六）有关专业人员

有时候侦查人员为弄清楚某些专业技术问题，可以向具有某种专门知识的专家、学者和专业技术人员调查询问，或者组织、请教某领域专家讨论研究，以解决侦查工作遇到的专业技术性难题。例如，某种物品构件的制作工艺、性能特点、使用范围、销售领域、民族特征；某种动物或植物的生存环境、生活习性、分布区域、养殖技术、加工手法；某种痕迹所反映的行业特征、职业范围、行为人特点、形成机制、熟练程度；等等。如果专业人员具备资质，可在调查询问基础上让其出具鉴定意见。

四、调查询问的内容

（一）"七何"要素

调查询问的内容是指问明哪些问题，也称为通过调查询问要完成的任务。调查询问内容要大致围绕"七何"要素进行，只要"七何"要素有了着落，案件的前因后果、来龙去脉也就弄清楚了。

1. 何时。一般指刑事犯罪案件发生的时间，这是犯罪案件不可缺少的必备要件，是刑事侦查行为需要关注的焦点，也是最终破案必须要解决的问题。围绕时间问题开展的调查还有很多内容，诸如什么时间发现、发生的案件，什么时间被盗、被抢，什么时间发现的可疑人、事、物，什么时间遇到被害人，什么时间看到嫌疑人，手机、电脑、网络显示什么时间，等等。

2．何地。一般指刑事犯罪案件发生的地点。任何刑事犯罪案件都是在一定地点发生的，广义地说就是犯罪的空间。而犯罪行为发生的地点，必定会留下痕迹、物证等犯罪行为信息，这便是犯罪现场勘查的客观依据。调查询问常常涉及在何地遭遇作案者，作案者从何处来到何处去，财物存放于何处，在何地发现的可疑人、事、物，等等。

3．何人。是刑事犯罪案件中最为重要的要素之一，一般指作案者是何人。围绕作案人的身份特点、相貌特征、身高体态、穿着打扮、携带物品、行为习惯、爱好嗜好等作询问。除作案人外与犯罪案件有主要关系的是哪些人，包括被害人、知情人、目睹者，还包括怀疑何人等。通过对这些人调查询问或询问这些人的情况，可以进一步明了案情，揭露犯罪。

4．何事。即刑事犯罪及相关事件的性质，客观上发生了什么事情，是什么犯罪事件。从刑事侦查角度讲就是确认犯罪事实的存在，查明犯罪事实存在及其真相，是刑事侦查的重要内容。例如，首先要问明报告、检举、控告的事实及依据，耳闻目睹了什么事件，对什么事情觉得可疑，什么事情值得怀疑，除了被问及的还知道哪些事件，等等。

5．何因。主要指犯罪的原因，即是什么原因产生了犯罪行为，导致了犯罪案件的发生。从因果关系的研究看，任何刑事犯罪都是由一定原因造成的，而犯罪原因的揭示，便是刑事案件破案过程的关键环节。犯罪原因具体可分为潜在原因和显在原因、内在原因和外在原因，这些都在调查询问范围之列。犯罪动机即作案者的内心起因，更是通过调查询问要弄清的重点内容。

6．何物。即与犯罪案件有关的物品。主要包括涉案赃物，作案工具、凶器、血衣，遗留物品等。可能与犯罪有关的物品都可成为调查询问的内容，诸如携带了何物、抛扔了何物。这些物品可成为推断作案手段、犯罪动机、犯罪人特点的客观依据。与之相关的，还包括使用工具物品和获取赃物的方式方法，所以也隐含着何种方法的内容，即何法。

7．何果。是指犯罪行为造成了什么样的损失和影响，即犯罪案件的危害后果。弄清犯罪行为产生的后果，不仅能明确事件性质、案件性质，也可根据后果严重程度确定案件的一般、重大、特大等级。从何果（危害后果）可以推断犯罪动机，或成为推断犯罪人个人特点的依据，即回溯推理侦查破案的过程。调查询问何种结果是侦破案件的重要内容。

"七何"要素并非被询问者都能回答出来，也没有必要向每人问及"七何"要素。"七何"是为我们提供调查的大致思路和提问的总体范围，具体询问时应根据案情和对象的知情程度，有针对性地灵活运用。

（二）具体内容

1. 案发情况。弄清案件发生情况和发现经过，是向案件发现人、报案人、控告人、检举人、被害人及事主调查的重点。要着重问清案件发生和发现时间，发现的经过和情节等。特别是现场访问，更要对目击者或在场人员问明案发情况、发现经过，什么人在什么情况下发现这一犯罪案件，以便了解发案初始状态，尤其是单靠勘验难以弄清的原始案件情节。

2. 立案依据。明确予以立案的事实依据，即通过调查询问来弄清案件的真伪。诸如是否真的发生了犯罪案件，是否有可能属于报假案，有无将意外事故误报为刑事案件的可能。例如，人命事件之他杀案件、自杀事件、意外事故，火灾事故的放火案件、失火事件、自然灾害等，很大程度上需要通过在现场访问基础上的调查询问来进一步明确。

3. 犯罪原因。了解犯罪行为形成的主客观原因。造成犯罪的主客观原因十分复杂，任何犯罪案件的发生，都是诸多因素综合作用的结果。主观上的犯罪动因，主要是满足财欲、性欲、报复欲望等；客观上的犯罪原因，也就是环境条件及被害人过错等。一般的，造成犯罪的主客观原因弄清楚，犯罪人的作案因素和行为条件也就轮廓清晰了。

4. 犯罪线索。是指发现犯罪嫌疑人和犯罪线索。依据犯罪人的作案条件（这些条件本身也可能是通过调查询问获得）在群众中调查符合条件者，一是直接调查，查物找人或查人找物；二是间接调查，定时定位看谁有时间和接触条件，寻找被害人的关系人，犯罪现场的关联物（车、衣、物等）。另外，还可通过调查询问发现其他线索，如行为反常、经济反常等。

5. 体貌特征。体貌特征是刻画犯罪嫌疑人形象的重要依据，也是认定犯罪行为人个体的前提。嫌疑人体貌特征包括面目相貌、眉眼口鼻的静态特征，走跑姿势、步态步幅的动态特征，身高体态、痦痣疤痕的稳定特征，穿着打扮、发型配饰的可变特征。掌握了嫌疑人体貌特征，才能选择实施画像侦查、通缉通报、侦查辨认等侦查途径和措施。

6. 逃匿踪迹。向目击者调查犯罪嫌疑人的逃跑方向以及使用的交通工具，以便采取相应的紧急侦查措施。结合体貌特征、携带物品、所乘车辆等问明犯罪嫌人的逃匿踪迹，以便向有关地区追缉堵截、通报协查、上网追逃。即使不具备追缉堵截条件，也要尽可能查清犯罪嫌疑人逃向以及可能的落脚点、关系人等，为进一步架网布控实施抓捕创造条件。

7. 犯罪事实。通过调查询问查明犯罪活动过程及情节。有些刑事案件的事实情节、犯罪过程仅靠现场勘验难以查清，因为勘验的只是静态结果。在作案过程和具体情节上还会有许多疑点、盲点，而疑点、盲点通过调查询问可以解除转而成为明点。例如，对被害人及家属和对事主的调查询问，很大程度上就是为了查明犯罪活动过程及事实情节。

8. 相关证据。调查询问措施的实施既为查明案情又为获取证据。被害人陈述、证人证言、报案笔录、控告材料都属于证据。在调查询问中，只要发现有价值的线索和与案件有关的情况，都要制作询问笔录以作为诉讼证据使用。作为基本侦查措施，调查询问也是其他侦查措施的基础，在调查询问中还可能同时发现提取其他类各种证据。

五、调查询问的方式

在刑事侦查工作中，调查询问措施经常使用，询问对象复杂多样，询问内容各有侧重。调查询问的方式种类，从程序正规与否分为正式询问、非正式询问；从调查对象不同分为询问被害人、询问证人、询问相关人员；从调查直接程度和调查角度分为直接询问和间接询问、正面询问和侧面询问。调查询问的基本方式从调查的隐秘程度，即按照询问主体是否以公开身份进行，通常分为公开调查询问和秘密调查询问。

（一）公开调查询问

公开调查询问也称为正面调查询问，是指侦查人员以公开的警察身份，直接向有关人员做调查，正面询问与案件有关问题的一种调查询问方式。公开询问的具体形式主要有如下几种。

1. 走访询问。也称个别谈话，是侦查人员深入发案现场附近（或周围）有关群众的住地、工作劳动场所进行调查询问的方式。这种深入走访的形式，灵活机动可进可退，既方便群众又和蔼可亲，容易形成无拘无束的气氛，有助于对外保密，同时访问中又能实地观察。走访询问，一般应有熟人引导，或由其他警钟配合协助，常从非正式询问（即访问）开始，比如拉家常而后切入正题进行正式（按照法定程序）询问；若被问人面有难色，应考虑是对陪同人员的不信任，可相机结束谈话，另外选择时间直接谈话发问。走访时既要有重点，也要防止副作用，若嫌疑对象就住在附近，可采用全面走访或秘密走访来掩护知情人。

2．约谈询问。也称通知谈话，是把被调查人邀约到某个适当场所进行个别问答形式的询问。《刑事诉讼法》规定："在必要时，可以通知证人到人民检察院或公安机关提供证言。"这种个别谈话的方式尤其适用于与嫌疑人有某种关联，知道嫌疑人的某些情况但内心有所顾虑不愿如实提供的人。通常方式是把被调查人请到派出所或所在单位的保卫科进行谈话。这样虽然并未采取强制措施，但这种场所本身就会给其造成一定心理压力。谈话的时间、地点，由侦查员掌握，具备做好说服工作的条件，促其改变立场如实陈述。对于约谈不到场者，可以进一步采取传唤的形式进行调查。传唤询问是把被问人传唤到侦查机关及其所在市县指定地点或其住所进行询问。

3．座谈询问。座谈询问是指在适当公布案情的基础上，召集小型座谈会，向有关群众做调查，再选择合适对象单独询问。在发案初期常用这一方法，在单位内部或村屯内较为实用。参加座谈的人员要适当挑选，范围既不能过窄也不能过宽。一般选择身份比较接近相互之间不会戒备者为一组，座谈内容为已经公布的案情。要启发众人群议案情、提供线索，但不要随意诱导，也不要堵塞言路，让参加座谈的群众畅所欲言。一般不要当众取证，以免对方有所顾忌而遭到拒绝。有时为解决案件中某些专门技术问题，也可组织有专门知识和专业技能的专家学者座谈，请其提供专门的线索或解决问题的专门方案。

公开调查询问时侦查人员应当按照法定程序进行，包括表明侦查人员身份、出示人民警察证件，交代党和政府政策、告之以各种权利，最终还要制作正式的询问笔录。

（二）秘密调查询问

秘密调查询问也称为侧面调查询问，是指侦查人员在不暴露真实身份和侦查意图的情况下所进行的调查询问。采取这种方式多因被调查人是嫌疑人或与嫌疑人关系密切者，极可能引起对方察觉，造成串通毁证、订立攻守同盟或隐伏不动，甚至自杀、逃跑、行凶等不利侦查的结果。秘密询问常用以下几种具体形式。

1．化装查访。侦查人员化装成其他适当身份的人员，以某种名义或借口与被询问对象直接接触，进行有目的、有策略的谈话，从侧面了解与案件相关的某些问题，从中获取对办案有用的线索和信息。传统常用的身份有电业局、水务局工作人员，工商局、税务局工作人员，房屋中介、房屋管理人员，卫生防疫、疾控中心人员，投送快递人员，派送外卖人员，电脑、网络维修人员等，甚至算命先生、星座分析师等身份都可选择。如果是到对方住宅场所查访，还可借机进行变相的"勘验"和"搜查"。

2. 委托代询。如果侦查人员不便接近或无法接触调查询问对象，可物色政治可靠、有接触条件并且有一定能力者，委托其协助从侧面调查询问。由于受各种条件限制，侦查人员不便直接出面，可以委托他人间接调查了解与案件有关的问题。采取这种方式的关键在于一定要确定好人选，否则调查询问的目的难以达到，反而可能会暴露侦查、调查的真实意图。可选择调查对象的关系人，比较信任、不做防备，甚至其身边的近人、亲人。应当做好周密设计，交代清楚任务，并告之绝对保密。

3. 通信查询。利用电话、网络、微信、QQ等通信或聊天工具，向调查对象询问与案件相关的某些问题，以发现获取对侦查破案有用的线索和信息。由于这种形式属于间接的调查，只要做到不被调查对象怀疑而拒绝，侦查员可以假借其他身份，以某种名义亲自询问，也可委托其他合适人员代为询问。无论由谁来询问都要做到示假隐真，不暴露侦查调查的真实意图，以免干扰侦查对破案造成副作用。可事先拟定关心某一问题的理由，或以某项社会调查（人口、经济普查等）作掩护。通信查询的优点是便于录音和监听。

秘密调查询问属于非正式调查询问，一般无须制作正式的询问笔录，但调查结束后，应当撰写报告材料附入侦查卷备查。在秘密调查中发现重要线索证据时，可以另行以公开方式调查取证。

六、调查询问的实施方法

调查询问要讲究实施方法。因为被询问对象广泛、复杂、形形色色，年龄、职业、阅历、性格、智力不同，对公安人员的态度不同，又分属不同的角色，如事主、被害人、报案人、检举人、控告人、发现人、知情人、嫌疑人，其对支持破案的积极程度也不尽一致。只有讲究方法，才能使之按照侦查人员的要求回答出其所知道的一切。侦查人员的业务素质、实践经验、询问方式、谈话艺术直接影响对方的回答态度，直接关系到询问的成功失败。侦查实践中，由于方法不当、急于求成被拒之门外而一无所获和由于循序渐进、方法得当一举成功的实例不胜枚举。这里主要从调查询问步骤、布设问话氛围、调查谈话技巧、询问语言艺术等方面阐述询问的具体方法。

（一）选择时空，创造环境

所谓时空即时间、空间。选择时间一般要考虑有利于询问，既对被问者来说感觉方便（工作习惯、生活习惯等），又对侦查员来说不贻误破案时机。选择地点和环境也很重要，地点和环境直接影响被询问人心理，是询问成败的关键。首先，要选择没有围观和旁听人员的安静环境，有利于侦查人员集中精力提问，也有利于对方集中注意力回答问题。其次，要选择对方感觉安全保密又容易引起回忆的地方，防止人多眼杂走漏消息。再次，对比较友善的证人询问，地点最好选在其居家住所或办公场所，使其感觉安全肃静的地方。最后，对嫌疑人及其关系密切人员，最好选择其不太熟悉的环境，如刑警队、派出所、保卫科，以便有效对其施加心理压力，也有利于其集中注意力回答问题。对秘密调查访问的时间和地点选择，应以是否符合掩护身份，是否有利于掩盖侦查意图来考量。

（二）稳定情绪，消除障碍

被询问人情绪、情感如何，直接影响调查询问的结果。情绪稳定、情感积极不仅能主动讲述顺利回答询问，而且能更好地思考、回忆、表述所问的问题。无论是主动提供情况还是被动接受询问，心情紧张者语无伦次，特别是被害人及其家属被害失亲的悲愤、痛苦，受辱被欺的羞恨、耻辱，失财丢物之忧虑、烦恼，都可能使之痛不欲生惊恐万状，甚至出现精神恍惚、意识空洞以及感受偏差等，这些波动的情绪都可能导致言语混乱表述不清。所以，首先应当稳定对方情绪（嫌疑人或不友善者除外），可采取"脱敏聊法""渐近聊法"等。除了选择合适场所，还应做到态度热情真诚，如主动倒杯水、递支烟等，待情绪和缓以后再行发问。

由于被询访调查对象的思想觉悟及法律意识参差不齐，常常影响其回答问题的心理态度，应促其做好思想准备、消除心理障碍。一般来说，不愿回答问题的心理障碍有以下几种，应当采取相应的对策。

1. 事不关己，多一事不如少一事。对事不关己者，应宣传法律和做思想工作，激发其正义感和责任感，唤起其对犯罪行为的义愤和对被害人的同情，将心比心安良助弱，做到主动"清扫他人门前雪"。

2. 恐惧害怕，担心遭受打击报复。对害怕报复者，应激励其增强与犯罪行为作斗争的勇气，说明"软弱"只能助长犯罪的嚣张气焰。强调表明公安机关打击刑事犯罪的决心，并保证为其保守秘密，保护其人身安全。

3. 贪求报酬，当成个人发财的机会。有些人认为难得获知有关犯罪的信息，视此为自己发财的机会。对贪求报酬者，要教育其作为公民具有揭发检举违法犯罪的义务，若提供的线索具有重要价值，应考虑给其一定物质奖励。

4. 顾全名誉，担心隐私被公之于众。有些被询问的知情者，由于担心如实回答问题会泄露自己的隐私而心存芥蒂。对顾全名誉者，首先促其充分信任侦查人员，然后保证为其保守秘密，为保护其隐私而负责任。

5. 怕受牵连，设法躲避不愿回答问题。有些知情人因为与案件有若干的联系，担心会受到牵连，或出于所谓"哥们义气"不愿如实提供所知道的情况。应着重指出包庇隐瞒的利害关系，讲明政策法律、分化瓦解争取。

6. 反感对抗，以不作为干扰侦查破案。有人出于个人情感，对抗公安机关。对反感对抗者，属法治观念问题的应当正面进行法治教育，对隐瞒真相拒不配合的可恩威并施，并讲明法律依据。

此外，还有其他种种，诸如夸大事实者、好大喜功者、害怕出庭作证者等，对此都应有针对性地消除其心理障碍。

（三）讲究艺术，准确发问

侦查人员调查询问主要通过与对方的谈话来发现线索、搜集证据，需要非常讲究语言艺术。俗话说，"会说的把人说笑了，不会说的把人说跳了"。只有讲究问话语言艺术，才能使不想说的人坦言相告，愿意说的人说得更多。提高语言艺术从以下着手。

1. 说好见面语。第一印象极为重要，要让被问人在短时间内产生信任感。询问人要问候寒暄，称呼适当，彬彬有礼，对打扰表示歉意。一般谈话可以从坦诚的自我介绍开始，也可从对方及其亲友谈起。例如，从对方兴趣、爱好、专长说起，可从赞美对方优点说起，可从家中摆设、装饰、宠物说起，可从与对方共同的经历、熟悉的人、关心的话题说起。怎样说见面语，还应当注意谈话对象的年龄、身份，谈话的场合、氛围，谈话的地域差异，等等。

2. 用好发问语。提问语言并非只限于"吗""呢"或生硬的"怎么""为什么"，除在内容上紧扣主题外，以下几种问法可使对方感到调查人员成竹在胸，只得如实回答：一是提问往事用肯定句，对方不得不如实回答。二是提及犯罪事实多用中性词，少用法言、法语。三是触及心理痛点，站在对方角度考虑，多用同情语。四是追问难言之隐，应含而不露，明白了就行，剩下的话让其自己领会。尤其使被问者有羞耻感的内容，提问要有分寸，有时对方实在不好启齿，可以让其自己写下来。

3. 用好体态语。体态语有时能起到有声语言难以起到的作用，衣着、神态、举止等，无一不对被询问人产生影响。着警服要庄重严整，穿便服应整洁大方，要神情专注态度端正，认真倾听对方的陈述。若是衣着不整，注意力不集中，歪斜着身子抖动着腿，那么被询问人就难以认真回答每一个问题。最忌讳问话间跷二郎腿、半躺沙发、口衔香烟等。调查询问时也应该注意对方体态语言和微表情反馈出的心理，并判断其所说内容的真实性。

（四）推动回忆，启发提问

调询的内容大多是对方以往感知的事情，由于时间间隔稍长，当时紧张惊慌或者记忆力较差等问题，有时想说但记不太清楚，回忆不起来。这时侦查人员可以借助一定线索，进行启发性提问推动对方回忆。常用具体方法有如下几种。

1. 接近回忆。选择在时间、空间上接近的事物作为线索，让对方参照回忆。例如，某一时间环节记忆不清了，可选择某一重要时间节点的前几天或后几天，依此法逐渐接近真实的实际发生时间；某人或物在空间位置记忆模糊了，可先让其回忆该人或物周围的人物位置，再接近实际所在位置。

2. 相似回忆。利用特征相似或相近的事物作为回忆线索，推动对方回忆。假如某询问对象忘记作案人的体貌特征或者难以用语言描述出来，可通过询问"长得像谁"或利用人像模拟组合，唤起其回忆。对相关人员的穿着打扮、携带物品、交通工具等，都可使用相似方法帮助回忆。

3. 对比回忆。利用彼此之间有一定反差的事物或现象，作为线索推动回忆。调查询问中涉及天气的阴晴，温度的冷热，颜色的深浅，距离的远近，时间的长短，身材的高矮等，若对方难以描述准确，均可采用这种对比方法。如"甲比乙高一些""丙比丁瘦一些"之类的对比法回忆。

4. 联系回忆。利用事物之间的彼此联系性作为线索来推动回忆。例如，当被盗事主丢失了多少钱财模糊不清时，可以从启发他回忆从银行取了多少钱、花钱买了什么物品、有没有借给他人、钱包中大致还会剩余多少等，来弄清楚损失钱财的具体数目。

注意推动回忆仅为其恢复记忆提供帮助，不能妨碍其按本意陈述所知情节，这与"引诱"和"暗示"有着本质区别。尤其对方若是案件的重要证人，他的讲话可作为法庭证词时，问话要严格依据法律按照政策行事。

（五）任其陈述，先听后问

有时可采取先听后问，任其陈述的策略，即先由对方自由地陈述，从中获取有用的信息，以后发制人的策略掌握提问主动权。一般适用此类问法的知情人有如下几种。

1. 普通走访对象。侦查人员自己并不知对方知道多少情况以及他本人与案件有何关系，有时甚至连问题都提不出来。在接受报案、举报、控告的时候，可先听对方的陈述内容，再择机针对性地提问。

2. 急于陈述表达者。若被询问对象急于主动陈述，陈述的内容也确实比侦查人员知道得多，打断性提问有可能干扰对方思路和回答问题，不利于对方的自主陈述。可先任其陈述，之后再行提问。

3. 犯罪嫌疑人。在询问阶段对犯罪嫌疑人不宜过多提问。尤其是那些能直接表明"我们掌握多少情况"内容更不宜随意拿出来提问，以免泄露侦查核心机密，最终影响侦查效果。

4. 疑似报假案者。对那些怀疑报假案者，在询问中应当让其自由陈述，尤其对案件发生的来龙去脉，从其陈述各环节的先后顺序、行为过程、案发结果、严重程度，与现场勘验相对照印证，以便从中发现问题、找出矛盾。

任其陈述先听后问，是为了更加有计划、有准备、有针对性地提问。所以，侦查人员一般应注意倾听和记忆，不到时机尽量不要打断对方，注意发现陈述中关键及矛盾处，与手中掌握的材料相互佐证。

（六）简短精练，重点提问

有时由于案情紧急或被询问人的情况特殊以及其他方面的需要，调查询问或可能难以按部就班并有始有终地通盘进行，而要简短精练地重点提问。最为常见的有以下几种情形。

1. 案情紧急，必须马上采取某些紧急措施，需要询问材料支撑的。

2. 询问对象是重伤、病危人员，随时可能有生命危险，经医生同意的。

3. 需要采取重点突破策略的犯罪嫌疑人以及与其有某些牵连的人。

4. 对于询问对象急于赶路程或有其他要事在身的，可经过简单发问，留下姓名、住址、单位、电话等联系方法，以后如需要再进行详细询问。

有时出于某阶段侦查工作的保密需要，对某些询问对象暂时不做系统询问，而是采用"蜻蜓点水"式的简短问话，点到为止。

（七）逐步推进，反复询问

调查询问虽然是一项基本侦查措施，但也并非简单易行容易完成。调查对象复杂多样，询问的话题及内容范围极广，并不是每一次询问都能顺利达到调查的目的。对有些调查对象，可能需要一而再再而三地进行询问，才能问明，问透，达到查清案情获取证据的目的。一是开始时调查对象心存顾虑，所见、所闻、所知未能全部讲明，通过打消其心中顾虑消除其思想障碍后，认为有必要再进一步询问的。

二是通过对询问材料审核，发现调查对象提供的情况与现场勘验资料或其他人的询问材料不符，认为有必要再对某些问题进行针对性询问的。三是随着侦查工作的深入推进，警方掌握了更多材料，询问内容需要作以调整，为了深挖线索有必要做再一次询问的。四是经过审查评断询问笔录，发现询问材料在程序和证据认定方面有明显瑕疵，有必要再行询问取证的。

七、调查询问的程序及注意事项

作为侦查破案中最为常用的侦查措施，调查询问措施的应用法律性、政策性、原则性、技巧性都很强，侦查人员组织询问要依照法定程序，既讲原则又要灵活地进行。

（一）询问程序要求

《公安机关办理刑事案件程序规定》规定："询问证人、被害人，可以在现场进行，也可以到证人、被害人所在单位、住处或者证人、被害人提出的地点进行。在必要的时候，可以书面、电话或者当场通知证人、被害人到公安机关提供证言。"调查询问主体一般是侦查人员，须两人以上实施询问。符合法律规定回避情形的，侦查人员应当自行提出回避。在现场询问证人、被害人，侦查人员应当出示人民警察证件。到证人、被害人所在单位、住处或者证人、被害人提出的地点询问证人、被害人，应当经办案部门负责人批准，制作询问通知书。询问前，侦查人员应当出示询问通知书和人民警察证。

侦查调查中询问证人、被害人应当个别进行。询问的若是未成年人，应当通知其父母或者其他监护人到场。询问应当使用当地通用语言，对不通晓当地语言文字者应当为其提供翻译。询问聋哑人，应当有通晓手语的人提供帮助。侦查人员在调查询问前要向被询问人交代相关政策和法律，包括被问人的权利和义务。告知面对调查有如实回答的义务，强调说谎话应负法律责任，要求其对侦查人员的提问作如实回答；告知作为公民应有的权利，是否要提出某位侦查人员回避的要求，对与本案无关的问题，有拒绝回答的权利等。询问中不得威逼、利诱、欺骗，应当允许对方自由陈述。询问完毕，按要求制作询问笔录。

（二）询问注意事项

调查询问除依照法律和程序要求外，为了提高侦查措施的效能和功用，应当做到有计划、有准备地进行，还应当特别注意以下几种事项。

1. 迅速及时，忌拖拉迟问。调查询问要注意迅速及时，既是刑事侦查工作性质和方针的要求，也是调查询问功能作用本身所决定的。首先，迅速及时询问有利于尽快掌握犯罪嫌疑人案后动向，以便趁其未及逃远采取紧急措施追逃查缉、架网布控，也可抢在其销毁罪证之前发现线索、获取证据。其次，迅速及时询问有利于群众准确回忆，提供翔实清晰的事实情节。最后，作为基本侦查措施，迅速及时询问有利于全面开展其他侦查措施，推进破案进程。抓紧调查尽快询问，一般宜早不宜晚，忌讳拖拉迟问，以免事过境迁，贻误侦查战机。

2. 全面客观，忌先入为主。全面客观是对调查询问的基本要求。所谓全面就是调查对象要全面广泛，询问内容要全面周到。从不同渠道了解收集案件材料，询问中既不挂一漏万，也不偏听偏信。所谓客观就是尊重案件事实，按照案件本来面目实事求是地去认识。调查询问获得的材料是分析案情的基础，关系到整个侦查活动的客观与准确。侦查人员不要先入为主是带着主观臆断的框框去问，不要符合设想意愿的就详听细记，否则就不听不记甚至打断对方阻塞言路。即使对方所讲的内容略有出入或者有些矛盾，甚至与侦查人员掌握的情况冲突或相反，也要仔细问、认真听、详细记，避免先入为主的错误做法。

3. 深入细致，忌浅尝辄止。深入细致是对调查工作的普遍要求。调查询问始终围绕着发现线索、查明案情、收集证据为中心，深入细致的作风和做法显得尤为重要。调查态度要认真，询问内容要深入，所问问题要查清。刑事案件错综复杂，询问对象形形色色、心态各异，立场和态度也是不断变化的，要顺利取得有价值询问材料不是一件易事。一方面要深入群众中去，做耐心细致的思想工作，取得广大民众对破案的支持，而不是浮在表面流于形式，才能取得真实的、有价值的第一手材料；另一方面要深入细致地调查每一个问题，查深、查细、查实，定人、定时、定位，追本溯源，刨根问底。调查询问要有不怕碰钉子的精神，切不可粗枝大叶，最忌讳浅尝辄止。

4. 单独询问，忌多人在场。无论是询问报案人、举报人、控告人，还是询问被害人、知情人都应当单独进行，不要让其他人在场。对同一案件的两个以上的被询问者，更不能在一起混杂询问。单独询问主要为防止因从众效应而互相影响，使回答的内容失去真实性。另外，知情人提供材料时大多忌讳他人在场，人多耳杂嘴松，担心对外泄露而不吐真言。尤其对涉及隐私和阴私的案件，对被害人更应该做到单独询问，以防止被害人因顾全名誉或因羞耻心理避而不谈被害事实及情节。对儿童尤其幼女被侵害案件，应当由家长、教师或其他监护人陪同询问。

5. 专人询问，忌多头杂问。对同一调查对象的询问，原则上应该由专人专门负责实施。如果没有特殊情况，从始至终应由专人询问，最好不要中间换人。专人负责询问同一调查对象既符合贯彻落实专案专办的精神，又有益于侦查人员全面掌握情况系统把握材料。如果询问主体频繁换人，对被问人会造成心理压力，甚至促其失去耐心不再配合调查。多头询问也会使调查失去连贯性，不利于准确获取有价值的证言材料。即便是由专人询问，询问次数也应尽量控制，一般宜少忌多，避免过多重复询问引起对方反感。对某些有影响的重特大案件，检察机关可以提前介入，也能减少询问次数。

6. 结果保密，忌对外乱讲。对刑事案件侦查调查中获得的询问材料，必须严格保密。这既是刑事侦查工作的原则要求，又是每一起案件侦查破案的必然需求。保守侦查工作秘密，对调查结果保密，既是侦查人员的行为习惯养成，也是对被询问对象的郑重承诺。不仅调查材料询问结果要保密，对调查的方式、形式、时间、地点选择上就应当考虑到利于保密问题。只有严格保密不对外乱讲，守住相关人员隐私不对外泄露，才能有效保护被害人名誉，保证证人及家属的安全。

八、分析研究、查证甄别询问材料

调查询问的目的是弄清事实真相，发现嫌疑线索，获取证人证言。询问材料是分析判断案情采取进一步措施的基础，也是认定事实最终破案的依据。有的证人证言是真实可靠的，有的因受到主客观因素影响则有意提供伪证或者有夸大、歪曲、隐瞒甚至捏造事实的情况，这关系到法律的严肃性和嫌疑人的前途命运。所以，对询问材料既不可全盘否定，也不能盲目全信，要分析研究，认真查证，加以科学甄别。

（一）从提供证言的来源进行分析

分析研究所提供情况的来源，是本人亲眼所见亲耳所闻，还是道听途说间接获得。若是本人所见所闻，要分析当时的客观条件，如时间、地点、距离、角度、光线，甚至风、霜、雨、雪类天气的影响，其感知是否会有错觉，是不是主观推测、怀疑、想象而形成的印象。若有必要可以做侦查实验予以确证。若是间接听说，则应查明何时、何地听何人所说，还有哪些人在场能够给以佐证。尽量查找原始见证人询问清楚，获取直接材料。

（二）从提供证言的内容进行分析

分析研究所提供的证言材料是否合情合理，是否符合一般规律，陈述内容前后之间有无矛盾。所述证言材料与案件其他事实是否相符，与其他证据是否一致，例如同现场勘验和其他证人证言是否矛盾。研究询问材料与已经确认的案件事实之间的关联程度，包括时间空间关联，痕迹物证关联，因素因果关联等。这种关联是吻合一致，还是相近相似，或者有出入相矛盾。一旦有矛盾或可疑，就应当进一步深入核查弄清原因。

（三）从提供证言的过程进行分析

分析研究询问材料是被询问对象本人主动提供的，还是在侦查人员反复询问下勉强提供的。办案人员是否因为急于获得材料而对其施加了压力，有无威胁、利诱、许诺、欺骗等行为。犯罪嫌疑人及其家属是否对知情人采取了威胁、诱惑、收买、软化等手段。整个调查询问过程是否依照法定程序进行，询问对象是否按照自己真实的意愿自由地表述了所见、所闻、所知。从提供证言的过程和条件，澄清上述问题有利于分析甄别询问材料。

（四）从被询问者的感知能力进行分析

分析研究被调查询问人的身心状况，包括生理状态和心理状态，有无生理上的残疾、心理上的障碍或精神上的缺陷，是否会影响其感知能力、记忆能力和陈述能力。例如，目击者的视力弱或听力差等问题，有可能导致提供的材料出现偏颇和误差。又如，少年幼儿记忆能力优于常人，但由于感知能力和表达能力薄弱，仍可能影响证言材料的准确度。另外，还应注意被询问人当时感知时的环境条件和取证时的周围环境，会否影响询问材料。

（五）从被询问者品质和表现进行分析

分析研究被调查询问人平时的思想品质如何，一贯表现怎样，也是考量其陈述材料真实程度的因素之一。无论被害人、知情人、目击者，如果平时表现一贯公证、率直、坦诚、实在，其陈述材料或许更可靠些。如果平素思想偏激，为人奸猾，狭隘自私或喜欢说大话、谎话，在被询问中会过多从自身利益出发而半遮半掩、隐瞒真相，或者依从言行习惯而夸大其词、添枝加叶，甚至无中生有。

（六）从被询问者与嫌疑人及本案关系进行分析

分析研究被询问人与犯罪嫌疑人有无利害关系，甄别获得的询问材料。例如，若是亲属关系、朋友关系，或其他利益关系，分析有无可能为了维护亲情、友情或一己之利，故作有利于嫌疑人的陈述，重罪轻说或隐瞒某些事实情节，以避重就轻或帮其开脱罪责。若平素就有矛盾冲突、仇隙怨恨，则分析有无可能故意夸大事实情节，以泄私愤欲加其罪。若询问对象是被害人，分析审查陈述材料时更要考虑其与嫌疑人和本案的关系层面的影响。

九、制作询问笔录

调查询问应当制作询问笔录。询问笔录是侦查人员依法对案件被害人、知情证人等进行询问时制作的书面文笔记录。询问证人笔录和证人亲笔证词都是记录、固定证人证言的证据文书。经过查证属实的证人证言笔录和被害人陈述询问笔录一样都是法定证据之一，也是认定案件事实的重要依据。

（一）法律依据

询问笔录依据《刑事诉讼法》有关证据和侦查章节的相关条款规定制作。

（二）结构及内容

1. 文首部分。询问时间，询问主体，询问对象等基本情况记载。询问主体情况包括询问人和记录人姓名、单位，询问对象情况包括被询问人姓名、年龄、出生日期、身份证件及住址、联系方式、户籍所在地等情况。具体格式见询问笔录文书样本。

2. 正文部分。正文部分是询问笔录的中心内容和重点部分，尽管对被害人和相关证人的询问记录内容各异，但大致都要记录表明身份、告知权利和义务、案件基本情况问答等内容。具体一般包括以下内容事项。

（1）表明身份，出示证件或询问通知书；表达依法向其询问有关问题，要求如实回答提问，对与案件无关的问题，告知对方有拒绝回答的权利，并将对方"听清楚了"的表态语句记入笔录。

（2）告知被询问人有关作证义务，表明若有意说假话、作伪证或隐匿证据须承担法律责任，并将对方"听明白了"的回答语句记入笔录。

（3）告知被询问人依法享有的其他权利，诸如认为提问人与本案有利害关系，可能影响对案件公正处理可以申请回避等，并将表态语句记入笔录。

（4）记录被害人陈述材料，有关案件发生的基本情况及被害的经过，犯罪嫌疑人情况；证人证明的案件事实材料，所看见、听到、知道的有关案件情节或嫌疑人情况。可作完整陈述大段叙述。

（5）对人、事、物、时间、地点和其他应该详细问的关键点，要问清来源，是直接还是间接，有何证明。要着重仔细记录，可用一问一答形式记入笔录。

（6）记录被问人感知案件情节或提供证明材料的主客观条件，不失原意地记录清楚当时的客观环境和身心状态。

3. 结尾部分。中心内容记录完毕，用"上述内容是否属实，能否全部负责"

问话扎口，并把肯定回答语句记入笔录。经询问对象阅读核对后，有差错遗漏的进行修改补充，承认无差错、遗漏后让其亲笔书写"以上笔录我看过（或向我宣读过），与我讲的相符合"之类语句，并签字、盖章，捺指印。

（三）注意事项

制作询问笔录，可以边问边记，也可先询问后整理记录。询问笔录内容如果记录差错或遗漏，修改或补充的语句让被问人逐页签名并捺指印，予以确认。公开调查询问必须制作笔录，还可录音、录像。秘密调查询问无须制作询问笔录，但应由侦查人员把调查所获得的情况写成书面报告材料，装订入侦查案卷存档备查，不可直接作为证据使用。

知识作业：

1. 什么是调查询问？它与调查访问、侦查讯问有哪些区别？

2. 调查询问常见的对象及询问要点有哪些？

3. 调查询问的一般内容有哪些？

4. 调查询问的注意事项有哪些？

技能作业：

1. 对某一案件的特定询问对象，采用何种方式、形式询问？

2. 对某一案件的特定询问对象，采用何种方法询问？

3. 不愿作证的常见心理有哪些，基本对策是什么？

4. 制作一份询问笔录。

侦查文书式样链接——《询问笔录》

第___次

询问笔录

时间____年__月__日__时__分至___年__月__日__时__分

地点_____

询问/讯问人(签名)____工作单位_____

记录人(签名)____工作单位_____

被询问/讯问人___性别___年龄___出生日期_____

身份证件种类及号码_____

现住址_____联系方式_____

户籍所在地_____

(口头传唤/被扭送/自动投案的被询问/讯问人于____年__月__日__时__分到达,____年__月__日__时__分离开,本人签名:___)。

问:_____

_____

_____

_____

_____

_____

_____

答:_____

_____

_____

_____

_____

第___共___页

第三节　现场勘验、检查

知识目标：了解犯罪现场的概念、规律、特点、分类，熟悉现场勘验、检查的概念、任务、要求；把握勘验、检查的职责及组织指挥、步骤程序和勘查顺序。

技能目标：掌握现场保护与紧急处置的内容、方法，现场勘验、检查、访问的内容、方法和现场分析的内容、方法。

一、犯罪现场概述

（一）犯罪现场概念

1. 犯罪现场。犯罪现场是指犯罪行为人实施刑事犯罪活动的地点和遗留与犯罪有关的痕迹、物品及其他物证的场所。"现"具有时间含义，"场"具有空间含义，犯罪现场即与犯罪活动有关的时间和空间构成。通俗地讲，犯罪现场就是犯罪人作案地点和遗留有犯罪痕迹物证的一切场所，体现着与犯罪行为相关的时间与空间及变化信息。任何犯罪活动都离不开特定的时间和空间，并与有关的人、事、物发生若干联系，犯罪行为的发生发展也必然会引起周围客观事物的变化，这是形成犯罪现场的基本条件。

2. 犯罪现场的构成。刑事犯罪活动是犯罪行为人在一定动机驱使下，在一定时间内，依托一定的空间条件，通过侵犯一定的客体实现的。所以，犯罪活动是一个动态过程，是由时间、空间、人员、物品、事件等要素构成的。

犯罪现场构成包括三个要素：一是时间空间要素。犯罪时间是犯罪行为人实施犯罪行为的时间，可分为以下几个层次：进出现场的时间，每一犯罪行为持续或间隔的时间，整个犯罪过程所持续的时间，犯罪行为时机的选择，案件发生时间与相关事件发生时间。犯罪空间是实施犯罪行为具体地点、处所和范围，犯罪现场是一个立体空间概念。二是犯罪行为要素。犯罪行为是犯罪现场分析研究的核心内容。广义的现场行为包括犯罪行为（侵入、窃取、劫夺、砍杀、破坏、毁尸、逃离等）、被害人行为（反击、抵抗、厮打、搏斗等）、其他人行为。三是形态变化要素。犯罪现场是犯罪行为直接间接作用于现场物质的结果，造成现场上被侵害客体及环境变化。主要有物质增加、物质减少、破坏物质、移动物质等。这些变化会以各种痕迹、信息表现出来。

（二）犯罪现场的规律特点

犯罪现场在形成、保持、变化方面与犯罪活动之间存在着必然联系，即犯罪现场的内在规律。犯罪现场是由犯罪行为在一定时间和空间上的作用所形成的，不同于意外事故现场、自然灾害现场等，具有其独有的特征。

1. 犯罪现场的规律：（1）犯罪现场形成的因果关系规律。犯罪活动是形成犯罪现场的原因，犯罪现场是实施犯罪活动的结果，犯罪现场与犯罪活动有着内在的必然联系。要把握这一规律，认真分析研究犯罪现场，进一步客观地认识犯罪活动。（2）犯罪现场条件稳定性规律。任何犯罪现场都由一定的时间、空间，犯罪行为，同犯罪相关的人、事、物诸条件构成，这些构成条件稳定不变，有利于深刻认识犯罪现场的形成和犯罪活动与现场之间的关系。（3）犯罪现场形态辩证统一规律。作为犯罪现场具有相同的形态特征，不同类型现场又具有不同形态特征，不同个案现场也具有各异的形态特征。犯罪现场形态相同性与不同性辩证统一，据此要在现场勘查中掌握类案、个案规律，把握犯罪活动及作案者的个人特征。

2. 犯罪现场的特点：（1）犯罪现场具有客观真实性。犯罪现场是犯罪行为造成的，也是犯罪活动的必然结果，在时间空间上是客观存在的，一般能够真实地记录和反映犯罪活动情况，诸如作案人的行为轨迹、出入线路、使用工具、作案手段，甚至动机目的。犯罪现场的存在不以人的意志为转移，只要有犯罪行为就会形成犯罪现场，只是明显与否或利用价值大小而已。（2）犯罪现场具有显露滞后性。尽管犯罪活动大多避人耳目隐蔽进行，但犯罪行为的结果必然改变作案场所的原有形态，呈现显著特征而暴露在人们的视野中。其中绝大多数现场是在实施犯罪之后若干时间被人察觉，又呈现出明显的滞后性。犯罪现场的暴露显现而且滞后这一特点，对现场勘查工作提出了更高的要求。（3）犯罪现场具有相对稳定性。犯罪现场形成以后在一段时间内能保持其形态不会显著变化，具有相对的稳定性特征。这种稳定性受到发现早晚、现场位置、痕迹物证属性、周围环境甚至天气情况的影响。稳定是相对的，变化是绝对的。随着时间推移，特别是风霜雨雪、人畜践踏、兽食鸟啄，犯罪现场也会遭到各种破坏而发生变化。要妥善保护及时勘查并有效利用犯罪现场的稳定性。（4）犯罪现场具有特殊可知性。犯罪现场是犯罪侵害活动形成的，本身就极为特殊。作案人为了犯罪得逞掩盖罪行以便逃避打击，必然设法隐蔽行事或制造假象，不留痕迹或破坏痕迹，甚至毁尸灭迹、毁赃灭证。尽管如此，由于具有客观真实性、暴露性和相对稳定性，犯罪现场还是会留有各种犯罪信息。通过勘验检查和对痕迹物证及各种信息分析研究，还是能够对犯罪现场及犯罪活动和行为人进行深入认知的。

了解掌握犯罪现场这些自身规律特点，对侦查人员深刻认识犯罪现场、把握犯罪现场勘查工作具有重要作用。

（三）犯罪现场分类

1. 主体现场和关联现场。这是按照犯罪现场在犯罪行为实施过程中的地位和作用划分的。所谓主体现场，是指犯罪行为人实施犯罪活动的主要场所。作案者停留时间长，实施犯罪行为多，遗留痕迹物证多，犯罪行为人信息密集，被侵害人或物的信息也最多，也更能反映作案动机目的。主体犯罪现场一般作为勘查的重中之重。

所谓关联现场，是指主体现场以外与犯罪行为相关联的场所。诸如作案前潜伏、窥探、踩点、逗留的场所，作案后藏匿赃物、抛尸移尸、毁证灭迹的场所。关联现场与主体现场相关联，同主体现场共同构成整个犯罪过程的场所。关联现场的痕迹物证容易被作案人所忽视，所以强化搜寻发现关联现场并认真勘查，对查明案情、搜集证据同样至关重要。

2. 原始现场和变动现场。这是根据犯罪现场形成之后是否遭到破坏有无变动划分的。原始现场又叫原貌现场，是指犯罪现场形成后至勘查前没有遭到人为和自然破坏，基本保持原始状态的现场。原始现场能够真实、客观、全面地反映实施犯罪活动的动机目的、作案手段和整个犯罪过程，有价值的痕迹物证相对较多，认真收集、提取有利于侦查破案。强调保护现场就是要减少现场被人为或自然破坏，为侦破工作奠定基础。

变动现场是指犯罪现场形成后至勘查前遭受人为或自然因素破坏而形态发生变化的现场。自然因素包括异变气候的干扰和鸟兽动物的践踏咬食等，对人为变动的现场有人认为应该指非故意的损毁行为，诸如救人灭火、清点财物、清理现场等导致的变动；也有人认为包括作案人及同伙等故意破坏行为导致的现场变动。变动现场对勘查和分析造成更大难度，要求勘查人员更加细致认真，于变中求不变，透过现象看本质，突破现场变动造成的障碍，以获得有价值的痕迹和线索。

3. 真实现场和伪造现场。这是根据犯罪现场的真假性质来划分的。所谓真实现场是指确定存在犯罪活动，由作案人实施犯罪行为所形成的现场。真实现场又叫真案现场，即真实发生了刑事犯罪案件的现场，可分为真案原始现场、真案变动现场、真案现场但有破坏、真案现场但有伪装几种情形。伪装现场是作案人为转移侦查视线或嫁祸于人，对犯罪现场做不同程度的伪装。例如，把他杀伪装成自杀、情杀伪装成奸杀、内盗伪装成外盗、放火伪装成失火等。

伪造现场是指行为人出于某种不可告人的目的，编造谎言、虚构事实、伪报发案，故意布局设置假造的"犯罪现场"，又称假案现场。假案现场本质上不存在现场所呈现的犯罪行为，但行为人为一己私利或维护名誉处心积虑精心设计出"犯罪行为"形成的现场。例如，为占有公私财物假造"抢劫现场"，为索取保险赔偿假造"盗窃现场"，为证明自己清白或指控他人犯罪假造"强奸现场"等。侦查人员要善于发现反常，识破假象，揭露假造现场。

4. 室内现场和室外现场。这是按照所处环境是否有屏蔽物来划分的。室内现场是指位于建筑物内的犯罪活动形成的现场，即现场空间有屏蔽物遮盖，诸如住宅房屋、办公室、学校教室、学生或职工宿舍、车间、仓库等。有棚厢盖顶的车辆、船舱、机舱内现场可视为室内现场。室内现场具有范围比较局限、痕迹物证相对集中、现场外围边界比较清晰等特点。室内现场尽管容易遭到人为非故意的破坏，一旦被发现报警后则比较容易采取保护措施。

室外现场又称露天现场，一般指位于野外或不被遮盖的露天场所犯罪现场。室外现场一般范围较大，痕迹物证分散，更容易受到天气异变影响和禽畜鸟兽破坏成为变动现场。因所处地理环境不同，情况比室内可能要复杂得多。如院落街道、山坡林地、江河湖海、灌木草丛、庄稼地青纱帐等，由于环境不同保护和勘查的方法及难度也不尽相同。主要对策：加强保护措施，抓紧时机勘查。还应注意某些室外现场可能与同案的室内现场互为主体现场与关联现场。

5. 杀人现场和盗窃现场等。犯罪现场按照刑事案件的犯罪性质和法律特征可划分为杀人现场、抢劫现场、强奸现场、爆炸现场、盗窃现场、放火现场、投放危险物质现场等。各类性质案件犯罪现场具有各自的特点，例如，杀人、抢劫现场多有伤者、尸体和血迹，盗窃现场多有撬压破坏痕迹，强奸现场多有精斑血迹及擦拭物，爆炸、放火现场多有砖石瓦砾、烟熏火燎痕迹，投放危险物质现场多有中毒迹象。这种分类方法有利于从案件类型规律特点出发确定勘查方法和勘查重点。

除此之外，如果一起刑事案件具有两个以上犯罪现场，还可以根据现场形成的顺序，分为第一犯罪现场、第二犯罪现场、第三犯罪现场……多个现场的犯罪案件一般比较复杂，发现犯罪现场的顺序不一定就是形成现场的顺序。找到第一犯罪现场至关重要，但要做到发现一处勘查一处，以免贻误战机。按照犯罪活动过程可分为预备犯罪现场、实施犯罪现场、掩盖犯罪现场。这样划分类型，有助于全面分析研究犯罪活动过程，也有利于全面收集犯罪痕迹物证。

二、现场保护与紧急处置

犯罪现场形成后随时可能会被破坏或发生改变，保持现场原生态有利于现场勘查和侦查破案。采取各种有力措施，及时有效保护现场十分必要。犯罪案件发生后现场上可能险情在继续发展，损失后果在逐渐加大。保护现场的同时应当采取紧急处置措施以努力救助伤困，解除险情，防止损失。

（一）现场保护和职责任务

犯罪现场保护是指对发生犯罪案件的场所、犯罪物证、被害人等采取的警戒保护措施。它是对犯罪现场进行警戒、封锁，使其保持案件发生时或发现时状态的一项保全措施。刑事案件发生后，公安基层部门、单位保卫组织、相关安保队伍都应及时安排力量保护好犯罪现场。严密封锁保护现场，能使勘查人员观察到现场的原始状态，为现场勘查创造良好条件；可使犯罪痕迹物证免遭破坏，为发现提取痕迹物证奠定基础；能够杜绝与犯罪无关的痕迹物品进入现场，为正确分析犯罪活动过程提供客观依据；能防止泄露犯罪现场内情和勘查工作机密，为甄别犯罪嫌疑人口供认定案犯提供帮助。

现场保护人员及职责要求。《刑事诉讼法》规定："任何单位和个人，都有义务保护犯罪现场，并且立即通知公安机关派员勘验。"这说明保护犯罪现场是所有公民和任何单位的义务。公安基层保卫组织、群众性治安保卫组织和安全保卫队伍都负有保护现场的职责。现场保护的职责任务主要有以下方面。

1. 获悉案件发生后，迅速赶赴现场投入保护工作，简要了解案件的发生情况和发现经过，初步核实后立即报告刑侦部门或上级公安机关。

2. 划定保护范围，严密封锁现场，负责布置警戒，采取保护措施，维持周围秩序。保护范围应当根据现场位置、地理环境、报案情况等划定。

3. 现场封锁后不许任何人和车辆进入现场，保护人员也不得随意进入，制止被害人、事主及家属清理现场，对留在现场人员进行甄别和劝离。

4. 保护好已发现的痕迹物证和可疑物品，保护好尸体使其处于原始状态。不要触碰和移动现场任何物品，更不能擅自进行勘查工作。

5. 现场勘查人员抵达后，主动报告案件发现经过和现场保护情况，保护过程中是否发现可疑人、可疑事、可疑物，现场周围群众的反映和议论。

6. 现场保护应当尽力贯穿始终，即便在勘查中也尽可能减少物品的移动和痕迹的破坏。勘查指挥员统一领导保护现场，直至勘查完毕。

（二）现场保护的方法

1. 室内现场保护方法。室内现场的特点是墙壁、门窗成为明显界线，多数现场的保护范围也是以此为界。通常的保护方法是在门窗及其他重点部位设岗看守。首先要把守住进出口和通道，进行严密封锁，尤其是中心现场属于单门独院的情况。若有必要可将房门关闭，但切忌触碰门窗上的痕迹，而且须要记住案后门窗的原始状态。若是多户人家聚居的院门和楼道，是否进行封闭应视现场具体情况和勘查进展程度灵活处置。在一些现场中房屋的周围附近地带也可能留有痕迹物证，作案人来去路线上也应当是勘查的重点，当然也在保护的范围之内，可以牵拉一条警戒线并设岗看护。

2. 露天现场保护方法。露天现场可分为院内现场、街道现场、野外现场、公路铁路现场。露天场所特点是范围较大、边界不清，保护范围需要灵活掌握，要尽可能稍大一些。对院内现场，可关闭院门或用警戒带、绳索拦出行走通道，派人警戒并劝离围观群众。街道现场人、车较多，封锁范围尽量缩小以免堵塞交通。若必要可临时停止通行组织车辆绕道。保护范围内可设置屏障、派人警戒或拉人墙方法隔断。野外现场范围更大，重点保护作案地点，可在中心现场及周围设岗警戒派人把守，同时可用绳索、白灰标记。公路现场可参照街道保护方法。铁路现场要尽可能保证列车畅通。若有障碍物应先记录位置、姿势、形态，然后移至适当位置待检验。

3. 痕迹物品保护方法。现场遗留的痕迹物品是保护的重点。首先遵循"无为"原则，不要触碰移动任何痕迹物品。对室内痕迹物品只要确已严密封锁禁止进入就能做到有效保护。若遇特殊紧急情况必须进入，要避免踩踏触碰现场足迹和可能留有各种痕迹的地方。对已经发现且担心破坏的痕迹物品，可用粉笔等突出标画出来；对可能被风吹、雨淋、雪盖的痕迹物品，可用干净无味的锅盖、瓷盆等予以遮挡扣盖。对在原地委实难以保护的痕迹和物品，尤其烟头、纽扣类细小物证，可拍照记录位置后整体安全迁移至合适场所。所谓安全就是痕迹物品不变形、不变质、不污染，不毁旧痕、不增新痕。

4. 对尸体的保护方法。现场尸体尽量保持原位置和姿势，不得随意搬挪移动，不得翻动触碰衣着物和尸身衣物上的附着物。为防止风吹、日晒、雨淋加速尸体腐烂和伤痕变化，可用干净的篷布、苇席、塑料膜遮盖露天尸体，也防止微量物证被破坏、污染、散失。对野外尸体应派人专注看守以防止动物啃食。对吊挂尸体若确已死亡则不必摘卸，若有抢救必要可在结扣儿对侧剪断绳索，并予完整保存。

水中尸体若无救活希望且无冲走可能，不必打捞上岸以保持原状。若水流湍急有被冲走危险应设法在水中固定，如无法固定则可打捞上岸。火场尸体若不会被继续焚烧或建筑物倒塌埋压，可不必移动而就地保护，否则应当移出火场妥善保管。搬运尸体应使用干净担架门板类工具，以防造成新创伤或沾附新物质。

（三）现场紧急处置

现场紧急处置既是勘查阶段的任务也是前期保护的内容。案件发生后为了保护现场，保护公民人身生命安全和公私财物安全，对现场需要采取紧急处置措施。首先要进行现场警戒划出隔离带，同时采取一系列紧急处置措施。

1. 布置警戒，划隔离区。这里所谓布置警戒是指对犯罪现场警戒，即对案件发生相关场所采取的戒严警卫措施，是现场紧急处置措施之一。现场警戒是保护现场的第一步，也是在犯罪现场抢险救急的前提。参加警戒人员可以安排派出所民警、治安民警、交通民警、保卫干部、保安人员，甚至抽调武警、民兵参加。警戒任务主要是划出警戒隔离区，维护现场秩序，控制检查进出人员。警戒方法主要是设置人墙，设置障碍物，封锁进出口。

2. 抢救生命，保护财物。现场若有人受伤甚至有生命危险，应立即组织紧急救助，当场急救或送医治疗。这适用于包括犯罪案件作案人在内的所有伤者。对受伤犯罪人须密切监视，防止发生不测。保护好现场的贵重财物、敏感物品，以免使国家、集体、公民个人财产遭受损失。救助生命保护财产时尽最大可能做到不破坏现场，可先行拍照记录现场原貌。在抢救伤员时应当把握机会抓紧对生命垂危者进行必要的访问，及时掌握案情第一手材料。

3. 扑灭火灾，排除险情。爆炸、放火类现场常有火灾险情。首先要采用正确方法扑灭明火、切断火源、防止蔓延，尽量不要破坏现场，若现场有变动须做好记录。若有未爆爆炸装置，应安排专业人员做排爆处置。燃气管道、煤气罐等易燃易爆物品，应及时关闭或移除处理。对可能倾倒坍塌的房屋墙体，以避免次生灾害和不破坏现场为原则分类妥善处置，并对勘查人员作以警示。视情况疏散周围群众甚至撤离警员，以防造成更大伤亡。

4. 监控嫌疑，制止犯罪。封锁现场时除了控制进出口、控制交通，还要控制现场非抢救人员，为查明事件的起因奠定基础。若发现作案人尚未逃离的，应当迅速阻留或扭送公安机关。对犯罪嫌疑人员监视控制，制止其有可能继续进行的犯罪活动，也要防止其对警务人员行凶反扑、逃跑自杀、毁灭罪证。对发现踪迹的逃跑嫌疑人，应当及时组织力量跟踪追击、堵截查缉，以降低侦查破案成本达到事半功倍的效果。

三、现场勘验、检查概述

（一）现场勘验、检查的概念

现场勘验、检查是指侦查人员依法运用刑事调查和刑事技术手段，对与犯罪有关的场所、物品、人身、尸体进行勘验或检查，对人、事、物进行现场调查的一项侦查措施。犯罪现场是作案人实施犯罪活动的场所，隐含大量的犯罪线索，是存储犯罪信息、证据的"宝库"。刑事案件发生后，为了发现案件线索，搜集相关证据，查明案件事实，侦查人员理所应当对犯罪现场进行认真的勘验、检查、访问。现场勘验、检查是一项法定的侦查措施，必须依照《刑事诉讼法》和有关程序规定实施。《刑事诉讼法》规定，执行勘验、检查，必须持有公安机关或者人民检察院的证明文件。《公安机关刑事案件现场勘验检查规则》规定，执行现场勘验、检查任务的人员，应当持有《刑事案件现场勘查证》，应当邀请两名与案件无关的见证人在场。

现场勘验、检查的性质是侦查人员依法采取的一项侦查措施。现场勘验、检查主体是侦查人员。《刑事诉讼法》规定："侦查人员对于与犯罪有关的场所、物品、人身、尸体应当进行勘验或者检查，及时提取、采集与案件有关的痕迹、物证、生物样本等。在必要的时候，可以指派或者聘请具有专门知识的人，在侦查人员的主持下进行勘验、检查。"这表明，勘验检查活动应由侦查人员或在侦查人员主持下进行。现场勘验检查的对象是犯罪现场，即与案件有关的场所、物品、人身、尸体。现场勘验检查的目的是收集犯罪证据，研究犯罪信息，为侦查破案认定犯罪服务。现场勘验检查的方法运用刑事调查和刑事技术手段。现场勘验检查的内容主要是实地勘验检查、现场访问、现场搜索与追踪、现场分析等。

现场勘验、检查对侦查破案具有特别重大意义。从犯罪现场的构成和特点可以看出，现场勘验检查对侦查破案起到至关重要的作用。首先，现场勘验检查是认识判断案情的基础，也是侦查破案的起点。刑事案件侦查工作一定从认识这一案件开始，必须深入出事地点勘验痕迹物证并了解相关人、事、物，进一步对案情进行正确判断。其次，现场勘验检查是收集案件线索、案情信息的主要途径及获取证据材料的重要手段。犯罪现场是作案人实施犯罪行为的客观存在，其活动过程必然会留下各种痕迹物证，诸如手印、足迹、枪弹及其他工具痕迹等。通过勘验检查才能掌握这些案件信息和线索。最后，现场勘验检查是核实证人证言和嫌疑人口供的客观依据。勘验检查和现场访问不仅有助于分析犯罪活动实施过程，刻画作案者特征和条件，也能够帮助认定证言、口供类犯罪证据。

（二）现场勘验、检查的任务

现场勘验、检查的任务是勘验检查痕迹物证，查明现场情况，分析、研究、判断案情，为侦查破案提供线索和证据。具体任务有以下几个方面。

1. 查明现场情况，确定事件性质。这是现场勘验、检查的首要任务。查明现场情况即查明：（1）现场的发现和保护情况；（2）现场的位置、形态情况；（3）现场的性质类型，现场数量和形成顺序；（4）现场有无翻动、破坏，其严重程度；（5）现场丢失财物类型、数量、价值等；（6）现场尸体情况及遗留物品痕迹情况。通过勘验、检查、访问判明发生事件的属性，是否犯罪性质事件，后果严重程度如何，属于哪一类案件，即在认定事件性质基础上初步判明案件性质，确定立案的依据。

2. 勘查痕迹物品，搜集犯罪证据。这是现场勘验、检查的中心任务。通过勘验、检查，发现、固定、提取、检验、分析各种遗留痕迹、遗留物品、遗留信息。这些痕迹、物品、信息能够反映犯罪行为过程和作案人情况，可能成为犯罪证据。搜集与犯罪有关的痕迹、物品及其他物证，对侦查破案认定犯罪至关重要。注意搜集：（1）被害人陈述、证人证言；（2）犯罪遗留的各种痕迹，诸如手印、足迹、工具痕迹等；（3）犯罪遗留物，包括人体遗留、脱落物质，诸如血迹、毛发、唾液、精斑、粪便等；（4）与尸体相关的遗留物品；（5）现场勘验、检查记录；（6）视听资料和电子信息资料等。

3. 固定现场情况，制作勘查记录。这是现场勘验、检查的重要任务之一。固定现场情况，将与犯罪有关的客观资料用文字笔录、绘图、照相、摄像等方法详细记录，即勘查记录。现场勘查记录是犯罪现场的客观反映，是分析研究案情的重要依据，也是法定的诉讼证据。现场勘查笔录、现场绘图、现场照相相互佐证、不可替代。另外，侦查人员应当及时存储现场信息，把勘验检查中采集的案件现场、作案人和犯罪行为特征的信息资料，按照规范要求录入《刑事案件现场勘验检查信息系统》《刑侦综合信息系统》《指纹信息管理系统》。这有助于提高现场勘查信息的共享程度和管理水平，提高现场信息的侦查破案效能。

4. 综合勘查结果，分析判断案情。综合勘验、检查获得的资料，结合查明现场的情况，对案情进行初步的分析判断。现场勘查阶段分析案情就是临场讨论，分析研究犯罪现场情况，也是现场勘验、检查的重点任务。分析判断的主要内容有：

（1）犯罪时间、犯罪地点；（2）犯罪行为、犯罪后果；（3）犯罪工具、作案手段，使用何种工具利用何种方式作案；（4）犯罪人数、作案条件，包括作案的必备条件和参考条件；（5）作案人特征、生熟关系，包括与被害人生熟关系、与现场生熟关系、与现场物体之间关系；（6）作案经过，自始至终的整个犯罪活动过程。

5. 确定侦查方向，划定侦查范围。在分析案情的基础之上，初步确定侦查方向划定侦查范围，是现场勘验、检查工作任务的延伸，也是完成各项勘查任务的落脚点。侦查方向是指侦查工作推进目标的重点指向，即向着哪一类人推进；侦查范围是指以何处为中心，在多大的半径地域内开展侦查工作。查明的现场情况和案情分析的结论，尤其作案人条件和作案人特征，基本指明了什么样的人作案，在多大范围内去查找犯罪嫌疑人。确定的侦查方向和范围为部署下一步侦查工作指明方向。

（三）现场勘验、检查的要求

按照《公安机关刑事案件现场勘验检查规则》要求，刑事案件现场勘验、检查工作应当遵循依法、安全、及时、客观、全面、细致的原则要求。

1. 依法。现场勘验、检查活动属于法定的侦查措施，是侦查活动的组成部分，必须贯彻刑事侦查工作遵守法制的原则。侦查人员在勘验、检查中应当遵照《刑事诉讼法》《公安机关办理刑事案件的程序规定》和《公安机关刑事案件现场勘验检查规则》等法律、法规和规章的相关规定，依法对犯罪现场进行现场勘验、检查，确保勘验、检查活动完全符合法律要求，以保障高质量地开展勘验、检查工作。

2. 安全。在现场勘验、检查活动中，侦查人员可能会遭遇藏匿未逃的犯罪人员，尚未爆炸的爆炸物品，具有倒塌危险的建筑墙体等。勘查人员应当增强安全意识，消除安全隐患，注意自身防护，确保在没有危险、不受侵害或威胁、不出事故的客观状态下完成勘验、检查工作。进入现场的每个人都要佩戴必要的安全防护设备，一是为了保障自身的安全，二是做好保护现场工作的需要。

3. 及时。所谓及时就是要求侦查员接到报案后迅速及时地赶赴现场，不失时机地开展现场勘验、检查工作。勘查现场措施突出一个"快"字，快出现场，快调查访问，快行动勘验，快发现提取痕迹物证，抓住案件发生不久、现场崭新少变、痕迹物证明显、群众记忆清晰，甚至案犯未及逃远的有利时机，做到事半功倍，掌握侦查工作主动权，可以提高破案效率。为了做到及时勘查，侦查部门必须做好备勤工作，快速反应，雷厉风行，闻风而动。

4. 客观。所谓客观就是坚持以实事求是的态度勘查现场。按照事物的本来面目去认识现场，绝不能先入为主，带着思想框框勘查现场。勘验检查无论是在发现、固定、提取、检验痕迹物证方面，还是现场访问、现场分析、记录现场方面，都要尊重客观事实而不能采取主观猜测、凭空臆断、夸大缩小、偏听偏信的方法。尤其在现场分析环节，一定要坚持科学态度，从客观实际出发，以现场现象为依据，揭露犯罪事实真相。

5. 全面。所谓全面就是对现场毫无遗漏地进行勘验检查。全面勘查是客观认识现场的基础，要做到全面应从以下几个方面着眼：一是对所有与犯罪相关的场所都要进行勘验检查，每一个现场的中心和外围全面勘验检查；二是对所有可能与犯罪有关的痕迹物证，包括清晰完整的、模糊残缺的都要全面固定提取；三是现场访问中对凡是与案件有联系的人、事、物，要进行全方位的调查；四是对与案件有关的正反两方面线索材料，都要全面收集，防止片面取舍。

6. 细致。所谓细致就是在勘查中要认真、仔细、精致。侦查工作密不容针，体现在现场勘查上就要做到细致入微。细致勘查也是全面勘查的保障。只有做到细致才能发现现场上犯罪行为遗留的痕迹物证，尤其是那些不甚明显而细微的痕迹和体小量微的物质。在现场勘验中绝不疏漏点滴的痕迹物证，包括偏僻角落、隐蔽位置的蛛丝马迹，在现场访问中绝不浅尝辄止轻易放过任何细枝末节和可疑现象。极度细致到出乎作案人意料是破案胜敌的法宝。

此外，现场勘验、检查人员应当严格遵守保密规定，不得擅自发布刑事案件现场有关情况，不得泄露国家机密、商业秘密、个人隐私。

四、勘验、检查职责与组织指挥

（一）勘验、检查的职责划分

按照《公安机关刑事案件现场勘验检查规则》的规定，犯罪现场勘验检查职责作如下划分。

1. 县级公安机关及其派出机构负责辖区内刑事案件的现场勘验、检查。对于案情重大、现场复杂的案件，可以向上一级公安机关请求支援。上级公安机关认为有必要时，可以直接组织现场勘验、检查。

2. 涉及两个县级以上地方公安机关的刑事案件现场勘验、检查，由受案地公安机关进行；案件尚未受理的，由现场所在地公安机关进行。

3. 铁路、交通、民航、森林公安机关及海关缉私部门负责其管辖的刑事案件的现场勘验、检查。

4. 公安机关和军队、武装警察部队互涉刑事案件的现场勘验、检查，依照公安机关和军队互涉刑事案件管辖分工的有关规定确定现场勘验、检查职责。

5. 人民法院、人民检察院和国家安全机关、军队保卫部门、监狱等部门管辖的案件，需要公安机关协助进行现场勘验、检查并出具委托书的，有关公安机关应当予以协助。

（二）勘验、检查的组织与指挥

现场勘验检查任务繁重、系统性强、要求较高，必须加强领导、严密组织、统一指挥，才能保证高质量地完成勘查任务。

1. 组织。（1）勘查人员：一般由侦查人员、技术人员（痕检、法医、摄像等专业人员）以及发案地派出所民警或内部保卫干部组成。必要时聘请具有专门知识的人员参加。特别重大案件的现场勘查验检时，可根据情况商请检察院派员参加。勘查还须邀请两名与案件无关、为人正派的公民为见证人。（2）分工负责：现场勘查指挥员应该对勘查人员进行科学分工。一般分为，现场勘验组：收集实物证据。发现、固定、提取各种遗留的痕迹、物品，记录现场情况和勘验过程。现场访问组：收集言词证据。深入群众中，对被害人、事主、目击者和各类知情人调查访问。现场警戒组：警戒、封锁现场。巡视周围，维持秩序，倾听议论，防止破坏现场。现场机动组：现场监控调查。对现场有关的部位进行搜索或者执行紧急任务，查证重要线索，追缉、监控犯罪嫌疑人等。

2. 指挥。（1）指挥人员：一般由主管部门的负责人指定的人员指挥，重大、特别重大案件由主管部门负责人统一指挥；必要时，发案地公安机关负责人和检察院领导人亲临现场指挥。涉及两个市县以上的重大案件，应当由主要一方或上一级主管部门负责人统一指挥。（2）指挥勘查：首先应全面掌握案件情况，组织适量警力出警，合理部署调配力量；见机行事，采取搜索、追踪、堵截、鉴别、安全检查和控制赃物等紧急措施，把握原则机动灵活地临场指挥，科学分工，发挥参加勘查人员特长，调动每个人的积极性，确保勘查顺利进行；组织案情汇报，主持现场案情分析，决定对现场的处理，部署下一步侦查工作。

五、现场勘验、检查的程序、步骤和顺序

（一）现场勘验检查的程序、步骤

1. 现场勘验、检查的程序。现场勘验、检查的一般程序为：（1）接受报案资

料，安排人员，准备器材；（2）开具勘查证明，迅速赶赴现场；（3）采取紧急措施，检查保护情况；（4）邀请见证人员，勘查人员分工；（5）两人以上勘查，笔录签字认可。

2. 现场勘验、检查的工作步骤。主要包括：（1）巡视现场，划定勘验、检查范围；（2）按照"先静后动，先下后上，先重点后一般，先固定后提取"的原则，根据现场实际情况确定勘验、检查流程；（3）初步勘验、检查现场，固定和记录现场原始状况；（4）详细勘验、检查现场，发现、固定、记录和提取痕迹、物证；（5）记录现场勘验、检查情况。

（二）现场勘验、检查的路径顺序

1. 由中心向外围勘验。适合现场范围不大，现场中心明确，痕迹物证相对集中的现场，可从中心开始逐步向外扩展勘验。

2. 由外围向中心勘验。适合现场范围较大、中心部位不明、痕迹物证相对分散、外围不容易保护的现场，可先从外围开始逐步向中心收拢勘验。

3. 分区、分段、分片勘验。现场范围广泛或处于狭长地带，遗留痕迹物品多或有抛尸移尸、尸块分散，需要大范围搜寻细小微量物证等，可把现场划分成若干区块、片段，逐一进行勘验。

4. 循着犯罪人活动路线勘验。适合作案人活动路线清晰，现场进出口明显，现场痕迹物证表明或知情人提供出作案过程和活动线路的，可沿着作案顺序和活动轨迹勘验。

5. 从痕迹物证容易被破坏处勘验。这是根据现场容易保护程度确定勘验的先后顺序，哪里的痕迹物证最容易遭到人为、自然的破坏，就先勘验哪里。

6. 沿着现场的自然地形勘验。根据现场的地形、地貌、地物，如道路、河流、坡坎、垄沟等，沿着其自然界限分别进行勘验。

六、现场勘验、检查的内容、方法

（一）现场勘验、检查的内容

1. 场所勘验。主要包括现场坐落方位、面背朝向、结构形态，确定中心和外围，现场与周围环境的关系，现场的门、窗、锁情况，犯罪行为人进出现场的线路以及在现场停留的位置，等等。

2. 痕迹勘验。主要包括人体痕迹、器械痕迹、动物痕迹的发现、固定、提取和分析。诸如手印、足迹、工具痕迹、枪弹痕迹、车辆痕迹、牲畜蹄迹、牙齿痕迹等。

3. 物品勘验。主要包括作案人遗留的物品，触摸、碰动、移走、破坏的物品，现场发现的血液、毛发、唾液、精斑、尿便等法医物证，与犯罪有关的文书物证，等等。

4. 信息勘验。主要包括采集现场电子数据、信息及周边的视频信息、基站信息、地理信息等。勘验检查与电子信息有关的现场时，应当保护电子数据和信息。

5. 尸体检验。主要包括尸体的位置、姿势、衣着，尸表损伤，现场血迹，包裹物、捆扎物、衬垫物、沾附物。通过检查验明死者身源、死亡原因和性质、死亡时间、致死手段和凶器、分尸碎尸工具，等等。

6. 人身检查。主要指事主被害人身体或犯罪嫌疑人身体的检查。检验身体的生理状态、创伤损伤、损伤原因、形成过程、致伤工具、伤者衣着、自己伤或他人伤，等等。

（二）勘验、检查的方法

1. 观察。勘验人员运用视觉、听觉、嗅觉对现场进行感性、理性的认识。观察可使用肉眼，也可借助勘查灯、放大镜等简单工具，其实质是静态勘验的方法，包括整体观察、局部观察、个体观察。通过观察现场痕迹、物证的位置、形态、尺寸以及相互关系，形成大致的认识。

2. 测量。测量是指勘验人员在观察的基础上对现场及痕迹、物证进行探测度量。测量可以理解为介于静态勘验和动态勘验之间的方法，尽可能做到不变动现场。诸如测量现场的长度、宽度、高度，测量痕迹的大小，测量物证的体积、重量等。

3. 检验。勘验人员利用工具、仪器或其他分析方法检查核验现场上痕迹、物证、尸体以及相关人员的身体。检验属于动态勘验，在观察、测量基础上增加比较、研究的过程。现场检验中最多使用的是物理检验，而化学检验因可能污染现场较少使用。人身检查必要时可邀请法医或医师进行，检查妇女身体应由女侦查员或医师进行。对拒绝检查的嫌疑人，必要时可以强制检查。

4. 搜索。勘查人员为了发现隐匿的犯罪嫌疑人和有关的痕迹物品，对现场外围进行的搜寻探索。现场搜索应当根据痕迹、视频、嗅源、物证、目击者描述及其他相关信息在现场周围和作案人来去路线上展开。具备使用警犬条件的，在不破坏痕迹物证前提下，应当使用警犬搜索追踪，并注意提取有关物品、嗅源。

5. 记录。记录的方法也是勘验检查方法的一个组成部分。勘验检查需要对痕迹物证进行固定，勘验检查结果记录也是诉讼证据。现场勘验检查、现场调查都需要采用不同方法加以记录，常用的有拍照、录像、绘图、文字笔录、录音等。

七、现场调查访问

现场调查访问又称现场访问，是指侦查人员依法深入现场周围，就案件有关的问题进行查访询问的调查活动。现场访问是现场勘查的一个重要组成部分，是勘查工作坚持群众路线的具体体现。

（一）现场调查访问的作用

一是为及时采取紧急措施提供依据；二是为正确勘验、检查现场提供依据；三是为准确分析判断案情提供依据；四是为最终侦查破案全面提供线索。现场访问可以把存储于人们头脑中与犯罪有关的各种信息收集起来，为侦查工作提供线索。例如，杀人现场的嫌疑人尚未逃远，可以根据访问所获提供其逃离的方向、乘坐的交通工具。另外，现场访问能够弥补实地勘验的不足，与实地勘验所见的材料信息互相比对、印证，从而帮助侦查人员重建犯罪现场，重现犯罪过程。

（二）现场访问对象和内容

现场访问的对象主要包括：（1）犯罪现场的发现人、刑事案件的报案人等；（2）事主、被害人、被害人家属及亲友；（3）现场周围附近居住的群众；（4）作案人来往路线上耳闻目睹者；（5）负责发案地点站岗守卫、值班巡逻的保安人员；（6）基层保卫干部和公安派出所民警。

现场访问的内容，针对调查对象不同，访问的内容侧重点有所不同。

1. 访问发现人和报案人。主要了解现场发现过程。亲自发现还是道听途说，发现现场的时间、地点、经过；发现前后有哪些人到过现场，现场有没有变动，何人触动过现场的哪些物品；采取过什么保护措施，发现现场时是否见到过可疑人、事、物。

2. 访问事主、被害人等。主要了解案件发生情况。人身遭侵害情况，是否受伤、轻重程度、怎样形成；财物损失状况，品名、数量、特征、价值，存放位置，保管情况；作案过程，进出现场路线，使用凶器、工具及作案手段；作案人情况，人数、性别、年龄，体貌特征，讲话内容，口音方言，携带何物品。向被害人家属亲友详细了解被害人的情况。

3. 访问现场周围和嫌疑人来往路线附近的群众。主要了解案发前后是否见到某些可疑人、事、物，或听到某种可疑声音，或感知到某些特殊现象；还可了解事主、被害人的本人及家庭情况、平时表现、邻里关系、富裕程度、品质作风、人际交往等。

4. 访问发案地保卫人员、保安人员、社区民警。主要了解现场周围的犯罪形势和治安情况，有哪些前科劣迹人员，住宅小区的安防、安保状况；是否封闭小区，院门及通道情况，摄像探头分布及录像信息情况，发案时间有何人进出，是否发现可疑迹象。

（三）现场访问策略方法

1. 确定现场访问范围和重点对象。了解现场及周围大致情况后，明确在多大范围内访问，制定走访的路线，确定访问的对象并有针对性地拟定访问提纲和主要内容。当然随着不断地掌握材料，访问范围、对象、重点内容也可作以调整变化。

2. 了解被访问者的基本情况。访问对象有些是确定的，如事主、被害人等；有些是待定的，随着访问的深入展开，会出现新的访问目标。对重点访问对象要事先做些了解，诸如与本案的关系、与被害人关系、品行"三观"、脾气性格、兴趣爱好等。

3. 选择适合的询问地点。选择地点考虑如下条件：不妨碍勘验检查工作的正常进行，不能破坏现场；有利于证人陈述和保密；比较肃静和安全。可以在证人的家里、被害人邻居住房内、现场指挥部、现场勘查车内、附近机关学校等比较安静的地方。

4. 确定专人提问和记录。开展现场访问一般两人一组进行。在侦查实践中，侦查人员和基层派出所民警搭档结合，既知道案件具体情况又通晓社情民情，是个不错的选择。若有必要现场访问可以录音形式记录。

5. 运用"七何要素"方法。最基本的提问思路可参照"七何要素"，即何时、何地、何人、何事、何因、何法、何果。访问对象不同应该有所侧重，不一定泛泛全问、面面俱到。

6. 采用合适的问话方式。访问中的问话方式多种多样，要根据对象情况和问话内容酌情选择。现场访问常用的问话方式有：广泛提问式、自由叙述式、联想回忆式、质证提问式、追问提问式等。

7. 针对不同对象施用访问策略。为了顺利访问到真实结果，对不同对象须施用相应策略。对事主、被害人及家属，体谅其财物损失、身心伤害的心境，表达同情关怀，做好安抚慰问；对各类知情人分别施用宣讲政策、法律，强调保障安全、保护隐私，敦促其知无不言、实事求是。

8. 访问特殊人员需邀请他人协助。对聋哑人或语言不通者，邀请懂哑语或翻译参加；对未成年人，邀请教师、家长参加；对垂危的伤者或病人，邀请医务人员协助；对性侵害案件女被害人，除女侦查员访问外可邀请妇女干部陪同；访问值班人员和有失职行为的人员，可邀请单位负责人参加。

八、现场勘验、检查记录

现场勘验、检查记录是指侦查人员对现场情况和现场勘验、检查情况，运用文字、图形、视频、声音等形式予以客观记载的法律文书。凡是进行现场勘验、检查就应当制作勘验检查记录，以便如实记载现场的客观事物和勘查的执行情况。勘验、检查记录包括：现场勘验笔录、现场绘图、现场照片、现场录像和录音等。现场勘验检查记录应当客观、全面、详细、准确、规范，能够作为核查现场或恢复现场原貌的依据。

（一）现场勘验笔录

现场勘验笔录是勘验人员运用文字描述方式客观记载现场及勘验情况的文书材料。勘验笔录是法定诉讼证据之一。现场勘验笔录内容包括以下几个部分。

1. 前言部分。记录标题及笔录文号，接受报案情况，现场保护情况；参加勘验指挥员、侦查员、技术员情况，现场见证人情况；勘验的起止时间，现场的天气状态，现场的光线条件等。

2. 正文部分。即叙述事实部分。记录现场情况及现场勘验过程及结果，现场情况包括现场位置、周围环境，勘验过程要载明发现与犯罪有关的痕迹和物品的名称、位置、数量、性状、分布等情况，尸体的位置、衣着、姿势，血迹分布、性状和数量。现场所见反常迹象。

3. 结尾部分。提取痕迹、物证情况，如品名、数量等；现场照相种类和数量，现场绘图的种类和数量；参加现场勘验的指挥员、侦查员、技术员签名，现场见证人签名。

现场勘验笔录制作要求：笔录记载顺序和勘验顺序相一致，记录语言文字要准确、规范，避免模棱两可；现场勘验检查中若还进行了尸表检验、现场实验、物证检验、人身搜查等，须另行制作笔录；案件如果有多个现场，也应当分别制作笔录。

（二）现场绘图

现场绘图是以绘制图形方式，借助符号、文字说明来固定、记录现场的文书。现场绘图具有生动、形象、直观、具体等特点，是现场照相所不可替代的。现场绘

图一般有以下几种：

1. 现场方位图。现场方位图用以表示现场的地理位置、方向及周围环境，可用坐标加以标志，可标示出现场的痕迹物证位置、案犯逃跑的线路等。绘图时可参照或利用当地地图。

2. 现场全貌图。又称为现场概貌图，用以表示现场内部完整面貌，能反映出现场内的物体、痕迹、工具、凶器、尸体、血迹等分布情况及相互关系。

3. 现场局部图。现场局部图用以反映现场重点部位的局部情况。按照比例把现场与犯罪有关的痕迹、物体的位置及分布状况、相互关系表达清楚。

根据现场具体情况现场绘图还可以绘制成平面图、立体图、透视图、剖面图等，常用绘图方法有比例绘图法、示意绘图法等。为了提高效率，现行绘图方法多使用计算机绘制。只需安装专用绘图软件，输入相关数据，计算机可自动完成现场图的绘制工作。

（三）现场照相

现场照相即现场摄影，是运用摄影技术对犯罪现场、周围环境及痕迹物证分布情况进行拍照、固定的记录形势。现场照相具有突出特点，能够快速、清晰、完整、准确、形象地反映现场及环境状况和痕迹与物证特征。现场照相一般有以下几种。

1. 现场方位照相。反映现场方向、位置及与周围环境关系。现场方位照相应当突出反映现场中心位置，并将带有永久性标志的房屋、院落、道路、河流、树木拍入照片。可用特写镜头拍照门牌号码、单位名称等。

2. 现场概貌照相。又称概览摄影，主要反映现场自身的全貌，现场内各部分关系连带周围环境。概貌照相包括现场范围、内部结构，中心与外围之关系，痕迹物证的分布状态等。

3. 现场中心照相。即现场重点照相，反映犯罪中心现场、重点部位形态，主要拍照与犯罪有关的物体、痕迹及相互关系。如盗窃现场中财物被撬盗部位，杀人现场中尸体所在位置。对主要物证拍照要注意拍摄角度和置于照片中心位置，做到主次分明。

4. 现场细目照相。又称现场物证照相，主要拍照现场遗留的各种痕迹、物证，反映其位置、形状、大小及特征。细目照相应放置比例尺，按照比例拍照。保持痕迹物品不变形，而且能够清晰反映细微特征。

现场照相的拍照顺序、方法是：现场拍照顺序一般是"先中心后外围，先概览后方位，先地面后空间，先局部后细目"，也可按照勘验顺序拍照。拍照方法分为场景类和物证类，拍照场景类有单向法、相向法、多向交叉法、分段连续法，拍照物证类有比例照、无影照、亮度对比照、分光照、近距照等。现场照相要求照片上需有文字标记说明。

（四）现场录像

现场录像是运用摄录技术对犯罪场所及痕迹物证情况进行录制的一种记录形式。现场录像在固定、保全、再现犯罪现场状况方面具有优势，能够真实、连贯、形象、动感地反映现场情况，让观者身临其境，在分析现场研究案情中能起到独特作用。现场录像顺序一般与现场勘验顺序一致。具体内容方法包括方位录像、概貌录像、重点录像、细目录像。摄录技巧方法常用远景摄录、近景摄录、全景摄录、特写摄录。在表现手法上注意动态与静态画面相结合，画面与声音相结合。侦查实践中为了使用录像说明犯罪现场情况和现场勘查情况，可运用配音解说或文字字幕对录像画面加以介绍。

现场绘图、现场照相、录像、现场勘验笔录应当相互吻合。现场绘图、现场照相、录像、现场勘验笔录等现场勘验检查的原始资料应当妥善保存。对现场进行多次勘验、检查的，在制作首次现场勘验、检查工作记录后，逐次制作补充勘验、检查工作记录。

九、现场分析内容方法

现场分析是指现场实地勘验和现场访问结束之后，现场勘验检查指挥员或案件主管负责人，召集参加现场勘验和访问人员及其他侦查员，根据现场实地勘验和现场访问材料，进行分析讨论，对案件做出初步的判断。现场分析是现场勘验、检查必经的一道工序。

（一）现场分析内容概要

按照《公安机关刑事案件勘验检查规则》要求，现场分析一般包括如下内容：一是侵害目标和损失；二是作案地点、场所；三是开始作案的时间和作案所需要的时间；四是作案人出入现场的位置、侵入方式和行走路线；五是作案人数；六是作案方式、手段和特点；七是作案工具；八是作案人在现场的活动过程；九是作案人的个人特征和作案条件；十是有无伪装或者其他反常现象；十一是作案动机和目的；十二是案件性质；十三是是否系列犯罪；十五是侦查方向和范围；十六是其他需要分析解决的问题。

（二）重点内容及分析方法

现场分析的主要包括如下内容。

1. 案件性质、犯罪动机。首先分析事件性质是否犯罪行为、意外事故、假造现场。若有犯罪事实应当追究责任，依法立案侦查。根据现场态势、痕迹物证、尸体检查、调访材料情况，判断属于哪一类刑事案件。判断犯罪动机较为复杂，综合各方面材料逐步认识，有时需要结合整个作案过程甚至作案人的最终交代材料才能加以认定。

2. 作案时间、作案地点。推断作案时间主要从访问获知的有关时间材料分析，如目击可疑人、事、物的时间，事主被害人的作息规律、生活习惯等；从现场状态、陈设物品、痕迹物证，现场环境、天气变化分析；从尸体检验结果分析，如尸体现象、胃内容性状、伤口新旧等。作案地点主要根据现场态势、痕迹物品状况、尸体和血迹分布情况综合判断。

3. 作案人数、犯罪工具、作案手段。作案人数、工具、手段可从事主、被害人、目击者提供的情况分析。从指纹、足迹、工具痕迹情况，被害人数、体能及损失物品数量分析判断作案人数；从现场破坏性痕迹、尸体伤痕形状，能反映工具特征的物品判断作案工具。作案手段指作案人实施犯罪的行为方式，通过现场态势、工具痕迹分布、尸体伤痕状况分析进出现场方式，使用工具、凶器方法，结合被害人所处状态判断。

4. 作案关系、作案条件、案犯特征。作案关系指作案人与事主、被害人生熟程度，与现场和有关物品的关系。主要从作案时机和进出线路选择，是否有了解事主作息规律、直奔目标、直取要害迹象，是否有泄愤迹象、唯恐不死，是否有现场就地取材现象等。作案条件包括作案的必备条件和参考条件，如具备时间和工具条件、身体条件、技能条件、知情条件、赃物及血衣条件等，需要综合分析判断。在作案关系、条件基础上对作案人个体特征进行分析，如性别年龄、体貌特征、行为习惯、身份职业、文化程度、前科劣迹、兴趣癖好以及生理、病理、心理状态等。

5. 作案活动过程。作案活动过程指作案人进入现场起始至作案完成后逃离现场的程序经过。一般从现场上被触摸碰动情况，诸如破坏的部位、留下的痕迹、遗留的物品包括微量物证，结合现场访问获知的材料，综合分析判断进出现场的线路和方式，现场上行为轨迹和活动范围，实施犯罪活动的依次顺序，进而验证上述各项分析结果是否正确、准确，有无矛盾之处及反常迹象。

6. 侦查方向、范围。狭义的侦查范围仅指地域范围，广义的侦查范围是指在多大的地域范围内，从哪些人员范围即侦查方向去寻找作案人。人员范围包括年龄范围、职业范围、前科范围等。作案人数、作案关系、作案条件、作案人特征等分析结论，都可作为确定侦查方向的依据；案件性质、作案时间、案发地点，现场遗物留痕反映的地域特征，交通工具特征及痕迹延伸，作案人口音方言、穿着打扮及对现场的熟悉程度等有助于划定侦查范围。

十、勘验后现场处理

现场勘验之后，针对不同的案件性质类型、严重程度及现场的具体痕迹物证状况，予以分门别类、妥善处理。

（一）现场处理方式

1. 清查处理。对于一般案件现场，损失不大影响较小，完成了一切勘验检查任务后没有继续保留必要的，经案件主管负责人批准，可通知事主本人或单位清查处理、打扫现场。

2. 局部保留。对于重大、特大案件现场，比较复杂或有复查可能且现场涉及范围广可能会影响事主及单位正常生活、生产的，难以实现完整保留，可局部保留一段时间，待时重新勘验重新研究。

3. 全部保留。对于个别重大、特大案件现场，尤其那些性质恶劣影响极大的特大疑难案件，现场极其复杂一次难以勘验清楚，保留又不至于严重影响生活、生产的，尽可能全部保留、保护起来，以便随时重勘复检。

（二）处理内容方法

1. 犯罪现场的处理。勘验完毕不再保留的犯罪现场，通知事主妥善处理，重要物品应当向事主当面点清。勘查时借用的器材工具要交还原主。局部保留的现场，要将现场的某一地段（一般是中心现场）保护起来。全部保留的现场要将现场全部封闭保护起来。

2. 痕迹物证的处理。对采集提取的痕迹、物证登记后包装、加封、运送，防止破坏与丢失。对提取的物品给物主出具清单收据，经手人、见证人、事主分别签字。

3. 对尸体的处理。现场勘验、检查结束后，现场勘查指挥员决定是否保留尸体。对没有必要继续保存的尸体，经县级以上公安机关负责人批准，应当立即通知死者家属处理。遇有死因未定、身份不明或者其他情况需要复验及需要组织辨认的，应当保存尸体。

知识作业：

1. 什么是犯罪现场，一般怎样分类？犯罪现场有哪些规律、特点？

2. 现场保护的职责与任务有哪些？

3. 什么是现场勘验检查？任务、要求有哪些？

4. 怎样把握现场勘验检查的程序、步骤和勘验顺序？

技能作业：

1. 对某类现场怎样进行保护？对现场紧急情况怎样进行处置？

2. 对某一现场怎样实施正确的勘验、检查、访问（内容、方法）？

3. 对某给定案例犯罪现场进行现场分析。

4. 制作一份现场勘验检查笔录。

侦查文书式样链接——《现场勘验笔录》

现场勘验笔录

现场勘验单位：_____

指派／报告单位：_____ 时间：____年__月__日__时__分

勘验事由：_____

现场勘验开始时间：____年__月__日__时__分

现场勘验结束时间：____年__月__日__时__分

现场地点：_____

现场保护情况：（空白处记载保护人、保护措施、是原始现场还是变动现场等情况）_____

天气：阴□／晴□／雨□／雪□／雾□，__温度：____湿度：___风向：____

勘验前现场的条件：变动现场□／__原始现场□_____

现场勘验利用的光线：自然光□／__灯光□／_____

现场勘验指挥人：_____单位_____职务_____

现场勘验情况：（空白处记载现场勘验详细情况，包括现场方位和现场概貌、中心现场位置，现场是否有变动，变动的原因，勘验过程、提取痕迹物证情况、现场周边搜索情况、现场访问情况以及其他需要说明的情况）

_____

_____

_____

_____

_____

_____

_____

_____

_____

_____

_____

_____

_____

_____

_____

_____

_____

_____

_____

_____

_____

_____

_____

_____

_____

_____

_____

_____

_____

_____

_____

_____

现场勘验制图____张；照相____张；录像____分钟；录音____分钟。

现场勘验记录人员：

笔录人：____制图人：____

照相人：_____录像人：_____录音人：_____现场勘验人员：_____

本人签名：_____单位_____职务_____本人签名：____

_____单位_____职务_____

现场勘验见证人：_____

本人签名_____性别____出生日期_____，住址_____

本人签名_____性别____出生日期_____，住址_____

_____年____月____日

第__页共__页

第四节　摸底排队

知识目标：了解摸底排队的含义，把握摸底排队的条件及分类。

技能目标：把握摸底排队范围，掌握摸底排队的方法，尤其是网上摸排方法。

一、摸底排队的概念

摸底排队是指侦查部门对已经发生的刑事案件，在案情分析的基础上，依据作案条件，在一定的范围内依靠群众和有关方面，采取多种调查摸排形式，发现犯罪嫌疑人的一项侦查措施。所谓摸底就是开展调查、探求底细，从而发现与犯罪有关的人、事、物线索；所谓排队就是排查筛选、突出重点，对已经发现的线索进行查证、核实、甄别，从中确定犯罪嫌疑人。犯罪嫌疑人又称嫌疑犯、嫌犯、疑犯，是指犯罪侦查机关的侦查调查对象或者被侦查线索初步确定的怀疑对象。

摸底排队是侦查机关在长期侦查实践中总结出来的一项有效措施，是侦查破案中专门工作与群众路线相结合的具体体现，可谓具有中国特色。侦查实践证明，摸底排队是获取犯罪线索的一条重要途径，是排查犯罪嫌疑的一套有效方法。摸底排队具有应用广泛、使用率高、群众性强、效果较好、工作量大等特点。正是由于工作量大，有人认为是人海战术的体现。只要侦查破案还需要发动群众，就离不开深入细致的调查活动和全面客观的摸排工作。许多案件尤其是重大、特大案件的侦查中，需要采用摸底排队这一侦查措施。

二、摸底排队的条件

采取摸底排队措施的适用条件，通常见于下列案件：一是案件性质明确，侦查范围明确界定的内部案件；二是因果关系突出，犯罪嫌疑人与被害人具有明显的内在联系的案件；三是遗留的痕迹、物证具有鲜明特点，能够反映出特定的地区范围、行业范围特征的案件；四是在一定的时间段里，一定的区域内连续发生的同一类性质或相关联性质的案件。

摸底排队的条件，又称摸排条件或嫌疑条件，是侦查人员依据案情分析的初步结论推断出作案人必须具备或可能具备与案件有关联的各种要素。摸底排队条件是寻找发现犯罪嫌疑人的条件和依据，即据此摸排条件确定犯罪嫌疑人，为进一步深入侦查提供目标。一般认为摸底排队条件具有客观、普遍性，推断、制约性特点。

摸底排队措施中涉及的犯罪嫌疑人条件，有必备条件和参考条件之分。必备条件就是作案人完成本起案件必须具备的条件，参考条件就是作案人有可能具备的条件。在侦查实践中大多从以下几个方面考虑摸底排队条件。

（一）作案要素特征类条件

1. 作案时间条件。任何犯罪行为完成都需要时间，作案时间是构成刑事犯罪案件的基本要素。由于时间具有一维性，一段作案时间只能完成一定的犯罪行为，作案人在现场就不能同时出现在别处，所以作案时间也是确定犯罪嫌疑人的重要依据。要注意作案人及亲属订立攻守同盟现象，防止在时间上"打埋伏"。

2. 作案空间条件。犯罪行为需要占有一定空间，犯罪案件的构成包括空间要素。犯罪现场空间常留下犯罪行为形态、痕迹、物证。空间具有排他性，一个人在特定的时间内不能同时占据两个空间场所。接触现场空间条件构成犯罪嫌疑的基本条件。要注意空间的判断准确程度，并且与准确的时间条件相结合。

3. 职业技能条件。各行业从业者都有自己的职业技能，会在言谈举止中流露出来。实施犯罪行为过程中，尤其在作案手段上职业技能会有所体现，会或多或少、或明或暗、或隐或现地留下蛛丝马迹。一些特殊技能也能体现在作案中，诸如攀爬、盗撬、用枪、用刀、解剖等，也是摸排嫌疑的重要条件。要注意技能的熟练程度，有无量化标准等。

4. 知情知底条件。知情知底即知道内情和底细，了解熟悉作案目标，如现场环境、财物保管存放、被害人活动规律、当事人习惯等。从侵害目标、现场状态、作案过程推断知情程度，作为摸排犯罪嫌疑人的条件。知情范围有大小，例如对发案地区的了解，对侵害单位或住户的把握，对事主、被害人的知晓。另有方便机会条件，指作案人借助方便、抓住机会、顺手牵羊的作案要素，是时空条件的综合。虽然是偶然巧合地利用机会作案，但与有条件接近现场或平时有动机因素相关，案件发生也具有其必然性。可与时空条件、动机条件结合起来进行摸排。

5. 结伙作案条件。所谓结伙条件是指两个或两个以上犯罪嫌疑人，为了同一犯罪目的共同实施犯罪行为而结成的同伙关系。通过现场勘查和访问获得的形象痕迹和物质痕迹确定作案人数，认为是两人或两人以上作案的，要把结伙条件作为排查犯罪嫌疑人的一个重要条件。因为结伙作案者平素里就可能纠集、混迹在一起，留在周围群众或有关人员印象中，对警方查找嫌疑人同伙或团伙具有重要意义。

（二）涉案物质特征类条件

1. 作案工具条件。犯罪行为人作案时常会使用与作案手段相适应的作案工具，如伤人凶器、破坏工具、枪弹炸药、麻醉物品、运输工具、交通工具等。作案工具又可能体现地域、职业、技能特点。作案工具个体及类型特征，可以作为摸排犯罪嫌疑人的重要条件。注意作案工具可能有持有、租借、盗用等多种情况，要分门别类认真研究。

2. 遗留物品条件。作案人在犯罪现场常常会遗留下各种物品，尤其是杀人、伤害、抢劫、强奸、绑架等案件，由于厮打搏斗、匆忙慌张、急于逃离更容易遗落物品。遗留物品包括从宏观到微观的各种物品，诸如衣服、鞋帽、毛发、纽扣、烟头、痰唾等；诈骗、敲诈案件常有信件、书证遗留。这些遗留书证、物证既可作为摸排条件，又可组织辨认以物找人认定犯罪。

3. 犯罪痕迹条件。凡有犯罪行为必然留下或明或暗的犯罪痕迹，手印、足迹、工具痕迹、枪弹痕迹、书写笔迹等，有的能反映犯罪人个人特征，有的能体现作案工具、作案手段甚至描绘作案过程。现场的犯罪痕迹不仅能帮助寻找留痕原物，也能帮助刻画和分析犯罪人员体貌特征、行为习惯、兴趣嗜好、特殊技能等条件。

4. 赃款赃物条件。许多案件的直接作案目的就是非法占有赃款赃物，而赃款赃物也是能够证实犯罪行为的重要证据。侦查人员可以把已经掌握的赃物种类、品名、数量、特征，或者赃款的新旧程度、新款的相连号码、旧款的粘贴特征等，作为摸排嫌疑条件。值得注意的是，赃款赃物常常与经济反常、花费奢侈以及需求动机条件相关联。

5. 关注物品条件。在刑事案件的犯罪现场，除了侵取目标的赃物和作案者的遗留物，还有一些是犯罪行为人或被害人较为感兴趣的物品，值得在侦查调查中予以关注。例如，现场勘验中发现作案人反复触碰现场的音乐台历、游戏机、绒毛玩具等，可能反映其童心未泯或特殊兴趣；或对烟、酒之类驻足，尽管非本案侵害目的物，或许是其某种嗜好的体现。

（三）作案人身心因素类条件

1. 体貌特征条件。体貌特征及与身体面貌相关联的身份信息是摸底排队的重要条件。作案人的性别年龄、身高体态、相貌特征、穿着打扮、口音方言、走跑姿势等通常根据事主、被害人、目击者、知情人提供的材料来刻画，或依据现场遗留的痕迹来科学推断，摄像探头记录的视频影像资料也能有所反映。尽管获得的体貌特征有描述、照片、录像、画像等不同形式，清晰程度也不尽一致，但由于与其身份认定直接相关，在摸排中还是要作为首选条件。

2. 因果关系条件。犯罪行为的发生大多具有一定的因果关系，刑事案件就是由一些利害关系、矛盾冲突所诱发，尤其是谋杀、纵火、爆炸、投放危险物质案件，因果关系极为突出。一般从发案结果出发回溯调查犯罪原因，包括作案者内在心理动因和外部诱因，研究追查具备这样动因的犯罪嫌疑人。因果关系条件理应是摸排嫌疑的重要条件。

3. 动机心理条件。动机心理条件是犯罪行为人实施犯罪行为所具备的作案动机和犯罪心理。作为促使作案人实施犯罪的内心起因，犯罪动机在现场上表现比较复杂，除单一动机外还有动机转化、复合动机，为转移视线掩盖动机，无明显动机或暗藏动机，动机奇特或心理变态。作案动机、犯罪心理必然体现在犯罪行为、作案过程、犯罪结果中。例如，怀有变态心里的作案者常有窥阴、露阴，偷摸胸衣、内裤、情趣模具等行为。

4. 犯罪前科条件。具有犯罪前科、劣迹人员作案的刑事大要案件，常采用习惯作案方法、成型作案手段，手法熟练、技能娴熟，胆大妄为、表现贪婪，动辄杀人、不计后果，甚至表现出具备反侦查知识和技能。在大要案件侦查中，凡是被打击、处理过的前科、劣迹人员或具有某一方面前科人员，应当首先列入摸排对象予以调查。

5. 反常表现条件。反常表现是指犯罪嫌疑人在发案前后与平常比较的失常表现，诸如经济消费、言谈举止、精神状态、穿着打扮等方面不够正常。反常表现是由于作案心理压力大而疑神疑鬼，物质条件变化而出手阔绰，为达到目的为而平素不为，为转移视线、掩盖异常而矫枉过正。反常表现可以作为摸排条件，但调查中不能先入为主，需要慎之又慎；必须坚持客观分析，千万不可主观臆断。

（四）电子信息类条件

1. 身份卡证信息。勘验调查中有时了解到有关嫌疑人、被害人的身份证、工作证、学生证、驾驶证、房产证、门禁卡、执业证、营业执照之类证件信息，或医保卡、储蓄卡、信用卡等财务折卡信息。这些信息大多联网可查，以其为基础开展摸排常能帮助缩小侦查范围，直接、间接判断嫌疑人身份，有助于调查存取钱款等情况，甚至可以直接锁定犯罪嫌疑人员。

2. 手机通信信息。与犯罪案件相关的手机电话、短信、微信等信息以及在手机终端登录、手机卡绑定的各种信息，都可作为摸排条件开展调查。收集发案前后被害人及关系人、犯罪嫌疑人及关系人的手机资料信息、电话通话信息、附近机站信息、接发短信信息、微信语音与图片信息等，发现、提取、固定与犯罪相关的数据资料，既可发现、扩大案件线索，又可对嫌疑人进行时空定位，获取犯罪的证据。

3. 电脑网络信息。现场勘验检查中收集到被害人、嫌疑人及相关人员的电脑、网络信息资料，也可用以摸底排队。及时查控获取嫌疑人、被害人的电脑资料、上网信息，QQ、MSN、微信等即时聊天工具信息，微博账号、游戏账号、股票账号、淘宝及京东账号等，不仅能从朋友圈、群成员、粉丝中扩大线索，也能从其互动交流中掌握相关人员的言行举止，为获取犯罪证据奠定坚实基础。

4. 监控录像信息。收集到相关部位的视频探头、监控录像信息也是摸排嫌疑的重要条件。调取发案地点、犯罪现场、来去路线等相关部位监控探头的视频资料，包括公路收费站录像信息资料，可以发现确定作案人的相貌体态、穿着打扮、口音方言（含音频）、携带物品、行为动作、作案手段、作案时间、活动过程等，也可作为人脸识别技术的载体。这些无不是确定嫌疑人的重要依据，也是最终认定犯罪的有力证据。

5. 吃住行销信息。收集到的旅馆住宿登记信息，乘坐航班飞机票、列车车票信息，包括市内交通卡信息，也可列入摸底排队条件。通过对调查对象的住宿旅馆登记信息、乘坐民航或列车的票证信息，包括购买保险的长途汽车购票信息，由于具备国内甚至国际联网的特点，能够一一对应地查清其行程起始终点、住宿落脚点，行进路线、交通方式、停留地点以及同行、同餐、同居、同活动的人员情况，为进一步掌握活动情况获取相关证据。

三、摸底排队的范围

摸底排队的范围是指摸排犯罪嫌疑人的空间范围和社会范围。所谓空间范围是犯罪人可能居住地区、工作地域、活动或藏匿的区域场所范围，也叫地域范围；所谓社会范围是犯罪人可能的职业、行业及生熟关系、知情条件方面的范围，也叫人员类别范围。有人认为摸排范围等同于侦查范围，也有人认为侦查范围涵盖更多的内容，单从地域空间角度看侦查范围也会大于等于摸排范围。摸排范围是开展摸底排队工作的基础，一般依据以下几个方面确定。

（一）依据发案地点现场位置确定

犯罪案件发案地点及现场位置常常与犯罪行为人居住生活、工作学习、藏匿活动地点有某种联系,有些作案者就是现场周围的人或熟悉现场的人。即使外来作案者,也常常在发案地附近有藏匿窝点、落脚点或同伙人。一般可以依据犯罪现场所在地为中心向外扩展,结合周围环境和当地的公路铁路、交通客流情况确定摸排范围。

(二)依据现场遗留痕迹物证确定

现场遗留痕迹物品常能直接、间接体现地域和人员特征。现场遗留物包括随身穿戴衣物,随身携带物品,人体脱落组织、分泌物、排泄物等。衣物和携带物可反映身份职业、体态特征、地区范围、民族特征,有明显旅行用品和车、船、机票的,更有助于划定地域范围。肌体物质和手印、足迹、工具及交通工具痕迹、书写笔迹等能刻画嫌疑人特征,如身高体态、特殊技能、文化程度等。这些都能帮助确定空间范围和社会范围。

(三)依据犯罪案件具体性质确定

案件性质反映犯罪行为人侵害的社会关系,与犯罪动机和作案目的相一致,也体现犯罪案件内在的因果联系。案件具体性质在相当程度上决定了摸排范围的大小。以杀人案件为例,常有财杀、仇杀、情杀、奸杀等性质,体现出作案人为图谋财物、报仇泄愤、奸情纠葛、发泄性欲而杀人的动机目的。可据以分析发现明显的因果联系和短暂的矛盾关系,结合其他摸排条件能够为确定摸排范围提供依据。

(四)依据作案关系知情范围确定

通过现场研究分析出犯罪人与事主、被害人的生熟关系,与现场及客体物的生熟关系,甚至对发案地区熟悉程度,这些生熟关系在一定程度上表明社会范围,甚至反映空间范围。对犯罪现场进出口、侵害客体物(特别贵重财物存放时间和位置)的知情,对事主、被害人活动规律、作息时间、生活习惯的知情,结合犯罪人的作案特点,例如,犯罪工具、作案手段反映出行业职业、性别年龄、兴趣爱好,尤其是地区、地域特征,进而确定摸排范围。

(五)依据现场访问获得材料确定

现场访问获得的材料,尤其对作案人的描绘,诸如相貌特征、穿着打扮、口音方言、携带物品、交通工具、车辆牌照等,可能反映出其身份、职业、民族特点和地域特征;清点后损失财物数量、体积、重量,结合有无运输工具,体现出作案人的远近距离、本地人外地人;对整个作案过程回忆表述,如来去路线、预伏尾随、进门方式、坐卧攀谈、聊天话题、胁迫语言等,也可推断嫌疑人的居住范围、落脚范围、活动范围和人员范围,进一步确定摸排范围。

（六）依据电子信息视频资料确定

勘验检查中收集到事主被害人、犯罪嫌疑人及相关人的手机、电脑、网络等有关电子数据、通信（语音、图片、视频）信息，各种卡证信息、账号信息，包括利用专门技术恢复已删除或格式化的数据资料，都应当及时分析研判。通过信息交汇、数据挖掘发现更多线索，尤其对网络 IP 地址、移动终端定位、账号登记地址和视频资料体现的地址进行分析研究，据此确定虚拟和现实空间范围。监控探头拍录的录像信息，凡是能反映嫌疑人居住、工作、活动、藏匿地区范围或职业身份的，也应认真梳理进而全面、联系、动态地划缩摸排范围。

确定摸底排队范围注意事项：一是遵循相对准确原则，不能漫无边际，范围过大、网眼稀松、容易疏漏，让嫌疑人成漏网之鱼；起初宁可范围稍大些也不能过小，一旦过小网中无鱼、无效摸排，把嫌疑人员划在圈外，劳而无功。二是遵循动态灵活调整原则，随着侦查工作进展、案件线索集中、案情认识加深，及时适度地扩大或缩小摸排范围，在灵活调整中做到恰如其分。

四、摸底排队的方法

在确定摸排条件和范围之后，要采取正确的摸底排队方法以便及时准确地摸排出犯罪嫌疑人。一般在侦查实践中摸底排队的实施步骤和方法如下。

（一）全面摸底普遍排查

全面摸底又称普遍排查，即"面"上的摸排，在已经确定的摸排范围内按照摸排条件，在社会面上逐人排查具有作案因素、条件者，从中发现犯罪嫌疑人。

1. 适度公布案情，发动群众提供线索。公布案情，就是在对案情进行初步分析的基础上，在确定的摸排范围内，向群众公布发案情况，然后动员群众围绕发生的案件开展忆查活动，检举揭发，提供线索，协助破案。通过公布案情，广泛发动群众提供线索，扩大破案线索渠道，警醒群众增加防范，形成强大破案攻势，震慑触动、分化孤立作案人，迫使犯罪嫌疑人在紧张恐惧中出现反常表现，甚至可能抛扔赃物甚至走坦白自首之路。

公布案情必须坚持有领导、有目标、有控制的原则。（1）有领导。所谓有领导，是指某一案件案情能否公布要从大局出发整体思考，公布哪些情节，何时公布案情、怎样公布案情，须经领导批准，而不能由侦查人员自行决定。（2）有目标。所谓有目标，公布案情应该在犯罪行为人可能生活居住、藏身落脚、活动作案的地区范围内进行，即通过对案情分析判断，有目标指向范围。（3）有控制。所谓有控制，是指对公布的案件或情节要有所选择、有所限制。哪些案件可以公布、哪些案件不能公布，哪些情节重点公布、哪些情节守口如瓶，都要充分酝酿，做到有所控制。有些案件、有些情节不能公布，以免影响侦查。不宜公布的案件及情节有：（1）涉及党和国家机密的案情。（2）可能暴露侦查工作秘密的案情。（3）只有作案人和勘查者掌握的案件细节。（4）有损于被害人名誉的案件。（5）有可能引发作案人毁赃灭证的情节。（6）尚没有判断准确的情节。

公布案情须迅速及时。趁着案件发生不久，群众记忆犹新的有利时机，及时公布案情能够收到事半功倍的效果。公布案情以后，还应当有计划、有准备、有组织地发动群众回忆案发前后的可疑情况，毫无保留地提供给侦查人员。涉及重要线索需要单独询问并个别制作笔录。

2. 依靠基层公安保卫部门摸排。公安机关的基层派出所、机关和企事业单位的保卫组织负责本地区、本单位的治安管理、户籍管理、重点人口及流动人员管理，掌握常住居民、暂居人员及本单位职工的基本情况。基层公安保卫部门日常业务工作就需要密切联系群众，又担负着查处各类治安案件、调节民众纠纷的职责任务，在一定程度上也了解人与人之间的矛盾冲突、利害关系。这些部门负有协助侦查机关侦查破案的责任，在实施摸底排队措施上具有得天独厚的有利条件。在刑事案件发生之后，侦查机关应当及时向基层公安干警、保卫干部布置摸底排队任务，把案件情况和作案人具备的条件向其交代清楚，要求其在摸排的范围内逐人逐户地进行摸排。

3. 检索档案资料，查核犯罪情报信息。在普遍摸排犯罪嫌疑人阶段也可通过检索、查阅犯罪情报信息资料，结合案情分析后确定的摸排条件进行摸底排队。公安机关、监狱机关、看守所等部门日常工作和办理案件中收集、储存的情报信息犯罪资料，是摸底排队可资利用的优质资源库。公安机关内设的侦查部门，除刑事侦查和刑事技术部门外，国内安全保卫、经济犯罪侦查、网络监察、禁毒、治安、交通管理、反邪教等部门也都从事有关犯罪的情报信息收集、储存工作。

常见的犯罪情报信息有案件情报信息、人员情报信息、犯罪组织情报信息、犯罪线索情报信息、犯罪痕迹物品样本信息等类别，在摸排中应当有针对性地予以充分利用。例如，现行案件与情报信息资料搜索对比中发现，作案人在作案时空、侵害对象选择上，在犯罪工具、作案手段使用上，在现场遗留的痕迹物证上，有相同、相近、相似之处，对照摸排条件可进一步排查确定犯罪嫌疑人员。

4. 物建秘密力量，获取破案重要线索。对于一些有影响的重大、特大刑事案件，案发后可以物建特殊的情报人员或使用已有的秘密力量，在社会面上搜集犯罪情报和案件线索。可以利用这些人员可能具有的特殊身份和超常的调查能力，尤其能够接触到曾经受过打击处理的前科劣迹人员、犯罪团伙组织成员的便利条件，交给其明确的调查任务，交代其部分摸排条件，强调注意保密等事项，要求他们为侦破大案做出贡献。不仅在全面摸底普遍排查阶段，即便在深入侦查阶段突破重点嫌疑对象方面，这些秘密力量也能够发挥不可替代的重要作用。

全面摸底的目的，就是在没有具体嫌疑对象时根据摸排条件从各个方面发现、收集、排查嫌疑线索，逐人、逐事、逐物调查摸排。普遍排查中发现的可疑人员作为犯罪嫌疑人，不能苛求具备所有嫌疑条件，只需要具备一个或若干个条件即可。根据摸排条件，采取定人、定范围、分片包干、分工负责的方法进行全面摸排。必须做到全面细致、不出偏差，做到严密紧致、不得疏漏。谨防在落实摸底排队措施中出现调查盲区、漏点和"灯下黑影"现象。

（二）甄别筛选重点排查

重点排查又叫筛选重点，是指对普遍排查所发现的嫌疑人中具备作案因素和条件比较明显者，需要进一步调查、审核而突出重点嫌疑对象的排查方法。在普遍排查过程中犯罪线索源源不断汇集上来，要逐条分析查证。从大量线索中筛选出一般线索和重点嫌疑线索，排除那些与本案无关的线索。通过查证线索，确定一批嫌疑对象，列入侦查视线。

甄别筛选是对嫌疑线索和嫌疑人员按照摸排条件，调查核实、反复筛选，排除查无实据人员，有根据地否定一批嫌疑人，从而突出重点嫌疑对象。确定重点嫌疑人的过程也是肯定、否定的过程，要做到定之有据否之有理，不被表象和假象所蒙蔽、误导。为做到有理有据，要特别注意做好知情人的工作，以便做到深入调查。否定嫌疑的条件有很多，但主要研究其作案时间空间条件、痕迹物证条件等。既要重视证明肯定嫌疑的材料，又要重视每一项反正材料，在发生的案件与重点嫌疑人之间，进行"三定"核对，即定时（作案时间）、定位（作案地点）、定行为（犯罪活动）。

普遍排查似全面撒网，是重点排查的前提和基础；重点排查是普遍排查的继续和深入。两者相互衔接，并非机械分割。通过普遍排查发现的嫌疑人，边排查边复核，随着线索集中嫌疑上升，符合若干嫌疑条件者即可作为重点嫌疑对象，然后开展深入侦查。重点排查是建立在全面摸底普遍排查的工作成果之上，而不是简单的"搂高草""打快锤"。

（三）确定重点犯罪嫌疑人

经过全面摸底普遍排查和甄别筛选重点排查，在排除或降低多数嫌疑人嫌疑的同时，有些疑点集中突出、嫌疑根据充分者可确定为重点嫌疑人。确定为重点嫌疑人一般从以下几个方面考量：一是该嫌疑人比其他嫌疑人的疑点集中突出；二是该嫌疑人具有一点直接证据或几点彼此吻合的间接证据；三是该嫌疑人没有能合理解释的无罪证据。

确定为重点犯罪嫌疑人的条件主要研究作案时空条件、作案因素条件、犯罪证据条件。对照摸底排队的条件和调查核实中发现收集的证据情况，有下列情形之一者，可以确定为重点犯罪嫌疑人。

（1）具备作案时间条件和因素条件，暂时尚未取得犯罪证据的人；

（2）具备作案因素条件和部分间接证据，作案时间暂时尚未查清的人；

（3）具备犯罪的某些间接证据，作案时间和因素条件暂时未查清的人；

（4）具备重大预谋犯罪活动迹象或掩盖罪行迹象的人。

对于确定为重点犯罪嫌疑人者虽然不需要履行法律后续，但因为涉及能否对其实施技术侦查措施手段的问题，所以必须严格进行审查，并经有关领导批准。

五、网络上摸底排查

（一）网络摸底排查概念

网络摸底排查是指利用计算机和网络技术，应用各个信息系统，设定摸排条件，发现案件线索和犯罪嫌疑人的方法。针对有现场可供勘验的刑事案件，应用传统的摸底排队措施，而刑事犯罪活动越来越呈现职业化、智能化、流窜化特征，传统的摸底排队逐步显现出劣势。面对大量的无现场可勘验或没有勘查价值的刑事案件，侦查部门一度缺少有效的应对办法，网上摸底排查方法有效解决了长期困扰侦查部门的问题。

网络摸底排查的目的是通过对各类犯罪信息资源的分析研究、反复比较、数据碰撞、层层筛选，把与案件有关的单一信息串联成相互印证的信息链，缩小侦查范围，寻找破案线索，跨越时空排查出犯罪嫌疑人。随着信息社会的不断发展，利用网络排查嫌疑的方式应用会越来越广泛。

（二）网络摸底排查原理

犯罪行为与正常的社会生活行为紧密交织。犯罪行为系统与作为其系统环境的社会密不可分，并发生物质、能量、信息的相互交换。能够揭露、证实犯罪行为的情报信息不限于刑事犯罪情报信息和公安业务信息，可以拓宽到相关的社会管理信息中。运用相关性原理，根据犯罪行为发生的时间、地点、工具、被害人等诸多因素，调集与犯罪行为发生的社区、行业、场所、人员等有关通信、交往、住宿、交通出行情况，存取和转汇款情况等，可以进行数据多点碰撞，据此发现犯罪嫌疑人员。

多点碰撞是指对系列案件进行有效串并案之后，通过犯罪行为与其他活动时空相关的原理，提取发案时段对应发案地的电信、银行、民航、铁路、旅馆等行业的大数据，对多个发案时空点的数据进行批量比对，其中相同者即可列为嫌疑人。一般的，普通人员与犯罪时空巧合的可能性在少数点位尚有可能，但在多个点位发生碰撞的概率极小。有些犯罪人采取甲地作案乙地住宿或使用假身份证逃避打击，时间段位和地域范围较难把握。利用电信、银行等行业数据交叉碰撞，摸底排查效果会更好。

（三）网络摸底排查范围条件

网络上摸底排查的范围和传统摸底排队措施的范围一样，不同之处是网上摸底排查的范围除案件分析确定的范围外，更主要的是相应区域和相应类别等网上信息资源。

网络摸底排查的条件除了案情分析中刻画的嫌疑条件以外，还需要对已确定的特征条件进行信息加工，使其转化成相对应的检索条件，并利用这些检索条件进行网上摸排。

（四）网络摸底排查方法技巧

1. 依据作案手段摸底排查。案情分析判定的作案手段特点越鲜明，在网络中排查范围越小，排查结果应该越准确。通过网上串并可找出与案件有关的细节特征，结合高危人群的活动特点，划定嫌疑人范围；在范围内调查其案发期间活动情况，或对有前科人员进行鉴识认定，寻找嫌疑对象。

2. 依据体貌特征摸底排查。利用各类信息资源库和人脸识别技术，通过对描绘的嫌疑人体貌特征网络排查相似人员；对发现的可疑人，利用体貌特征排查其是否逃犯；依据逃犯的体貌特征，排查疑似洗白身份人员；依据疑似假冒身份的嫌疑人体貌特征，排查其真实身份调查前科劣迹或涉案情况。

3. 依据通信记录摸底排查。通信技术给人们联络带来极大方便，也给侦查工作提供了可利用的信息载体。对通信记录查证被更多地用于破案的排查工作。例如，通过被盗抢手机的关机机站信息分析犯罪人的活动范围，通过案发时段发案地机站通信数据寻找可疑通信号码发现线索等。

4. 依据银行汇款摸底排查。根据案件分析出银行存取汇兑中的可疑情况，结合汇兑款数额与案件损失金额的关联性，汇兑款人员户籍地与高危户籍作案特点的关联性进行排查。综合案情分析情况，针对嫌疑人采取进一步调查措施，准确判定其作案的可能性，为侦破案件提供线索。

5. 依据住宿登记摸底排查。利用旅馆住宿人员信息系统，依据住宿登记资料进行摸底排查。针对某一案件通过对类似案件发生时间段内不同住宿记录的数据碰撞，寻找不同发案时间不同案发地点的相同住宿人，结合案件条件分析排查重点对象，再对其调查违法犯罪情况加以证实或证否。

6. 依据高危人群摸底排查。研究某一类案件的作案高危人群地区性特点，依据高危地区人员在案发地的住宿记录数据碰撞，并对碰撞结果进行分析研究，筛选出可能的具体作案嫌疑人，并采取进一步侦控措施，判别其有无作案的可能性。

7. 依据监控录像摸底排查。通过监控录像，可以发现重点路段的可疑车辆、可疑人员；通过对监控录像数据进行分析，可以发现被盗抢车辆的流出方向；通过对可疑车辆车主与车辆信息的分析，可以排查犯罪嫌疑对象；然后结合发案情况缩小侦查范围，发现确定作案嫌疑。

作为经典侦查措施，摸底排队依然是开启群众调查和专门手段结合之门的金钥匙。随着侦查破案方法的现代化，网络侦查、信息侦查、数据侦查日渐普及，传统措施摸底排队的适用条件、摸排范围、实施方法也将不断调整提升，摸底排队措施必将从整体上向着科学化、精准化方向发展。

知识作业：

1. 简述摸底排队的条件。

2. 简述公布案情的有控制原则。

技能作业：

选择普遍排查、重点排查、网络排查方法之一，试操作体验。

第五节　侦查实验

知识目标：了解侦查实验的概念、种类和任务，充分把握实验原则。
技能目标：掌握侦查实验实施方法，实验笔录制作。

一、侦查实验的概念

侦查实验是侦查机关在侦查办案过程中，采取模拟演示的方法，证实在某种条件下案件事实能否发生或怎样发生的一项侦查措施。在现场勘验阶段和侦查过程的其他环节，侦查人员为了证实可能与案件相关的某些情节或现象在特定条件下能否发生、怎样发生，都可以进行侦查实验，用模拟原来条件的方法进行重新演示。我国《刑事诉讼法》有关条款规定，为了查明案情，在必要的时候，经公安机关负责人批准，可以进行侦查实验。现场勘验阶段的侦查实验又称现场实验。为了证实现场某一具体情节的形成过程、条件和原因等，可以进行现场侦查实验。

侦查实验对于现场勘验检查和侦查破案乃至刑事诉讼过程都具有重要意义。具体的侦查实验具有如下重要作用。

（1）有助于审查案件的具体性质；

（2）有助于进一步分析判断案情；

（3）有助于判明现场痕迹物证形成机理；

（4）有助于判断侦查推论的正确与否；

（5）有助于判断证人证言、被害人陈述的可靠性；

（6）有助于审查犯罪嫌疑人的供述材料。

总而言之，侦查实验对于查明刑事案件是否成立，确认犯罪人员的进出地点和各种痕迹能否形成，怎样形成，检验搜集的证据是否充分可靠，区别证人证言和人犯口供是否真实等方面都具有重要作用。

二、侦查实验的种类

侦查实验按照所要解决问题的实验目的可分为以下类型。

（一）感知性实验

感知性实验又叫感知可能性实验，是指在一定条件下某种现象通过感觉器官能否直接反映到人脑的可能性实验。通过实验用于确定感知主体（事主、被害人、耳闻目睹者）在案件发生的当时能否感知到被感知的客体（事件或现象）。例如，能否听到某一响声，看到某一人、事、物，闻到某种气味，或对温度、湿度、高度、速度能否感觉到，等等。

（二）行为性实验

行为性实验又叫行为可能性实验，是指在一定条件下实施某种活动的可能性实验，实施主体可能是某人或某动物。

1. 行为能力可能性实验。通过实验用以确定行为主体有无具备实施某行为的实际能力，如有无攀爬某高度能力、有无驾驶某车辆能力等。

2. 行为过程可能性实验。用以确定行为人在特定条件下能否按照顺序完成某行为过程，如按照一定路线在一定时间内能否完成作案过程。

3. 行为结果可能性实验。通过实验确定某行为的最终结果可能性，如行为人在一定条件下能否把某物转运到某地点。

（三）自然力实验

自然力实验又叫自然力可能性实验，是指无人力干预情况下自然状态、自由发展的可能性实验，如某物品在一定条件下能否自燃。

三、侦查实验的任务

侦查实验的任务一般包括如下内容。

1. 验证在某种条件下能否听到或者看到。即验证在现场条件下能否听到某种声音或者看到某种情形，这是对人直观感觉的感知可能性实验。

2. 验证在一定时间内能否完成某一行为。即对人的活动时间的实验，这属于行为过程可能性实验。

3. 验证在现场条件下某种行为或者作用与遗留痕迹、物品的状态是否吻合。这属于行为结果可能性实验。

4. 确定某种条件下某种工具能否形成某种痕迹。即验证在某种条件下使用某种工具可能或者不可能留下某种痕迹。这是对犯罪工具的实验。

5. 研究痕迹、物品在现场条件下的变化规律，如验证某种痕迹在什么条件下会发生变异。

6. 分析判断某一情节的发生过程和原因。即验证在什么条件下能够发生某种现象或某种事件怎样发生的。

7. 其他需要通过侦查实验做出进一步研究、分析、判断的情况。

四、侦查实验的原则

为了保障侦查实验的科学性，使实验达到准确可靠的程度，并且能够起到诉讼证据作用，应当严格遵守以下实验原则。

（一）尽量选择原地和原条件进行

侦查实验要尽可能在原发案地点的具体环境条件下实验。一般应选择在发案地点、发案时段进行，并保证自然条件与发案时天气、风速、温度、湿度、光线等相近。燃烧、爆炸等危险性实验，应当在能够确保安全的地点进行。

（二）尽量使用相同或同种类物品

实验时尽量使用原有的工具和物品进行。在确实无法完全相同的情况下，则应选择在材质、性能方面相类似的工具、物品。即尽可能选择同一种类、相同品牌、同样规格的物品。

（三）坚持同一情况下反复实验

为避免在实验中出现某些偶然性而影响实验结果，必须坚持反复实验。若条件许可，类同的实验应当进行 2 次以上。同时，要变换实验人员、条件和方法，如果取得的实验结果又都是一致的，实验的结论才更加可靠。

（四）应当邀请两名见证人

根据案情需要，对有些案件中的某些事实与现象进行实验时，除参加实验的侦查人员、技术人员以外，应邀请两名见证人参与见证，还可请事主、证人参加，一般自愿参加，不强行要求。

（五）实验中要提倡文明守法

侦查实验是一项严肃的执法行为，必须遵守有关法律、法规，并经县级以上主管领导批准方可实施。禁止一切足以造成危险、侮辱人格或有伤风化的行为，反对不择手段、不计后果、不顾影响地实施侦查实验。

五、侦查实验的组织实施

侦查实验组织工作的好坏，直接关系到侦查实验的效果。为了保证侦查实验的顺利进行，首先必须做好充分的准备工作。

（一）准备工作

1. 了解案情明确侦查实验目的。侦查人员要仔细研究案件材料，做到熟悉了解案情。明确要通过试验解决的问题，实验的项目任务和内容，这样才能在实验过程中做到心中有数，避免盲目性。

2. 选择侦查实验的时间和地点。根据实验的任务选择实验的地点和时间，一般尽量在原地原时间段进行，尤其现场勘验阶段试验应尽量在现场进行；破坏性的实验，如爆炸案件中炸药量的实验地点以安全为前提。

3. 确定参与侦查实验人员和分工。侦查、技术人员组织安排参加实验者，除了选定的实验群众和专业人士，还可安排被害人、知情人及犯罪嫌疑人参加。要事先做好警卫、实验、操作、演示、指导、记录、旁观的分工。

4. 准备实验所需的材料和工具。事先准备好实验所用的各种工具、设备、仪器和实验用材料。常用的设备如计时器、米尺、照相机、录像机、车辆等。除了足够数量的实验材料，还注意准备记录实验用品。

5. 确定并邀请两名实验见证人。组织侦查实验一般邀请两名见证人，必要时还可适度增加。见证人应当与被验证的事件无关，诚信可靠并且具有理解实验内容和评判实验结果的能力。

6. 按照实验内容拟定实验方案。拟订实验方案是保障侦查实验顺利进行的前提。实验方案内容主要包括：实验条件，实验目的，时间、地点、内容、步骤、方法，顺序和次数，所需工具、材料，人员安排分工等。

（二）实施过程

在完成准备工作以后，应在负责案件侦破的领导或侦查人员的统一指挥下，有秩序、按步骤地进行侦查实验。同时应用录像、拍照、绘图、录音、笔录等方法，将侦查实验的经过和结果等客观地固定和记录下来。

1. 布置警戒。在侦查实验开始之前首先要布置警戒，防止无关人员进入实验场所，以免影响侦查实验顺利进行，更要防范恶意破坏阻止实验的人闯入实验领地。警戒力量要有足够维护秩序能力，要有充分心理和物质准备。

2. 审查条件。侦查实验主持人对实验场所、周围环境、气候条件等进行仔细观察，审查是否符合实验方案的条件要求。对不符合预设条件，有可能干扰实验正常进行的障碍，应当予以排除。

3. 强调事项。向所有在场参加实验人员宣布实验纪律，如注意遵守实验规则，对实验结果注意保密，保护好实验用财物。对所担任岗位职责和实验任务落实到位，做到分工负责紧密配合，完成既定实验项目。

4. 组织实验。侦查人员作为组织者一般不执行或操作具体实验，见证人亦然。有的实验由事主、被害人、耳闻目睹者及犯罪嫌疑人执行；有的则由有专门知识、技能者执行；也有些实验需要几个具备不同条件的公民依次分别执行。侦查实验要严格按照实验方案有步骤地进行，重演某些现象发生的过程，观察实验中各种现象的变化规律和产生条件；实验中出现某种结果，要提醒见证人等认真感觉；要注意试验出现异常现象的条件，若实验出现难以解释的结果，应请教专家予以解答。

5. 做好记录。对整个实验的真实过程和客观结果，要由专人做好实验记录，要求全面、详细、客观，不得遗漏。利用文字记录以侦查实验笔录为主，使用照相、录像、录音、绘图记录为辅。

（三）侦查实验笔录的内容

根据《刑事诉讼法》的规定，对侦查实验的过程和结果，应当制作《侦查实验笔录》，参加侦查实验的人员应当在《侦查实验笔录》上签名。

1. 首部。即前言部分，主要内容包括：简介案件发生情况，记录实验的时间、地点、自然条件、侦查人员基本情况、实验目的及要求等。实验目的写明要解决什么问题，应该如何实施。

2. 正文。即经过部分，主要内容包括侦查实验的过程和结果。除了记录实验的种类、方式外，重点是在什么条件下，以何种材料，用什么方法，进行多少次实验，每次的结果。同时写清参加实验人员的结论意见。

3. 尾部。即结尾部分，侦查实验的结束语。所有参加人员应当一并签字或盖章。最后注明附件的内容，如照片、绘图、录音、录像等。参加实验人员若有说明意见，可以在尾部注明。

六、侦查实验结果审查评断

侦查实验结果有肯定、否定两种，只要正确都可作为判定案件事实材料。侦查实验属于模拟演示活动，实验结果容易受到各种因素影响，只要一个因素发生偏差，实验结果就有可能出现错误，因此需要对实验结果进行评断。如果实验结果用作证据，还需要专门给予审查。

（一）审查评断实验结果方法

1. 分析根据。实验的条件、过程、结果之间都有特定、内在、必然的联系，即科学实验的原理；分析研究侦查实验的条件、过程和结果，看能否做出科学的解释，是否符合科学原理。

2. 解析矛盾。侦查实验结果无论肯定或否定，有可能出现与结论不符合即相矛盾现象，如解析重复实验中结果差异的矛盾、解析实验结果同其他证据材料之间的矛盾等。

3. 重新实验。如果发现侦查实验中某些条件把握不准，或者某些结论出现偏差，因果不明，要增加重复实验的次数即重新组织实验，进而相互比较印证，是评判实验的有效方法。

（二）评断实验结果的可靠性

审查评判侦查实验结果的可靠性，一般需要从以下几个方面着手。

1. 实验的时空、环境条件是否与案件形成条件相符；

2. 实验中使用的工具物品与原物品是否相同或相似；

3. 经过多次的重复实验，其实验结果是否趋向一致；

4. 实验的组织实施是否正确科学，否则结论难以可靠；

5. 实验过程中的各个环节是否存在漏洞或附加条件。

（三）审查实验结果的证据价值

审查评断侦查实验结果的证据价值，一般需要从以下几个方面着手。

1. 侦查实验是否自始至终严格地按照实验规则和法定程序进行；

2. 提供用于实验案件情节者，其心理、生理功能是否处于正常状态；

3. 侦查实验结果的肯定性、否定性以及单一性、非单一性；

4. 实验人与案件有无利害关系，能否客观公正真实地参加实验；

5. 实验结果与其他方面获取的证据材料之间有无矛盾现象。

侦查实验结果的证据意义应当从实验的目的和实验的性质综合分析。有的实验只能为分析判断案情、确定方向范围提供依据，而不能作为诉讼的证据；有的实验以实验结果肯定、否定或结果单一、非单一为根据，肯定结果能缩小侦查范围，不能确定某人就是犯罪人，而否定结果则可排除此人犯罪的条件；单一结果根据肯定、否定判断证据价值，非单一结果只能为侦查人员分析判断案情提供依据。

知识作业：

1. 什么是侦查实验？

2. 简述侦查实验的规则。

技术技能：

组织一次现场实验，制作一份侦查实验笔录。

侦查文书式样链接——《侦查实验笔录》

侦查实验笔录

时间：_____年　月　日　时__分至_____年　月　日__时__分

侦查人员姓名、单位_____

记录人姓名、单位_____

当事人：_____

对象：_____

见证人：_____

其他在场人员：_____

事由和目的：_____

地点：_____

过程和结果：_____

_____

_____

_____

_____

_____

_____

_____

_____

_____

侦查人员：

记录人：

当事人：

见证人：

其他在场人员：

第__页共__页

注明：该笔录适用于检查、复验复查、侦查实验、搜查、查封、扣押、辨认、提取。

第六节 追缉、堵截

知识目标：了解追缉、堵截的概念、作用，熟悉追缉、堵截的适用条件，尤其时间方位条件和遗痕留踪条件。

技能目标：掌握追缉堵截的方法，把握追缉堵截的成功要则。

追缉、堵截是公安机关在刑事犯罪案件发生以后，根据案情的需要采取的紧急查缉战术行动，是经常合并使用的两项紧急性侦查措施。

一、追缉、堵截的概念

追缉是指公安机关在侦查过程中，查明作案人或犯罪嫌疑人已经潜逃，及时组织力量循着其逃跑的方向和路线，进行追踪缉捕的紧急侦查措施。追缉又称循迹追捕查缉。堵截是指根据作案人或犯罪嫌疑人逃跑的方向，超前组织力量在其可能行经的要道上设卡迎堵拦截的紧急侦查措施。堵截又称设卡围堵拦截。作为侦查措施，堵截在运用上分为两种形式：一是日常工作堵截，由刑侦业务部门组建的常态化堵卡网点，通过盘问审查拦堵截获犯罪嫌疑人的一项经常性措施；二是临时部署堵截，在采取追缉措施的同时，组织侦查力量和堵卡网点警力，拦堵截获缉捕对象的紧急侦查措施。堵截又有公开堵截、秘密堵截，防御性堵截、进攻性堵截之区分。

追缉、堵截是两种不同的措施，却紧密相关难以分割。在侦查实践中，追缉、堵截措施常常同时结合使用，互为依赖关系。组织追缉行动离不开堵截措施，在追缉的路线上采取堵截行动能卡住去路、阻断退路；没有定向的追缉行动，堵截措施只是守株待兔，也难发挥功效。追缉、堵截是点与线的关系，具有方向性、时限性、对抗性、机动性和协同性等特点。正所谓"外逃者，内追外堵；内窜者，外追内堵"。同时采取追缉、堵截措施，能够形成相互配合、前后夹击之势，所以在查缉犯罪嫌疑人时二者常常一起部署。

二、追缉、堵截的作用

追缉、堵截措施对于及时侦查破案有着极为重要的意义，在不少案件侦查中是不可缺少的必用措施。只要运用恰当及时，追缉、堵截措施常能产生人赃并获的效果，是侦查破案的一条捷径。具体作用有以下几个方面：

（一）可以显著提高侦查破案的速度

追缉、堵截是紧急性侦查措施，趁着案件发现及时作案人未及逃远，快速部署、快速实施，常能在现场附近甚至现行抓获犯罪行为人。在凶杀、伤害、抢劫、强奸等暴力案件侦查中，尤其涉枪、涉爆、涉及人质的严重暴力犯罪案件中，尽量做到一边勘验、一边访问、一边部署追缉堵截措施，正确判断、果断决策、迅速行动，及时将案犯缉捕归案，省去繁杂曲折的调查过程，大大提高破案速度，且以破案的高速度达到办案的高质量。

（二）可以尽量减少案件中财物损失

在盗窃案件、抢劫案件、抢夺案件、诈骗案件、绑架犯罪等案件侦查中，能否追缴全部赃款赃物是衡量破案效果和办案质量的一个标志。及时采取追缉、堵截措施，在犯罪行为人没来得及远逃时将其缉捕归案，常常能够当场缴获赃款赃物，使其没有藏匿、转移、挥霍的机会，从而减少或避免国家、集体、群众由于发案而遭受的经济损失。

（三）可以有效制止作案人继续犯罪

有些图财犯罪行为人一次作案得逞，犯罪欲望膨胀，还会连续作案、继续犯罪；有些暴力犯罪人员逃跑后，为发泄对社会不满会继续行凶作恶，变本加厉地报复社会；尤其那些盗窃枪支弹药、爆炸物品、剧毒危险品的案犯，案发本身就意味着更为严重的犯罪案件即将发生。及时追缉、堵截捕获犯罪人，可以有效地制止其连续的犯罪行为，避免危害社会。

（四）可以防止犯罪嫌疑人逃避惩罚

犯罪行为人为了逃避惩罚，首要的是躲避侦查，作案后往往迅速潜逃、毁赃灭证，转移侦查视线或隔断案件与自己的联系。采取有效的追缉、堵截措施，能够及时缉捕抓获犯罪嫌疑人，阻止其毁赃灭证，防止其案后流窜逃跑甚至越境叛逃，能够有效地遏制其逃避打击和惩罚的伎俩。另外一种逃避惩罚的方式就是企图畏罪自杀，通过追缉堵截捕获后施以警械束缚也能做到有效防止。

（五）可以提升侦查部门快速反应能力

追缉、堵截措施时间性、机动性强，常常需要多部门、多警种、跨地区的联合行动、协同作战，是对侦查机关快速反应能力和整体作战能力的检验，也是各地区、各部门侦查协作的具体体现。成功地实施追缉、堵截措施，不仅是侦查破案、打击犯罪的需要，也是锻炼侦查队伍，提升侦查集体和个人的快速反应能力和综合战斗力的有效方法。

三、追缉、堵截适用条件

追缉、堵截是缉捕犯罪嫌疑人的有效侦查措施，在快速侦破中具有特殊意义，采取这样的紧急措施需要具备若干条件，并非每案必用或凡侦皆用。现代追缉堵截措施绝非单兵或少数警力能够完成，规模性追缉、堵截，大量耗费人力、物力，一旦滥用不仅会造成警力资源和财物巨大浪费，还可能惊动嫌疑人，促其深藏远逃，再难抓捕。为能正确运用该措施，必须从必要性与可行性上研究是否具备采取追缉、堵截的合适条件。

一方面研究必要性，根据案件性质、严重级别、复杂程度，单靠简单查访难以破案，且案件损失后果、社会影响较为严重，案犯有继续犯罪、逃跑流窜、毁赃灭证、行凶自杀可能；另一方面要看可行性。追缉堵截的可行性一般包括以下各项条件：

（一）时间方位条件

1. 发案时间不久案犯未及逃远。发案时间不久，报案比较及时，报案人、被害人提供或现场勘验发现犯罪嫌疑人没有来得及逃远，或者可能就近藏匿的，具备追缉、堵截的可能。所以侦查员到达现场要迅速了解发案时间、发现时间，正确判断时隔长短，决定是否实施追缉、堵截。

2. 掌握了逃跑方向和逃跑路线。追缉、堵截是方向性很强的查缉行动，只有掌握了犯罪嫌疑人逃跑的方向与路线，才能成功地实施追缉、堵截措施。经过现场勘验和现场访问，获悉犯罪嫌疑人逃跑的大致方向和可能路线，或有进一步循迹追缉条件者，方可采取追缉、堵截。

3. 获悉了犯罪人窝点或落脚点。经过侦查调查发现获悉了犯罪行为人及其直系亲属、社会关系的居住地址、活动窝点或落脚点的具体位置或大致方位，判断有可能去藏身、藏赃、落脚、歇息，有预伏堵截查获可能的，可以采取追缉、堵截措施。

（二）遗痕留踪条件

1. 体貌特征条件。作案人在作案和逃跑过程中体貌特征有所暴露被警方掌握的或有照片和画像者，由于可资识别认定，是采取追缉、堵截措施的基本条件。追缉、堵截中要注意嫌疑人的原有稳定特征和不稳定的变化特征，包括伤痕、血迹等或许不太明显的潜在特征。

2. 赃物特征条件。犯罪嫌疑人随身携带的物品明显，尤其赃物的数量多、体积大、特征明显，分析其尚运输在途中的，或携带文物文件、枪支弹药、毒品或其他危险物质及违禁品的，特别是有型号、规格、类型可供核查的，可视为追缉、堵截的可行条件。

3. 车辆特征条件。犯罪行为人驾驶交通工具，包括机动车辆和非机动车辆作案的，或者盗窃、抢劫、劫持甚至租用车辆逃跑的，只要车型款式较明确、新旧程度已知晓、颜色特征易识别甚至掌握了车牌照的，可以借此采取追缉、堵截措施。要注意嫌疑人有无弃车、换车逃窜现象。

4. 附着物质条件。所谓附着物质是指非犯罪行为人自身身体上或所乘车辆上的固有物质，而是由于犯罪行为或者逃跑过程中溅洒、沉降、沾附上若干物质。常见的有血迹、灰尘、泥土、花粉、铁锈、木屑、油漆、汽油等。附着物可能是微量物质，但依然可以作为追缉、堵截的条件。

5. 痕迹气味条件。根据犯罪嫌疑人在现场或来去路线上留下的足迹和交通工具痕迹，尤其能够体现逃跑方向和线路的车辆的痕迹、牲畜的蹄迹、滴落的血迹、散落的物质、压倒的草丛等，可以组织实施追缉、堵截措施。若现场遗留有犯罪嫌疑人的身体气味，也可作为嗅源成为追缉条件之一。

6. 视频信息条件。掌握了犯罪嫌疑人在现场中心或来去路线上的监控录像，可根据视频信息或手机等其他电子信息刻画出的嫌疑人体貌特征、携带物品特征、驾乘车辆特征，作为追缉、堵截的条件。因视频信息能够体现静态、动态及活动趋势特征，所以是现代追缉、堵截行动的有利条件。

（三）警力物力条件

1. 足够的警用力量。追缉、堵截需要充足的警察力量，除刑事警察之外或许需要防暴警察、巡逻警察、交通警察，甚至需要武警部队和民兵组织协助实施，包括安排步法追踪技术人员，调用警犬力量参加行动。

2. 高速的交通工具。根据追缉路线上的地形地貌、环境情况、道路状况和逃跑嫌疑人驾乘交通工具情况，必须相应具备更为高速的车辆、船只、快艇、马匹、骆驼、滑雪设备等。

3. 可用的装备设施。除了交通工具还需要对讲机等通信器材，望远镜等瞭望设备，探照灯等照明设备，阻车钉、挡车板、芒刺滚网等堵截阻挡设施；若有必要应与通信公司和交警部门沟通，对嫌疑人手机、车辆进行定时定位。

四、追缉、堵截的方法

在侦查实践中追缉、堵截没有固定的模式，其形式多样、方法多种，可根据双方情况和地理环境条件灵活地采取追缉、堵截方法。

（一）单路尾追法

单路尾追又称直接追击法，是指沿着犯罪嫌疑人逃跑的方向和路线，跟踪其后，循迹尾追，紧追不舍。这适用于追缉逃跑方向和路线比较明确，遗留痕迹比较明显，改向换路的可能较小的犯罪嫌疑人。这种追缉以逃向、时间、痕迹等为依据，成功的关键是方向准、速度快。若有必要可以在前方布置力量，设卡堵截，形成前后夹击之势，追堵成功率会更高。

（二）穿插迂回法

穿插迂回又称多路迂回法，是采用兵分多路、穿插迂回或绕道抄近追缉、堵截犯罪嫌疑人。适合于逃跑方向虽然明确具体路线模棱两可，而且地理环境、交通条件比较复杂的情况，或嫌疑人利用对地形较为熟悉，可能东躲西藏，兜圈子、绕弯子的情形。中间穿插，两侧迂回，使之始终处于可控范围中，保证追缉的准确性和成功率。

（三）立体追踪法

立体追踪法是指利用现代化的陆、海、空交通工具，把地面、海上的追缉、堵截与空中的搜寻控制、侦查指挥结合起来的立体空间化的缉捕方法。这是适合于对驾驶汽车、驾乘船只、扒乘列车在山地、水上、铁路等复杂地形地带逃跑的犯罪嫌疑人追堵的最佳方法。空中侦查以直升机、无人机为载体，具有立体化、全方位、速度快、视野宽、机动灵活的特点。

（四）技术追踪法

技术追踪法是指利用步法追踪、警犬技术、跟踪定位技术等，一边寻觅踪迹，一边跟踪追击的缉捕方法。利用足迹痕迹、车辆痕迹、牲畜蹄迹和遗留物嗅源，作为指向定线的依据。需要专业人员参与，很少单独、全程使用，多用于岔道口、转弯处、关键点时选择确定方向。利用对嫌疑人手机、车辆的跟踪定位进行追缉也是具有很好前景的追堵方法。

（五）随车查缉法

获悉犯罪嫌疑人或其同伙可能登上旅客列车、长途汽车、飞机航班、客运船艇的，可以驾乘高速交通工具赶上车船，适时登上车、船、机，在到站、停泊、靠港或在行进中实施查缉。特点是旅客密集人员众多，与地面接应难度较大。可以采用的策略有：与司乘人员、乘警联系，明察暗访；便衣化装，摸清敌情如人数、枪支；创造条件，接近案犯；先下手为强，乘其不备突袭，尽量不开枪；若行进中解决困难，中途停靠时抓捕；防范劫持群众为人质。

（六）设卡堵截法

根据犯罪嫌疑人的特征条件和逃跑的方向路线，在其前方要道公开设置卡点组织警力正面拦截。卡点设置为：有大案必堵的既定卡点，如城郊接合部、交通要道口，车站、机场、码头等；有因案需要的临时卡点，选择利于掩护自身又利于观察敌情、火力制敌的位置设卡，尽量避开人流稠密、要害部位、危险物品和易燃易爆场所。无论盘查或抓捕，都要讲究战术，提前识破并防止试图冲卡、避卡、混卡的伎俩。

（七）预伏堵截法

根据犯罪嫌疑人可能途径的要道线路，利用现代化交通工具提前设伏，张网以待。预伏堵截主要指采用隐蔽形式的秘密卡点。在对付严重暴力犯罪嫌疑人时常需要先秘密后公开，或者公开与秘密相结合的方式进行。例如，以交通警察检查酒后驾驶为名，行堵截犯罪嫌疑人之实。秘密预伏堵截比公开设卡堵截更具机动性，可以迅速变防御性堵截为进攻性堵截，配合追缉迎着犯罪嫌疑人，将其堵截在某一地带。

（八）设障阻车法

对驾车逃窜的犯罪嫌疑人，可以在各个关卡处设置路障，例如阻车钉、挡车板等，先阻挡截住所乘车辆再设法擒获嫌疑人。具体方法有：采用明暗结合，设置路障、设掩蔽物，或以车（前轮）为掩体；喊话命令停车、熄火、拔钥匙，迫其开一侧车门，全体抱头下车；夜间打开所有车灯，或者以强光手电、探照灯照射；搜车，包括后备厢。注意不要隔着风挡玻璃射击。

（九）包抄围剿法

包抄围剿又叫四面合围法，是指已知犯罪嫌疑人逃入某一小范围场所，采用四面包围、八方进兵、提纲收网的办法缉拿抓捕。适于犯罪人潜入住宅楼群、山地丛林、山村洞穴、庄稼地里，隐藏不露或时隐时现的情形。在警方力量足够的前提下，抢占有利地形，逐步缩小包围圈，突袭围剿结合，相机将其擒获。对持有武器弹药者，开展政策攻势迫其缴械；对负隅顽抗者，若罪行累累、证据充分，可能对群众、警方造成伤亡者，可就地击毙。

（十）架网监控法

在犯罪嫌疑人可能逃往的地区，采取公开管理和秘密控制相结合的办法，全面架网，监视控制。一是组织带领事主、被害人，在嫌疑人可能隐藏、活动的场所寻找查缉；二是组织警力对车站、机场、码头和其他交通枢纽，鉴识查缉、守候堵截，可采用人脸识别等现代技术加以配合；三是边调查边追缉，对调查所获的嫌疑人社会关系所在地架设查堵网，进行监控抓捕；四是组织秘密力量，调动特情暗哨，在路边旅店、站边饭店发现嫌疑人员、可疑车辆，设法阻留及时报告，协助查缉抓捕。

上述追缉、堵截、抓捕方法，在侦查实践中并非截然分开的，根据地理环境、交通状况和案情的变化，需要随时调整追缉、堵截策略和方法。

五、追缉、堵截成功要则

为了提高追缉、堵截措施的有效性和成功率，必须要遵守某些重要原则、既定要求和注意事项。

（一）统一指挥，协同作战

追缉、堵截措施需要多部门合作，多警种参与，多地区联合作战，高效的统一指挥，各部门协同作战尤为必要。集中统一指挥，打破条块界限，克服多头指挥，防止令出多门现象。各地区、各部门、各警种协调配合，形成一股合力，汇聚成战斗力。尤其在缉捕持枪逃犯时，案件情况多变，参战人员较多，强调统一指挥，包括联络暗号、识别标志都要统一制定，共同遵守，步调一致。

（二）及时部署，快速反应

追缉、堵截是在犯罪嫌疑人已经逃跑的紧急情况下采取实施，时间性极强，必须做到果断正确指挥、及时周密部署、快速做出反应。一声令下、闻风而动、以快制胜，快则能够成功，慢则必然失败；部署和落实都必须争分夺秒，抢时间、赶路程，信息传递、交通工具都应当以"快"为首选条件。只有这样才能牢牢掌握追缉、堵截的主动权，及时制止逃跑行为，迅速控制犯罪嫌疑人。

（三）发动群众，调查为先

尽管追缉、堵截措施专业性很强，但也离不开群众的大力支持。犯罪嫌疑人隐藏在暗处或时隐时现，有时就藏在群众之中，只有依靠群众、发动群众，才能布下天罗地网，使之吃、住、行、销、玩毫无遮挡。缉捕犯罪嫌疑人，绝非一追了之、一堵妥之，需要不断地调查研究收集情报信息，及时掌握嫌疑人的新动向，如是否乔装打扮、更换车辆、藏匿赃物、抛扔物证、改变方向路线等，并有针对性地做出部署调整。

（四）准确判断，严密措施

通过调查研究、搜集情报，准确判断案情和犯罪嫌疑人的具体情况，如体貌特征、衣着打扮、驾乘车辆、携带物品等，尤其是所持有证件、枪支弹药等危险品情况，逃窜方向和行进路线等情况，必须判断准确，而且依据调查发现的新线索不断修正、调整查缉措施。严密措施，防止空喊，或施用缉而不追、堵而不死的虚招；各项措施落到实处，无一疏漏、不存侥幸、不畏艰险，才是追缉、堵截成功的关键所在。

（五）提高警惕，讲究策略

追缉、堵截对抗性强，危险性大，特别针对带有枪支弹药、爆炸物品的严重暴力犯罪嫌疑人时，要保持高度的警惕性，避免人员伤亡和财产损失。在临场处置尤其在最后抓捕嫌犯的关键环节，要严防对象行凶拒捕。为此，一定要讲究战斗策略：对初犯、从犯，力争用非武力方法解决；必须武装围剿时，也要开展心理攻势，瓦解其抵抗的意志；对持武器顽抗到底者，可考虑果断击毙；对虽有武器但尚未持械在手的，可用警犬扑咬或突袭擒敌；对躲藏在密闭空间者，可选用催泪弹、眩晕弹等非致命武器，削弱反抗能力，再伺机抓捕。

知识作业：

什么是追缉、堵截？追缉、堵截有何独特作用？

技能作业：

针对具体案情条件，制定一个简要追缉、堵截方案。

第七节　通缉、通报

知识目标：了解通缉、通报的含义，熟悉通缉、通报的种类、范围、内容，把握通缉、通报的区别和要求。

技能目标：掌握通缉、通报的制作、发布方法。

通缉、通报是公安机关在侦查活动中相互沟通的情报，传递的犯罪信息，主要用于缉捕犯罪嫌疑人，查控赃款赃物，查核无名尸体身源情况，扩大侦查线索的紧急性侦查措施。

一、通缉的概念

通缉是指公安机关通告各有关地区的公安、保卫部门和公民协助缉捕逃跑的犯罪嫌疑人、被告人或罪犯的一项紧急侦查措施。它是公安机关通力合作，协同作战，发动广大群众的一种重要手段，也是侦查工作的一项重要制度和业务建设，从内容和形式上分为通缉、通告、通知等。

从上述概念可以看出：

1. 通缉的主体是公安机关，不是其中某一部门或其他机关和部门。

2. 通缉发布告知的范围：公安机关在内的各个机关、团体和企事业单位，也包括广大公民。

3. 通缉的法律依据是《刑事诉讼法》对通缉的相关规定："应当逮捕的犯罪嫌疑人如果在逃，公安机关可以发布通缉令，采取有效措施，追捕归案。"

4. 通缉的目的：及时将通缉对象缉捕归案，避免继续作案造成新的危害。依照法律规定，凡是被公安机关通缉的对象，任何公民一经发现都有权利和义务将其扭送到公安机关，这也是贯彻侦查方针"依靠群众"的具体体现和基本形式之一。

5. 发布的形式：主要是"通缉令"；通缉令可以通过电视、广播、报纸、杂志、网络等新闻媒介向全社会发布。对需要在卫星电视、互联网发布的应报请省级公安部门批准。例如央视法制频道和许多地方电视台"警事"栏目，都曾发布通缉令。在美国有电视专栏，福克斯电视网的"美国要犯通缉"（AMW），已更名为"美国在反击"，还有"十大通缉犯榜"等。

二、通缉的应用

（一）通缉的对象

通缉的对象是已经在逃的犯罪人员和应当逮捕的犯罪嫌疑人，也即必须同时具备三个条件：一是犯罪嫌疑人，二是符合逮捕条件，三是正在逃避法律追究的刑事责任而下落不明。具体包括以下对象：

1. 应当依法逮捕或已经决定逮捕，而在逃的犯罪嫌疑人；

2. 已经拘捕，但在讯问、押解、关押期间逃跑的犯罪嫌疑人；

3. 取保候审、监视居住期间逃跑的，应当逮捕的犯罪嫌疑人；

4. 在审判期间、服刑期间逃跑的被告人和罪犯。

（二）通缉的种类和内容

1. 通缉令。通缉令，是一项缉捕犯罪人员的措施，同时又是一种公文的形式。它的内容要求是：对象准确，文字简明，描述确切，照片清晰，手续完备，便于联系。它的行文格式是具有固定结构和内容的，除了标题、行文编号、上下款、发文时间，加盖公章以外，最主要内容在正文上。

具体内容：（1）简要介绍案情。除必须保密事项外，应写明发案时间地点和主要犯罪事实。（2）详述罪犯特征。①基本情况：姓名、别名、绰号、性别、出生日、民族、地址、单位、身份证号等。②体貌特征：衣着、口音、身高、体态、五官特点、习惯行为、特殊的痦痣、疤痕、伤残等。（3）写明携带物品。标明种类、型号、数量、性能等有关情况。（4）写明通缉要求。发现后如何处理，联系方法。可能的社会关系、落脚点。（5）附近期照片。有条件的，可附指纹及其他物证的照片。

2．悬赏通告。悬赏通告是指为发现重大犯罪线索，追缴涉案财物、证据，查获犯罪嫌疑人，借助有关媒体向社会公开发布通告，请案件知情者或发现嫌疑人者提供线索和证据，并承诺支付一定报酬的侦查措施。案情必要时经县级以上公安机关负责人批准，可以发布悬赏通告。悬赏通告通常是采用常规侦查方法侦破案件比较困难，为加快破案进程、节省办案成本所采用的。在侦查实践中，常用悬赏通告的案件包括重特大疑难案件、涉案财物数额巨大的案件、损害后果极其严重的案件、社会影响极坏的案件等。悬赏通告应当写明悬赏对象的基本情况和赏金的具体金额，并应张贴或通过广播、电视、报刊、计算机网络等媒体发布。

3．边控通知。边境控制措施是指为了防止犯罪嫌疑人逃往境外，在边防口岸进行布防、控制的一种查缉措施。边控措施属于通缉措施的一种，应按有关规定制作《边控对象通知书》。经县级以上公安机关负责人审核后，逐级上报省级公安机关批准，办理边控手续；全国范围的，应上报公安部批准，对需要边防检查站限制嫌疑人人身自由的，需同时出具有关法律文书（《拘留证》《逮捕证》）。紧急情况下，县级以上公安机关可以出具公函，先向当地边防检查站交控，但应在7日内补办交控手续（《边控对象通知书》）。

（三）通缉的使用权限

1．通缉的审批、发布机关。《公安机关办理刑事案件的程序规定》规定，由县以上公安机关负责审批、发布通缉令。县级以上公安机关在自己管辖的地区内，可以直接发布通缉令，超出自己管辖的地区，应当报请有权决定的上级公安机关发布。如有新的重要情况，可以补发通缉令，但必须注明原通缉令的编号和日期。其他部门和个人不得乱发通缉类文书。

2．通缉的发布范围。通缉令的发送范围，由签发通缉令的公安机关负责人决定。（1）本辖区内，可以直接发布通缉；（2）超出本辖区的，应当报请有权决定的上级公安机关发布；（3）在全国或部分省、市、自治区发布的，由公安部统一下发；（4）发往国外、境外的，由公安部通过国际刑警组织发布。公安部发布的通缉令，有 A 级、B 级的区分。

三、通报的概念

通报是指侦查机关将发生案件和侦查过程中发现的有关情况，通告有关地区的公安机关，为协同作战而沟通信息、情报的一项紧急侦查措施。通报是公安机关交流犯罪信息、扩大线索来源、发现串案线索，协查有关情况，提高破案率的一种有效措施。

1．通报的主体：公安机关的侦查部门，或具有侦查权的其他机关。

2．通报的发布范围：有关地区的公安机关。包括地方、铁路、民航、公路、林业公安机关等。

四、通报的应用

（一）通报的形式种类

1．函件通报。传统的通报形式虽然速度稍慢，但比较规范，便于存档。对涉及面较广的内容，宜采用函件通报，可同时通报多地区。

2．内网通报。采用公安内部网络通报的形式，把相关情况粘贴在网站专门栏目网页上，或者以公安网电子邮件形式邮寄相关地区公安部门。

3．电话通报。采用公安内部电话通报的形式，把有关情况及时通报给相关地区，以便对方迅速落实有关措施。

4．传真通报。拟就通报文件，经过领导审批，以传真的方式把情况通报传递给目标比较集中的个别或少数地区。

（二）通报的范围和内容

1．协查重大犯罪嫌疑人。对于只知道外貌特征、作案手段、携带物品等情况，而不知其真实姓名、逃往地址的重大嫌疑人，在未确定拘捕、不宜使用通缉措施的，可以向逃往方向的有关地区发出协助查找的通报，以发现嫌疑人下落。其内容与通缉令相仿。

2．协查犯罪嫌疑人身份。对查获的流窜犯罪嫌疑人，如其拒不交代真实姓名、住址和流窜犯罪的主要事实，甚至装聋作哑或谎话连篇，可以通过分析判断其家庭地址和流窜活动到过的地方，及时通报情况，请求协查其身份和违法犯罪事实。基本内容为：写明嫌疑人的口音、衣着、重要生理特征、生活习惯、自报身源、谈到的风土人情、携带的随身物品，同时说明简要案情和作案手法，并附免冠照片和十指指纹。

3．调查控制赃物通报。简称控赃通报，为了发现赃物下落和防止赃物流往境外，可根据对赃物去向的分析判断，向有关地区发出通报，请当地公安机关向有关行业、部门和站卡布控，协助发现和控制截获赃物，抓获犯罪嫌疑人。这类通报应写明发案时间，赃物的名称、数量、用途和重要特征（如暗记、磨损程度）等。

4．查明无名尸体的身源。为了查明死者身源，经过尸体、随身物品检验，现场实地勘验和调查访问，在初步判断死者生前可能身居何处的基础上，向有关地区发出查找无名尸身源的通报。有关地区的公安机关接通报后，可通告给基层组织和广大群众。请失踪者家属辨认。这类通报主要写明死者的性别、大致年龄、生理特征、衣着和随身物品情况，并附尸体照片和十指指纹。

5．查找失踪人员通报。为查找失踪人员下落，可根据失踪人亲属提供的体貌特征和大致踪向，向有关地区印发协助查找通报。大多适用于拐卖人口或杀人案件，也常是杀人案件立案侦查的一项工作。此类通报应该写明失踪人姓名、性别、年龄、职业、籍贯，身份证件、体貌特征、衣着打扮、随身物品，有哪些特殊标记或生理缺陷，失踪的时间、地点等。并附上失踪人近期照片。

6．重大案件案情通报。对于判断为流窜犯所为的重大案件，应将基本案情、作案手法、危害结果、损失财物等情况，及时通报给其可能流窜作案过或将要前往活动的地区，以便互通情报，加强联防，发现并案线索，开展协同作战。这类通报要写明基本案情、作案手法、危害结果、损失财物，在现场提取的痕迹物证和访问中了解到的嫌疑人情况。

7．重要犯罪信息通报。又称预警通报或犯罪动态信息通报，一般用于沟通重要的犯罪信息和崭新的犯罪动态。例如，新的犯罪案件类型、作案方法手段、发案规律和案件特点，比较集中的作案侵害目标，以及发展蔓延趋势，等等。一般具有新颖性、时限性、应对性等特点。通报的基本目的是提请做好防范工作，有针对性地采取对策，加强相关线索动态的交流。

（三）通报的使用权限

1．必须由县级以上公安机关发送并加盖公章，但百份以上无公章有效。

2．发至省、市、自治区的通报，由省、市、自治区公安厅（局）发送；有协作关系的单位，可以互发通报。

3．需要在全国和部分省、市、自治区发送通报的，经当地省级公安厅负责人批准后，报请公安部，由公安部刑侦局发送。

4．发往国外、境外的通报，由公安部通过国际刑警组织发送。

五、通缉和通报的区别

通缉、通报虽同属于紧急性侦查措施，有时常同时使用，但二者是具有严格区别的，具体有以下几个方面：

（一）适用范围不同

通缉，可以向全社会发布，即逃犯可能逃往的任何地区、区域；通报，仅限于在公安机关内部流通。发给保卫部门的，仅限于特别重大案件。

（二）适用对象不同

通缉，只限于对犯罪人员，而且是有名姓、身份确定者，而不是其他；通报，既可用来查人，又可查物，调查尸体身源，通报案情，等等。

（三）法律效力不同

通缉，是依法采取缉拿犯罪嫌疑人的命令。一般由上级公安机关发布，具有指令性，并且一经下达必须执行，任何机关和个人一旦发现，应当立即拘留或扭送到公安机关。通报，是公安机关内部互通犯罪信息的一种形式，只要求有关地区公安机关协查，发现线索并采取有效监控措施，并非要求立即拘留、逮捕。

六、通缉、通报的要求

侦查工作中的通缉、通报措施运用得得当与否，对扩大侦查视野，发现侦查线索，获取犯罪证据，查缉犯罪嫌疑人，都有直接关系。因此，无论是发出单位还是接收单位，都要认真负责，切实做好此项工作。

（一）对发出通缉、通报单位的要求

1．发出要及时。（1）原文发出要及时。针对犯罪行为人作案快、逃跑快、销赃快的特点，需要时应当立即发出，以防贻误时机。（2）补充、修正要及时。通缉令发出后，有新的重要情况可以发布补充通报。（3）撤销通知要及时。可利用函件、电话或电传的方式通知。补充、修正和撤销的，应注明原通缉、通报的日期和编号，以便准确查对。

2．内容要准确。材料要表述准确、用词恰当、通俗简明，对特征描述要具体，人像、指纹和物品的照片要清晰，使人一目了然。

3．范围要适当。应尽量把涉及的地区和范围了解清楚，做到有的放矢，减少盲目性，注重实际效果。否则，会增加接收单位的工作负担，影响对方工作积极性，还会削弱本措施在侦破中的作用。

（二）接收通缉、通报单位执行要求

1．引起重视，专人负责。一般由机要部门转业务处室的协查部门，由专人负责，认真对待，落实执行。

2．迅速转发，及时查证。需要向相关地区和部门转发的，经相关负责人签发迅速转发；负责执行人员要及时进行查证，注意保护群众和缉捕时的自身安全。

3．发现线索，及时反馈。一旦发现与通缉、通报相关的人、事、物线索，及时反馈给原发出单位。

4．建立档案，专人管理。通缉、通报材料作为犯罪情报资料的一个重要组成部分，要建立档案，安排专人管理，并经常进行清理和分析研究，为本地区预防犯罪和发现并案线索提供服务。

七、通缉令的制作

通缉令一般有公文、卡片两种格式。通缉令一般分为以下三部分：

（一）首部

首部包括标题、发文字号、发布范围三项内容。《通缉令》的标题为"通缉令"三字；在标题的右下方为《通缉令》的编号，"公缉"字前冠以本地行政地域名称简称或全称，中间为年号，用括号括起，后面为《通缉令》的顺序号码。如公安部为"公缉〔202X〕56号"，北京市为："京公缉〔202X〕45号"；发布范围在正文前顶格书写，对于向全社会公开通缉的可以不写。

（二）正文

正文是《通缉令》的主要内容，按照书写的先后顺序，一般分为简要案情、被通缉人简介、被通缉人体貌特征、被通缉人携带物品、《通缉令》的工作要求和注意事项、附件等几部分。

1．简要案情。要写明被通缉人的作案时间、地点、手段和现场痕迹物证、案件性质、情节、后果。对需要保密的，可有选择地进行书写。

2．被通缉人简介。要写明被通缉人姓名（别名、化名、绰号）、年龄（出生年、月、日，出生日期不详的，可写大约多少岁）、性别、职业、工作单位、籍贯（国籍）、住址、犯罪历史。

3. 被通缉人体貌特征。要写明被通缉人身高、面貌、肤色、体态、头发颜色和发型、口音、生理病理特征、衣着、特殊技能等。对被通缉人的突出特点要说明，如脸上有疤痕、牙齿缺补情况、单眼皮还是双眼皮、视听觉缺陷、文身的情况等。

4. 被通缉人携带物品。要写明被通缉人的身份证、护照号码、携带物品的数量及特征，尤其要注明是否携带枪支弹药、匕首刀具等危险品。

5. 通缉的要求。诸如，一经发现，立即拘留；拨打 110 报警电话，扭送当地公安机关；等等。

（三）尾部

在正文右下方要署上发布时间并加盖发布机关公章，需要时可在《通缉令》下方附上抄送单位名单。

知识作业：

1. 什么是通缉、通报？通缉的种类、内容，通报的范围、内容各有哪些？

2. 简述通缉、通报的区别和各自的发布权限。

技能作业：

按照案情要求，制作一份通缉令或协查通报。

侦查文书式样链接——《通缉令》

通 缉 令

×公（ ）缉字〔 〕号

犯罪嫌疑人的基本情况、在逃人员网上编号、身份证号码、体貌特征、行为特征、口音、携带物品、特长：＿＿＿＿＿＿＿＿＿＿＿＿＿＿＿＿＿＿＿＿

＿＿＿＿＿＿＿＿＿＿＿＿＿＿＿＿＿＿＿＿＿＿＿＿＿＿＿＿＿＿＿＿＿＿

发布范围：＿＿＿＿＿＿＿＿＿＿＿＿＿＿＿

简要案情：＿＿＿＿＿＿＿＿＿＿＿＿＿＿＿＿＿

＿＿＿＿＿＿＿＿＿＿＿＿＿＿＿＿＿＿＿＿＿＿＿＿＿＿＿＿＿＿＿＿＿＿

＿＿＿＿＿＿＿＿＿＿＿＿＿＿＿＿＿＿＿＿＿＿＿＿＿＿＿＿＿＿＿＿＿＿

＿＿＿＿＿＿＿＿＿＿＿＿＿＿＿＿＿＿＿＿＿＿＿＿＿＿＿＿＿＿＿＿＿＿

＿＿＿＿＿＿＿＿＿＿＿＿＿＿＿＿＿＿＿＿＿＿＿＿＿＿＿＿＿＿＿＿＿＿

＿＿＿＿＿＿＿＿＿＿＿＿＿＿＿＿＿＿＿＿＿＿＿＿＿＿＿＿＿＿＿＿＿＿

工作要求和注意事项：＿＿＿＿＿＿＿＿＿＿＿＿

联系人、联系电话：＿＿＿＿＿＿＿＿＿＿＿＿＿＿

附：1.犯罪嫌疑人照片、指纹。

2.犯罪嫌疑人社会关系。

3.DNA 编号。

公安局（印）
年　月　日

抄送部门：＿＿＿＿＿＿＿＿＿＿＿＿＿＿＿＿＿＿＿

（注：此联用于对内发布）

通 缉 令

×公（　）缉字〔　〕号

犯罪嫌疑人的基本情况、身份证号码、体貌特征、行为特征、口音、携带物品
特　长：_____

_____

发布范围：_____
简要案情：_____

_____

_____

_____

_____

_____

_____

_____

注意事项：_____

_____

联系人、联系方式：_____

附：犯罪嫌疑人照片。

公安局（印）

年　月　日

（注：此联用于对外发布）

侦查文书范例链接——马加爵通缉令

公安部通缉令（A）级

公缉〔2004〕0008 号

2004 年 2 月 23 日，云南省昆明市发生一起 4 人被杀案件。经工作认定，马加爵有重大作案嫌疑，现已潜逃。

马加爵，男，1981 年 5 月 4 日出生，汉族，云南大学生化学院生物技术专业 2000 级学生，户籍地址：广西壮族自治区宾阳县宾州镇马二村一队 12 号。身高 1.71 米左右，体型中等，方脸，高颧骨，尖下巴，双眼皮，凹眼，蒜头鼻，大嘴，下唇外翻。操广西口音。身份证号码为：45212319810504XXXX。马加爵在潜逃时随身携带两名被杀害者身份证：龚博 6123251983061 2XXXX，邵瑞杰 4504211982011 7XXXX。

公安机关将对提供准确线索的公民给予 20 万元人民币奖励。发现线索举报的公民，请拨打 110 报警电话，或向当地公安机关报警。凡知情不报，包庇或窝藏犯罪嫌疑人的将依法追究其刑事责任。

中华人民共和国公安部
2004 年 3 月 4 日

侦查知识链接——

国际通报

国际刑警组织的执法合作，通常是以"国际通报"这一渠道进行的。国际通报分为红色通报、蓝色通报、绿色通报、黄色通报、黑色通报、白色通报、紫色通报和橘色通报八种颜色类型，它们都以通报的左上角国际刑警警徽的颜色而得名。其中，红色通报俗称"红色通缉令"。

"红色通缉令"是国际刑警组织最著名的一种国际通报。它的通缉对象是有关国家的法律部门已发出逮捕令，要求成员国引渡的在逃犯。各国国际刑警组织国家中心局可据此通报立即逮捕在逃犯。红色通缉令被公认为是一种可以进行临时拘留的国际证书。无论哪个成员国接到"红色通缉令"，应立即布置本国警力予以查证；如发现被通缉人员的下落，就迅速组织逮捕行动，将其缉拿归案。

除"红色通缉令"外，其他色彩的通报均有其特殊含义：蓝色通报涉及的是犯罪嫌疑人，要求成员国警方予以查明，获取证据；绿色通报涉及危险的惯犯分子，提醒各国警方引起注意并加以预防；黄色通报是关于失踪人员的信息；黑色通报则涉及死者尸体，要求识别身份；白色通报代表各国的宝物、古董、名画失窃查赃；紫色通报是有关国际特殊犯罪手法；橘色通报则在美国"9·11"恐怖攻击后新增，通报恐怖分子的动态信息。

第八节　控制赃物

知识目标：了解控制赃物的含义、作用和控制依据，把握嫌疑人处理赃物的方式、特点和赃物流向规律，销赃的心理和销赃手段。

技能目标：把握控制赃物范围，掌握控制销赃方法和注意事项。

一、控制赃物的概念

控制赃物是指侦查机关在侦破有赃物的案件过程中，对有关线路、行业和场所进行严密监视，以便控制、查获赃物，从而发现犯罪人和破案线索的一项侦查措施。它是以刑事案件所涉及赃物特征为依据，通过对赃物销售、兑换、改装、维修、藏匿、转移、挥霍、花用、销毁等环节的严密控制，发现赃物获取罪证，由物到人发现犯罪人员的一项侦查措施。在侦破盗窃、抢劫、抢夺、诈骗、走私、贪污等涉及财物的案件时广为使用。

控制赃物措施主要是通过控制赃物藏匿、转移的地点，交易、流通的渠道，销售、兑换的场所，从比较广泛的领域为侦查破案提供线索。控制赃物时限性比较强，既是一项紧急性侦查措施，又是一项基础工作。它属于临时性任务融于长期性工作之中，某一有赃可控的案件一旦发生，迅速布控；该案一破，其控赃任务即告结束，但控赃力量仍在，他们还得为其他案件服务。从这一角度来说，控制赃物则是一项经常性的业务建设。

二、控制赃物的依据

（一）有特征赃物可控

凡有明显特征赃物的刑事案件都可以采取控制赃物的侦查措施，如抢劫、抢夺、盗窃、诈骗、走私、贪污、贩毒、伪造货币或有价证券、图财害命等案件。赃物具有较易识别的特征并且能够控制，这是控制赃物的依据之一。

（二）获得赃物大多销售

控制销赃是控制赃物的主要工作内容。广义地讲，控制赃物包括控制赃物的使用、隐藏、销毁、转让等方面，而销售、兑换、花用是犯罪人员最为常用的处理赃物的方式，也就是常说的获赃必销、得赃多销，这是控制赃物的依据之二。

（三）持赃物者难脱干系

赃物与持有者的关系密切。控制销赃不仅能直接获取赃物，而且通过赃物的滞留处和流通渠道，从广泛领域为侦破案件发现、提供线索证据，甚至查获犯罪人。赃物与持有者之间有不可摆脱的法律关系，这是控赃的依据之三。

三、控制赃物的作用

（一）直接查破案件

盗窃、诈骗、抢劫、抢夺等案件的犯罪人，一旦作案得逞，总是想方设法尽快将赃物变换为货币，既便于携带隐藏，又易于随时挥霍使用，是作案动机的最终反映，也就必然产生自我暴露的机会。如果罪犯在销售、转让、处理或使用赃物过程中被严密控制，就可能直接破案。有时，在控赃时发现一些物品虽与本案无关，但经过深入调查可能是其他案件的赃物，这样就可以一案带破多案，破获一些积案、隐案。

（二）发现案件线索

在涉及财物的案件中，作案人案后销赃，有的是本人直接而为，有的是利用他人销赃，有的是作案、分赃、销赃一条龙。持有赃物者是犯罪人或是关系人，与案件有必然牵连。所以可从持有赃物者顺藤摸瓜发现犯罪人，将其抓获归案。按照法律规定，窝赃、销赃活动本身就是违法犯罪行为，严重者需要追究刑事责任受法律制裁。因此，控赃也是打击窝赃、销赃的一项措施。通过控赃，多数案件都能以物找人甚至可以人赃当场俱获。

（三）获取犯罪证据

俗话说，捉贼拿赃。赃款赃物是认定犯罪的一种重要证据。犯罪人在获取赃物之后，除少数人供自己挥霍享用外，大多数要设法使赃物迅速脱手，目的是为隐匿、消除、毁灭犯罪证据以逃避打击。获取赃物本身就是搜取犯罪证据的过程，此外，犯罪人毁赃灭赃的过程，又增加了新的犯罪证据。获取赃物和发现销赃灭迹行为，可以为证实和揭露犯罪提供可靠证据。

（四）挽回财产损失

许多刑事案件虽然最终能够侦破，犯罪人也已认罪服法，但往往由于控制赃物不利，犯罪人案后已将财物挥霍殆尽，被害人的损失难以挽回。通过控制销赃，不仅能够为受害单位和群众追回全部或一部分财物，挽回或减轻经济损失，而且还可以通过返还赃物教育群众，密切警民关系，进一步激发广大群众同犯罪人员作斗争的积极性，更加有力地开展打击刑事犯罪活动，形成良性循环。

（五）提供犯罪资料

通过控制赃物，可以及时发现犯罪嫌疑人在侵财目标和销赃方式方面的新的规律和特点，使侦查部门及时掌握侵犯财产类犯罪的趋势和动向，为有针对性地做好刑事犯罪防范工作打下基础。控制赃物过程中收集到的情报资料，能够体现出盗窃、抢劫、抢夺、诈骗犯罪案件的作案手段和方法，不仅有利于侦查部门制定侦查对策，也有助于警方牢牢掌握打击侵犯财犯罪活动的主动权。

四、嫌疑人处理赃物方式

犯罪嫌疑人为了躲避侦查逃避打击，处理赃物的方式类型多种多样：

1. 隐藏赃物，即把赃款赃物隐蔽藏匿起来，例如居住地点、犯罪窝点，甚至犯罪现场附近有隐藏条件的地方，等待时机再进行处理；

2. 转移赃物，即火速转移到自以为安全的地方，例如同伙成员、亲属、朋友、同事及其他关系人家里，甚至转移到省外、境外；

3. 改装赃物，对特征比较明显的赃物常常通过消除特征来处理，例如喷漆涂色、拆卸标记等方法改变原来模样，使人难以认出；

4. 维修赃物，通过维修行业进行修理包装、重新组装、改头换面，既让人难以再认又能提高价值；

5. 毁灭赃物，作案人出于报复侵财，或因案件影响大、警方破案呼声高，赃物未及转移又难以出手，留着赃物必成后患，则被迫毁赃灭证；

6. 兑换赃物，这是作案人认为比较稳妥的处理赃物方式，将赃物与人换成其他可用物品，从而避开侦查视线；

7. 销售赃物，这是绝大多数侵财犯罪案件作案人采取的处理赃物方式，即把实物转化成现金以方便挥霍花用，销售赃物方法花样极多；

8. 花用赃物，即直接挥霍花用赃款或自己使用赃物，例如盗窃的汽车自己开，扒窃的手机自己用；

9. 赠送赃物，将赃物当作礼品赠送给亲属、朋友、兄弟，也有专门盗抢金银首饰、贵重珠宝等赠送对象、恋人者；

10. 寄存赃物，近年来某些犯罪人精心选择的，自以为最为稳妥的处理赃物方式，在车站、码头寄存处或银行租保险箱寄存，待机而动。

五、销赃活动特点，赃物流向规律

犯罪人非法占有赃款、赃物后，绝大多数用赃款挥霍，或把赃物变为现金用于花用，又企图逃避侦查，于是不断改变销赃方式，尽快脱手又要不被发现。这既是犯罪人的软肋弱点，也是警方侦破有赃可查案件的有利条件。掌握赃物流向规律和销赃活动特点，可以有针对性地采取措施。

（一）销赃活动特点

销赃是特殊的交易活动。与正当的交易相比较，销赃有其自身特点。

1. 对赃物一知半解。除了极个别的"专家型"或做足功课的持赃人，多数犯罪嫌疑人对非法所得的赃物不甚了解，甚至连品牌、型号、性能一概不知，所以在控赃过程中很容易发现破绽和疑点。

2. 销赃的紧张谨慎。犯罪嫌疑人在实施作案过程中的恐惧心理，也会在案后销赃时有所反映。销赃时表现出来神态紧张、脸部僵直、说话语迟、语无伦次，或显现出过度谨慎、犹豫不决、眼神游移、左顾右盼，等等。

3. 抛售的迫切心态。犯罪嫌疑人销赃的一种常见心态就是着急抛售出去，一为减少随身携带、到处隐藏有可能被查获的风险，二为能够马上挥霍消费、满足享受欲望。行为上常常表现为催促成交、主动降价等。

4. 成交价格的低廉。既然急于抛售是犯罪嫌疑人销赃时的主要心态，必然通过压低价格达到迅速成交、快速脱手的目的，以便能尽快离开销售现场，逃之夭夭。价格低廉，是发现销赃活动的常见线索。

（二）赃物流向规律

赃物也往往是有价商品，从市场营销角度看，销售赃物也有流向规律。

1. 销往物品短缺地区，销往价格更高场所。各地价格差异较大而且又是常用的物品，如工业原料、建筑材料、装饰材料等，哪里价格更好，哪里市场短缺，就销往哪里。

2. 销往治安情况复杂、人流稠密的商品集散地。有些闻名的专项商品销售市场分布在全国各地，诸如烟酒市场、中药市场、皮革市场、箱包市场、化妆品市场、丝绸市场、服装市场、骡马牛市场等，也是赃物易销地。

3. 价格走俏的抢手货，就地盗、抢就地销售。市场紧缺、价格走俏的"抢手"货，由于销路顺畅容易换取现金，常常就地盗抢就地销售；销赃容易得手，也促使其屡盗、屡抢、屡屡销赃。

4. 社会面上敏感的物品，大多销往地下黑市。治安管理控制的危险品、违禁品，例如枪支弹药、爆炸物品、各类毒品、历史文物等，被违法犯罪人员视为社会面上敏感的物品，常会销往逃避监管的地下交易黑市。

六、销赃心理及销赃手段

销赃手段会受到赃物流向规律影响和嫌疑人销赃心理支配。犯罪嫌疑人销赃的心理活动比较复杂，某一方面若起主导作用常能更加影响到销赃的方式和手段。

（一）急于花用心理

在更加侧重于挥霍花用的心理支配下，常用销赃手段有几以下几种：

1. 低价出手，慷慨成交——为了快速获得赃款而低价销售，很少还价，甚至给钱就卖，然后迅速离场；

2. 廉价转手，窝主销赃——表现为转手给固定窝点的购赃职业人，待购赃职业人货物出手后再付款给供货者；

3. 以赃抵债，转手债主——表现为利用赃物作价后转手债主，偿还曾经欠下的债务；

4. 用作赌资，作价脱手——表现为在赌博场所销赃，折价用作赌注，用赃物进行赌博。

（二）害怕暴露心理

在侧重于极度害怕的心理驱使下，最常用的销赃手段有以下几种：

1. 甲地作案，乙地销赃——携赃物快速逃离作案地，易地销赃，如城市销往农村，或者跨省、市销赃；

2. 现实作案，网络销赃——利用互联网的"淘宝""咸鱼"账号之类，在网络上进行销售；

3. 化整为零，分散出售——如果赃物体量过大，一次出手极其容易被发现，则采用化整为零的方法予以分散销售；

4. 改头换面，伪装转手——对特征比较明显或有特殊标志的赃物，消除特征暗记，更换外壳包装，拆卸、喷漆、锉号码，即便是失主也难以辨认。

（三）力求稳妥心理

在侧重于力求稳妥的心理支配下，最常用的销赃手段有以下几种：

1. 物色买主，暗中交货——空手出没于销赃场所，搭讪物色买主，然后迅速离开，到偏僻地点付货收款；

2. 代买为名，实则卖赃——持赃在手之后探听到有人想要购买同类物品，遂以协助代买之名行销赃之实；

3. 预售销赃，按求行盗——先答应买主把赃物预售，根据其想要采购订货物品的牌子、规格、型号在作案中寻找盗抢目标；

4. 盗销合一，各负其责——即盗、运、藏、修、改、销一条龙，都由犯罪团伙成员分工，各司其职、各负其责，熟练"业务"，熟悉套路。

（四）侥幸得逞心理

在侧重于力求稳妥的心理支配下，最常用的销赃手段：

1. 择地摆摊，悄悄出售——选择市场摊床或寻找街边合适地点摆摊儿，采用公开方法但并不声张地销售出去；

2. 旧货市场，卖废销赃——在旧货市场以卖废旧物资的名义，或邀约收旧货者登门成交；

3. 以物易物，倒手销货——用赃物换取自己能够使用的物资，或者易货交易之后再进行销售变现；

4. 典当寄卖，假证销售——多采用伪造的发票或利用假身份证件，到典当商行、寄卖商店冒名登记，典当变现或寄托代卖。

（五）待机而销心理

在侧重于耐心等待时机的心理支配下，最常用的销赃手段有以下几种：

1. 长期隐藏，待机而销——如果犯罪行为人认为案情重大，赃物昂贵，觉得警方侦破呼声很高，或可将其隐藏起来，等待"风声"过后再销；

2. 寄存他处，待机而销——先寄存在认为稳妥的地方，亲属、朋友、同学处，或者在银行租箱寄存，等待时机再销；

3. 委托他人，择机代销——委托给可靠的亲戚、朋友帮忙，选择合适的机会销售出去，或许诺分成雇生人销赃；

4. 买主试用，待机收款——把赃物交给买主试用一段时间，待其难以舍手时再催收钱款，这期间正好观察警方动向。

七、控制赃物的范围

控制赃物的范围是指犯罪嫌疑人转移、隐藏、寄存、修理、销售、挥霍、使用赃物所涉及的行业、场所范围。主要包括赃物转移控制范围、赃物销售控制范围、赃物花用控制范围等。

（一）赃物转移控制范围

犯罪行为人作案得逞获得赃物赃款后，首要环节就是快速携带着逃离发案现场，将其转移到认为安全的地带。侦查实践中常遇多次转移赃物赃款现象。转移赃物赃款环节常常涉及的控制范围：

1. 各种类交通运输工具。案件中牵涉到大宗赃物，或者盗窃、抢劫银行类案件涉案金额巨大的，应当控查可疑的交通运输工具，包括机动车、人力车辆，诸如出租车、网约车、货拉拉、快狗打车等。

2. 交通枢纽、要道卡口。主要指车站等交通枢纽类公共场所。如火车站、汽车站、客运及货运站，地铁、机场、轮船码头、加油站、收费站等。

3. 物流公司、快递行业。物流公司及快递行业发展如雨后春笋之势，为人们邮递货物带来方便的同时，也被违法犯罪人员利用来转移赃物。

4. 行政交界、边境口岸。省、市、县行政交界地带，国家海关、边境贸易口岸、边境检查站以及常有非法偷渡者出入的边境线。

（二）赃物销售控制范围

控制销赃范围是控制嫌疑人销售赃物的渠道范围，也即经常涉足进行销赃、兑赃活动的行业和场所。控制销赃范围针对犯罪人销赃活动规律，赃物种类特征及案件情况而确定。销赃范围内的行业、场所是其销赃的热点，自然也是警方控制的重点。

1. 各类收购部门。收购部门是销赃活跃的场所，例如废品收购站点、旧货回收门市部、历史文物商店、珠宝玉器商店、中西药材收购点等。

2. 典当、寄卖行业。寄卖商店、委托商行、典当商行、拍卖公司等行业，行李寄存处等部门。

3. 银行、金融部门。银行、储蓄所、有价证券交易所、股票市场、外汇商场、金银外币兑换处等。

4. 各类贸易市场。定期、不定期的集市，早市、夜市、跳蚤市场，非法交易场所，特别要注意新兴黑市交易，如手机交易黑市场。

5．各类维修行业。汽车维修美容店，摩托车、电动车、自行车修理部，手机、电脑、家用电器维修店，钟表修理部，首饰加工站点等。

6．网络销售平台。网络销售渠道比较广泛，诸如：淘宝、京东、易趣、当当之类销售平台，网站留言板，QQ、微信、微博等交流工具，游戏室、聊天室，电子邮箱等。

值得注意的是，以上各"热点"周围的背街暗巷、门口对过，常成为一些犯罪人员接客、销赃的"热区"。他们在门口或途中物色拦截、引诱劝说选中人员，使赃物在热区出售，所以这些地方也应是控制销赃的范围。

（三）赃款花用控制范围

绝大多数犯罪人员侵财作案的目的就是非法获取赃款以便挥霍享受，案后经常会入住高级酒店、豪华会所，出手阔绰、狂吃豪喝、购衣置物、穿金戴银，涉足黄赌毒消费场所，吸毒豪赌、淫乱奢靡。主要控制的范围是：

1．餐饮服务行业。酒店饭店、宾馆旅店、招待所、酒吧间、咖啡屋、品茶楼、食杂店、浴池、美容美发厅等。

2．休闲娱乐场所。网吧、电玩厅、音乐厅、歌舞厅、影剧院、度假村、健身房、游泳馆、足疗店、按摩院、台球室、旅游景点、海洋馆、游乐场、公园、养生会所等。

3．购物商场超市。商场超市、手机商店、五金建材、珠宝金店、奢侈品商店、名品特产商店、高速路服务区等。

4．网络消费平台。网络消费平台、网络购物商店、网络游戏平台，尤其是购买游戏币、游戏装备，网络赌博，如赌球、赌马网站、网页等。

另外，控制转赃、销赃、花赃的范围，还包括一些窝点、赌场、复杂场所和刑嫌高危人员的住所等。控赃范围并非固定不变，而是敌变我变，要力争我变在先，以便牢牢掌握控制销赃斗争的主动权。

八、控制销赃的方法

控制销赃，应当采取依靠行业职工群众与专门力量相结合、公开行政管理与秘密工作相结合的方法，充分发挥行政管理、行业职工、秘密力量的合力作用。控制销赃应当遵循迅速部署、严密布网、措施到位、重点突出、长期经营的原则。具体的控赃方法有以下几个方面：

（一）布置行业职工控制

所谓行业职工可能涉及交通运输、旧货收购、典当寄卖、银行金融、改装修理、餐饮服务、休闲娱乐、网络管理等各行各业。当有赃物案件发生后，要依据赃物特征及用途，准确判断其可能流向，迅速将赃物的名称、数量、牌号、特征、暗记、颜色以及新旧程度，列出清单，及时利用现代通信工具或协查通报，通知有关行业部门；由他们的党政机构、保卫组织负责发动群众，在自己的日常业务活动中注意发现赃物和犯罪嫌疑人线索。

布置控制任务时，要交代工作方法。如果发现与赃物相同特征的物品，要稳住持有疑似赃物者，同时报告单位领导或公安机关，以便人赃俱获。具体控制操作要点是：一套话，二稳住，三报告，四抓捕。通过布置行业职工控制赃物的关键点是，案发确定赃物之后，一方面立即通过电话通报部署；另一方面及时印发赃物清单发送控制单位。

（二）强化公开管理控制

对某些特种行业，要依靠治安、工商、税务、卫生等部门，通过正常治安行政管理工作，对犯罪人的吃、住、行、销、玩及赃物储存进行控制，注意收集治安部门在治安行政管理中发现的犯罪嫌疑人销赃活动线索，组织查证，从中发现赃物和嫌疑线索；对集贸市场、交易场所，应依靠工商税务、卫生防疫、治安管理人员，以征税、验货、检疫、查价等手段，对流入的赃物进行控制。一旦发现赃物线索，通报侦查部门派人审查。

对于走私、贩毒、入境犯罪中涉及的文物、毒品和其他贵重物品的控制，要取得海关、边防等部门配合，注意在出入境管理中发现线索，查获赃物和犯罪嫌疑人；对可能藏匿赃物的托运、快递、邮寄品，可让铁路部门、快递公司、邮政部门人员检验控制；对于歌舞厅、娱乐城等可由文化部门发现控制倒卖赃物人员；对印刷、刻字行业加强监管，发现试图订购制作假身份证、假发票，用于销赃的可疑人员。

（三）布置秘密力量控制

普通控制要和重点控制结合起来进行。在发动广大群众进行广泛协查的基础上，对于犯罪人经常销赃活动的重点场所和地区，应当部署足够的秘密力量进行侦查控制：一是适当建立一些必要的职业据点；二是在旧货摊床、跳蚤市场设立控制点；三是在银行、储蓄所、交易所门前收购证券、兑换外币人员中建立特情；四是在旧货收购、改装维修、刻字印刷等从业人员中建立秘密力量。

对重特大案件，要及时向情报力量布置任务，大面积收集情报的同时也要布置专案特情开展侦查控制，对侦查控制的目标、范围和方法要具体、明确。发现可疑情况应及时提交办案人员进行甄别核实，从而查获犯罪嫌疑人和涉案赃物。对于有紧缩控制范围条件的赃物，可以设法迫使犯罪人到已被控制的地方兑换，例如兑现奖品等，也可通过特情在阵地内"放风"，收购特定的赃物。

（四）加强重点对象的控制

有些犯罪人作案后不到有关部门和场所销赃，而是采取场外兜售销赃，因而难以控制。所谓场外就是销赃的"热区"，嫌疑人往往在这些地方以低价为诱饵，游动徘徊式寻找到买主，再选择安全地带成交，表现得较为隐蔽。有时甚至采取搭线、看样、供货三个地点，三人分工负责；有的销赃人雇"二道贩子"，采用间接方式销赃。为此，应主动出击控制"热区"的重点对象。

成功的做法是侦查员带情报人员控制阵地，派联防队员配合工作，秘密力量在前游动，发现赃物后暗示联防队员抓获，这样既保护情报人员，又发挥联防队员作用，且不暴露侦查力量。对某些重大嫌疑对象，可采用跟踪盯梢等外线侦查方法，甚至可迎送式全天候控制，发现其藏赃、取赃、交赃、销赃活动，及时获取犯罪证据。强化社会面控制是对重点对象控制的基础，即便场外销赃也能及时发现。对易销赃的街巷、广场、公园，组织警察、保安、联防队员等，进行巡逻动态控制。

（五）开启网络销赃的控制

针对犯罪人员销赃场所和销赃方法的变化，无论是现实社会还是虚拟空间，注意发现新的侦查阵地，采取新的斗争对策。针对网络销赃明显的趋势，应当加大网络控赃的力度。网络销赃是指犯罪行为人将违法犯罪所得赃物、赃款在互联网上销售、花用的行为，包括网上推销线下付货的销赃模式。网络销赃以其隐蔽快捷、悄然无声、跨越时空为特点，必然会呈现迅猛增长态势。网络控赃包括控制网络销赃和通过网络信息传递控制现实销赃。网上控赃具有成本低廉、跨越时空，实现信息导侦的优势。

控制网络销赃可从以下几个方面着手：一是利用网络监控发现涉赃信息，追踪涉赃资料发布或登记人员的位置和身份，进一步查找嫌疑人；二是通过网络销售平台、网店店主，尤其网络二手市场管理员收集涉赃信息，发现销赃可疑人员；三是要求财物损失人自己注意在网上销售同类物品广告信息，发现可疑线索及时报告；四是对侦查中已经发现嫌疑人的，可通过网络监控销赃动态，进一步获取犯罪证据。必要时，通过网上对比确认"潮货"后，采取诱其交易的方法达到人赃俱获。

公安机关应当立足长远，逐步建立作为侦查阵地的网络控赃共享平台，以突破各地区、各警种控赃信息的隔断壁垒。

九、控制赃物的注意事项

（一）果断部署且迅速落实

控制赃物是一项时限性极强的紧急性侦查措施。发生有赃物可以查控的案件，控赃部署必须果断有力，执行部门迅速贯彻落实。犯罪人常常以尽快销、早脱手、求安全，执行控制即使迟了半步，就会给侦查造成被动，甚至劳而无功。以早动争主动，提高控赃措施的成功比例和工作效率。

（二）地区警种间搞好协作

在控制赃物措施落实方面，要树立整体作战思想。各地区、各行业、各警种必须通力协作，力戒本位主义。控赃中刑侦部门应与治安管理、网络监察、交通管理等部门紧密合作，尤其要突破网络上的控赃壁垒，强化网络控制销赃协作。接到外地控赃通报，要快速出击，提前架网布控。

（三）多种侦查措施相结合

控制赃物措施并非总是单独应用，常常需要同追缉、堵截，通缉、通报，搜查、扣押，跟踪盯梢，守候监视，控制下交付等措施手段一起实施。多措并举，明暗结合，形成合力，把赃物控制在最小的范围之内，收到控赃的最佳效果。

（四）闻风而动且长期经营

控制赃物，既要全面部署，又该突出重点；既有专人负责，又要发动群众；既要闻风而动，又要坚持不懈，有长期经营的准备。有些重特大案件作案人，获得巨额赃款赃物，长期掩赃不动，委实难以在短期内发现线索的，必须树立长期作战思想，做到布控无止境，不获赃物绝不收兵。

（五）准确认定且遵守法纪

对于控查的赃物，发现可疑情况要认真核查，做到不枉不纵。疑似赃物，通过检验、辨认，予以准确认定；对认定的赃物，坚决追缴，不是赃物者，迅速返还物主。对查获的违禁品、淫秽物品，依照有关规定处理。采取控赃措施必须遵守法纪，不得占赃、分赃，绝不可贪赃枉法。

知识作业：

1. 什么是控制赃物？其作用和依据是什么？

2. 简述嫌疑人处理赃物的方式、赃物流向规律、销赃活动特点。

技能作业：

1. 如何把握销赃心理和销赃手段？

2. 针对特定涉赃案件，布设控赃范围，实施控赃方法。

第九节　公开搜查

知识目标：了解搜查的概念、作用和应用时机，掌握搜查的准备活动，熟知搜查的种类和公开搜查的程序。

技能目标：掌握不同种类搜查的方法和搜查笔录的制作。

一、公开搜查的概念

公开搜查是指在侦查过程中，侦查人员依法对犯罪嫌疑人的身体、物品、住所以及可能隐藏犯罪人员或犯罪证据的地方进行搜索、检查的一种强制性侦查措施。根据我国《刑事诉讼法》的有关规定，公安机关的侦查部门为了收集犯罪证据，查缉犯罪嫌疑人，在被搜人和有关证人在场的情况下，可以对犯罪嫌疑人及可能藏匿犯罪证据的地方进行搜查。

公开搜查的性质是法定性措施，是带有一定强制性，以搜索检查为行为特征的侦查措施。公开搜查的主体是侦查机关的工作人员，此外任何机关、团体、企事业单位或公民都不得对其他公民人身和住宅进行搜查。搜查措施的依据是《刑事诉讼法》，也即法律赋予了侦查部门采取这一带有强制性措施的权力。搜查的合法性不受搜查结果制约。

公开搜查的对象不仅限于犯罪行为人，对那些可能隐藏犯罪证据和犯罪嫌疑人及其关系人、同案犯，群众检举、揭发、扭送的犯罪嫌疑人，也可搜查其人身、住所、物品。搜查的目的是发现、收集犯罪证据，发现、查获逃匿隐藏的犯罪嫌疑人以及发现更多的犯罪案件线索。例如，通过搜查措施可以发现抛尸、移尸、碎尸案件的主体现场。

二、公开搜查的作用

在侦查破案活动过程中，搜查措施除了能够帮助扩大线索，还常能起到如下关键性作用：

1. 查获隐匿的犯罪嫌疑人；

2. 搜寻解救被绑架的人质;

3. 发现获取作案工具凶器;

4. 查获赃款赃物及其他罪证;

5. 确定犯罪案件主体现场;

6. 获取用于鉴定比对的样本。

为能实现搜查措施的应有作用,达到搜查活动的目的,在侦查实践中需要把握采取搜查措施能够获得成功的适用条件:一是经过案情分析,判断某场所有犯罪嫌疑人或犯罪证据隐藏,某嫌疑人可能身藏有关犯罪的赃证;二是经过分析判断,获悉犯罪嫌疑人和赃物罪证的大致藏匿或隐藏范围;三是经过分析研究,知晓犯罪嫌疑人及犯罪证据未来得及转移或者销毁。

三、公开搜查的时机

在侦查活动中经常施用搜查措施,主要应用于以下环节:

1. 在现场勘验、检查中发现了犯罪嫌疑人、赃款赃物、作案工具的下落时;

2. 对现行抓获的犯罪嫌疑人或者逃匿的犯罪人员,应当立即进行公开搜查;

3. 拘留、逮捕嫌疑人的同时,进行公开搜查,可以发现犯罪证据,扩大战果;

4. 侦查中的重大犯罪嫌疑人,经领导批准,在传讯的同时可以进行公开搜查;

5. 犯罪嫌疑人交代后,应立即对其交代的隐藏赃物罪证的地方进行公开搜查;

6. 采取秘密搜查技术、侦查措施发现重要犯罪证据后,应当迅速转为公开搜查。

四、公开搜查的准备

搜查措施涉及人身和住宅不受非法侵犯的权利,又关系到侦查破案工作的成功与失败,因此搜查行动既要迅速及时又要准备充分。为了保证搜查工作的顺利进行,实施搜查前应做好充分的准备工作,主要包括以下几个方面:

(一)明确搜查目的熟悉搜查目标

先了解有关案情,明确通过搜查活动达到的目的,是为搜人、查物还是为寻找痕迹。对搜查目标要详细调查研究做到心中有数,了解被搜查人性别、年龄、职业、生活规律、家庭人口、社会关系;了解被搜场所的情况,包括住宅位置、房屋结构、家具摆设,室外场所的地理位置、周围环境。

(二)确定参搜人员明确各自职责

实施搜查措施必须配备足够的人员力量,力求做到文武双全,具体参加搜查人数视案件情况和搜查规模而定，执行搜查者须两人以上。参加搜查人员要进行任务分工，明确各自职责。住所搜查除了直接执行搜查者，还应当设有警戒组、调控组、笔录和拍照录像人员以及应急机动人员。

（三）准备搜查工具选择最佳时间

根据案件性质和搜查的目的，应当准备必要的器材和工具，如枪支械具、照相与照明设备、勘查与探测工具、搜查目的物包装、交通与通信工具等。对某些案件具备嗅源条件者根据需要可选调警犬参与搜查。搜查时间视案情需要而定，若非紧急或特需尽量安排在白天进行。

（四）制订搜查方案明确搜查重点

在充分了解案情的基础上制订切实可行的搜查方案并明确搜查的重点，是搜查活动取得成功的保障。搜查方案主要包括：搜查目的、目标，时间、地点、范围，搜查顺序、路线与重点；参搜人员的组织分工，警戒力量的部署，通信联络方法，在搜查中可能出现的意外情况及相应对策。

（五）办理法律手续做到持证搜查

侦查人员在搜查前制作《呈请搜查报告书》，经县级以上公安机关负责人批准并签发《搜查证》后，方能进行搜查。在执行拘留、逮捕等紧急情况下，不用搜查证也可先行搜查。紧急情况是指有迹象表明：①可能身带行凶、自杀凶器；②可能藏有爆炸、剧毒、危险品；③可能毁弃、转移罪证；④可能隐匿其他犯罪嫌疑人；⑤其他可能突发紧急情况。

五、公开搜查的种类和方法

（一）搜查的种类

根据不同搜查目标和对象，公开搜查传统上分为人身搜查、场所搜查，场所搜查又分为室内场所搜查和室外场所搜查。也将场所搜查分为住所搜查和露天场所搜查。搜查概念中提到的对物品搜查不单独列为一类，若物品为随身携带则按照人身搜，若物品摆放在住所则属于住所搜查。近年来对车辆的搜查也比较常见。

1. 人身搜查。人身搜查是对犯罪嫌疑人或可能隐藏犯罪证据者的身体及随身携带物品进行的搜索检查。人身搜查的主要目的是从嫌疑人身上及随身携带物品上发现、查获危险物品、违禁物品、犯罪证据和侦查线索。危险、违禁品主要指枪支弹药、爆炸装置、管制刀具、毒品及其他危险物质。搜查人身有时也会发现与案件相关的伤痕、血迹等，从而扩大破案线索。

2. 室内场所搜查。指侦查人员为了查获犯罪嫌疑人、收集犯罪证据，对可能隐藏嫌疑人或罪证的室内场所进行的搜索、检查。室内场所主要指居民住宅、集体宿舍、宾馆客房、办公场所、车间仓库等。室内场所多种多样，其中以住所搜查最为常见，情况极为复杂，搜查难度较大。对车辆内部的搜查也近似于室内场所搜查。

3. 室外场所搜查。指侦查人员为了查获犯罪嫌疑人、收集犯罪证据，对可能隐藏嫌疑人或罪证的室外场所进行的搜索、检查。室外场所搜查又称露天场所搜查。露天场所除了建筑外延伸部分场所，如房屋周围的自留地、绿化带、排水沟等，还包括野外场所，如农田牧场、江河湖泊、公路铁路、公园景区，甚至荒山野岭，特点是范围较大、情况复杂。

（二）搜查的方法

采用何种搜查的方法需要考虑多种因素。不同种类的搜查采用不同的方法，也即搜查方法与搜查的对象种类相一致；不同的搜查任务需要采用不同搜查方法，也即搜查方法与搜查目的物密切相关；不同性质的案件，涉及场所具有不同的特点，被搜人员身份、职业、技能、爱好不同，搜查重点部位和搜查方法也不尽相同。

1. 人身搜查的方法。对人身体进行搜查的时机和目的物、重点部位、步骤顺序和方法技巧如下：

（1）人身搜查时机和目的物：人身搜查大多在执行拘留、逮捕的同时进行，或在对嫌疑人住处搜查时一并进行。人身搜查的主要目的物包括：用于行凶、自杀的凶器，用于撬盗作案的工具，用于流窜作案的书证，随身携带的赃款赃物，犯罪遗留的证据，实施犯罪的通信工具等。

（2）人身搜查的重点部位：一是随身携带物品，提包、拎兜、手机、手表等；二是穿戴衣服饰品，外衣外裤、内衣内裤、衣袋裤兜、衣领垫肩、围巾腰带、夹层补丁、鞋里鞋底、袜里袜边等；三是衣服内身体外，两腋、胸背、腰间和裆部，粘贴的膏药、包扎的绷带、卫生用品等；四是身体组织器官，头发、耳孔、口腔、腹腔、肛门、阴道等。

（3）人身搜查的步骤顺序：首先出示搜查证、拘留证或逮捕证，对准备采取强制措施的犯罪嫌疑人搜查，应先以手铐、警绳束缚再行搜查。搜查按照先搜查人身再搜查携带物品的步骤进行。搜查人身一般沿着身体先上后下，自后向前，由表及里的顺序进行；特殊情况下可先搜最大可能藏有凶器、剧毒等危险品的部位，如怀襟、袖口、裤腰、裤管、靴子等。对这些部位，应当先行搜查嫌疑人双手能最先触及的部位。

(4) 人身搜查的方法技巧：搜查时应由两人以上执行，一人上前搜查，其他人担任警戒和监视；搜查必须在犯罪嫌疑人失去反抗能力的条件下进行，比如，可令其双手举过头顶或双手抱头，两腿叉开站立或交叉；可令其俯身伸臂向墙壁、汽车，使其失去重心，解下其腰带或脱掉其鞋子等。具体搜查方法技巧包括：用手①捋趟挤压，②触摸拍打，③翻动查找，④警械触碰，⑤脱下察看，⑥拆开查验，⑦仪器透视等。

(5) 人身搜查的注意事项：①做好警戒监视，武器警械可呈紧逼状态，使其人、物分离，防止被搜查人行凶、自杀、毁证、逃跑；②依法正规的人身搜查，在搜查随身物品时不得让其自己开包接受搜查，以防其突然袭击；③对妇女的人身搜查应选择合适地点，邀请女见证人，由女侦查员执行或女工作人员配合进行，也便于针对利用女性生理特点藏匿赃证的搜索检查；④对犯罪团伙成员同时搜查要分别进行，防止互递信号乘机同时反扑；选择安全地点进行，防止产生不良影响，也预防嫌疑人同伙解救。⑤执行人身搜查必须规避法律风险，不做非法搜查，巧妙施用计谋策略，力求提高人身搜查效果。

2. 室内场所搜查方法。对室内场所进行搜查的目标和目的、重点部位、步骤顺序、方法技巧和策略如下：

(1) 室内场所搜查的目标和目的：室内场所搜查大多是对犯罪嫌疑人或者其他与犯罪案件有牵连者的居住场所和工作场所搜查，常常还有对其落脚点、窝藏赃证的地点进行的搜查。搜查的最主要目的是查缴赃证物品，发现主体或关联现场，收集犯罪痕迹物品类证据，查获犯罪嫌疑人，等等。

(2) 室内场所搜查的重点部位：室内搜查重点一般有：①明面上家居摆设物品；②室内外的阴暗角落；③隐蔽的秘密处所；④掩盖、擦划、剐蹭、填挖、修补等有变化之所。根据不同的案情，搜查对象不同，搜查目的物特点和场所内环境条件，选择重点部位。例如，家具设施、床上用品，各种装饰品、摆挂件，炉灶、烟囱、厕所、天棚、地板、地沟，家禽窝、牲畜圈，粮米囤、柴煤堆等。要特别注意对暗屋、地窖、墙壁夹层和翻新部位的搜索检查。

(3) 室内场所搜查步骤顺序：①在住所周围布设岗哨警戒，断绝内外联系，一般只许进不许出；②向被搜查的人出示搜查证，令其签名；③除留嫌疑人或一名家属在场外，其余人集中一处不许自由行动、交谈，并安排专人监视；④邀请两名见证人到场作证；⑤如发现应拘捕的人，及时向其出示拘捕证并立即对其进行人身搜查；⑥正式开始对住所进行搜查。搜查的顺序可做如下选择：一是由点到面，先从一点或一头开始搜查逐步开展；二是由里向外，从中心部位开始搜查逐步向外延伸；三是由外向内，从外面按照物品摆设顺序逐步向里搜查；四是分区定位，把搜查的地方分为几个部分，由专人分别进行搜查。

（4）室内场所搜查的方法技巧：一看，利用肉眼或工具观察，发现可能藏匿赃证、嫌疑人的地方；二翻，翻动搜寻、翻箱倒柜、翻砖揭瓦，发现掩藏的赃证；三量，动手测量长短宽厚，米尺丈量内外尺寸，发现箱柜夹层、房屋假墙等；四掂，掂掇分量、估测比重，看是否有空心、藏物品；五敲，用手、锤敲击地板、墙面，听声音是否正常发现可疑；六探，用探针、探测器或一些民间土法探测，发现异常迹象；七挖，采用挖地三尺的办法，掘土、刨坑、扒炕、拆墙，发现掩埋潜藏的赃物、嫌疑人甚至尸体；八验，利用物理化学或警犬化验检验，发现可疑的痕迹物证，例如使用鲁米诺蓝色荧光试验地毯上血迹。必要时可借助更现代化的工具、仪器进行搜索寻找、检查化验。

（5）室内场所搜查策略：①事先保守秘密，突击进入现场，严密监视房屋门窗、围墙墙头，切断内外联系。②直接观察与综合分析相结合，直接观察实地环境，综合分析确定重点部位。③发现反常现象和可疑痕迹。从家具摆设、物品摆放的次序，天棚、墙壁、地面、门窗的崭新痕迹发现反常和可疑迹象，寻找藏赃隐证的位置。④对被搜人和家属进行政策教育，利用被搜人与家属态度不尽一致或有矛盾想法，分化瓦解家属促其主动交出赃证。⑤揣摩被搜人心理，观察家属体态语言。通过心理换位，站在藏赃人角度去搜查，判断藏匿赃证的大致部位；观察在场家属的眼神、姿势、动作、脸色、呼吸，通过身体语言和微表情发现藏赃线索。

（6）室内搜查注意事项：对室内搜查要做到五防。一防引，提防被搜人及家属声东击西，试图把侦查人员引向远离藏赃位置的地方；二防藏，指在场家属二次藏匿，把赃证悄悄隐藏在已经搜查过的地方；三防抛，提防被搜人或家属提防被搜人或家属趁监视人员不备把拿到手的赃证抛出窗外、墙外，抛入厕所、下水道；四防毁，提防被搜人或家属趁搜查人员不备撕毁、烧毁、吞咽、嚼碎赃证物品；五防拼，防止被搜人见到藏赃匿证被发现查获，以死抗争或试图拼个鱼死网破，企图自杀或行凶伤人。

3. 室外场所搜查方法。对室外场所进行搜查的范围与特点、种类和重点部位、方式方法和注意事项如下：

（1）室外场所搜查范围与特点：室外场所搜查是对公共场所、野外地带可能隐藏犯罪人和赃物罪证的地方进行的搜查。室外场所主要指露天场所，因其环境复杂、范围广泛、目标分散、搜查难度较大。因此，对室外搜查首先要巡查搜查场所，划定搜查范围，确定搜查重点，然后选择相应的方法，逐步仔细地搜寻查找。确定搜查范围的依据，一是犯罪嫌疑人的供述和被害人、知情人的陈述材料，二是搜查现场的周围的环境布局与自然条件。

（2）室外场所搜查的种类和重点部位：室外搜查具体可分种类：一是印证类搜查，根据嫌疑人及同伙的交代去搜查赃证，印证口供真伪；二是循迹类搜查，循着嫌疑人遗留的痕迹搜查，查获嫌疑人、发现赃证；三是拉网类搜查，在嫌疑人可能藏匿地区拉网状搜索，发现、查找隐藏的犯罪嫌疑人或赃物证据。搜查重点部位应根据所要查找物证的体积、数量判断藏匿可能性。要注意草丛、树林、水塘、水井、机房、涵洞、青纱帐、柴草堆、储物窖等，要特别注意新翻动的泥土、变动过的物堆、撬动的痕迹等。

（3）室外场所搜查的方式方法：室外搜查根据地形地物决定采用何种搜查方法。①条幅式搜查法，又叫梳络搜查法，如梳头一样搜查，适合于空旷、狭长地带，搜查人员沿一条基线并排前行；若纵横交叉，可演变成网格式搜查。②伸缩式搜查法，分为延伸、收缩两种形式。延伸法也称辐射式搜查，以现场中心为基点向外扩张辐射，适合于中心明显的杀人、强奸、绑架等现场；收缩法是从搜查范围外沿儿向既定中心靠拢进行搜查，适合于在复杂地形地物上搜索查缉嫌犯。③螺旋式搜查法，也分向外、向内两种形式，向外搜像盘香一样，向内搜似下水地漏，向内向外取决于中心和外缘哪个更清晰，适合于树林、庄稼等视野受限场所且人力较少的搜查。④分区式搜查法，把搜查场所分成若干部分，分片划段、分区定位、分工负责地进行搜查，适合于范围较大或多样地貌鲜明各异的场所。⑤综合搜查法，根据犯罪嫌疑人留踪遗痕条件酌情选择警犬追踪、步法跟踪、驾车搜查、乘船打捞等方法，甚至可利用直升机、无人机等进行搜查。

（4）室外场所搜查的注意事项：①划定切合实际的搜查范围。若漫无边际、网眼过大，必然警力不足；若划的范围太小，也会陷入网中无鱼的境地。②搜查追捕逃犯须占据有利地形。尤其对持有枪械和爆炸物品的犯罪人，要抢占有利地形，充分利用掩体，做到背"三光""避三险"。③带领犯罪人指认现场式搜查须防止其逃跑。在印证式搜查中常常需要带领犯罪嫌疑人指认现场、起获赃物。④搜查与调查相互结合。室外搜查多是在露天场所，范围极大、牵涉面广，一切都在动态变化中，藏匿的物品可能被无意中捡走，犯罪行为人也是隐藏的活物。需要不断咨询当地群众，正确调整搜查方向和搜查范围。

六、公开搜查的程序要求

搜查是《刑事诉讼法》赋予侦查机关的一项权力，由于其强制性直接关系到公民的人身权利，所以必须严格依照法定程序实施，不得乱用和滥用。主要程序如下：

1. 呈请搜查报告，履行审批手续，开具《搜查证》；

2. 搜查人员至少两人，邀请两名见证人；

3. 出示相关证件，出示《搜查证》，令被搜查人签字；

4. 搜查妇女身体时，应当由女工作人员进行；

5. 执行拘留、逮捕时，遇有紧急情况，搜查可不用《搜查证》；

6. 搜查时应有被搜查人或其家属，邻居或者其他见证人在场；

7. 搜出物证拍照固定，应请见证人过目后拍照；

8. 制作《搜查笔录》，侦查人员、被搜查人或其家属、邻居或其他见证人要签名或者盖章。如果被搜查人或其家属在逃或者拒绝签名、盖章，应当在搜查笔录上注明；

9. 搜出需扣押的物品，填写《扣押物品清单》，同时签字；

10. 搜查尽可能全程录像；

11. 搜查中发现与案件无关的个人隐私，不得泄露外传；发现有关党、国家和军事机密，应当严格保密。

七、制作搜查笔录

搜查笔录是全面记载搜查情况，固定和证明搜查所获得的物证、犯罪人以及案件事实的证据文书。

（一）搜查笔录法律依据

《刑事诉讼法》有关规定：搜查情况应当写成笔录。

（二）笔录内容及制作要求

1. 首部。记叙搜查程序情况，搜查日期、执行机关及搜查人员姓名，搜查的法律凭证：搜查证、居留证、逮捕证有关内容；见证人姓名、搜查场所位置；等等。

2. 正文。记录搜查的简要情况，搜查的起始终止时间，搜查的范围，简要过程，搜出物证位置，扣押物品的详细情况；搜查中有无损坏物品现象，被搜查人及家属是否配合和对搜查的意见等；如果搜查中进行了拍照，应在笔录中注明。

3．尾部。写明扣押物品清单已交×××收执；有关人员签名。如果被搜查人或家属拒签，侦查人员应在笔录上注明。

知识作业：

1．什么是搜查，怎样理解搜查的作用和应用时机？

2．住所搜查一般需要做哪些准备工作？搜查有怎样的程序要求？

技能作业：

1．针对某案情，正确实施搜查措施。

2．按要求制作一份搜查笔录。

侦查文书式样链接——《搜查证》

×××公安局搜查证

　　　　　　　×公（　　）搜查字〔　　〕　　号

　　因侦查犯罪需要，根据《中华人民共和国刑事诉讼法》第一百三十四条之规定，我局依法对＿＿＿＿＿进行搜查。

　　　　　　　　　公安局（印）

　　　　　　　　　年　　月　　日

　　本证已于＿＿＿＿年＿＿月＿＿日＿＿时向我宣布。

　　被搜查人或其家属或其他见证人：＿＿＿＿＿＿＿＿＿＿

此联附卷

第十节　查封、扣押

知识目标：了解查封、扣押的概念和意义。

技能目标：掌握查封、扣押实施和处理方法。

一、查封、扣押的概念和意义

查封、扣押是指侦查机关对在侦查活动中发现的能够证明犯罪嫌疑人有罪或者无罪的各种财物、文件，依法予以强制封存、扣留的一项侦查措施。查封和扣押的区别在于，查封是将无法或难以转移的财物就地封存，禁止任何人动用或处分该财产；而扣押则是侦查机关将涉案财物、文件扣留下来并由其保管。查封、扣押通常在搜查、勘验检查时一起进行，有时也可以单独进行。

查封、扣押物证、书证具有极其重要的意义。通过查封、扣押物证、书证，可以发现和保全能够证明犯罪嫌疑人有罪或者无罪、罪轻或罪重的各种财物和文件，防止与案件有关的财务、文件丢失、毁弃或隐藏等现象发生，以取得充分、确实的物证、书证，保证其在查明和核实案情中最大限度地发挥应有的作用，确保正确地认定案情。

查封、扣押有助于减少犯罪造成的损失。通过对涉案财物进行查封、扣押，能够有效地限制和剥夺犯罪嫌疑人及其相关人对涉案财务的财产处分权，防止涉案财物被转移、挥霍、变卖、毁损等情况的发生，从而挽回被害单位或个人的财产损失。

二、查封、扣押的实施

查封、扣押是一种具有强制性的侦查措施，它直接关系到公民的合法权益问题，因此必须严格依照《刑事诉讼法》及相关规定，采取正确的方法进行，以保证查封、扣押正确合法地实施。

（一）侦查中财物、文件的查封、扣押

1. 侦查活动中发现的可用以证明犯罪嫌疑人有罪或者无罪的各种财物和文件，应当查封、扣押；与案件无关的财物、文件，不得查封、扣押。如果持有人拒绝交出应当查封、扣押的财务、文件，可以强制查封、扣押。

一般在现场勘验或者搜查中，发现与案件有关的财务、文件，凭勘验证、搜查证即可查封、扣押；在执行逮捕、拘留时，遇有紧急情况，凭拘留证也可查封、扣押。单独实行查封、扣押应该经县级以上检察机关、公安机关、国家安全机关等负责人批准，并制作《查封、扣押决定书》。如果发现违禁品，无论与案件是否有关，均应及时查封、扣押，并交有关部门处理。侦查人员执行单独扣押时，必须持有并出示本机关的证明文件。扣押的范围限于可用以证明犯罪嫌疑人有罪或无罪的各种财物和文件，包括能证明其罪轻或罪重的物证、书证、视听资料等。对当时分不清与案件有无关系，或分不清是否应当查封、扣押的财物、文件，应当先行查封、扣押，待查清后再做处理。如查明确实与案件无关，应当及时退还。

查封、扣押时应当注意既要查封扣押能够证明犯罪嫌疑人有罪、罪重的物证、书证，又要查封、扣押证明其无罪、罪轻的物证和书证，纠正实践中自觉不自觉地偏重于查封扣押证明有罪和罪重的证据的片面做法。如果持有人拒绝交出应当查封扣押的财物、文件、资料和其他物品，可以强制扣押。

2. 在侦查过程中需要查封、扣押财物、文件的，应当经办案部门负责人批准并制作查封、扣押决定书；在现场勘查或者搜查中需要查封、扣押财物、文件的，由现场指挥人员决定；但查封、扣押财物价值较高或者影响正常生产经营的，应当经县级以上侦查机关负责人批准并制作查封、扣押决定书。执行查封、扣押财物、文件的侦查人员不得少于 2 人，并持有有关法律文书或者侦查人员工作证件。

3. 对于查封、扣押的财务、文件，应当会同在场见证人和被查封、扣押财物、文件的持有人查点清楚，当场并列清单一式三份，写明财物或者文件的名称、编号、数量、特征及其来源等，由侦查人员、持有人和见证人签名，一份交给持有人，一份交给公安机关保管人员，一份附卷备查。对于财物、文件的持有人无法确定，以及持有人不在现场或者拒绝签名的，侦查人员应当在清单中注明。

依法扣押文物、贵金属、珠宝、字画等贵重财物的，应当拍照或者录音录像，并及时鉴定、估价。

执行查封、扣押时，应当为犯罪嫌疑人及其所扶养的亲属保留必需的生活费用和物品。能够保证侦查活动正常进行的，可以允许有关当事人继续合理使用有关涉案财物，但应当采取必要的保值、保管措施。

4. 对于查封、扣押的财物、文件，要妥善保管或者封存，不得使用或者损毁。对查封、扣押的物品和文件，能证明案件事实的物证、书证、视听资料应当入卷，不能入卷的应拍照附卷，原物封存；对容易损坏的应采用拍照、录像、绘图等方法固定和保全，待结案后依照法律和有关规定处理。司法实践中，查封、扣押对象不同，保管、封存的方法也不同。如对不便提取的物品，一般就地加封，妥善保存；不能加封的物品，责成专人负责保管；易燃易爆、剧毒等危险品，按有关规定放置保管。任何单位和个人都不得以任何借口对被扣押的物品、文件进行毁坏、使用或者自行处理。

（二）对电子数据的查封、扣押

2020版《公安机关办理刑事案件程序规定》第六十六条增加了关于电子数据证据查封和扣押的规定：

"收集、调取电子数据，能够扣押电子数据原始存储介质的，应当扣押原始存储介质，并制作笔录、予以封存。

确因客观原因无法扣押原始存储介质的，可以现场提取或者网络在线提取电子数据。无法扣押原始存储介质，也无法现场提取或者网络在线提取的，可以采取打印、拍照或者录音录像等方式固定相关证据，并在笔录中注明原因。

收集、调取的电子数据，足以保证完整性，无删除、修改、增加等情形的，可以作为证据使用。经审查无法确定真伪，或者制作、取得的时间、地点、方式等有疑问，不能提供必要证明或者做出合理解释的，不能作为证据使用。"

1. 查封、扣押犯罪嫌疑人的邮件、电子邮件、电报，应当经县级以上侦查机关负责人批准，制作《查封、扣押通知书》，通知邮电部门或者网络服务单位查封、扣押。

由于邮件、电子邮件、电报直接涉及公民的通信自由权利，必须严格依法查封、扣押。我国《宪法》第四十条规定："中华人民共和国公民的通信自由和通信秘密受法律的保护。除因国家安全或者追查刑事犯罪的需要，由公安机关或者检察机关依照法律规定的程序对通信进行检查外，任何组织或者个人不得以任何理由侵犯公民的通信自由和通信秘密。"即使是因追查刑事犯罪的需要查封、扣押邮件、电子邮件、电报，也要按《刑事诉讼法》规定的程序经过公安机关或人民检察院负责人批准后，通知邮电部门或者网络服务单位执行。因此，侦查机关必须与邮电机关或者网络服务单位密切配合共同实施。这里所说的"邮件"是指通过邮政企业寄递的信件、印刷品、邮包、汇款通知、报刊等。

扣押邮件、电子邮件、电报的范围实践中通常包括：①由犯罪嫌疑人寄发的；②他人寄给犯罪嫌疑人的；③寄给他人转交犯罪嫌疑人的；④寄给犯罪嫌疑人转交他人的。经侦查机关负责人批准后，用《扣押邮件、电子邮件、电报通知书》的形式书面通知邮电部门或者网络服务单位执行。

2. 不需要查封、扣押的时候，应当经县级以上公安机关负责人或检察长批准，制作解除查封、扣押通知书，立即通知邮电部门或者网络服务单位。这里所说的"不需要继续扣押的时候"，是指案件发生变化或者邮件、电子邮件、电报所涉及的犯罪事实已经查清，该邮件、电子邮件、电报不作为证据使用，查封、扣押的邮件、电子邮件、电报已失去继续查封、扣押意义的时候。为了保护公民的合法权益和保证邮电部门或者网络服务部门工作的正常进行，实践中侦查机关认为不需要继续扣押的时候，及时按原批准程序批准后，用《解除查封、扣押邮件、电子邮件、电报通知书》的形式出面通知邮电部门或者网络服务单位迅速解除扣押。

3. 对于查封、扣押的邮件、电子邮件、电报，应当妥善保管，经查明确实与案件无关的，应当在 3 日以内解除扣押，退还原邮电部门或者网络服务单位。

三、对查封、扣押物的处理

1. 对查封、扣押物及时审查。侦查机关对查封、扣押的财物、文件、邮件、电子邮件、电报应当及时进行认真审查，调查核实，迅速查清被查封、扣押物与案件及犯罪嫌疑人的关系。

2. 对查封、扣押的财物及其孳息、文件，公安机关应当妥善保管，以供核查。任何单位和个人不得违规使用、调换、损毁或者自行处理。

县级以上公安机关应当指定一个内设部门作为涉案财物管理部门，负责对涉案财物实行统一管理，并设立或者指定专门保管场所，对涉案财物进行集中保管。

对价值较低、易于保管，或者需要作为证据继续使用，以及需要先行返还被害人的涉案财物，可以由办案部门设置专门的场所进行保管。办案部门应当指定不承担办案工作的民警负责本部门涉案财物的接收、保管、移交等管理工作；严禁由侦查人员自行保管涉案财物。

3. 有关犯罪事实查证属实后，对于有证据证明权属明确且无争议的被害人合法财产及其孳息，且返还不损害其他被害人或者利害关系人的利益，不影响案件正常办理的，应当在登记、拍照或者录音录像和估价后，报经县级以上公安机关负责人批准，开具发还清单返还，并在案卷材料中注明返还的理由，将原物照片、发还清单和被害人的领取手续存卷备查。

领取人应当是涉案财物的合法权利人或者其委托的人；委托他人领取的，应当出具委托书。侦查人员或者公安机关其他工作人员不得代为领取。

查找不到被害人，或者通知被害人后，无人领取的，应当将有关财产及其孳息随案移送。

4. 在侦查期间，对于易损毁、灭失、腐烂、变质而不宜长期保存，或者难以保管的物品，经县级以上公安机关主要负责人批准，可以在拍照或者录音录像后委托有关部门变卖、拍卖，变卖、拍卖的价款暂予保存，待诉讼终结后一并处理。

对于违禁品，应当依照国家有关规定处理；需要作为证据使用的，应当在诉讼终结后处理。

知识作业：

简述侦查中查封、扣押的概念和意义。

技术作业：

制作一份《查封、扣押决定书》。

侦查文书式样链接——《查封决定书》等

×××公安局查封决定书

×公（ ）封字〔 〕号

姓名_____性别____，出生日期_____，身份证件种类及号码_____住址_____。

单位名称_____法定代表人_____，

单位地址及联系方式_____。

我局在侦查_____案件中发现你（单位）持有的下列财物、文件可用以证明犯罪嫌疑人有罪或者无罪，根据《中华人民共和国刑事诉讼法》第一百三十九条之规定，现决定查封：

编号	名称	地址	特征

公安局（印）

年　　月　　日

此联交持有人

×××公安局扣押决定书

×公（　）扣字〔　〕号

姓名_____，性别_____，出生日期_____，
身份证件种类及号码_____

住址_____。

单位名称_____法定代表人_____，
单位地址及联系方式_____。

我局在侦查_____案件中发现你（单位）持有的下列财物、文件可用以证明犯罪嫌疑人有罪或者无罪，根据《中华人民共和国刑事诉讼法》第一百三十九条之规定，现决定扣押：

编号	名称	数量	特征	备注

公安局（印）

年　月　日

此联交持有人

第十一节　查询、冻结

知识目标：了解查询、冻结的概念和意义。

技能目标：掌握查询、冻结实施和处理方法。

一、查询、冻结的概念和意义

（一）查询、冻结的概念

查询、冻结是指侦查机关根据侦查犯罪的需要，依据有关规定，向银行或者其他金融机构、邮电部门查询犯罪嫌疑人的存款、汇款、证券交易结算资金、期货保证金等资金，债券、股票、基金份额和其他证券，以及股权、保单权益和其他投资权益等财产，并通知上述机构、部门冻结犯罪嫌疑人上述财产的侦查措施。

《刑事诉讼法》第144条规定："人民检察院、公安机关根据侦查犯罪的需要，可以依照规定查询、冻结犯罪嫌疑人的存款、汇款、债券、股票、基金份额等财产。有关单位和个人应当配合。"查询、冻结是侦查犯罪的重要措施，是打击犯罪，特别是打击经济犯罪的有效手段。

（二）查询、冻结的意义

查询、冻结在侦查中的意义主要体现在以下几个方面：

1. 有利于发现犯罪线索，为案件侦查提供依据。侦查机关通过查询犯罪嫌疑人的存款、汇款、证券交易结算资金、期货保证金等资金，债券、股票、基金份额和其他证券，以及股权、保单权益和其他投资权益等财产，可以发现其资金收支、交易、运转情况，掌握可疑资金流向，从中分析、判断和发现犯罪线索，为深入侦查提供依据。

2. 有利于获取犯罪证据，判明案件性质。通过查询、冻结犯罪嫌疑人的存款、汇款、证券交易结算资金、期货保证金等资金，债券、股票、基金份额和其他证券，以及股权、保单权益和其他投资权益等财产，追查可疑资金流向，可以查明行为人是将资金用于个人挥霍，还是用于组织生产，履行合同；是将资金隐匿起来，还是用于偿还个人债务等，从而获取证据，对案件性质作出判断。

3. 有利于确定侦查方向，查明犯罪事实。犯罪行为人常将用于实施犯罪的资金以及赃款通过银行或者邮电部门汇往其同伙或者其他关系人处，以达到实施犯罪或者隐匿赃款的目的。因此，通过查询存款、汇款、证券交易结算资金、期货保证金等资金、债券、股票、基金份额和其他证券，以及股权、保单权益和其他投资权益等财产，查明涉案资金转移的途径，可以发现同案犯以及其他关系人，进而查清犯罪事实。

4. 有利于追缴赃款，避免或减少经济损失。侵财型犯罪案件的犯罪行为人在犯罪得逞后，大多将所得赃款存入银行或者其他金融机构，有的通过银行转账或者邮政汇兑的方式进行转移，有的还会通过购买债券、股票、基金等进行营利。通过存款、汇款、证券交易结算资金、期货保证金等资金，债券、股票、基金份额和其他证券，以及股权、保单权益和其他投资权益等财产，往往能够查明犯罪嫌疑人将赃款存放在何处，从而顺利追赃，避免赃款转移，挽回或减少经济损失。

二、查询、冻结的实施

（一）查询、冻结的审批

我国银行或者其他金融机构、邮电部门等单位有为储户、客户保密的义务，非经法定机关依法批准，银行或者其他金融机构、邮电部门等单位有权拒绝任何单位和个人查询存款、汇款、证券交易结算资金、期货保证金等资金，债券、股票、基金份额和其他证券，以及股权、保单权益和其他投资权益等财产的要求。因此，查询财产必须履行必要的报批手续。

根据《公安机关办理刑事案件程序规定》，向金融机构等单位查询犯罪嫌疑人的存款、汇款、证券交易结算资金、期货保证金等资金，债券、股票、基金份额和其他证券，以及股权、保单权益和其他投资权益等财产，应当经县级以上公安机关负责人批准，制作协助查询财产通知书，通知金融机构等单位协助办理。

冻结存款、汇款、证券交易结算资金、期货保证金等资金，债券、股票、基金份额和其他证券，以及股权、保单权益和其他投资权益等财产是对犯罪嫌疑人的财产停止支付、交易或兑换，是对财产权的限制。决定采取这项措施时必须慎重，在确有必要的情况下，才能冻结。

需要冻结犯罪嫌疑人财产的，应当经县级以上公安机关负责人批准，制作协助冻结财产通知书，明确冻结财产的账户名称、账户号码、冻结数额、冻结期限、冻结范围以及是否及于孳息等事项，通知金融机构等单位协助办理。冻结股权、保单权益的，应当经设区的市一级以上公安机关负责人批准。冻结上市公司股权的，应当经省级以上公安机关负责人批准。

（二）查询、冻结的方法

在查询、冻结存款、汇款、证券交易结算资金、期货保证金等资金，债券、股票、基金份额和其他证券，以及股权、保单权益和其他投资权益等财产时，侦查人员必须出示查询、冻结财产通知书、本人工作证或执行公务证。银行或者其他金融机构、邮电部门等单位应当予以配合。侦查人员对原件不得借走，需要的资料可以抄录、复制或者照相，并经银行或者其他金融机构、邮电部门等单位盖章。对银行或者其他金融机构、邮电部门等单位提供的情况和资料，应当依法保守秘密。

对出省（自治区、直辖市）冻结存款、汇款、证券交易结算资金、期货保证金等资金，债券、股票、基金份额和其他证券，以及股权、保单权益和其他投资权益等财产的，省级侦查机关应当对案件管辖、定性、证据认定等方面严格审核把关后，出具经济犯罪案件办案协作函，由主办地侦查机关与协办地省级侦查机关联系办理。

在决定冻结存款、汇款、证券交易结算资金、期货保证金等资金，债券、股票、基金份额和其他证券，以及股权、保单权益和其他投资权益等财产时，还需注意所要冻结的财产是否已经被其他机关冻结，已被冻结的，不得重复冻结。冻结的财产只能由原决定机关或其上级机关予以解除。但侦查机关可以商请先行冻结的机关或者银行、其他金融机构、邮电部门等单位在解除冻结之前，或者对冻结的财产进行实体处理之前，事先通知。

（三）冻结的期限

冻结存款、汇款、证券交易结算资金、期货保证金等财产的期限为六个月。每次续冻期限最长不得超过六个月。

对于重大、复杂案件，经设区的市一级以上公安机关负责人批准，冻结存款、汇款、证券交易结算资金、期货保证金等财产的期限可以为一年。每次续冻期限最长不得超过一年。

冻结债券、股票、基金份额等证券的期限为二年。每次续冻期限最长不得超过二年。

冻结股权、保单权益或者投资权益的期限为六个月。每次续冻期限最长不得超过六个月。

逾期不办理续冻手续的，视为自动撤销冻结。

（四）冻结的监督

上级侦查机关有权对下级侦查机关冻结存款、汇款、证券交易结算资金、期货保证金等资金，债券、股票、基金份额和其他证券，以及股权、保单权益和其他投资权益等财产进行监督。上级侦查机关发现下级侦查机关冻结、解除冻结财产有错误时，可以依法做出决定，责令下级侦查机关限期改正，下级侦查机关应当立即执行。对拒不执行的，上级侦查机关可以直接向有关银行或者其他金融机构、邮电部门等单位发出法律文书，纠正下级侦查机关所作的错误决定，并通知原作出决定的侦查机关。

三、冻结后的处理

（一）解除冻结

冻结财产的解除有两种情形：一是逾期自动撤销。冻结期满不办理继续冻结手续的，视为自动撤销冻结；二是依法通知解除。对于冻结的财产，经查明确实与案件无关的，应当在三日以内通知金融机构等单位解除冻结，并通知被冻结财产的所有人。人民检察院决定不起诉并对涉案财物解除冻结的案件，公安机关应当在接到人民检察院的不起诉决定和解除冻结财物的通知之日起三日以内对不宜移送而未随案移送财物解除冻结。公安机关决定撤销案件或者对犯罪嫌疑人终止侦查的，除依照法律和有关规定另行处理以外，应当在作出决定之日起三日以内对侦查中冻结的涉案财物解除冻结。

（二）依法予以没收或返还被害人

在侦查过程中，犯罪嫌疑人死亡的，侦查机关应当撤销案件。被冻结的犯罪嫌疑人的存款、汇款、证券交易结算资金、期货保证金等资金，债券、股票、基金份额和其他证券，以及股权、保单权益和其他投资权益等财产被认定为赃款，应当依法予以没收或返还被害人的，侦查机关可以申请人民法院裁定通知冻结犯罪嫌疑人财产的银行、其他金融机构或者邮电部门等单位上缴国库或者返还被害人。

（三）随案移送

对冻结的涉案财物及其孳息，应当制作清单，随案移送。对作为证据使用的实物应当随案移送，对不宜移送的，应当将其清单、照片或者其他证明文件随案移送。对于随案移送的财物，人民检察院需要继续冻结的，应当及时书面通知公安机关解除冻结措施，并同时依法重新作出冻结决定。待人民法院作出生效判决后，由人民法院通知该银行、其他金融机构或者邮电部门等单位将冻结财产上缴国库或者返还被害人。

知识作业：

简述在侦查中查询、冻结的概念和意义。

技能作业：

制作一份《查封、扣押决定书》。

第十二节　侦查辨认

知识目标：了解侦查辨认的概念、目的、任务和应用条件，把握侦查辨认的规则和辨认结果评析的内容。

技能目标：掌握侦查辨认的方式方法和辨认笔录的制作方法。

一、侦查辨认的概念

侦查辨认是指在侦查过程中，由侦查人员组织被害人等对与犯罪有关的人员、尸体、物品、文件、场所进行辨别、认证的一项侦查措施。侦查辨认是刑事辨认在侦查阶段的具体体现。《公安机关办理刑事案件的程序规定》规定，为了查明案情，在必要的时候，侦查人员可以让被害人、证人或者犯罪嫌疑人对与犯罪有关的物品、文件、尸体、场所或者犯罪嫌疑人进行辨认。《人民检察院刑事诉讼规则》中也有类似的规定。

从侦查辨认这一概念中可以看出，侦查辨认的组织者也即辨认的主持者是侦查人员；侦查辨认的主体也即辨认者，除了被害人外还包括事主、目击者、知情人，甚至可能是犯罪嫌疑人；侦查辨认的客体也即辨认的对象，为可能与犯罪有关的犯罪嫌疑人、无名尸体、现场遗留物、盗抢骗的赃物、作案工具、涉案文件以及与犯罪有关的场所等。

辨认是刑事侦查的一项经常性侦查措施，是发现犯罪证据，认定犯罪嫌疑的有效方法。辨认的基础是侦查学同一认定理论和心理学中再认理论的应用。组织辨认与技术检验、鉴定同属于同一认定方法。人、物、场所形象作用于人的感官产生感觉，在头脑中留下印记，在一定条件下可以回忆再现；当人、物、场所再次出现时，可与再现的印象对比，把相同与不同的结果区别开来。这种同一认定就是辨认的机理。除了侦查辨认，还有法庭辨认。

二、侦查辨认的条件

辨认是辨认人以自己头脑中对某种人、物、场所的形象记忆为依据，进行再认识的过程，必须具备一定的主客观条件才能完成。

（一）辨认客体具有可感性特征

被辨认的人、物、场所，必须具有足以被正常人的视觉、听觉、嗅觉等所能感知和识别的特征。这种特征应当具有比较鲜明的可感形象，足以凭借正常人的视、听、嗅觉与同类客体相区别。

（二）辨认人已感知到客体特征

被辨认的客体的基本特征确实已经显露，让辨认人感知清楚，并形成了较清晰的记忆，才能够在该客体再次出现时进行再认。如果没有感知到客体特征，辨认者的态度再坚决，也难以正确再认。

（三）辨认人具有正常的记忆力

人的记忆包括"识记→保持→再认→重现"四个过程，辨认实质就是再认，尽管许多人无法用图像描绘被认客体特征，但却能准确地进行再认；若识记模糊又"保持"时间过长，印象淡化，再认会很困难甚至无法辨认。

（四）辨认环境适于辨认者再认

人头脑中的再认过程，除了与"保持"的时间长短有关，也与辨认人再认客体时所处的环境有关。辨认者再认时所处的环境条件越接近"识记"时的环境，他所再认、重现的结果就越准确。

（五）适合辨认者再认优势条件

被辨认的客体特征鲜明突出，而且呈现特定化者；被感知的时间较长，而且没有伪装者；辨认人的感知能力强、记忆能力好；辨认环境与感知环境较为接近者；比较容易进行辨认。

三、侦查辨认的目的与任务

通过研究可能涉案的人、尸、物，运用好侦查辨认措施，对发现犯罪案件线索，缩小和确定侦查范围，澄清犯罪嫌疑人，认定犯罪行为人，获取犯罪证据等方面，都能起到极为关键的作用。

（一）侦查辨认的目的

1. 确定犯罪嫌疑人是否为作案人；

2. 查明无名尸体或碎尸块的身源情况；

3. 弄清现场遗留物品归何人所有；

4. 证实某物品是否为犯罪案件的赃物；

5. 识别某场所是否为实施犯罪的地点；

6. 发现犯罪案件线索，缩小侦查范围；

7. 为揭露证实犯罪收集相关的证据。

（二）辨认的具体任务

1. 通过对特定人员进行辨认，审查确定是否为犯罪嫌疑人。侦查中发现嫌疑对象者，可以通过辨认肯定否定嫌疑；有多个犯罪嫌疑人的，可以辨认出重点嫌疑人。尤其是与被害人有正面接触的案件，如抢劫、强奸、绑架、诈骗等案件，更有必要采取辨认措施。

2. 通过对某些场所、人员进行辨认，发现、寻找涉案犯罪嫌疑人。根据已经掌握的作案人的犯罪行为规律、特点，带领事主、被害人等到作案人有可能再次出现的场所进行巡查辨认，在有可能的行经或落脚地点进行守候辨认，发现找到犯罪嫌疑人。

3. 通过对尸体或碎尸块进行辨认，调查明确无名尸体身源情况。组织群众和失踪者家属对无名尸、碎尸块、衣物、遗物及照片进行辨认，调查某一尸体是否为失踪的某个人，或者为某几个人中之一个，以确定尸体身源，查明死者身份。

4. 通过对现场遗留物品进行辨认，确定现场遗留物的使用者。对遗留在现场的物品，组织有关人员辨认，查明其生产、销售、使用范围，确定遗留物品、作案工具的来源和出处，例如归谁所有、谁曾携带、使用，借以发现线索、缩小范围、确定嫌疑人。

5. 通过对疑似赃物物品进行辨认，证实某物品是否涉案的赃物。通过搜查扣押、追堵截获、密搜密取等侦查方法，发现、获取的类似赃物物品，组织有关人员进行辨认，以证实或证否赃物，进一步调查隐藏、持有、携带者，确定来源，认定犯罪嫌疑人。

6. 通过对场所及录像、照片进行辨认，查找或者证实犯罪现场。由于环境陌生、光线较差或被蒙面，被害人无法认定现场的，可组织被害人实地寻找犯罪现场，或通过录像、照片甄别辨认；犯罪嫌疑人交代罪行后，可押解其进行指认，以确定野外、室内、车内的犯罪现场所在。

7. 通过辨认、辨听、辨嗅等方法，确定某图像、声音、文字、气味是否属于某人所有、所留。除了利用视觉对涉案的图像、文字辨别识认以外，还可通过听觉、嗅觉对相关的声音、气味进行辨听、辨嗅，以确定其来源和出处，进一步为破案提供依据。

四、侦查辨认的规则

辨认是一项十分细致而又严肃的侦察工作措施。辨认的内容是客观的，而辨认的过程"感知—识记—保持—再认"具有一定主观性。因此，组织辨认必须严格遵守一定的规则，否则就会直接影响到辨认的正确实施，辨认的结果也会失去可靠性和证据作用。具体规则如下：

（一）先问后认

先问后认是侦查辨认的首要规则。先对辨认人进行询问，是避免辨认中出现"卡壳"而盲目指认的较好方法。一是向其申明，作虚伪陈述须负法律责任；二是问清其所知道辨认对象的情况，尤其据以辨认的主要特征，这是认证同一或区别的根据；三是通过询问落实到辨认者嘴上，强化其回忆，落实到侦查员笔上，可以做到心中有数，问话时的笔录，以备事后进行核对；四是通过询问查明辨认人自身情况，是否有影响正常辨认的思想因素和生理缺陷，例如是否存在年幼、花眼、近视、智力障碍等情况。只有了解清楚各方面情况，才能决定是否组织辨认以及如何布置模拟条件，如动态、静态，远近距离，光线明暗，正面侧面等。

（二）混杂辨认

混杂辨认原则是对辨认对象而言的，无论对人、对物或对场所的辨认，在辨认时应采用混杂陪衬的办法进行辨认。将要辨认的对象事先混杂于若干（按照公安部现行规定，6 名人员、9 张照片、4 个物品以上）数量特征相似的陪衬人、照片或物品中，陪衬物、人或照片与本案无关。陪衬人是与辨认者不相识，与辨认对象性别相同、年龄、身高、体态相近者；也可是照片或选择与被辨认物品的种类型号、新旧程度、形态色泽相近的物品，供辨认人进行识别或指认。对实人、实物、照片的辨认，要按各类混杂的原则。坚持混杂辨认的原则，可使辨认结果客观准确，可信度高，有助于公、检、法评判辨认结果。辨认时可排列序号以供指认，也应当同时拍照、录像，以便与记录相互印证。

（三）分别辨认

分别辨认有两方面的含义：一是多个辨认主体，也即多人进行辨认时，要分别地组织，单独去辨认；二是同一个辨认者，对两个以上被辨认对象进行辨认时，也应当让辨认者分别地进行辨认。当邀请几个辨认人对同一人、物、场所进行辨认时，应将他（她）们分开，逐人分别组织单个进行，而不应该让他们同时、同地一起辨认，搞集体识别，以免辨认人互相影响，互相串通，互相干扰，造成失误，避免因"从众效应"而人云亦云、异口同声、众口指一人。坚持分别辨认、单独进行，以最大限度地保证辨认真实性和可靠性。

（四）事先隔离

事先隔离是指在组织辨认进行询问之前，不能让辨认人事先看到辨认对象，也不准在辨认人面前议论辨认对象的有关情况，尤其是对已经拘留、逮捕的嫌疑对象，更应当注意保密。尽量不要在拘留场所组织侦查辨认，一般应当选择在没有干扰的场所进行，也不能主动向其介绍辨认对象的情况。如果事先让辨认人看到、了解到被辨认对象的有关情况，例如已经采取拘留、逮捕等强制措施，就会使其产生"先入为主"的印象，从而在很大程度上削弱混杂辨认的陪衬作用，主观上极度干扰其自由地去辨认，客观上严重影响辨认结果的证据价值。

（五）禁止诱导

无论是公开辨认还是秘密辨认，都必须保证辨认人客观、充分地提供情况，独立、自主地阐述观点，严禁侦查员在辨认过程中用暗示或诱导的方式，让辨认人按照侦查人员的主观意图作出指认或某种回答，防止因侦查人员的某些语言、动作、表情等，造成辨认人作出违背本人所见客观事实的虚假的辨认，使辨认结果失去客观真实性。常见的暗示、诱导行为：

1. 指导语暗示。例如，你看第 N 个是不是？怎么就不是呢？正确的指导语：这里列出了若干人员（物品），分别标号为 1~8 号，你看哪一个是或像你在犯罪现场见到的人？为什么？

2. 动作类暗示。例如，歧视性或不够尊重的动作，拍头、踢脚、指指点点；又如，命令性动作，对某人单独下口令，迫其抬起头来，令其站直喽。诸如此类，容易产生暗示诱导作用。

3. 附属物暗示。例如，穿着囚服、身挂号牌、胸带证章、剃成光头，戴有定位手环、脚环，甚至戴上手铐、脚镣等。这些随身附属物极容易产生诱导暗示作用，进而干扰正常的辨认结果。

另外，在少数民族地区组织对尸体辨认，要考虑当地的风俗习惯，并注意消除不良影响，以免影响民族团结，给侦查工作造成不应有的障碍。

五、侦查辨认的方式、方法

辨认有几种分类方法。按客体分为人员、物品、尸体、文件、场所辨认；按关系分为直接辨认（实物、人员）和间接辨认（照片、录像、录音）；按方式分为公开辨认和秘密辨认。这里讲的辨认分类主要是以方式划分的公开辨认和秘密辨认。

（一）公开辨认

公开辨认是指在刑事案件的侦查过程中，由侦查员组织有关被害人、事主、知情人等对需要辨别的人员、物品、尸体等进行公开识别和确认的一项侦查措施。公开辨认要严格按照侦查辨认规则进行，程序符合法律规章，方法准确无错误，并且辨认的结果能够得到其他材料的印证时，才能作为诉讼证据公开使用。公开辨认包括对嫌疑人、物品、无名尸体、场所的辨认。

1. 公开辨认的程序。（1）询问辨认人，按照辨认规则首先对辨认者进行询问；（2）邀请见证人，邀请为人公证的见证人参加辨认；（3）选择陪衬人，对人辨认时选择符合条件的陪衬人员；（4）选择辨认时间、空间，按照最接近实发时的环境选择；（5）辨认对象编号，把辨认对象及陪衬人员编号排序；（6）单独进行辨认，不管几个辨认者，都分别组织单独进行；（7）制作笔录并签字，辨认结束要制作辨认笔录，要求辨认人、见证人、侦查员、记录人共同签名。

2. 对嫌疑人公开辨认。辨认人辨别认定其所亲眼见过的犯罪行为人与发现的嫌疑人是否同属一人，一般是对已经拘传、拘留、逮捕的嫌疑人进行直接或间接的指认。（1）直接辨认嫌疑人。布置好合适的环境条件，按照先行询问、混杂陪衬、分别进行、严禁诱导、自主完成等原则组织辨认。（2）除静态特征外，可让被人认提供走路、跑步或语言等动态特征，作为静态辨认的辅助手段。（3）间接辨认嫌疑人。对嫌疑人拍照并将照片与他人照片混杂，由辨认人予以识别；安排嫌疑人与他人混杂一起录像，由辨认人辨认。（4）通缉、通报人员辨认。对通缉、通报的逃犯和重大嫌疑人照片辨认，除模拟画像照片外要选择真实、清晰，无美颜、加工的照片。（5）直接与间接辨认相结合，先进行照片、录像的间接辨认再直接进行辨认，即指认具体的人。（6）混杂陪衬的标准，按照公安部的要求除了特征相似、与本案无关外，在数量上要求：被辨认者 7 人以上，被辨认照片 10 人以上。（7）辨认后的询问，主要问认定的特征依据、认否的特征理由，赋予主观辨认过程更多的客观性。

3. 对尸体公开辨认。对尸体的辨认主要指辨认非正常死亡的无名尸，多数是不明身份的被害人尸体。为了查明尸体身源，辨认一般从尸身、照片、死者衣物三方面结合进行。（1）对无名尸身的辨认，要在法医检验之后经必要的清洗、整容，组织现场周围群众和失踪人家属直接进行。（2）失踪者亲属认尸，应当先询问其失踪者情况，诸如相貌特征、衣着情况、随身物品、行走路线、失踪时间等。（3）对无名尸体的辨认，应当结合死者衣物，例如生前穿着打扮、随身携带物品、驾乘车辆特征等调查辨别，更容易取得结果。（4）对尸体照片的辨认，如果辨认人不愿意直接辨认，可整容后拍照进行照片辨认；近辨认无结果，也应利用照片逐步扩大辨认范围，可印发协查通报或进行网络远程辨认。（5）对残缺尸体的辨认，例如无头尸、毁容尸、碎尸块、尸骸白骨，除了尽可能恢复相貌还注意关注其特殊特征辨认，也应充分利用指纹、血型、DNA 等进行同一认定。（6）尸体特殊特征，一般指死者面部痣痣疤痕、肢体伤残文身、牙齿畸形镶补、内脏病灶残缺、外科创伤术痕等。（7）囿于尸体条件限制，辨认无名尸体无须严格适用混杂陪衬的辨认规则，所以辨认中必须更加注重对特征的描述。

4．对物品公开辨认。在案件侦查的各阶段都可能需要组织有关人员对犯罪现场遗留物、作案工具、涉案赃物进行辨认。通过对物品辨认可以从物到人，进一步查获犯罪嫌疑人、认定作案人或揭露证实犯罪。（1）辨认物品之前，应当对辨认者就辨认物品特征进行询问，尤其在返赃辨认中更应首先问清物品的特征，甚至结合发票凭证，以防错认冒领。（2）对现场遗留物、作案工具辨认，认定其持有者、使用人，或确定生产、销售范围和使用单位，以缩小侦查范围。（3）对获取的赃款、赃物或疑似赃物，组织事主、被害人辨认以确定是否本案赃物。（4）对物品辨认范围较大人数众多，可将现场遗留物、作案工具、赃物拍成照片、录像，组织实地辨认、印发通报辨认或网络远程辨认。（5）物品辨认坚持混杂原则，陪衬物除了特征相似、与本案无关，数量上不少于 4 件，也即被认数量 5 件以上。（6）对牲畜、宠物的辨认，除了关注辨认者识别动物还要注意动物对人的反应。

5．对场所公开辨认。对犯罪场所的辨认是指组织被害人、目击者、知情人或犯罪嫌疑人辨别、确认犯罪地点和与犯罪案件有关的场所。主要用以侦查抢劫、强奸、诈骗、绑架、拐卖妇女儿童等案件。（1）侦查人员问明辨认人当时现场情况、环境条件、交通状况和大致的方位，采取寻查辨认的方法，带领辨认人到可疑场所寻找、认定犯罪场所。（2）被害人如有因对地理环境陌生、天黑、紧张或被蒙面而难以辨认时，先判断场所位置大致范围；尽管办案程序要求辨认场所可不按照混杂辨认，多看几个地方也能起到混杂辨认的效果。（3）寻找案件知情人，动员附近群众和基层民警尽可能地提供有关犯罪现场线索。（4）对场辨认也可采取照片辨认、录像辨认或网络远程辨认的方法，更容易按照规则进行。（5）犯罪嫌疑人交代犯罪行为后，利用巡查辨认方法押解其指认犯罪现场时，要防止发生逃跑、自杀等意外事故。（6）辨认人辨别指认后，考虑到辨认过程有可能会出现偏差，侦查员、技术员应当对指认的现场进行认真细致的勘验、检查。

（二）秘密辨认

秘密辨认简称密认，是指在侦查过程中不让侦查对象和无关人员察觉的情况下，由侦查员组织被害人、事主和知情人等，对可疑的人员、物品、场所，暗中进行辨别和认定。秘密辨认的优点是：可全方位辨识，不暴露侦查意图，不惊动辨认对象和犯罪嫌疑人，避免打草惊蛇，更好地保护证人，保证被害人安全，保障侦查工作的顺利进行。秘密辨认的缺点是：细节可能看不清楚，受环境条件限制，难以严格按照侦查辨认规则行事。

1. 秘密辨认注意事项。主要适用于被害人与犯罪人有正面接触，对犯罪人员的相貌特征、体态特征或语言音调印象较深的案件。采取秘密方式辨认的注意要点有：（1）不让侦查对象察觉，也不让无关人员知晓，不暴露侦查意图，所以不能邀请见证人，不制作正式笔录；（2）辨认情况由侦查员写成书面报告，存入侦查卷，密认结果只供侦查部门在侦查过程中参考；（3）尽量选择符合辨认规则条件的环境，例如选择秘密辨认对象周围有人的环境，形成自然陪衬；（4）秘密辨认的结果不能直接用作诉讼证据。若密认结果可靠、根据充分，可转为公开辨认，制作笔录用以诉讼证据。

2. 对嫌疑人秘密辨认。对嫌疑人的秘密辨认有两种情形：一是有了明确目标，组织正面、侧面的辨认；二是没有明确目标，进行巡查寻找辨认。具体方法有：（1）接触辨认。又称正面辨认，对犯罪嫌疑人或嫌疑人所在群体，组织被害人、目击者进行近距离识别。辨认人化装，利用适当名义和身份做掩护，直接与被辨认对象进行正面接触式辨认。（2）隐蔽辨认。又称侧面辨认，把辨认人隐蔽在辨认对象的住所周围、工作单位或途经的隐蔽处所，进行侧面辨认。（3）寻查辨认。经过一段时间侦查没有发现具体嫌疑人，被害人对犯罪人的形象记忆深刻，则可由侦查员带领辨认人（进行必要化装）到犯罪嫌疑人可能出没的场所，暗中进行寻找辨认。（4）图像辨认。对犯罪嫌疑人等进行秘密拍照、画像、录像，或使用监控探头记录的视频资料，由辨认人对照片、画像、录像进行间接辨认。图像辨认也可采用网络远程辨认的方法。（5）语音辨听。由于受某些因素影响，被害人对作案人面貌未能看清或记忆不深，而对其说话声音印象深刻、记忆犹新，可组织被害人暗中对嫌疑人进行声音辨听。这种辨认虽不能作以认定，但可供侦查参考。随着科技发展，已能对声音进行同一认定，必将成为证实揭露犯罪的科学证据。

3. 对涉案物品秘密辨认。是指侦查员为了核对与犯罪有关的各类物品，在不暴露侦查意图和不被侦查对象察觉的情况下，组织有关人员进行识别认定。物品有通过邮递、寄存、修理过程查获的，也有情报人员密搜密取获得的。（1）侦查人员与被害人、知情人等化装，扮演某种身份辅以相应的名义，进入犯罪嫌疑人住所、窝点或其他场所，对疑似涉案物品进行辨认。（2）对于密搜密取得到的可疑物品，为了确认是否是犯罪物证而又不想惊动嫌疑人，可请被害人、事主、保管人进行秘密辨认，以证实是否赃物。（3）为了更加安全起见，可以暂时不取出可疑物品，而是进行秘密拍照或录像，进而组织间接辨认。（4）请专业人员就地或就近进行比对鉴定，以确定其物质属性，是否为犯罪相关物品。（5）在秘密辨认以后，应迅速将物品送回原处并恢复原状，防止嫌疑人察觉对侦查造成不利影响。（6）有些物品在核准无误的情况下，可转为公开搜查，进行公开辨认，同时拍照、录像并制作相关笔录。

4. 对犯罪场所秘密辨认。侦查人员组织辨认人对实施犯罪地点和相关场所进行秘密辨认。（1）在强奸、抢劫、诈骗等案件中，犯罪人将被害人引诱、欺骗或劫持到偏僻场所或预定地点实施侵害，这些场所或地点一般是被害人所不熟悉的，所以辨认前也应详细询问。（2）为找到犯罪场所又不惊动犯罪嫌疑人，由侦查员带领被害人在秘密状态下寻找辨认，发现更多的痕迹物证。（3）对犯罪场所的秘密辨认，要让被害人回忆案发前后情况、经过路线、发案地点以及周围环境或室内状况等，以便有目标地尽快找到犯罪场所，防止时过境迁遭到破坏。（4）对可疑的室内现场，侦查员可组织被害人等化装进入，以某种名义和相应身份变相地进行秘密辨认。（5）侦查讯问中掌握了另外的犯罪现场或藏赃地点，分析认为暂时不宜公开指认的，可采用秘密辨认方法在不惊动周围群众的前提下予以确认。（6）若犯罪场所与犯罪行为人有不可推卸的关系，则可转化为公开辨认、搜查，固定、提取具有重要价值犯罪证据。

六、制作辨认笔录、辨认报告

在侦查辨认的两种形式中，公开辨认要制作侦查辨认笔录，以备作诉讼证据材料使用，订入诉讼卷；秘密辨认要写作秘密辨认报告，可作为侦查的参考资料，归入侦查卷宗备查。

（一）制作辨认笔录

辨认笔录是侦查人员在辨认活动中，对辨认经过和结果依法作出的文字记录。笔录是辨认记录的主体，照片、录像、录音可作为辨认笔录的附件。制作笔录法律依据是《公安机关办理刑事案件的程序规定》相关条款。

辨认笔录内容与制作要求包括以下几个方面：

1．首部。辨认的时间、地点和条件。参加辨认者姓名、身份，包括主持侦查员、辨认人、记录员、见证人情况，辨认人与案件的关系。

2．正文。详细记载辨认的过程及结论。主要包括：已经掌握的与辨认有关的案件情况；辨认对象的情况，辨认的目的；辨认前询问要点，体现规则的辨认过程，辨认结论。包括辨认人对辨认对象确认、不能确认的结果以及理由等。

3．尾部。辨认结束时间，有关人员分别签字、捺指印。

（二）撰写辨认报告

辨认报告是侦查员在秘密辨认活动中，记载辨认经过、过程和辨认结果的报告材料。可附照片、录像、录音等资料。秘密辨认报告与公开辨认笔录的内容基本一致，必须记载清楚辨认结果、肯定的依据和否定的理由。注意叙述清楚辨认时化用的身份和假借的名义。

七、侦查辨认结果评断

无论是公开辨认还是秘密辨认，对获得的辨认结果都应当进行全面客观地分析研究，做出科学的科学的评断，以便充分地利用好辨认结果。

（一）侦查辨认结果评断

1．辨认主体因素。辨认结果必然受到辨认人生理条件、心理因素的影响。生理条件包括年龄、视力、感知能力、记忆能力、表达能力，集中表现为辨别能力。年长者理解能力一般较好，易花眼，记忆力差，辨认容易出错；年幼者尽管形象记忆强，但抽象理解力薄弱，辨别区分能力同样偏弱，也容易出错。辨认者心理状态、精神状况是否正常，同样影响辨认结果。被害人惊恐、气愤、激动，常常诱发盲点扩大、观察不细、感知空白、记忆片面等，容易出现草率指认导致辨认的错误结果。辨认人与案件及当事人有无利害关系，也要考虑在可能影响辨认结果的因素之中。

2．辨认客体因素。辨认客体指被辨认对象及其客观特征，但其是否具备鲜明的、特异性强的特征，这些特征是否受到伪装等因素的干扰，也会影响辨认结果。被辨认对象的特征鲜明、突出、稳定与否，是否容易与其他陪衬人员、物品、场所区别开来，也是影响辨认结果、结论的客观和准确性因素。辨认客体特征是否得到充分暴露，有无被掩盖、伪装、变造，也是影响辨认结果的关键因素。以嫌疑人特征为例，如有面部疤痕、五官畸形、肢体文身、黑痣红痣等，辨认结果准确性会较高，反之准确性会降低；不稳定的易变特征，如头发、胡须长短，衣服颜色变化，尤其是若嫌疑人作案中施以乔装打扮、蒙面化装、遮盖掩饰伎俩的，就更要考虑到对辨认准确度的不利影响。

3．环境、条件因素。是指案发时刻的环境、条件与辨认时刻的环境、条件的差异与变化对辨认结果的影响，也是评断结论需要考虑的因素。一方面是辨认人感知、识记时的环境、条件，例如自然环境条件：光线、距离、角度及风沙、雨雪等因素，是否有利于感知和识记；另一方面是辨认之时的客观环境与感知、识记时是否相一致或较接近。如果光线明亮、距离较近，印象深刻、记忆清晰，则辨认结果可靠性强；反之光线昏暗、距离较远，只看到个轮廓、细节不清，辨认结果可能会大打折扣。另外，前后感知的条件变化，如光线的明暗可能导致头发、服装的颜色深浅变化，必要时可辅以实验对比，帮助矫正辨认结论。

4．辨认过程因素。首先是侦查辨认时间与感知识记时间的间隔多久，如果时间过久可能会影响辨认结果的可靠性，但也要结合辨认者识记能力综合考虑，也有模拟画像等方法能够延长当事人记忆印象。最重要的过程因素还是是否严格遵守了侦查辨认的规则：先问后认，可以了解主体、客体和环境、条件情况，也能为帮助核对结果提供依据；混杂陪衬，提供比较选择机会，增加辨认过程的客观性；单独进行，防止从众效应，辨认结果增加可信度；事先隔离，防止先入为主，脑海先设定框框；严禁诱导，让辨认者自由、自主地辨别认定，真实地表达自己的认知。侦查实践表明，对辨认规则的遵循，能够大大增加辨认结果的可靠性。

（二）侦查辨认结果运用

1．公开辨认结果运用。不能单纯依据公开辨认的结果拘捕嫌犯。辨认结果要作为诉讼证据使用，必须具备三个条件：一是辨认严格按照侦查辨认的规则进行，辨认方法正确无误；二是经过审查评断，辨认结果科学可靠；三是辨认结果得到其他证据材料的印证，与其他证据没有矛盾。

2．秘密辨认结果运用。秘密辨认的结果不能作为证据在刑事诉讼中直接使用，只能作为侦查的参考和分析案情的依据。如果确实需要作为诉讼证据使用，必须通过公开辨认的形式予以转化，并制作辨认笔录。辨认规则方面，除了曾经的密认过程外，辨认前尽量做到辨认主体、客体别再碰面。

知识作业：

1. 什么是侦查辨认，在什么条件下可以组织侦查辨认？

2. 辨认的目的和任务有哪些？

3. 简述公开辨认结果具有证据作用的条件。

技能作业：

1. 针对特定案情，组织侦查辨认活动。

2. 制作一份辨认笔录。

侦查文书式样链接——《辨认笔录》

辨认笔录

时间＿＿年＿＿月＿＿日＿＿时＿＿分至＿＿＿年＿＿月＿＿日＿＿时＿＿分

侦查人员姓名＿＿＿＿＿＿＿单位＿＿＿＿＿＿＿＿＿＿＿＿＿＿＿＿＿＿＿＿

记录人姓名＿＿＿＿＿＿＿单位＿＿＿＿＿＿＿＿＿＿＿＿＿＿＿＿＿＿＿＿＿

当事人：＿＿＿＿＿＿＿＿＿＿

对象：＿＿＿＿＿＿＿＿＿＿

见证人：＿＿＿＿＿＿＿＿＿＿＿＿

其他在场人员：＿＿＿＿＿＿＿＿＿＿

事由和目的：＿＿＿＿＿＿＿＿＿＿＿＿＿＿＿＿＿＿＿＿＿＿＿＿＿＿＿＿＿

地点：＿＿＿＿＿＿＿＿＿＿＿＿＿＿＿＿＿＿＿＿＿＿＿＿＿＿＿＿＿＿＿＿

过程和结果：＿＿＿＿＿＿＿＿＿＿＿＿＿＿＿＿＿＿＿＿＿＿＿＿＿＿＿＿

＿＿＿＿＿＿＿＿＿＿＿＿＿＿＿＿＿＿＿＿＿＿＿＿＿＿＿＿＿＿＿＿＿＿＿

＿＿＿＿＿＿＿＿＿＿＿＿＿＿＿＿＿＿＿＿＿＿＿＿＿＿＿＿＿＿＿＿＿＿＿

侦查人员：

记录人：

当事人：

见证人：

其他在场人员：

第＿＿页共＿＿页

注明：该笔录适用于检查、复验复查、侦查实验、搜查、查封、扣押、辨认、提取。

第十三节　侦查讯问

知识目标：了解侦查讯问的概念、任务和准备工作，理解讯问的策略方法。
技能目标：掌握第一次讯问的方法和制作讯问笔录的方法。

一、侦查讯问的概念

侦查讯问又称讯问犯罪嫌疑人，是指侦查人员为了查明案件事实真相，获取犯罪嫌疑人的真实供述和辩解，依法对其进行提讯、诘问的一项侦查措施。侦查讯问是侦查工作进行到一定程度，即经过多方调查初步查明了主要犯罪事实，收集了一定的犯罪证据，为了进一步查核犯罪事实真相，补充收集、甄别核实各类证据，追查同案犯，追缴赃款赃物，对犯罪嫌疑人进行面对面的侦讯审查活动。

（一）侦查讯问的性质

对犯罪嫌疑人的讯问是侦查活动的深入和继续，其实质也是一项基本侦查活动，是一种调查取证的方法手段，是代表国家运用言辞行使刑事追究权的特殊侦查手段，是侦查活动进行到一定阶段必须经历的一道程序，也是刑事诉讼中不可或缺的法定程序。

（二）侦查讯问的主体

侦查讯问的主体是国家法定的侦查人员，也即由侦查机关的依法可以行使侦查权的侦查人员进行，包括从事具体侦查工作的侦查员和侦查机关负责案件侦查的指挥员。其他机关、团体人员，诸如辅警、保安人员等，无权从事讯问犯罪嫌疑人活动。

（三）侦查讯问的对象

侦查讯问的对象仅限于犯罪嫌疑人。一是有证据证明有犯罪事实，已经拘留、逮捕的犯罪嫌疑人；二是确有犯罪事实，由于某种原因不予逮捕的犯罪嫌疑人；三是抓获的逃犯，群众扭送的现行犯罪人和投案自首的犯罪嫌疑人。

（四）侦查讯问的目的

通过对犯罪嫌疑人讯问，查明嫌疑人是否具有犯罪行为，获取犯罪嫌疑人的真实口供，倾听辩解，发现与案件有关的能够证实犯罪有无和情节轻重的各种证据，发现犯罪线索并及时查证，追查同案犯和其他嫌疑人，追缴赃证，同时也防止无罪的人受到刑事追究。

（五）侦查讯问的依据

讯问是侦查活动的法定情节，侦查人员必须依法实施讯问犯罪嫌疑人活动。具体的，侦查讯问要依据我国《刑事诉讼法》和《公安机关办理刑事案件的程序规定》的相关条款要求进行。《刑事诉讼法》对讯问人员、对象、时限、程序、对策及诉讼权利都做了明确的要求。

二、侦查讯问的作用和任务

依照法定程序对犯罪嫌疑人进行面对面的言辞讯问，是侦查办案中十分重要的基本活动，是刑事案件侦查工作中的必经程序。侦查讯问在侦查破案活动中具有十分重要的作用，通过讯问需要完成的任务具体明确。

（一）侦查讯问的作用

1. 可以正面地认识了解犯罪嫌疑人。通过侦查讯问活动侦查人员直接接触犯罪嫌疑人，借助言辞互动可以认识了解犯罪嫌疑人的基本身份、性格气质、心理活动、思想意识、人生态度以及三观倾向等。

2. 可以帮助全面、客观地分析案情。正面获取犯罪嫌疑人的供述材料，是其他方式的调查活动所不能代替的。通过讯问活动能够帮助侦查人员全面、系统、客观分析案情，进一步深入认识案件真相。

3. 可以纠正侦查办案工作中的错误。通过侦查讯问倾听犯罪嫌疑人无罪或最轻罪的辩解，有助于侦查人员及时发现并纠正由于工作疏忽导致的错误，保障无罪的人员不因警方失误而受到刑事追究。

4. 可以对犯罪嫌疑人进行法制教育。通过侦查讯问可以对犯罪嫌疑人进行法制教育和刑事政策宣传，动之以情、晓之以理，唤醒人性本善，督促其如实坦白交代自己所犯罪行，促使其弃恶从善、认罪伏法。

5. 可以为起诉和审判奠定良好基础。通过侦查讯问查清犯罪事实和情节，取得确实、充分的犯罪证据，正确认定犯罪性质和罪名，查获全部刑事责任人和涉案赃物，为检察院起诉和法院审判活动创造有利条件。

（二）侦查讯问的任务

1. 获取犯罪嫌疑人真实口供，查清案件事实。获取犯罪嫌疑人真实口供，查明案件事实真相，是侦查讯问的首要任务。有的嫌疑人是经过案件侦查发现的，有的则是现场抓获或扭送的，但都需要问清、查明犯罪时间、地点、经过，侵害对象、作案目标，作案手段、方法，预谋过程、犯罪动机，作案同伙及人数，造成的后果危害。需要对口供调查核实，去伪存真。

2. 发现犯罪线索，追清同案犯和其他嫌疑人。通过侦查讯问问明、查清与犯罪嫌疑人共同实施犯罪活动的其他犯罪嫌疑人，并弄清各自的犯罪行为及在案件中的地位和作用，查清赃款赃物的去向和着落。不仅要问清讯问对象自己的全部余罪，还要问清同案犯的其他罪行。通过讯问还应追问与之有来往关系的其他犯罪嫌疑人的犯罪线索，进一步扩大侦破战果。

3. 调查核实已有的证据，获取新的犯罪证据。通过侦查讯问调查核实前期侦查已经获得的犯罪证据，弄清各类证据之间的矛盾缘由，解除犯罪证据上的瑕疵点，以证实案件的真实情况；通过与犯罪嫌疑人面对面的讯问活动，补充收集案件侦查中尚未掌握的犯罪事实和新的犯罪证据；把讯问获取的供述和辩解证据，与其他证据有机串联形成体系使之更加充分。

4. 澄清嫌疑，排除无辜，保障无罪者不受追究。揭露犯罪和保障人权，保障无罪的人不受刑事追究，是侦查机关的基本任务。查清被讯问人罪与非罪、罪重罪轻，也是侦查讯问活动极其重要的任务。讯问犯罪嫌疑人，认真、细心听取其陈述和辩解，澄清嫌疑，排除无辜，弥补失误，纠正错误，真正做到保障无罪的人不受刑事追究，避免出现冤假错案。

5. 收集犯罪情报信息资料，总结犯罪活动规律。新的时代，刑事犯罪也出现新规律、新特点、新趋势。通过侦查讯问详细了解犯罪嫌疑人实施犯罪的全过程，尤其是作案对象、目标，作案方法、手段及后果，研究个案与类案的关系，从中获得新的犯罪活动规律、案件特点和发展趋势，以便收集、储存犯罪情报和信息资料。

三、侦查讯问的基本原则

侦查讯问是侦查破案的一道法定程序，政策性、法律性、技巧性很强。为了保证讯问工作的顺利开展，侦查人员必须遵守以下基本原则。

（一）实事求是

查清事实真相是侦查讯问的首要任务。要查清案件事实真相，就要一切从案件的实际出发，坚持实事求是的科学态度，弄清楚案件真相的本来面目。坚持实事求是原则，必须反对讯问中的主观主义，反对主观臆断，反对带着主观框框去讯问。讯问犯罪嫌疑人坚持实事求是原则，是"以事实为根据，以法律为准绳"宪法原则在侦查工作中的具体体现。

（二）重证据，重调查研究，不轻信口供

坚持实事求是，还必须重证据，重调查研究，不轻信口供。《刑事诉讼法》规定，对一切案件的判处都要重证据，重调查研究，不轻信口供。只有被告人供述，没有其他证据的，不能认定被告人有罪和处以刑罚；没有被告人供述，证据确实充分的，可以认定被告人有罪和处以刑罚。重证据，不轻信口供，是要获取真实口供，经调查属实成为证明犯罪事实的根据。

（三）严禁刑讯逼供，不得强迫自证其罪

《刑事诉讼法》对证据的要求规定，严禁刑讯逼供和以威胁、引诱、欺骗以及其他非法方法收集证据，不得强迫任何人证实自己有罪。另外有条款规定，采用刑讯逼供等非法方法收集的犯罪嫌疑人、被告人供述和采用暴力、威胁等非法方法收集的证人证言、被害人陈述，应当予以排除。严禁刑讯逼供，不得强迫自证其罪，也是侦查讯问中必须遵守的一条原则。

四、侦查讯问的法律要求

（一）对侦查讯问人员的要求

《刑事诉讼法》规定，讯问犯罪嫌疑人必须由人民检察院或者公安机关的侦查人员负责进行。讯问的时候，侦查人员不得少于二人。法律这样规定的原因如下：一是做到分工负责，相互配合，提高效率，保证对刑事案件的办案质量；二是保证侦查讯问活动在监督下进行，防止嫌疑人诬陷和翻供；三是保证侦查讯问活动的安全完成，防止逃跑、自杀、行凶等。

（二）对讯问时限、地点的要求

1. 对拘留、逮捕的嫌疑人第一次讯问的时限。《刑事诉讼法》规定，公安机关对于被拘留、逮捕的人，应当在拘留或逮捕后二十四小时以内进行讯问。在发现不应当拘留、逮捕的时候，必须立即释放，发给释放证明。避免无罪者长时间遭受囚禁，加强人权保护；对确实有罪嫌疑人，要出其不意、攻其不备，促使其如实交代罪行。对无须逮捕、拘留的犯罪嫌疑人讯问的时限要求。《刑事诉讼法》规定对不需要逮捕、拘留的犯罪嫌疑人经传唤不到案的，可以通过拘传的方式进行讯问，传唤、拘传持续的时间不得超过十二小时。不得以连续传唤、拘传的形式变相拘禁犯罪嫌疑人。

2. 对讯问手续和讯问地点的要求。提审在押的犯罪嫌疑人应当填写《提讯证》，在看守所进行讯问。对于正在被执行行政拘留、强制隔离戒毒的人员以及正在监狱服刑的罪犯，可以在其执行场所进行讯问。对于不需要逮捕、拘留的犯罪嫌疑人进行讯问，可以通过传唤、拘传的方式到犯罪嫌疑人所在市、县公安机关执法办案场所或者他的住处进行讯问。遇有紧急情况，可在现场进行讯问；对有严重伤病或残疾、行动不便的，以及正在怀孕的犯罪嫌疑人，可在其住处或就诊的医疗机构进行讯问。

（三）对侦查讯问程序的要求

1.《刑事诉讼法》规定，侦查人员在讯问犯罪嫌疑人的时候，应当首先讯问犯罪嫌疑人是否有犯罪行为，让他陈述有罪的情节和无罪的辩解，然后向他提出问题。犯罪嫌疑人对侦查人员的提问，应当如实回答。但是对与本案无关的问题，有拒绝回答的权利。

2.《刑事诉讼法》规定，讯问犯罪嫌疑人，侦查人员应当制作笔录，笔录要如实反映讯问的情况。对讯问过程可以录音或者录像，对可能判处无期徒刑、死刑的或其他重大犯罪案件，应当对讯问过程进行录音或者录像。录音或者录像应当全程进行，保持完整性。讯问聋哑犯罪嫌疑人，应当有通晓聋哑手势的人参加，并在讯问笔录上注明犯罪嫌疑人的聋哑情况，以及翻译人员的姓名、工作单位和职业。

3. 为保证讯问按法定程序和规则进行，侦查人员必须依据法定程序收集能够证实犯罪嫌疑人有罪或者无罪、犯罪情节轻重的各种证据，在讯问过程中应当遵循各项法定的程序依法进行讯问，否则将影响取得证据的效力。这就要求侦查人员在讯问时，严禁刑讯逼供和以威胁、引诱、欺骗及其他非法方法收集证据。

（四）对侦查讯问对策的要求

侦查讯问对策是指侦查人员在讯问活动中按照讯问原则，根据讯问的目的和条件，而实施的讯问策略手段和行动方式。由于讯问是一项法定的侦查行为，因此，侦查人员的讯问对策必须接受法律规定的制约，符合法律规定的要求。根据《刑事诉讼法》规定，法律对讯问对策的要求如下：

1. 禁止侦查人员采取刑讯逼供等损害犯罪嫌疑人身体和精神的手段获取犯罪嫌疑人口供。

2. 禁止侦查人员违背客观事实，对犯罪嫌疑人利用威胁、引诱、欺骗、非法许愿等手段获取犯罪嫌疑人口供。

3. 禁止侦查人员采取不合法、不严肃、不文明、有伤风化的讯问方式来讯问犯罪嫌疑人。

另外，讯问犯罪嫌疑人时要注意保护犯罪嫌疑人在讯问期间的各项诉讼权利。

五、讯问前的准备工作

侦查讯问需要侦查人员与被讯问人面对面地交锋。被讯问人为掩盖罪行，本能、技能地会进行防御以对付讯问。讯问人员虽然处于主动地位，但若没有充分准备，也会失去优势，所以要努力做到备而无患。

（一）妥善组织讯问力量

讯问力量的选配，除了按照法律的要求之外，还要考虑以下因素：

1．讯问人员的安排尽可能与案件性质和复杂程度相适应，讯问重大、复杂、疑难案件嫌疑人，侦查机关的负责人应当参加；讯问人员尽可能与犯罪嫌疑人的身份地位、社会阅历、文化水平、个性特点和反讯问能力相适应。

2．讯问人员要尽可能与犯罪嫌疑人的年龄、性别相适应，讯问女犯罪嫌疑人，应有女侦查人员参加；讯问未成年人应当通知其法定代理人到场；讯问不通晓当地语言文字的人或外国籍嫌疑人，应当配备翻译人员。

3．凡是《刑事诉讼法》规定的应当回避的侦查人员，都应当依法进行回避，不宜参加讯问活动。如果在讯问过程中发现有需要回避的情形，侦查人员应当自动回避。参加讯问人员应当自始至终，不宜随意更换。

（二）全面熟悉案件材料

熟悉案件材料和嫌疑人基本情况，是讯问准备的一项重要工作，主要包括以下材料：

1．熟悉犯罪嫌疑人个人情况。要熟悉犯罪嫌疑人的姓名、绰号、年龄、民族、籍贯、住址、职业，性格气质、个人简历、家庭状况、文化程度、社会关系，有无前科劣迹，被拘捕的根据，在案件中的作用，等等。

2．熟悉有关案件的事实材料。要熟悉案件发生情况、侦破经过，作案时间、地点、动机、目的、手段，侵害目标和作案后果，案件可能发展的方向和新的线索，讯问中可能出现的专门性问题。

3．熟悉案件已有的证据材料。要熟悉并研究已经获得的各种证据，人证物证、检验鉴定意见等，哪些充分、确实、可靠，哪些还需要进一步核实，尤其是对遗留物、工具、赃物等实物证据，要做心中有数。

（三）分析嫌疑人心理状态

嫌疑人心理状态是指嫌疑人在被讯问时段的内心理活动的综合表现。由于嫌疑人心理决定了其言行，研究其心理是采取讯问策略的依据。

1．了解掌握嫌疑人行为表现。了解嫌疑人实施犯罪行为的主客观原因，作案之前的日常表现，案件过程中的言行表现，被拘捕、收押过程中有无特殊语言行为等。透过言行表现，可以窥测嫌疑人的心理状态。

2．分析研究嫌疑人心理特点。讯问人要分析研究嫌疑人的个性特点、思想动态、性格气质、心理状况。嫌疑人常具有畏罪惊恐、悔罪伏法、猜疑试探、侥幸蒙混、抵触抗拒、欺瞒拖赖、趋利避害等心理。

3．了解嫌疑人情心理的途径。审阅犯罪嫌疑人的历史档案和案件材料，对犯罪现场作案过程进行分析，向保卫人员、看守人员、管内民警以及有关人进行调查，通过讯问正面观察，逐渐深入认识。

（四）制订周密的讯问计划

讯问计划是侦查人员根据案件情况和被讯问嫌疑人特点制订的讯问具体方案。

1．讯问计划的内容。（1）案件的简要情况。（2）讯问的目的和要求。（3）讯问的步骤、重点、采取的策略和方法。（4）调查取证的要求和讯问与调查的安排。（5）讯问与看守等部门的工作如何协调配合。（6）讯问中紧急情况的处理办法。

2．讯问计划的要求。（1）是否写出书面计划，要视案情和讯问的重要性而定。对重大和疑难案件，必须制订出书面计划。（2）制订的讯问计划，不论是口头的，还是书面的，都需要经过领导批准。（3）讯问计划不是一成不变的，它要在实践中接受检验，根据讯问和调查情况的发展变化，不断修改和调整。（4）讯问计划制订以后，要全面检查相应的准备情况。

（五）选择讯问突破口

讯问突破口是指对查清全案具有关键意义而又易于攻破的某个案件事实或共同犯罪案件中的某个犯罪嫌疑人。适当的突破口对于打开讯问僵局，突破被讯问人防线，推动讯问顺利开展能起到关键作用。

侦查讯问中，通常是从两方面去选择突破口：一方面从犯罪嫌疑人犯罪事实或个性特点中选择，另一方面是从同案犯中去选择。讯问突破口具体选择方法有以下几种：

1．从已经掌握确凿证据的问题突破。对已经掌握充分证据的问题，被讯问人无法抵赖，突破一点即可促其防御体系动摇，如实交代全部罪行。

2．从犯罪嫌疑人防范薄弱环节突破。进入讯问状态的犯罪嫌疑人，对被讯问防备薄弱、疏漏，毫无准备的情节，是侦查员选择讯问突破口。

3．从犯罪嫌疑人的矛盾和破绽突破。作案过程中犯罪嫌疑人多有伪装行为或制造假象，抓住其造假、伪装的矛盾点和破绽，作为讯问突破口。

4．从犯罪嫌疑人对讯问的心理障碍突破。被讯问人有交代心理障碍，如畏罪、对抗、侥幸、矛盾、蒙混等，突破这些心理促其良性转化，如实交代。

5．从犯罪团伙成员的薄弱对象突破。从年龄、阅历、案中从属地位考虑，选择初犯、从犯、最轻，希望从宽处理或与主犯有矛盾的人员为突破口。

讯问突破口并非一成不变，随着讯问活动的深入开展，可以据情进一步调整、变更突破口。

六、实施第一次讯问

第一次讯问，是指侦查人员在法定时限内对犯罪嫌疑人进行的首次讯问，也称初讯。对拘留、逮捕的犯罪嫌疑人应当在拘捕后二十四小时之内进行第一次讯问，对拘传的犯罪嫌疑人应当在拘传十二小时之内完成。第一次讯问具有程序初始性、策略开端性、时限紧迫性等特点。

（一）第一次讯问的意义

1．有助于及时发现拘捕错误，预防冤案；

2．有助于及时突破犯罪嫌疑人获取真实口供；

3．有助于为后续复讯打下良好的基础。

（二）第一次讯问的步骤

1．问明犯罪嫌疑人的基本情况。首先讯问明确嫌疑人的姓名、别名、绰号、出生日期、家庭住址、籍贯、民族、职业、工作单位、学历、家庭状况，曾经受到处分情况。

2．告知犯罪嫌疑人享有的权利和义务。告知犯罪嫌疑人享有要求回避、自行辩解、聘请律师及拒绝回答无关问题的权利，告知其必须履行接受讯问、客观如实供述的义务。

3．讯问犯罪嫌疑人是否有犯罪行为。《刑事诉讼法》规定，侦查人员在讯问犯罪嫌疑人的时候，应当首先讯问犯罪嫌疑人是否有犯罪行为，让他陈述有罪的情节或者无罪的辩解，然后向他提出问题。

4．提出具体问题让犯罪嫌疑人回答。根据讯问计划和犯罪嫌疑人的心理特点，向其提出问题，对犯罪事实、动机目的、作案手段、犯罪工具以及与犯罪相关的时间、地点、人员、物品、事件有序提问。

5．达到初讯目标时择机结束讯问。初讯目标一般有两层含义：一是最好突破犯罪嫌疑人反讯问防线，令其对自己的犯罪行为做出基本交代；二是虽未能突破防线，但了解了基本情况，便于调整讯问计划，为续讯做好准备。

（三）对几种不同情况的处置

1. 犯罪嫌疑人愿意交代承认有罪。嫌疑人作出某些交代，可能由于知罪悔罪，甘愿受罚；罪行暴露，无法隐瞒；罪行不重，交代了事；已达目的，满不在乎；作出交代，掩盖其余。侦查员应抓住时机，深入推进，令其详细供述，并追讯其他直至彻底交代。如不愿交代其他，直接再问难度较大，可适可而止，防止出现僵局。

2. 犯罪嫌疑人否认被指控的罪行。若嫌疑人否认罪行，为自己辩解，可能由于确实无罪，罪行较轻；故意隐瞒，逃避惩罚；避重就轻，推卸罪责；侥幸心理，或有疑虑。侦查员应当认真听取辩解，作适当追讯，既不要马上斥责、恐吓，也不要堵塞言路，要听记结合，分别处理。经查证属实的辩解情节，作无罪或罪轻处理；隐瞒推责的，予以批驳揭露，做好续讯准备。

3. 犯罪嫌疑人态度顽固公开对抗。若嫌疑人顽固不化、公开对抗或沉默不语、以软拖硬，可能由于罪行重大，畏罪感强；自以为罪行未暴露，外强中干；判断警方没掌握实证，侥幸心重。侦查员不可感情用事、急于求成，要研究其供述的心理障碍、症结所在，找到拒供原因并有针对性作以破解，为续讯奠定基础。

（四）讯问中犯罪嫌疑人的权利

1. 犯罪嫌疑人有权为自己进行辩解；

2. 犯罪嫌疑人有权提出控告；

3. 犯罪嫌疑人有权拒绝回答与本案无关的问题；

4. 犯罪嫌疑人有权要求回避；

5. 犯罪嫌疑人在接受第一次讯问后有权聘请律师；

6. 犯罪嫌疑人有权了解讯问笔录的全部内容；

7. 犯罪嫌疑人有权知道鉴定意见内容和申请补充鉴定或重新鉴定；

8. 犯罪嫌疑人有权运用通晓的语言文字回答问题；

9. 未成人犯罪嫌疑人有权请求其法定代理人到场。

七、讯问的策略和方法

（一）讯问的常用策略

讯问策略是指侦查人员组织、实施侦查讯问活动时，所采用的计策和谋略。讯问策略以符合法律规范为前提，以有效获得犯罪嫌疑人的真实供述和辩解为目的，以犯罪嫌疑人的心理状态和言行表现为根据。侦查讯问要讲究策略是由于讯问这一侦查活动的高度对抗性和智斗性所决定的。常用的讯问策略有以下几种：

1. 以虚掩实，迂回进攻。先从无关紧要的次要问题入手，掩蔽讯问的主攻方向，带有声东击西、示假隐真、乘虚而入的意味，从虚处入手进而虚实结合，待其露出破绽再直取核心实质问题。适于证据材料不足，畏罪心理严重，警觉性极强，回避要害问题的犯罪嫌疑人。

2. 敲山震虎，重点突破。采用先发制人，敲击一点、震慑一方的策略方式。从已经掌握的与犯罪有关的某一时间、地点，某一事件、物品或某一关系人，作为敲击重点，震慑犯罪嫌疑人，使其感觉没有退路，促其如实交代罪行。适于某些问题已经暴露，讯问对象无法回避的情形。

3. 攻心夺气，瓦解思想。以法律、政策、思想为武器，对嫌疑人开展攻心战术，动摇瓦解其拒供的思想基础，促其如实交代罪行。适于徘徊动摇、侥幸心重或有后顾之忧的嫌疑人。以政策为例，申明"宽大与惩办"政策，为其指明出路，促其打消幻想，瓦解思想意志。除政策外，还可运用法、理、情、势攻心，攻在心上，攻在关键，忌空许愿、打保票。

4. 出其不意，攻其不备。从嫌疑人意想不到的问题和没有准备的方面着手讯问，在其毫无戒备之心和防范之力的薄弱点上"火力"攻击，促其崩溃，如实交代。适于初次讯问之时，嫌疑人准备不足，应对对策不周的情况，或侦查员了解到嫌疑人的应对想法，转而攻其没有设防的问题。

侦查讯问的策略既不限于几种也不拘泥某类，完全可以根据嫌疑人拒供的思想障碍和设防心理状态，灵活机动地采用，以收到完成讯问的实效。

（二）讯问的基本方法

所谓讯问的方法，是指侦查讯问人员为实现讯问目标，针对犯罪嫌疑人讯问所采取的具体措施和技巧。讯问的方法具有依法性、战术性、应变性、技艺性等特点。讯问的基本方法主要有以下几种：

1. 说服教育法。说服教育讯问法是侦查人员在讯问中通过运用政策、法律等内容对嫌疑人进行教育，促使其弄清是非界限、权衡利弊得失、转变固有思想、消除对立情绪，从而如实供述罪行。说服教育是讯问中应用最广泛的方法，适用于每一个犯罪嫌疑人，既分时机阶段又可贯穿始终。

说服教育的主要内容。（1）法律、政策教育。除了进行法制教育，还要运用党和国家的政策，诸如"宽严相济""有恶必办""立功折罪"等，教育嫌疑人，促其认罪伏法、改恶从善、重新做人。（2）形势、前途教育。结合社会治安形势和打击犯罪态势，对嫌疑人进行前途教育，尤其是对抱有悲观失望、鱼死网破、蒙混逃避情绪和心理的嫌疑人，为其指明出路促其认清形势，改正罪错。（3）道德、伦理教育。通过道德、伦理教育，促其良心发现，承认、承担罪责，尤其是针对无羞耻心、满不在乎的嫌疑人使用。

说服教育的具体技法。（1）疏导法。侦查人员与嫌疑人一同找出存在的问题，帮助其分析问题的原因，提出解决问题的最佳方法，引导其向主动供述所犯罪行方向转化。（2）例证法。侦查人员举出一个或几个典型案例，最好是正反面案例都有，摆事实、讲道理，指出在人生十字路口不能一错再错，得出从宽从严的结论。（3）规劝法。除侦查人员或讯问辅助人员规劝外，还可选择合适的人员，如亲属、朋友、同事、同学等，对犯罪嫌疑人进行规劝，施加正能量影响，促使其如实供述罪行。

说服教育的注意事项。（1）把握时机。说服教育虽然常用，但需要审时度势把握时机，一般在其思想犹豫、摇摆不定及反讯问伎俩濒临破产的时候，才能逐渐接受教育。（2）恰如其分。说服教育要做到实事求是，针对具体案情实际，不能过分夸大从宽尺度和从严力度，更忌讳陷入引供、诱供。（3）有的放矢。说服教育的内容、方式，要针对嫌疑人身份、经历、性格和在案件中角色等具体情况，不可千篇一律。例如，从情感、荣誉感、罪责感等入手，要做到入心入脑，入情入理，情理交融。

2. 使用证据法。使用证据讯问法是侦查人员有计划、有步骤、有控制地使用已经掌握的证据材料，揭露犯罪嫌疑人的谎供和狡辩，打消拒供心理，促使其如实供述罪行。使用证据讯问的目的不是迫其承认证明事实，而是为突破讯问僵局，消除其蒙混、侥幸、抗拒心理，打击其嚣张气焰。

使用证据的几种方式。（1）口头宣示、宣读。通过口头言语的形式述说或念读出证据内容，诸如证人证言、揭发检举材料等，可长可短便于控制。（2）出示物证、书证。出示有关物品、书证类证据，包括使用照片，形象具体，印象深刻，便于灵活操作。（3）播放录音录像。录音录像证据日渐普遍，形象真实，动感十足，声情并茂，可重复播放。（4）当事人当面指认。请被害人、当事人、目击者直接指认，对嫌疑人造成巨大压力，也具有冲击力。各种方式都具有弱点，须加注意。

使用证据的具体技法。（1）正面直接使用。直接向嫌疑人提供证据内容，当面出示，直截了当，点明主题，不兜圈绕弯。（2）侧面间接使用。针对犯罪事实，点出证据来源，旁敲侧击，侧面揭露。（3）含蓄暗示使用。以迂回、含蓄方式运用证据，含沙射影，可采用实物暗示或言词暗示等具体形式。（4）随时点滴使用。运用点点滴滴的证据材料，随时随地用在关键点上，画龙点睛，推动供述。（5）连续不断使用。当一份证据打开缺口后，陆续、连续使用多份证据，像组合炮弹进行饱和打击，火力交叉，深入推进，全线突破。

使用证据的注意事项。（1）有计划和准备。讯问中使用证据要有计划和准备，使用的证据一般是经过查证的可靠证据；选择哪些证据使用，计划着怎样使用，都要精心准备，以防出现新的僵局。（2）选择恰当时机。一般在被讯问人自以为是，负隅顽抗，拒不供述时；思想徘徊，动摇不定，犹豫不决时；虽有交代，内心矛盾，不愿再供时；气焰嚣张，顽固抵赖，放挺拒供时使用证据。（3）控制留有余地。使用证据要有节制，尽量少用，不能全盘托出、透露底线，不能泄露侦查机密，要保护证人。

3. 利用矛盾法。利用矛盾讯问法是侦查人员在讯问中利用嫌疑人的口供矛盾，或与同案犯之间的关系矛盾，揭露其谎供和狡辩，离间同伙关系，消除拒供心理，促其如实供述罪行。利用矛盾讯问法有利于分化瓦解嫌疑人的拒供心理防线，突破打消同伙间的攻守同盟。

可资利用的矛盾种类。（1）犯罪嫌疑人的口供矛盾。口供矛盾包括：前后口供之间的矛盾，口供与事实之间矛盾，口供与其他证据的矛盾。（2）犯罪嫌疑人的心理矛盾。通过观察嫌疑人的言行表现和微表情，揣摩其内心矛盾环节，加以利用促其向着供述实情转化。（3）同案犯间的关系矛盾。同案犯之间表面上哥们义气，订立同盟，实际上自私自利，充满着深层矛盾。准确地利用这些矛盾，都能促其向着顺利供述方向转化。

讯问中要善于发现矛盾，比如认真阅卷逻辑分析发现矛盾，详细讯问某个环节发现矛盾，重复讯问某一问题发现矛盾，比较同案犯供述材料发现矛盾等。利用矛盾要选择时机，一是露头就打，迫其如实供述，适合于初犯、偶犯；二是放马过来，不动声色，故意让其暴露得更多、更深，待到无法收回时，反戈一击。适合于惯犯、累犯和供述障碍严重的嫌疑人。利用矛盾要把握尺度，若已承认说谎，可暂时停止揭批，以防抵触对抗重陷僵局。

利用矛盾的具体技法。（1）公开揭露法。开诚布公揭露谎供的矛盾点，迫其面对自己的矛盾，更弦易辙，改为老实供述。（2）说服教育法。讲明攻守同盟害自己，哥们义气靠不住的道理，揭露与同伙的深层矛盾，说服教育被讯问人为自己争取前途。（3）正面驳斥法。围绕着矛盾点予以驳斥，用事实驳斥，用证据驳斥，用同案犯的供述材料驳斥。（4）隐喻暗示法。用含蓄讯问语言暗示，而不直接揭开矛盾点，让其自己联想，促使其争取好的态度。

（三）讯问的提问方式

提问方式是指侦查人员在讯问中，口头向嫌疑人提出问题所采用的提问形式和技巧。提问是讯问活动的主要表现形式，其方式技巧的正确选择，关系到讯问能否顺利开展，能否收到预定目标的良好效果。提问讲究科学性、技巧性、艺术性，形式丰富多样，没有固定模式。常用的有以下几种：

1. 侦查、试探提问。又叫探索式提问，多为摸清对方的心理状态、认罪态度、反侦查伎俩或侦查员只有怀疑、推断尚不掌握真相的事实情节而采用，适于第一次讯问或追讯新问题。分为定向、不定向、正面、侧面探索，具有火力侦查意味，例如知道为什么被拘留吗？思考得咋样啦？

2. 循序、递进提问。按照事物的本来顺序，由表及里、由浅入深，抽丝剥茧，从现象到本质，从一般到核心的次序讯问，环环相扣，循序渐进式提问，最终触及犯罪核心问题。大多适用于案情相对复杂，犯罪证据不够确实、充分，嫌疑人层层设防的情况。

3. 迂回、穿插提问。迂回包抄，扫清外围，绕道而行，包抄后进攻核心问题，使其猝不及防；多条路进攻，多角度提问，来回穿插，搅乱其防御体系，暴露破绽，达到讯问目的。适于畏罪心理重、态度较顽固、编谎伪供、防御能力强的犯罪嫌疑人。

4. 突击、跳跃提问。正面突入，开门见山，冲击提问，直戳要害问题，适合于犯罪证据扎实充分，供述态度却犹豫不决的嫌疑人；打破讯问常规，跳过嫌疑人防线，直攻没有准备的问题和防范薄弱的环节，适合于证据充分但嫌疑人编好了谎言，设定了防线的情况。

5. 命题、指令提问。提出总的问题题目或某个具体问题，让其系统回答、自由陈述，虽然问题问的稍微笼统些，但要求回答的边界清楚、方向明确，像命题作文一样，避免一问一答暴露讯问的底细。例如，这段时间在哪儿，干了些什么？适合于愿意回答问题，配合讯问的嫌疑人。

6. 揭露、批驳提问。揭开犯罪嫌疑人设法掩盖的犯罪事实或情节，也即揭露式提问，一针见血，打击嚣张气焰，消除其侥幸心理；用明确的事实或对方陈述中的矛盾点，来批驳其编造的谎言，虚构的事实，剥壳露肉，揭露其蒙混心理和狡辩抵赖的言辞，也即批驳式提问。

此外，还有质问式、反问式、含蓄式、疏导式、借言式、纵横式、编组式、综合式等提问方式。

（四）讯问语言的要求

讯问既是侦查措施，又是特殊的语言交流活动。对讯问语言的要求如下：

1. 合法、文明。侦查人员从事讯问活动代表国家履行职务，以执法者身份出面，侦查讯问的语言，虽然不一定用法言法语，但一定要合乎法律要求，严禁引诱逼供；语言要文明，不得动辄脏话，污言秽语，粗俗不雅。

2. 严肃、规范。作为侦查措施的侦查讯问，也是严肃的公安司法活动。体现在讯问用语上，也应该严肃、认真、规范、庄重、得体，不能飘忽轻佻，更不能使用侮辱人格的言语词句，以免把讯问带入卡壳状态。

3. 客观、灵活。整个讯问过程应当以尊重客观事实为主调，讯问语言也力求客观，少用判断、猜测之类，更忌忽略事实的主观臆断；不拘泥于固定模式、特定格式，在讲究原则的基础上，也要审时度势、灵活把握。

4. 严密、精致。讯问活动对抗性强，讯问语言必须要逻辑严密、严实合缝，不给嫌疑人可乘之机；每句问话都应当拿捏分寸，注意用好提问方式、语句句式和问话语气；不让嫌疑人抓住矛盾，防止被反戈一击。

5. 简明、易懂。为达到促使嫌疑人如实交代罪行，侦查讯问语言力求简明、易懂。除了讯问策略的需要，问话既不绕弯子，也不拖泥带水，更不咬嘴饶舌、词不达意，以至于让被问人听不懂提问的含义。

侦查讯问是一项严肃、严密的侦查措施，除提问方式、问话技巧之外，无声语言、肢体语言也很重要，诸如身姿、表情、眼神、手势，都能加强补充有声讯问的表达效果，甚至起到有声语言达不到的作用。

八、侦查讯问记录

侦查讯问记录是指侦查人员对讯问内容和过程所制作的文字、录音、录像形式的记载。讯问犯罪嫌疑人必须制作讯问记录，以客观详尽地记载侦查人员的问话和嫌疑人的供述及辩解，要如实反映讯问过程和讯问内容。讯问记录包括询问笔录、讯问录音、讯问录像等，都是重要的诉讼证据。

（一）讯问笔录制作

讯问笔录是侦查人员在讯问活动中，依法制作的记载讯问内容和过程的文字记录。讯问笔录是讯问记录的主要形式，是不可或缺的法律文书和诉讼证据。笔录要求全面、准确、连续、规范、合法。讯问笔录包括首部、正文、尾部三个部分组成。

1. 首部。文书标题名称，即"讯问笔录"；写明讯问的次数，起止时间（准确到时、分），讯问地点；讯问人、记录人的姓名，被讯问人的姓名、出生日期、住址等。

2. 正文。是笔录的重点和核心内容。主要包括：被讯问人的基本情况及简历（别名、化名、绰号、前科、劣迹等），家庭情况，主要社会关系；被讯问人对犯罪事实的供述、辩解；重点是犯罪行为的时间、地点、动机、目的、手段、情节、后果，与犯罪相关的人、事、物。对讯问人员的提问和被问人的陈述，采用一问一答形式记录，不失原意、简明清晰。

3. 尾部。主要包括：被讯问人签署的意见，如"以上笔录我看过，记的与我所说完全相符合"或"以上笔录向我宣读过，记的真实正确"等；签名、捺手印（每页尾部和有涂改处均需捺印），注明日期。若被问嫌疑人拒绝签名、捺手印，侦查员须在笔录上注明。参加讯问的侦查员也要在笔录上签名。

（二）同步录音录像

侦查人员在讯问犯罪嫌疑人的时候，可以对讯问过程进行同步录音录像；对于可能判处无期徒刑、死刑的案件或者其他重大犯罪案件，应当对讯问过程进行录音录像。对侦查讯问录音录像应当全程进行，保持完整性，不得任意取舍，不得出现程序违法和疏漏，坚持客观真实原则，做到完整、连续、清晰，不得对原始资料擅自剪辑或作出技术处理。

讯问的录音录像应当告知犯罪嫌疑人，告知情况应当在录音录像和笔录中予以体现。录制画面应当是讯问室全景，有被讯问人正面形象，有签字、捺印指印的局部特写。被讯问人因故走动时须要跟随拍录，特别要记录开始、终止的时间，录音录像中止的原因。录制结束后，需要被讯问人对录音录像加以确认签字。

讯问的录音录像实行讯问与录制分离制度，一般由技术人员实施，而不能自己讯问自己录制。为保证录音录像母带的完整性，应当同时制作两份，一份作为母带由技术人员封存后交档案管理部门，另一份作为诉讼证据随案卷移交相关部门。

知识作业：

1. 什么是侦查讯问，通过讯问完成那些任务？

2. 侦查讯问需要做哪些准备工作？讯问可采取的策略？

技能作业：

1. 应用讯问的基本方法和提问方式，对某"嫌疑人"开展讯问。

2. 制作一份讯问笔录。

第十四节 侦查强制措施

知识目标：了解各项强制措施的基本概念及适用条件。

技能目标：掌握各项强制措施适用的基本程序。

一、拘传

（一）拘传的概念

拘传，是指公安机关对未被羁押的犯罪嫌疑人强制其到案接受讯问的一种刑事强制措施。拘传的对象一般是针对经公安机关合法传唤，无正当理由拒不到案的犯罪嫌疑人采用，在特殊情况下，不经传唤也可以直接进行拘传。如果犯罪嫌疑人抗拒拘传，侦查人员可以使用戒具。

拘传是我国刑事诉讼强制措施体系中强制力最轻的一种，公安机关、人民检察院和人民法院在刑事诉讼过程中，均有权决定适用。

（二）拘传的程序规定

1. 公安机关对需要拘传的犯罪嫌疑人，应当填写《呈请拘传报告书》，并附有关材料，报县级以上公安机关负责人批准。

2. 公安机关拘传犯罪嫌疑人应当出示拘传证，并责令其在拘传证上签名、捺指印。

3. 犯罪嫌疑人到案后，应当责令其在拘传证上填写到案时间；拘传结束后，应当由其在拘传证上填写拘传结束时间。犯罪嫌疑人拒绝填写的，侦查人员应当在拘传证上注明。

4. 拘传持续的时间不得超过十二小时；案情特别重大、复杂，需要采取拘留、逮捕措施的，经县级以上公安机关负责人批准，拘传持续的时间不得超过二十四小时，不得以连续拘传的形式变相拘禁犯罪嫌疑人。

5. 拘传期限届满，未作出采取其他强制措施决定的，应当立即结束拘传。

二、取保候审

（一）取保候审的概念

取保候审是指在刑事诉讼中公安机关、人民检察院和人民法院对符合条件的犯罪嫌疑人、被告人，为防止其逃避侦查、起诉和审判，责令其提出保证人或者交纳保证金，并出具保证书，保证随传随到的一种限制其人身自由的强制措施。

（二）取保候审的适用条件

《刑事诉讼法》明确规定，人民法院、人民检察院和公安机关对有下列情形之一的犯罪嫌疑人、被告人，可以取保候审：

1. 可能判处管制、拘役或者独立适用附加刑的；

2. 可能判处有期徒刑以上刑罚，采取取保候审不致发生社会危险性；

3. 患有严重疾病、生活不能自理，怀孕或者正在哺乳自己婴儿的妇女，采取取保候审不致发生社会危险性的；

4. 羁押期限届满，案件尚未办结，需要采取取保候审的。对拘留的犯罪嫌疑人，证据不符合逮捕条件，以及提请逮捕后，人民检察院不批准逮捕，需要继续侦查，并且符合取保候审条件的，可以依法取保候审，取保候审由公安机关执行。

（三）取保候审的程序规定

1. 需要对犯罪嫌疑人取保候审的，应当制作呈请取保候审报告书，说明取保候审的理由、采取的保证方式以及应当遵守的规定，经县级以上公安机关负责人批准，制作取保候审决定书。取保候审决定书应当向犯罪嫌疑人宣读，由犯罪嫌疑人签名、捺指印。

2. 公安机关决定对犯罪嫌疑人取保候审的，应当责令犯罪嫌疑人提出保证人或者交纳保证金。 采取保证人保证的，保证人必须符合以下条件，并经公安机关审查同意：（1）与本案无牵连；（2）有能力履行保证义务；（3）享有政治权利，人身自由未受到限制；（4）有固定的住处和收入。

3. 公安机关在宣布取保候审决定时，应当告知被取保候审人遵守以下规定：（1）未经执行机关批准不得离开所居住的市、县；（2）住址、工作单位和联系方式发生变动的，在二十四小时以内向执行机关报告；（3）在传讯的时候及时到案；（4）不得以任何形式干扰证人作证；（5）不得毁灭、伪造证据或者串供。

4. 被取保候审人无正当理由不得离开所居住的市、县。有正当理由需要离开所居住的市、县的，应当经负责执行的派出所负责人批准。被取保候审人在取保候审期间违反相关规定，已交纳保证金的，公安机关应当根据其违反规定的情节，决定没收部分或者全部保证金，并且区别情形，责令其具结悔过、重新交纳保证金、提出保证人，变更强制措施或者给予治安管理处罚；需要予以逮捕的，可以对其先行拘留。

5. 公安机关在取保候审期间不得中断对案件的侦查，对取保候审的犯罪嫌疑人，根据案情变化，应当及时变更强制措施或者解除取保候审，取保候审最长不得超过十二个月。需要解除取保候审的，应当经县级以上公安机关负责人批准，制作解除取保候审决定书、通知书，并及时通知负责执行的派出所、被取保候审人、保证人和有关单位。

三、监视居住

（一）监视居住的概念

监视居住是人民法院、人民检察院、公安机关在刑事诉讼中限令犯罪嫌疑人、被告人在规定的期限内不得离开住处或者指定的居所，并对其行为加以监视、限制其人身自由的一种强制措施。

（二）监视居住的适用条件

根据《刑事诉讼法》和《公安机关办理刑事案件程序规定》的规定，公安机关对符合逮捕条件，有下列情形之一的犯罪嫌疑人，可以监视居住：

1. 患有严重疾病、生活不能自理的；
2. 怀孕或者正在哺乳自己婴儿的妇女；
3. 系生活不能自理的人的唯一扶养人；
4. 因为案件的特殊情况或者办理案件的需要，采取监视居住措施更为适宜的；
5. 羁押期限届满，案件尚未办结，需要采取监视居住措施的。

对于人民检察院决定不批准逮捕的犯罪嫌疑人，需要继续侦查，并且符合监视居住条件的，可以监视居住。对于符合取保候审条件，但犯罪嫌疑人不能提出保证人，也不交纳保证金的，可以监视居住。对于被取保候审人违反本相关规定的，可以监视居住。监视居住由公安机关执行。

（三）监视居住的程序规定

1. 对犯罪嫌疑人监视居住，应当制作呈请监视居住报告书，说明监视居住的理由、采取监视居住的方式以及应当遵守的规定，经县级以上公安机关负责人批准，制作《监视居住决定书》。《监视居住决定书》应当向犯罪嫌疑人宣读，由犯罪嫌疑人签名、捺指印。公安机关决定监视居住的，由被监视居住人住处或者指定居所所在地的派出所执行，办案部门可以协助执行。必要时，也可以由办案部门负责执行，派出所或者其他部门协助执行。

2. 公安机关在宣布监视居住决定时，应当告知被监视居住人必须遵守以下规定：（1）未经执行机关批准不得离开执行监视居住的处所；（2）未经执行机关批准不得会见他人或者以任何方式通信；（3）在传讯的时候及时到案；（4）不得以任何形式干扰证人作证；（5）不得毁灭、伪造证据或者串供；（6）将护照等出入境证件、身份证件、驾驶证件交执行机关保存。

3. 被监视居住人有正当理由要求离开住处或者指定的居所，以及要求会见他人或者通信的，应当经负责执行的派出所或者办案部门负责人批准。被监视居住人违反应当遵守的规定，公安机关应当区分情形责令被监视居住人具结悔过或者给予治安管理处罚。情节严重的，可以予以逮捕；需要予以逮捕的，可以对其先行拘留。

4. 在监视居住期间，公安机关不得中断案件的侦查，对被监视居住的犯罪嫌疑人，应当根据案情变化，及时解除监视居住或者变更强制措施，监视居住最长不得超过六个月。

5. 公安机关决定解除监视居住，应当经县级以上公安机关负责人批准，制作解除监视居住决定书，并及时通知负责执行的派出所、被监视居住人和有关单位。

四、拘留

（一）拘留的概念

拘留是指公安机关在侦查过程中，遇有紧急情况，依法对现行犯或重大嫌疑人员采取的临时剥夺其人身自由的一种强制方法，也称刑事拘留。

（二）拘留的适用条件

拘留是在紧急情况下适用的强制措施，目的是为了及时抓获现行犯或者重大嫌疑人员，及时获取犯罪证据、查明案情，防止发生新的犯罪行为，保证侦查工作的顺利进行。根据《刑事诉讼法》和《公安机关办理刑事案件程序规定》的规定，公安机关对于现行犯或者重大嫌疑人员，有下列情形之一的，可以先行拘留：

1. 正在预备犯罪、实行犯罪或者在犯罪后即时被发觉的；

2. 被害人或者在场亲眼看见的人指认他犯罪的；

3. 在身边或者住处发现有犯罪证据的；

4. 犯罪后企图自杀、逃跑或者在逃的;

5. 有毁灭、伪造证据或者串供可能的;

6. 不讲真实姓名、住址,身份不明的;

7. 有流窜作案、多次作案、结伙作案重大嫌疑的。

(三)拘留的程序规定

1. 公安机关拘留犯罪嫌疑人,应当填写呈请拘留报告书,经县级以上公安机关负责人批准,制作拘留证。执行拘留时,必须出示拘留证,并责令被拘留人在拘留证上签名、捺指印,拒绝签名、捺指印的,侦查人员应当注明。

2. 紧急情况下,对于符合法律规定先行拘留情形之一的,应当将犯罪嫌疑人带至公安机关后立即审查,办理法律手续。拘留后,应当立即将被拘留人送看守所羁押,至迟不得超过二十四小时。异地执行拘留,无法及时将犯罪嫌疑人押解回管辖地的,应当在宣布拘留后立即将其送抓获地看守所羁押,至迟不得超过二十四小时。到达管辖地后,应当立即将犯罪嫌疑人送看守所羁押。除无法通知或者涉嫌危害国家安全犯罪、恐怖活动犯罪通知可能有碍侦查的情形以外,应当在拘留后二十四小时以内制作拘留通知书,拘留通知书应当写明拘留原因和羁押处所,并通知被拘留人的家属。对被拘留的人,应当在拘留后二十四小时以内进行讯问。发现不应当拘留的,应当经县级以上公安机关负责人批准,制作释放通知书,看守所凭释放通知书发给被拘留人释放证明书,将其立即释放。

3. 对被拘留的犯罪嫌疑人,经过审查认为需要逮捕的,应当在拘留后的三日以内,提请人民检察院审查批准。在特殊情况下,经县级以上公安机关负责人批准,提请审查批准逮捕的时间可以延长一日至四日。对流窜作案、多次作案、结伙作案的重大嫌疑人员,经县级以上公安机关负责人批准,提请审查批准逮捕的时间可以延长至三十日。

4. 对被拘留的犯罪嫌疑人审查后,根据案件情况报经县级以上公安机关负责人批准,分别作出如下处理:(1)需要逮捕的,在拘留期限内,依法办理提请批准逮捕手续;(2)应当追究刑事责任,但不需要逮捕的,依法直接向人民检察院移送审查起诉,或者依法办理取保候审或者监视居住手续后,向人民检察院移送审查起诉;(3)拘留期限届满,案件尚未办结,需要继续侦查的,依法办理取保候审或者监视居住手续;(4)具有撤销案件情形之一的,释放被拘留人,发给释放证明书;需要行政处理的,依法予以处理或者移送有关部门。

五、逮捕

（一）逮捕的概念

逮捕是检察院批准或决定，公安机关执行的，对有证据证明有犯罪事实，可能判处徒刑以上刑罚的犯罪嫌疑人，在一定时间内完全剥夺其人身自由的强制措施。

（二）逮捕的适用条件

逮捕是最严厉的一种刑事强制措施，它不仅剥夺了犯罪嫌疑人的人身自由，正确、及时地使用逮捕措施，还可以有效地防止犯罪嫌疑人逃跑、自杀、毁灭罪证和继续犯罪，有助于司法机关收集证据、查明案情、证实犯罪，保证侦查、起诉、审判活动的顺利进行。

1. 公安机关对有证据证明有犯罪事实，可能判处徒刑以上刑罚的犯罪嫌疑人，采取取保候审尚不足以防止发生下列社会危险性的，应当提请批准逮捕：（1）可能实施新的犯罪的；（2）有危害国家安全、公共安全或者社会秩序的现实危险的；（3）可能毁灭、伪造证据，干扰证人作证或者串供的；（4）可能对被害人、举报人、控告人实施打击报复的；（5）企图自杀或者逃跑的。

2. 公安机关对被取保候审人违反取保候审规定，具有下列情形之一的，可以提请批准逮捕：（1）涉嫌故意实施新的犯罪行为的；（2）有危害国家安全、公共安全或者社会秩序的现实危险的；（3）实施毁灭、伪造证据或者干扰证人作证、串供行为，足以影响侦查工作正常进行的；（4）对被害人、举报人、控告人实施打击报复的；（5）企图自杀、逃跑，逃避侦查的；（6）未经批准，擅自离开所居住的市、县，情节严重的，或者两次以上未经批准，擅自离开所居住的市、县的；（7）经传讯无正当理由不到案，情节严重的，或者经两次以上传讯不到案的；（8）违反规定进入特定场所、从事特定活动或者与特定人员会见、通信两次以上的。

3. 公安机关对被监视居住人违反监视居住规定，具有下列情形之一的，可以提请批准逮捕：（1）涉嫌故意实施新的犯罪行为的；（2）实施毁灭、伪造证据或者干扰证人作证、串供行为，足以影响侦查工作正常进行的；（3）对被害人、举报人、控告人实施打击报复的；（4）企图自杀、逃跑，逃避侦查的；（5）未经批准，擅自离开执行监视居住的处所，情节严重的，或者两次以上未经批准，擅自离开执行监视居住的处所的；（6）未经批准，擅自会见他人或者通信，情节严重的，或者两次以上未经批准，擅自会见他人或者通信的；（7）经传讯无正当理由不到案，情节严重的，或者经两次以上传讯不到案的。

（三）逮捕的程序规定

1. 需要提请批准逮捕犯罪嫌疑人的，应当经县级以上公安机关负责人批准，制作提请批准逮捕书，连同案卷材料、证据，一并移送同级人民检察院审查批准。对于人民检察院不批准逮捕并通知补充侦查的，公安机关应当按照人民检察院的补充侦查提纲补充侦查。公安机关补充侦查完毕，认为符合逮捕条件的，应当重新提请批准逮捕。对于人民检察院不批准逮捕而未说明理由的，公安机关可以要求人民检察院说明理由。对于人民检察院决定不批准逮捕的，公安机关在收到不批准逮捕决定书后，如果犯罪嫌疑人已被拘留的，应当立即释放，发给释放证明书，并将执行回执送达作出不批准逮捕决定的人民检察院。

2. 接到人民检察院批准逮捕决定书后，应当由县级以上公安机关负责人签发逮捕证，立即执行，并将执行回执送达作出批准逮捕决定的人民检察院。如果未能执行，也应当将回执送达人民检察院，并写明未能执行的原因。执行逮捕时，必须出示逮捕证，并责令被逮捕人在逮捕证上签名、捺指印，拒绝签名、捺指印的，侦查人员应当注明。逮捕后，应当立即将被逮捕人送看守所羁押，执行逮捕的侦查人员不得少于二人。

3. 对被逮捕的人，必须在逮捕后的二十四小时以内进行讯问。发现不应当逮捕的，经县级以上公安机关负责人批准，制作释放通知书，送看守所和原批准逮捕的人民检察院。看守所凭释放通知书立即释放被逮捕人，并发给释放证明书。对犯罪嫌疑人执行逮捕后，除无法通知的情形以外，应当在逮捕后二十四小时以内，制作逮捕通知书，通知被逮捕人的家属，逮捕通知书应当写明逮捕原因和羁押处所。

知识作业：

列举出拘留的适用条件。

技能作业：

试模拟操作逮捕决定的执行。

第十五节　辅助侦查相关措施

知识目标：了解相关辅助措施的基本概念和特点。

技能目标：掌握相关辅助措施的组织实施。

一、押解

（一）押解的概念

押解是指公安机关根据工作需要，依据法律相关规定将犯罪嫌疑人、被告人或者罪犯强制提解、押送到指定地点，完成特定刑事司法活动的行为。

（二）押解的特点

1. 合法性：公安机关执行押解任务是按照法律和相关规定履行职责的职务行为，受到法律的保护。这既要求执法人员严格按照法律、条例及有关规定办理，尤其是在使用武器、警戒具和采取强制措施时。同时，也要求押解对象必须服从指令，遵守押解规定。

2. 强制性：押解工作通常是对押解对象强制变更羁押场所，押解本身是一种具有强制性的行为，为防止押解对象反抗、脱逃、自杀、自残等危险行为，必须对其身体采取必要的约束措施，以保证押解工作顺利完成。

3. 危险性：押解过程中，各种情况较为复杂，既有押解对象存在的畏罪、脱逃等主观不稳定因素，同时也存在交通工具、地理环境等客观不确定因素，工作难度较大，具有一定危险性。

（三）押解的组织实施

1. 接受任务，制订方案。警务人员在接到押解任务后，首先应当及时了解押解对象的基本情况，特别是案件性质、身体状况及日常表现。根据对上述情况分析研判，制订周密的押解方案，包括押解活动的组织指挥、押解时间、押解路线、押解方式等相关内容。

2. 警力部署，配备装备。根据押解对象人数、认罪态度、身体状况等情况配备警力，对于案情复杂、有重大社会影响的押解对象应当适当增大警力配备；同时，押解人员应该提前准备好手铐、脚镣等警用器械，检查乘坐的交通工具，确保通信联络的通畅。

3. 核验身份，安全检查。警务人员持合法手续向羁押场所办理提押手续，要认真核对押解对象的姓名、性别、出生年月、籍贯、案由等基本信息，防止错提或者漏提，戴好手铐、脚镣等戒具，对其身体和衣物进行全面检查，并告知押解对象要严格遵守押解纪律，一旦违反要承担相应法律后果。

4. 徒步押解，重在控制。徒步押解主要适用于路程较短，罪行较轻，或者交通工具无法通行的情况，徒步押解时一定检查好警戒具的规范使用，警务人员手抓押解对象肘部，确保对其有效控制。

5. 乘车押解，监控管理。乘车押解是最常用的押解方式，押解前要检查核对押解人数和警戒具的安全，重点人员要戴好头套、脚镣，尽量一人一车，确需多人乘车，要注意做好人员隔离。警务人员押解途中实行贴身押解，密切监控押解对象表情、动作、言语等各项反应，发现异常及时采取有效措施。对于长途乘车押解要做好警务人员的调整替换，防止因麻痹大意出现安全隐患。

6. 乘机押解，相互配合。押解人员应当遵守民用航空安全管理有关规定，与机场、航空公司和民航公安机关密切配合，共同维护好航班安全和运行秩序。押解警力至少应当3倍于押解对象，原则上与乘客隔离或采取警员双夹一（被押对象）形式，保持全程控制；押解人员不得携带武器，可以使用手铐等必要的械具约束押解对象，但械具不宜外露。执行乘机押解任务应当内紧外松，早上机，晚下机，避免对同机旅客造成不便。

（四）押解的注意事项

1. 押解对象自身存在一定危险因素，主要表现在其具有抗拒、逃跑、毁灭证据、行凶、自杀等心理活动，因此一定要密切关注押解对象的思想动态，加强安全检查，对可能藏匿绳索、刀片、针头、毒药、纸张等可疑物品的地方进行仔细检查并及时收缴各类危险品和违禁品。

2. 除押解对象自身危险性外，押解过程中的外部人员安全隐患也应当引起重视。比如，押解对象同伙在押解途中劫夺被押解人员，袭击公安干警的情况时有发生。因此，警务人员在押解全程都要保持高度警惕，武器装备充足，遇到袭击迅速转移到安全地区，及时联系获得支援。

3. 押解前要对目的地及沿途的道路状况、人车流量、天气特点等环境因素做好勘查准备，熟悉环境，提前做好各项预案。

4. 押解过程中一旦遇到突发事件，要冷静处置。特别是在处理押解途中家属和围观人员起哄闹事干扰正常押解工作时，要做好宣传教育和劝阻警告工作，设置警戒线和隔离区，确保押解对象及自身安全，同时要慎用武器警械，防止矛盾激化。

二、看管

（一）看管的概念

看管是指公安机关根据工作需要，在公安机关羁押场所或者其他指定地点依法对犯罪嫌疑人、被告人或者罪犯进行看守和管理，保证刑事司法活动顺利进行的行为。

（二）看管的特点

1. 看管是警务人员对被羁押人员在羁押场所内的活动进行管理，既要保证犯罪嫌疑人、被告人的人身安全，防止意外发生；同时也要保障其合法权益和基本人权，要文明、依法、安全、规范实施看管工作。

2. 看管是为了保障办案安全，防止被羁押人员在羁押场所内有自伤、自杀、携带可疑违禁物品、实施其他违法犯罪活动等行为，因此，对于看管场所的地点和设施要进行必要检查，消除安全隐患；对犯罪嫌疑人、被告人的人身和携带的物品进行安全检查，以保证各项司法活动的顺利开展。

3. 看管对象是犯罪嫌疑人、被告人或者罪犯，具有心理不稳定性，既有认罪伏法的，也有负隅顽抗的，恐惧、焦虑、紧张、侥幸等各种心理复杂交织。因此，看管对象极易出现一些反常和过激行为，对本人和他人都有一定的危险性。

（三）看管的组织实施

1. 看管前对看管的场所环境、周边设施及相关警务设备进行检查，包括所在楼层、门窗、桌椅、卫生间、墙壁以及所经过的区域通道、能够接触到的所有物品都要进行严格检查，确保安全，杜绝隐患。

2. 制订勤务方案，确定看管工作负责人，根据看管任务的具体特点配备相应警力，明确每一名警务人员的具体职责和工作要求，做好分工与配合。同时，按照各自岗位要求，配备手铐、警棍、脚镣、通信器材、医药急救包等相关物品。

3. 执行看管时，警务人员首先要清点核对被看管人员的身份信息、身体状况、基本案情、心理状态，认真细致地检查身体、衣物，防止夹带违禁品、危险品，并明确告知其应该遵守的义务和享有的权利。对于有行凶、脱逃、自杀、自残可能的被看管人员必须使用警械具，重点人员必要时进行面对面看管，防止意外发生。

4. 看管期间，无关人员不得进入看管场所，更不能与被看管人员传递口信、纸张、信件、衣物、食品等物品。看管人员应当密切关注看管对象的活动，一方面通过视频监控系统及时了解看管场所的内部情况和人员动态，另一方面通过现场不间断巡查，及时检查看管场所门窗是否关闭，警械具是否安全有效，同时也给看管人员形成心理威慑，打消其存在的侥幸心理。

5. 看管过程中警务人员严格准守各项规定，随时保持警惕，注意防止犯罪嫌疑人、被告人串供行为，如遇犯罪嫌疑人、被告人突发疾病或者有自残、自杀行为，应当及时上报，并迅速联系医护人员进行检查和救治，妥善处置。

（四）看管的注意事项

1. 重视看管场所的自身安全性，必须符合羁押场所的设置要求，对于楼层、门窗、室内物品、周边环境等要做到充分考虑。

2. 看管人员和装备配置充足合理，如有女性被看管对象，要有女警务人员具体实施身体检查和执行看管任务。

3. 在看管对象就餐或者如厕时，应加强监管，重点检查食物和餐具是否存在自杀、自残安全隐患，卫生间内物品和环境有无发生危险的可能性。看管人员应该保证看管对象在自己的视线范围和控制范围内，防止其逃脱或自杀、自残。

三、送达

（一）送达的概念

公安机关依照法定程序和方式，将相关法律文件送交当事人、有关机关和单位的司法行为。

（二）送达的特点

1. 送达的主体是公安司法人员，送达的对象是案件当事人。这里的送达是特指刑事诉讼中的送达，区别于生活中的其他送达，其主体和对象都有法律明确规定的范围。

2. 送达的法定方式有直接送达、委托送达、留置送达、邮寄送达、公告送达等方式。其中最主要的方式是直接送达，也就是直接将法律文书送交到当事人手中。

3. 送达具有法律效力，只要依据法定方式和程序进行的送达，法律文书的内容对送达机关和受送达人都具有约束力，任何一方如有违反都要承担相应的法律责任。

（三）送达的组织实施

1. 警务人员接收到执行送达任务时，首先要对送达法律文件逐件进行核对、检查，并做好登记，认真查看送达文件的内容和法定时效，明确送达时间、地点、受送达人姓名、地址等信息，制订送达勤务方案，落实具体承办人员。

2. 送达过程中，警务人员要对文件进行妥善保管，检查交通工具，做好行程路线规划，按照规定着装并带齐工作证、单位介绍信等证明材料。文书送达到指定地点后，受送达人要在送达回证上要签字或者盖章，并注明签收日期。

3. 遇有未能送达或者受送达人拒绝接受送达文书、拒绝签字盖章等情形时，警务人员应当及时向上级汇报，不能私自处理。如符合留置送达的法定情形，可以邀请邻居或其他见证人到场，由见证人、送达人员共同签字确认，必要时可以进行录音录像。

（四）送达的注意事项

1. 根据案件性质及具体情况选择适用不同的送达方式。传统上直接送达是最为稳妥的送达方式，但随着经济飞速发展，人员流动性空前加强，邮寄送达也被作为主要的送达方式，这也更加符合送达经济、快捷的要求。

2. 送达过程要严格依据法律规定的程序和方式进行，任何一种送达都是法律专门规定的，只有严格遵循法律规定的程序和方式，才是合法送达，才具有相应的法律效力。

3. 送达中相应法律文书应当有当事人和工作人员签字，必要时应当录音录像，留存好送达回证。这既是送达行为的证明，又是受送达人接受送达的证明，是公安司法机关与受送达人之间发生相应法律关系的凭证。

四、狱所内调查

（一）狱所内调查的概念

公安机关为了查明案情而在犯罪嫌疑人、被告人或者罪犯被羁押的看守所等监管场所内实施的侦办调查活动。这里的所谓案情，既包括案犯背负的积案、狱所内发生的案件情况，也包括社会上发生的现行案件情况。

（二）狱所内调查的特点

1. 调查对象是在羁押场所内的犯罪嫌疑人、被告人或者罪犯。这类人员在羁押期间其人身危险性还不能完全消除，人员成分复杂，管控难度较大，存在再次犯罪的可能性。

2. 调查场所主要是看守所、监狱等特定的监管场所。这类特殊环境对羁押人员的心理和生理都会产生较大影响，而且被羁押人员相互之间极易"交叉感染"，传播交流犯罪方法和脱罪经验。

3. 调查手段的特殊性。狱内侦查根据场所特点适用不同的调查手段。这既包括公开的也包括隐蔽的手段，公开的调查手段包括当事人的询问讯问、证人证言的收集、痕迹物证的提取、现场勘查等措施。此外，鉴于羁押场所的特点，往往需要发挥隐蔽力量特情耳目的作用，通过情报信息的收集处理，准确进行狱情分析研判，为侦查破案提供依据。

（三）狱所内调查的组织实施

1. 狱所内调查首先要认真梳理研判涉案基本情况，根据案件自身特点有针对性地制订调查方案，在侦查指导思想方面考虑到调查对象所处的狱所特殊环境，应当以攻心教育为突破口，侦查人员要通过政策、法律、法规的宣讲教育，鼓励其认罪自首，积极检举揭发，提供侦破线索和情报信息，争取获得立功减刑等从优从宽机会。

2. 狱所内调查要将隐蔽侦查和公开调查相结合开展，公开的方式比如通过召开大会或者个别问话等形式直接公布案情，广泛宣传，鼓励在押人员积极提供信息情报。隐蔽的方式主要是依靠特情耳目，以秘密方式发现线索，收集证据，如特情主动与侦查对象接触，利用开导谈心、亲情沟通等方式，让嫌疑人放下思想包袱，主动交代问题。

3. 狱所内调查的工作方针是预防为主，防破结合。因此预防犯罪是主要目标，所有工作要以此为基础，强化日常信息收集、汇总、分析、研判，提升狱内监管能力和侦查人员专业技能，通过运用信息化大数据提供各类预警信息，对狱内人员进行动态监控，将犯罪消灭在萌芽阶段。

（四）狱所内调查的注意事项

1. 狱所内调查必须严格依法进行。狱所内调查的主要目的是防范和打击在押人员重新犯罪，是根据相关法律法规实施的刑事司法活动。因此，此项工作的开展既需要法律保障其实施也需要在法律的监督下进行，原则上坚持公开透明、严谨规范的工作流程，避免暗箱操作，违法办案。

2. 狱所内调查要重视特情耳目的作用发挥和建设管理。由于狱所环境较为密闭，犯罪行为往往不易被外界发觉，隐秘性极强，而且犯罪人员具有一定的反侦查意识，这就需要特情人员的线索提供。同时，在使用特情人员时一定注意遵守工作纪律，加强日常管理，避免培养成为牢头狱霸，杜绝钓鱼执法、诱供逼供等违法行为的出现。

3. 狱所内调查应充分运用现代化技术手段。随着科技的飞速发展，羁押场所也在不断提升技术装备和管理手段。通过对数据采集、视频监控、追踪定位等高科技的运用，能够及时发现狱情隐患，防控重点人员，消灭犯罪于萌芽状态，实现"无死角，全覆盖"的安全羁押场所。

知识作业：

列举相关辅助措施的种类。

技能作业：

试制订乘车押解的实施方案。

第三章　侦查破案程序步骤

教学目标：了解公安机关侦查破案的程序和步骤，包括管辖、受案、立案、撤案、侦查实施、侦查终结、移送起诉等环节的条件、程序等；掌握案情分析的方法，确定侦查方向范围、选择侦查途径和制订侦查方案的方法及有关侦查文书的制作方法。

第一节　侦查管辖、回避

知识目标：了解公安机关管辖范围，公安内部管辖的分类及管辖争议的解决；侦查回避的条件、程序、效力和适用对象。

技能目标：掌握《回避／驳回申请回避决定书》的填写方法。

一、公安机关刑事案件管辖范围

根据《刑事诉讼法》的规定，除下列情形外，刑事案件由公安机关管辖：

1. 监察机关管辖的职务犯罪案件；

2. 人民检察院管辖的在对诉讼活动实行法律监督中发现的司法工作人员利用职权实施的非法拘禁、刑讯逼供、非法搜查等侵犯公民权利、损害司法公正的犯罪，以及经省级以上人民检察院决定立案侦查的公安机关管辖的国家机关工作人员利用职权实施的重大犯罪案件；

3. 人民法院管辖的自诉案件。对于人民法院直接受理的被害人有证据证明的轻微刑事案件，因证据不足驳回起诉，人民法院移送公安机关或者被害人向公安机关控告的，公安机关应当受理；被害人直接向公安机关控告的，公安机关应当受理；

4. 军队保卫部门管辖的军人违反职责的犯罪和军队内部发生的刑事案件；

5. 监狱管辖的罪犯在监狱内犯罪的刑事案件；

6. 海警部门管辖的海（岛屿）岸线以外我国管辖海域内发生的刑事案件。对于发生在沿海港岙口、码头、滩涂、台轮停泊点等区域的，由公安机关管辖；

7. 其他依照法律和规定应当由其他机关管辖的刑事案件。

二、公安机关内部管辖

（一）属地管辖

刑事案件由犯罪地的公安机关管辖。如果由犯罪嫌疑人居住地的公安机关管辖更为适宜的，可以由犯罪嫌疑人居住地的公安机关管辖。法律、司法解释或者其他规范性文件对有关犯罪案件的管辖作出特别规定的，从其规定。

犯罪地包括犯罪行为发生地和犯罪结果发生地。犯罪行为发生地，包括犯罪行为的实施地以及预备地、开始地、途经地、结束地等与犯罪行为有关的地点；犯罪行为有连续、持续或者继续状态的，犯罪行为连续、持续或者继续实施的地方都属于犯罪行为发生地。犯罪结果发生地，包括犯罪对象被侵害地、犯罪所得的实际取得地、藏匿地、转移地、使用地、销售地。

居住地包括户籍所在地、经常居住地。经常居住地是指公民离开户籍所在地最后连续居住一年以上的地方，但住院就医的除外。单位登记的住所地为其居住地。主要营业地或者主要办事机构所在地与登记的住所地不一致的，主要营业地或者主要办事机构所在地为其居住地。

针对或者主要利用计算机网络实施的犯罪，用于实施犯罪行为的网络服务使用的服务器所在地，网络服务提供者所在地，被侵害的网络信息系统及其管理者所在地，以及犯罪过程中犯罪嫌疑人、被害人使用的网络信息系统所在地，被害人被侵害时所在地和被害人财产遭受损失地公安机关可以管辖。

行驶中的交通工具上发生的刑事案件，由交通工具最初停靠地公安机关管辖；必要时，交通工具始发地、途经地、目的地公安机关也可以管辖。

在中华人民共和国领域外的中国航空器内发生的刑事案件，由该航空器在中国最初降落地的公安机关管辖。

中国公民在中国驻外使、领馆内的犯罪，由其主管单位所在地或者原户籍地的公安机关管辖。

中国公民在中华人民共和国领域外的犯罪，由其入境地、离境前居住地或者现居住地的公安机关管辖；被害人是中国公民的，也可由被害人离境前居住地或者现居住地的公安机关管辖。

（二）优先管辖

几个公安机关都有权管辖的刑事案件，由最初受理的公安机关管辖。必要时，可以由主要犯罪地的公安机关管辖。受理的先后顺序按照制作《接受刑事案件登记表》等受案材料的时间确定。

具有下列情形之一的，公安机关可以在职责范围内并案侦查：

1. 一人犯数罪的；

2. 共同犯罪的；

3. 共同犯罪的犯罪嫌疑人还实施其他犯罪的；

4. 多个犯罪嫌疑人实施的犯罪存在关联，并案处理有利于查明犯罪事实的。

（三）指定管辖

对管辖不明确或者有争议的刑事案件，可以由有关公安机关协商。协商不成的，由共同的上级公安机关指定管辖。

对情况特殊的刑事案件，可以由共同的上级公安机关指定管辖。

提请上级公安机关指定管辖时，应当在有关材料中列明犯罪嫌疑人基本情况、涉嫌罪名、案件基本事实、管辖争议情况、协商情况和指定管辖理由，经公安机关负责人批准后，层报有权指定管辖的上级公安机关。

上级公安机关指定管辖的，应当将指定管辖决定书分别送达被指定管辖的公安机关和其他有关的公安机关，并根据办案需要抄送同级人民法院、人民检察院。

原受理案件的公安机关，在收到上级公安机关指定其他公安机关管辖的决定书后，不再行使管辖权，同时应当将犯罪嫌疑人、涉案财物以及案卷材料等移送被指定管辖的公安机关。

对指定管辖的案件，需要逮捕犯罪嫌疑人的，由被指定管辖的公安机关提请同级人民检察院审查批准；需要提起公诉的，由该公安机关移送同级人民检察院审查决定。

（四）级别管辖

县级公安机关负责侦查发生在本辖区内的刑事案件。

设区的市一级以上公安机关负责下列犯罪中重大案件的侦查：

1. 危害国家安全犯罪；

2. 恐怖活动犯罪；

3. 涉外犯罪；

4. 经济犯罪；

5. 集团犯罪；

6. 跨区域犯罪。

上级公安机关认为有必要的，可以侦查下级公安机关管辖的刑事案件；下级公安机关认为案情重大需要上级公安机关侦查的刑事案件，可以请求上一级公安机关管辖。

（五）专门管辖

1. 铁路公安机关管辖。铁路公安机关管辖铁路系统的机关、厂、段、院、校、所、队、工区等单位发生的刑事案件，车站工作区域内、列车内发生的刑事案件，铁路沿线发生的盗窃或者破坏铁路、通信、电力线路和其他重要设施的刑事案件，以及内部职工在铁路线上工作时发生的刑事案件。

铁路系统的计算机信息系统延伸到地方涉及铁路业务的网点，其计算机信息系统发生的刑事案件由铁路公安机关管辖。

对倒卖、伪造、变造火车票的刑事案件，由最初受理案件的铁路公安机关或者地方公安机关管辖。必要时，可以移送主要犯罪地的铁路公安机关或者地方公安机关管辖。

在列车上发生的刑事案件，犯罪嫌疑人在列车运行途中被抓获的，由前方停靠站所在地的铁路公安机关管辖；必要时，也可以由列车始发站、终点站所在地的铁路公安机关管辖。犯罪嫌疑人不是在列车运行途中被抓获的，由负责该列车乘务的铁路公安机关管辖；但在列车运行途经的车站被抓获的，也可以由该车站所在地的铁路公安机关管辖。

在国际列车上发生的刑事案件，根据我国与相关国家签订的协定确定管辖；没有协定的，由该列车始发或者前方停靠的中国车站所在地的铁路公安机关管辖。铁路建设施工工地发生的刑事案件由地方公安机关管辖。

2. 民航公安机关管辖。民航公安机关管辖民航系统的机关、厂、段、院、校、所、队、工区等单位、机场工作区域内、民航飞机内发生的刑事案件。

重大飞行事故刑事案件由犯罪结果发生地机场公安机关管辖。犯罪结果发生地未设机场公安机关或者不在机场公安机关管辖范围内的，由地方公安机关管辖，有关机场公安机关予以协助。

3. 海关走私犯罪侦查机构管辖。海关走私犯罪侦查机构管辖中华人民共和国海关关境内发生的涉税走私犯罪和发生在海关监管区内的非涉税走私犯罪等刑事案件。

三、公安机关与其他部门互涉刑事案件的管辖

1. 公安机关和人民检察院互涉管辖。公安机关侦查的刑事案件涉及人民检察

院管辖的案件时，应当将属于人民检察院管辖的刑事案件移送人民检察院。涉嫌主罪属于公安机关管辖的，由公安机关为主侦查；涉嫌主罪属于人民检察院管辖的，公安机关予以配合。

2. 公安机关和其他侦查机关互涉管辖。公安机关侦查的刑事案件涉及其他侦查机关管辖的案件时，参照公安机关和人民检察院互涉刑事案件管辖的相关规定办理。

3. 公安机关和军队、武装警察部队互涉管辖。公安机关和军队互涉刑事案件的管辖分工按照有关规定办理。公安机关和武装警察部队互涉刑事案件的管辖分工依照公安机关和军队互涉刑事案件的管辖分工的原则办理。

4. 公安机关和监察机关互涉管辖。公安机关侦查的刑事案件的犯罪嫌疑人涉及监察机关管辖的案件时，应当及时与同级监察机关协商，一般应当由监察机关为主调查，公安机关予以协助。

四、侦查回避

（一）回避的条件

公安机关负责人、侦查人员有下列情形之一的，应当自行提出回避申请，没有自行提出回避申请的，应当责令其回避，当事人及其法定代理人也有权要求他们回避：

1. 是本案的当事人或者是当事人的近亲属的；

2. 本人或者他的近亲属和本案有利害关系的；

3. 担任过本案的证人、鉴定人、辩护人、诉讼代理人的；

4. 与本案当事人有其他关系，可能影响公正处理案件的。

公安机关负责人、侦查人员有下列行为的，应当责令其回避并依法追究法律责任，当事人及其法定代理人有权要求其回避：

1. 违反规定会见本案当事人及其委托人；

2. 索取、接受本案当事人及其委托人的财物或者其他利益；

3. 接受本案当事人及其委托人的宴请，或者参加由其支付费用的活动；

4. 其他可能影响案件公正办理的不正当行为。

（二）回避的程序

公安机关负责人、侦查人员自行提出回避申请的，应当说明回避的理由；口头提出申请的，公安机关应当记录在案。当事人及其法定代理人要求公安机关负责人、侦查人员回避，应当提出申请，并说明理由；口头提出申请的，公安机关应当记录在案。

侦查人员的回避，由县级以上公安机关负责人决定；县级以上公安机关负责人的回避，由同级人民检察院检察委员会决定。

当事人及其法定代理人对侦查人员提出回避申请的，公安机关应当在收到回避申请后二日以内作出决定并通知申请人；情况复杂的，经县级以上公安机关负责人批准，可以在收到回避申请后五日以内作出决定。当事人及其法定代理人对县级以上公安机关负责人提出回避申请的，公安机关应当及时将申请移送同级人民检察院。

当事人及其法定代理人对驳回申请回避的决定不服的，可以在收到驳回申请回避决定书后五日以内向作出决定的公安机关申请复议。公安机关应当在收到复议申请后五日以内作出复议决定并书面通知申请人。

（三）回避的效力

在作出回避决定前，申请或者被申请回避的公安机关负责人、侦查人员不得停止对案件的侦查。

作出回避决定后，申请或者被申请回避的公安机关负责人、侦查人员不得再参与本案的侦查工作。

被决定回避的公安机关负责人、侦查人员在回避决定作出以前所进行的诉讼活动是否有效，由作出决定的机关根据案件情况决定。

（四）回避的适用对象

回避的相关规定不仅适用于公安机关负责人和侦查人员，也同样适用于记录人、翻译人员和鉴定人。记录人、翻译人员和鉴定人需要回避的，由县级以上公安机关负责人决定。辩护人、诉讼代理人也可以依照相关规定要求回避、申请复议。

知识作业：

1. 简述公安机关的管辖范围；

2. 简述对管辖不明确或者有争议的刑事案件怎么确定管辖权；

3. 简述回避的条件及回避的适用对象。

技能作业：

根据案例内容，正确填写《回避／驳回申请回避决定书》。

第二节　受案、立案、撤案

知识目标：了解受案的概念，受案的处理及步骤；立案的概念、条件，予以立案、不予立案、案件移送的程序；立案监督的类型，撤案的条件。

技能目标：掌握《受案登记表》《受案回执》和与立案相关法律文书的填写方法。

一、受案

（一）受案的概念

受案，即刑事案件受理，是指公安机关对公民扭送、报案、控告、举报及犯罪嫌疑人自动投案等情况予以受理审查的过程。

受案是刑事侦查的前期工作，也是公安机关的一项基本职责。

（二）受案的处理及步骤

1. 制作笔录。公安机关对于公民扭送、报案、控告、举报或者犯罪嫌疑人自动投案的，都应当立即接受，问明情况，并制作笔录，经核对无误后，由扭送人、报案人、控告人、举报人、投案人签名、捺指印。必要时，应当对接受过程录音录像。

2. 接受证据。公安机关对扭送人、报案人、控告人、举报人、投案人提供的有关证据材料等应当登记，制作接受证据材料清单，由扭送人、报案人、控告人、举报人、投案人签名，并妥善保管。必要时，应当拍照或者录音录像。

3. 制作受案登记表和受案回执。公安机关接受案件时，应当制作受案登记表和受案回执，并将受案回执交扭送人、报案人、控告人、举报人。扭送人、报案人、控告人、举报人无法取得联系或者拒绝接受回执的，应当在回执中注明。

4. 告知和保护。公安机关接受控告、举报的工作人员，应当向控告人、举报人说明诬告应负的法律责任。但是，只要不是捏造事实、伪造证据，即使控告、举报的事实有出入，甚至是错告的，也要和诬告严格加以区别。

公安机关应当保障扭送人、报案人、控告人、举报人及其近亲属的安全。扭送人、报案人、控告人、举报人如果不愿意公开自己的身份，应当为其保守秘密，并在材料中注明。

5. 审查。对接受的案件，或者发现的犯罪线索，公安机关应当迅速进行审查。发现案件事实或者线索不明的，必要时，经办案部门负责人批准，可以进行调查核实。调查核实过程中，公安机关可以依照有关法律和规定采取询问、查询、勘验、鉴定和调取证据材料等不限制被调查对象人身、财产权利的措施。但是，不得对被调查对象采取强制措施，不得查封、扣押、冻结被调查对象的财产，不得采取技术侦查措施。

经过审查，认为有犯罪事实，但不属于自己管辖的案件，应当立即报经县级以上公安机关负责人批准，制作移送案件通知书，在二十四小时以内移送有管辖权的机关处理，并告知扭送人、报案人、控告人、举报人。对于不属于自己管辖而又必须采取紧急措施的，应当先采取紧急措施，然后办理手续，移送主管机关。对不属于公安机关职责范围的事项，在接报案时能够当场判断的，应当立即口头告知扭送人、报案人、控告人、举报人向其他主管机关报案。对于重复报案、案件正在办理或者已经办结的，应当向扭送人、报案人、控告人、举报人作出解释，不再登记，但有新的事实或者证据的除外。

经过审查，对告诉才处理的案件，公安机关应当告知当事人向人民法院起诉。对被害人有证据证明的轻微刑事案件，公安机关应当告知被害人可以向人民法院起诉；被害人要求公安机关处理的，公安机关应当依法受理。人民法院审理自诉案件，依法调取公安机关已经收集的案件材料和有关证据的，公安机关应当及时移交。

经过审查，对于不够刑事处罚需要给予行政处理的，依法予以处理或者移送有关部门。

二、立案

（一）立案的概念

立案，是指公安机关在其管辖范围内对受理的案件进行审查，认为有犯罪事实存在并需要追究刑事责任时，经由一定权限的部门负责人批准，做出侦查决定的诉讼程序。

立案是公安机关侦查活动的基础，也是刑事诉讼的必经程序。刑事诉讼法的相关条款规定，公安机关发现犯罪事实或者犯罪嫌疑人，应当按照管辖范围，立案侦查。

（二）立案条件

公安机关予以立案的刑事案件应当同时符合以下条件：

1. 认为有犯罪事实需要追究刑事责任；

2. 符合案件管辖规定，属于自己管辖。

此外，具有下列情形之一的，公安机关也应当立案侦查：

1. 人民检察院通知立案的；

2. 人民法院直接受理的案件，认为证据不足，需要立案侦查的；

3. 上级公安机关指定管辖的；

4. 其他依法应当立案的。

（三）立案实施

1. 予以立案。公安机关接受案件后，经审查，认为有犯罪事实需要追究刑事责任，且属于自己管辖的，经县级以上公安机关负责人批准，予以立案。

立案的具体程序包括：

（1）呈批。对符合立案条件的，办案部门应当制作《呈请立案报告书》，连同《接受刑事案件登记表》等受案材料，报县级以上公安机关负责人批准。

（2）决定。县级以上公安机关负责人批准立案的，办案部门制作《立案决定书》。县级以上公安机关负责人直接在《接受刑事案件登记表》或者其他文书上批示立案侦查的，不再制作《呈请立案报告书》，直接制作《立案决定书》。

（3）通知。对有报案人、控告人、举报人、扭送人的，应当告知立案情况，但案件涉及国家秘密、共同犯罪、集团犯罪、黑社会性质组织犯罪等情况需要保密时，可视情不予告知。告知和不予告知情况，应当在《立案决定书》中注明。

对行政执法机关移送的案件，依法决定立案后，书面通知移送案件的行政执法机关。

2. 不予立案。公安机关接受案件后，经审查，认为没有犯罪事实，或者犯罪事实显著轻微不需要追究刑事责任，或者具有其他依法不追究刑事责任情形的，经县级以上公安机关负责人批准，不予立案。

不予立案的具体程序包括：

（1）呈批。对不予立案的，办案部门应当制作《呈请不予立案报告书》，连同《接受刑事案件登记表》等受案材料，报县级以上公安机关负责人批准。

（2）决定。县级以上公安机关负责人批准不予立案的，对于有控告人的案件，制作《不予立案通知书》。县级以上公安机关负责人直接在《接受刑事案件登记表》或者其他文书上批示不予立案的，不再制作《呈请不予立案报告书》，对于有控告人的案件，直接制作《不予立案通知书》。

（3）通知。对有控告人的案件，决定不予立案的，公安机关应当将《不予立案通知书》在三日内送达控告人。对报案人、举报人、扭送人，公安机关应及时告知不予立案的决定。对行政执法机关移送的案件，公安机关应当在接受案件之日起三日内，将《不予立案通知书》送达移送案件的行政执法机关，退回相应案卷材料。

决定不予立案后又发现新的事实或者证据，或者发现原认定事实错误，需要追究刑事责任的，应当及时立案处理。

3. 案件移送。经立案侦查，认为有犯罪事实需要追究刑事责任，但不属于自己管辖或者需要由其他公安机关并案侦查的案件，经县级以上公安机关负责人批准，制作移送案件通知书，移送有管辖权的机关或者并案侦查的公安机关，并在移送案件后三日以内书面通知扭送人、报案人、控告人、举报人或者移送案件的行政执法机关；犯罪嫌疑人已经到案的，应当依照本规定的有关规定通知其家属。

案件变更管辖或者移送其他公安机关并案侦查时，与案件有关的法律文书、证据、财物及其孳息等应当随案移交。移交时，由接收人、移交人当面查点清楚，并在交接单据上共同签名。

（四）立案监督

1. 控告人监督。控告人对不予立案决定不服的，可以在收到不予立案通知书后七日以内向作出决定的公安机关申请复议；公安机关应当在收到复议申请后三十日以内作出决定，并将决定书送达控告人。

控告人对不予立案的复议决定不服的，可以在收到复议决定书后七日以内向上一级公安机关申请复核；上一级公安机关应当在收到复核申请后三十日以内作出决定。对上级公安机关撤销不予立案决定的，下级公安机关应当执行。

案情重大、复杂的，公安机关可以延长复议、复核时限，但是延长时限不得超过三十日，并书面告知申请人。

2. 行政执法机关监督。对行政执法机关移送的案件，公安机关应当自接受案件之日起三日以内进行审查，认为有犯罪事实，需要追究刑事责任，依法决定立案的，应当书面通知移送案件的行政执法机关；认为没有犯罪事实，或者犯罪事实显著轻微，不需要追究刑事责任，依法不予立案的，应当说明理由，并将不予立案通知书送达移送案件的行政执法机关，相应退回案件材料。

公安机关认为行政执法机关移送的案件材料不全的，应当在接受案件后二十四小时以内通知移送案件的行政执法机关在三日以内补正，但不得以材料不全为由不接受移送案件。

公安机关认为行政执法机关移送的案件不属于公安机关职责范围的，应当书面通知移送案件的行政执法机关向其他主管机关移送，并说明理由。

移送案件的行政执法机关对公安机关不予立案决定不服，认为公安机关应当依法决定立案的，可以在收到不予立案通知书后向作出决定的公安机关申请复议。作出不予立案决定的公安机关应当自接到行政执法机关提请复议的文件之日起三日内作出立案或者不予立案的决定，制作《复议决定书》并送达移送案件的行政执法机关。

3. 检察机关监督。人民检察院认为公安机关对应当立案侦查的案件而不立案侦查的，或者被害人认为公安机关对应当立案侦查的案件而不立案侦查，向人民检察院提出的，人民检察院应当要求公安机关说明不立案的理由。

对人民检察院要求说明不立案理由的案件，公安机关应当在收到通知书后七日以内，对不立案的情况、依据和理由作出书面说明，回复人民检察院。公安机关作出立案决定的，应当将立案决定书复印件送达人民检察院。

人民检察院通知公安机关立案的，公安机关应当在收到通知书后十五日以内立案，并将立案决定书复印件送达人民检察院。

人民检察院认为公安机关不应当立案而立案，提出纠正意见的，公安机关应当进行调查核实，并将有关情况回复人民检察院。

三、撤案

（一）撤案的条件

公安机关经过侦查，发现所立案件具有下列情形之一，应当撤销案件：

1. 没有犯罪事实的；

2. 情节显著轻微、危害不大，不认为是犯罪的；

3. 犯罪已过追诉时效期限的；

4. 经特赦令免除刑罚的；

5. 犯罪嫌疑人死亡的；

6. 其他依法不追究刑事责任的。

对于经过侦查，发现有犯罪事实需要追究刑事责任，但不是被立案侦查的犯罪嫌疑人实施的，或者共同犯罪案件中部分犯罪嫌疑人不够刑事处罚的，应当对有关犯罪嫌疑人终止侦查，并对该案件继续侦查。

（二）撤案决定

需要撤销案件或者对犯罪嫌疑人终止侦查的，办案部门应当制作撤销案件或者终止侦查报告书，报县级以上公安机关负责人批准。

犯罪嫌疑人自愿如实供述涉嫌犯罪的事实，有重大立功或者案件涉及国家重大利益，需要撤销案件的，应当层报公安部，由公安部商请最高人民检察院核准后撤销案件。报请撤销案件的公安机关应当同时将相关情况通报同级人民检察院。

（三）对犯罪嫌疑人及所涉财物的处理

公安机关决定撤销案件或者对犯罪嫌疑人终止侦查时，原犯罪嫌疑人在押的，应当立即释放，发给释放证明书。原犯罪嫌疑人被逮捕的，应当通知原批准逮捕的人民检察院。对原犯罪嫌疑人采取其他强制措施的，应当立即解除强制措施；需要行政处理的，依法予以处理或者移交有关部门。

对查封、扣押的财物及其孳息、文件，或者冻结的财产，除按照法律和有关规定另行处理的以外，应当解除查封、扣押、冻结，并及时返还或者通知当事人。

（四）告知

公安机关作出撤销案件决定后，应当在三日以内告知原犯罪嫌疑人、被害人或者其近亲属、法定代理人以及案件移送机关。公安机关作出终止侦查决定后，应当在三日以内告知原犯罪嫌疑人。

（五）重新立案侦查和继续侦查

公安机关撤销案件以后又发现新的事实或者证据，或者发现原认定事实错误，认为有犯罪事实需要追究刑事责任的，应当重新立案侦查。

对犯罪嫌疑人终止侦查后又发现新的事实或者证据，或者发现原认定事实错误，需要对其追究刑事责任的，应当继续侦查。

知识作业：

1. 简述受案的概念，受案的来源，公安机关受案后的处理步骤；

2. 简述立案的概念及立案的条件，予以立案、不予立案的相关程序。

技能作业：

1. 根据案例内容正确填写《受案登记表》和《受案回执》；

2. 根据案例内容正确填写《立案决定书》《不予立案通知书》《不予立案理由说明书》《移送案件通知书》等相关法律文书。

侦查文书链接——《受案登记表》《立案决定书》等

受案登记表

（受案单位名称和印章）　　　　　　　　　×公（　）受案字〔　〕号

案件来源	□110指令□工作中发现□报案□投案□移送□扭送□其他				
报案人	姓名		性别		出生日期
	身份证件种类		证件号码		
	工作单位		联系方式		
	现住址				
移送单位		移送人		联系方式	
接报民警		接报时间	年　月　日 时　分	接报 地点	
简要案情或者报案记录（发案时间、地点、简要过程、涉案人基本情况、受害情况等）以及是否接受证据：					
受案 意见	□属本单位管辖的行政案件，建议及时调查处理 □属本单位管辖的刑事案件，建议及时立案侦查 □不属于本单位管辖，建议移送　　　　　　　处理 □不属于公安机关职责范围，不予调查处理并当场书面告知当事人 □其他 受案民警：　　　　　　　　　年　月　日				
受案 审批	 受案部门负责人：　　　　　　　　　年　月　日				

一式两份，一份留存，一份附卷。

受案回执

_____:

你（单位）于____年__月__日报称的_____一案我单位已受理（受案登记表文号为（）受案字〔 〕号）。

你（单位）可通过_____查询案件进展情况。

联系人、联系方式：_____。

受案单位（印）

年   月   日

报案人_____控告人_____

举报人_____扭送人_____

年   月   日

一式两份，一份附卷，一份交报案人、控告人、举报人、扭送人。

×××公安局
立案决定书

×公（ ）立字〔 〕号

根据《中华人民共和国刑事诉讼法》第一百零七条/第一百一十条之规
定，决定对＿＿＿＿＿＿＿＿＿＿案立案侦查。

公安局（印）

年 月 日

此联附卷

第三节　侦查决策，制订方案

知识目标：了解案情分析的依据、内容，侦查方向、范围和侦查方案（计划）的知识。

技能目标：掌握案情分析的方法，确定侦查方向范围、选择侦查途径和制订侦查方案的方法。

一、分析判断案情

（一）案情分析的概念

案情分析是对现场勘验和调查访问所获得的线索材料进行分析研究，从而判断犯罪动机、犯罪过程和犯罪行为人情况的思维过程。

全面正确的案情分析是有效开展侦查工作的根本保障。如果案情分析失误，就会给侦查工作的展开带来不利影响。当然，在侦查的初始阶段，我们所掌握可资认识案件的材料不够充分，有时对案件只知道犯罪结果，并不知道犯罪原因，或只知道犯罪迹象并不掌握犯罪事实，因此案情分析要做到完全正确十分不易。

由已知推导未知，作出各种侦查假定，必须借助于案情分析，其主要目的是全面、深入认识案件发生情况，具体的有：（1）判断案件性质；（2）推断作案过程；（3）判断作案人情况；（4）确定侦查方向、范围。

（二）案情分析的依据

1. 群众报案所述。这是分析判断案情的重要依据。被害人、报案人、目击者、知情人的陈述是分析案情的基本素材。刑事案件被害人、事主和案件发现人，多是犯罪行为的直接受害者或者最先接触现场的人，其中有些是犯罪行为的目睹者，其向公安机关的报案陈述是立案事实材料的基本来源，也是案情分析的基础。

2. 现场勘验所见。这是分析判断案情的物质基础。现场与犯罪行为有关的一切现象和痕迹物证都储存着犯罪信息，是进行案情分析的物质基础。现场信息与犯罪人的犯罪动机和犯罪行为密切相关，是犯罪行为发生、发展的真实反映，是侦查线索的重要来源。这些痕迹、物证储存的犯罪信息，也是案情分析的重要依据。

3. 调查访问所知。这是用以分析案情材料的主要来源。犯罪行为人混迹于社会之中，其犯罪活动情况，会在广大群众中有所暴露，在群众的头脑中留有相关印记。犯罪人的一言一行，难以避开群众聪明的耳朵和眼睛。通过调查访问可以获知大量案件信息，调查访问的材料越多越准，案情分析就会越全面越正确。

4. 侦查实验所得。由于有些案件情况复杂，尤其一些重大疑难案件，犯罪人作案手段狡猾或案后制造假象，常使得案件事实不清，加上侦查人员实践经验不足，对某些案件情节难以做出定论。可以通过科学实验证实、证否某一现象能否发生、怎样发生，进而认知案情。这种实验结果，有助于深入认识案件、判明案情真相，查明案件实事以证实犯罪。

5. 紧急措施所获。案件发生后，根据侦查需要可采取现场搜索、追缉堵截、架网布控、通缉通报、控制销赃等紧急侦查措施。这些紧急措施可以了解人身形象、发现逃跑方向、控查赃款赃物等，也是分析案情的依据。以追击堵截为例，不仅可以抓获逃跑嫌疑人，还可发现其逃跑途中隐藏的赃物、丢弃的物品，这些都是案情分析的依据。

（三）案情分析的内容、方法

案情分析的内容主要有案件性质（事件、案件）、形成情况（作案时间、空间、工具、过程）、作案条件（除具备时间、空间、工具、血衣、赃物、痕迹条件外，还有与被害人、现场、客体物关系，人身形象、个人特点）等。具体的分析内容和方法有以下几个方面：

1. 分析判断案件性质。案件性质（动机目的）是区别于其他类案件的本质属性。刑事案件种类繁多，性质各异，必须准确判断。一般可以从以下几个方面进行判断分析：（1）根据作案目标和侵害对象分析；（2）根据被害者伤情进行分析；（3）根据作案工具进行分析；（4）根据现场遗留物品进行分析；（5）根据犯罪现场状态进行分析。虽然动机目的决定案件性质，有些案件需要结合整个作案过程来判断具体作案动机。

2. 分析判断作案时间。作案时间，一般指从作案人进入现场至实施犯罪行为完毕的时间。具备作案时间是犯罪人作案的必要条件。一般可从以下几个方面进行判断分析：（1）根据被害人、知情人提供时间分析；（2）根据现场记载时间的物品分析；（3）根据现场陈设物品状态，结合被害人活动规律分析；（4）根据尸体现象、胃内容情况分析；（5）根据现场痕迹新旧变化分析。

3. 分析判断作案地点。作案地点是指犯罪人具体实施犯罪行为的场所。一般的作案地点鲜明突出，发现案件就发现了现场。有些案发地点则需要判断，例如计算机犯罪，杀人抛尸、碎尸，绑架、劫持强奸等。（1）根据现场状态及周围环境分析；（2）根据足迹、血迹及交通工具痕迹分析；（3）根据现场客体物沾附微量物证分析；（4）利用嗅源使用警犬搜所寻找作案地点。

4. 分析判断作案人数。作案人数有进入犯罪现场人数和参与犯罪人数之别。一般地从以下几方面进行分析判断：（1）根据被害人、知情人提供的情况；（2）根据现场的各种痕迹种类分析；（3）根据犯罪人现场遗留物分析；（4）根据现场的电子信息痕迹分析（包括监控录像信息记录）；（5）根据犯罪行为结果分析，包括现场上破坏行为工程量大小，被抢、盗物品的数量、体积、重量，是否利用交通工具等。

5. 分析作案工具、作案手段。作案手段是犯罪人借助一定的工具，实施完成作案行为的技巧、方式、方法。分析作案手段就是对犯罪人破坏障碍物、侵害目的物、伪装现场、运送赃物、尸体的工具、手段的判断。（1）根据现场上遗留的工具痕迹特征分析；（2）根据遗留在现场的与作案工具有关物品分析；（3）根据被害者身上的创伤分；（4）根据工具痕迹上附着微量物质分析。

6. 分析作案关系及作案条件。依靠对犯罪行为人情况的认识与把握，去寻找与此条件相近、相同的人，并结合证据最终认定犯罪行为人。一般包括分析以下几种关系：（1）作案人员与事主、被害人的生熟关系；（2）作案人员与现场之间的关系；（3）作案人员与现场客体物的关系；（4）作案人的个人特征，包括人身（体貌）特征和个性特点两个方面：人身特征，包括静态特征、动态特征和衣着打扮；个性特点，包括性别、年龄、职业、身份、文化程度、生活习惯、嗜好、技能等。

7. 分析判断作案过程。作案过程，是指作案人员在犯罪现场的全部活动情况，包括侵入、实施、逃离等。作案人利用什么方法、从什么地方侵入现场，在现场内的活动顺序、范围和过程，有哪些犯罪行为，从什么地方逃离现场。（1）根据现场勘查所见分析；（2）根据被害人事主和知情人提供材料分析；（3）利用综合分析、辩证分析、心理痕迹、逻辑推理方法，结合直觉判断和灵感推理等方法分析。

二、确定侦查方向

（一）什么是侦查方向

侦查方向是侦查活动的重点指向和推进目标。通俗理解"侦查方向"就是侦查目标指向哪一类人，生人、熟人，男人、女人，惯犯、新手，中老年、青少年，内部人、外部人，等等，指的是一个侦查活动推进的朝向。

（二）确定侦查方向依据

1. 根据案件的性质确定。刑事案件性质不同，侦查方向就会不同。以杀人案件为例：奸情杀人案件，指向奸情私通关系的人；私仇报复杀人案，指向熟人中的仇人；图财杀人案件，指向有侵占财物因素的人。

2. 根据被害人情况确定。作案目标、侵害对象或被害人情况，在一定程度上能够反映出案件性质，尤其具有明显因果关系案件或现场显示充分预谋准备，选择特定侵害对象案件，研究被害人情况有助于确定侦查方向。

3. 根据作案人条件确定。依据案情分析的结果，尤其是作案条件、作案关系和作案人特征，诸如具备时间、工具、遗物、赃物、知情、前科和接触现场等条件，性别、年龄、体貌、职业、嗜好等，以确定侦查方向。

4. 根据具体的案情确定。有些复杂案件只有对案情全面认识，掌握整个作案过程才能确定方向。诸如侵入线路方法、犯罪行为手段，现场痕迹物证，逃跑方法路线，或情报信息表明某情节，也能反映犯罪人的情况。

三、划定侦查范围

（一）什么是侦查范围

侦查范围是开展侦查工作进而发现犯罪人所涉及的定点地区和特定区域。狭义的侦查范围是指地域概念，而广义的侦查范围除了区域范围还包括职业范围、销赃范围等。

（二）划定侦查范围依据

1. 根据作案条件和个人特征划定。可以根据作案时间和地点等条件来划定，将具备时间条件和在该时间内能接触现场的人划入侦查范围；其口音方言、穿着打扮等反映地域特点的个人特征，也是划定侦查范围的依据。

2. 根据痕迹物证和电子信息划定。现场遗留物品的生产地址、工艺特点、销售地点、使用地区、民族特征，有助于划定侦查范围；现场足印、车痕、血迹的走向和范围以及提取的电子信息也是划定侦查范围的依据。

3. 根据现场环境和知情范围划定。犯罪现场的外围环境、交通状况、繁华程度，案情分析确定的作案人对现场的熟悉程度、知情范围，现场出入口的选择、利用地形地物、就地取材等情节，有助于划定侦查范围。

4. 根据对整个案件综合把握划定。作案对象、侵害目标和犯罪手段、作案工具的选择，若能体现地区特征、行业特点；车辆牌照、赃物流向、监控录像、逃跑方向等，若能指向地域范围，都是划定侦查范围的依据。

侦查范围的划定，从理论上要大小适宜，力求准确；在侦查实践中要宁大勿小，不断调整。

四、选择侦查途径

（一）什么是侦查途径

侦查途径是在现场勘查、案情分析后确定从何处入手开展侦查的工作路径。侦查途径是侦查措施的载体，侦查方法的组成部分，而且是侦破方法中最积极、最活跃的要素；侦查途径是搜集发现线索的渠道，排查确定嫌疑的路径，进攻重点嫌疑人的突破口，也应当是侦查计划的基本内容。

（二）选择侦查途径的种类方法

选择侦查途径是由于侦查途径可能存在若干条，从很多方面查起都可能逐渐接近作案人。有的途径省时省力，利于打开侦查局面，缩短侦查进程，提高侦破速度与质量；有的途径曲折延缓，可能贻误战机；有的则可能会走进死胡同，导致久侦不破。因此对侦查途径的优化选择非常重要。

1. 根据体貌特征条件，从调查人身形象入手。依据作案人犯罪过程中人身形象、体貌特征暴露比较充分的条件：一是调访中获知有关作案人的体貌特征情况，主要指抢劫、强奸、诈骗或有目击者的案件；二是现场勘查中发现提取了可供判断作案者人身形象的痕迹、物证，如衣裤、足迹等。侦查方法有采取追击堵截、通缉通报、寻查辨认、搜查、守候等侦查措施。

2. 根据犯罪时间空间，从查具备作案条件者入手。经过现场勘验和现场访问，已经准确确定了作案时间的，可在侦查范围内排查具备作案时间条件者；结合了解现场情况、对现场知情，尤其具备发案时间接触现场空间条件的人，进行正面、侧面接触，围绕发案时间、空间深入开展调查，做到定时、定位、定人、定事。

3. 根据现场遗留痕迹，从查"造型客体"入手。条件：一是现场上发现提取了作案人遗留的指印、脚印等，可供对比鉴定；二是从作案者破坏障碍物、侵犯目标上发现提取了特征明显的工具痕迹；三是现场发现获取了遗留的特征明显的工具和其他物品。侦查方法有采取协查通报、辨认物品、密搜密取、检验鉴别、检索犯罪情报等措施。

4. 根据赃款赃物条件，从控制销赃、经济反常入手。条件：一是被害人、事主有一定数量的财物被犯罪人掠走，确有赃物可控；二是被劫掠的财物数量较多或特征明显，有暗记易识别；三是赃物、有阶证券只能到指定地点才能兑换成现金的；四是案后经济反常暴富而又无正当来源者。侦查方法有查控赃物、布建秘密力量、调查收支情况。

5．根据作案动机目的，从查因果关系入手。杀人、投放危险物质、放火、爆炸等案件一般因果关系明显，选择从因果关系开展侦查是比较好的一个途径。条件：一是从勘验、调访材料判断作案人与事主、被害人存在一定的利害关系，如婚恋矛盾、奸情私通、财产纠纷等；二是勘查调访所获材料发现作案人对被害人、现场、客体物熟悉，显示掌握内情。方法：从作案动机入手，联系知情范围，调查摸排。

6．根据作案工具、方法，从查职业技能入手。犯罪人作案手段日趋技能化、职业化，利用解剖知识杀人分尸，利用计算机知识诈骗，利用绘画制版知识伪造证件货币，利用气割技能破坏金库等。条件：一是作案人使用了某种具有一定技术技能特征的工具，车辆、焊枪、木工工具等；二是作案人在犯罪过程中使用了一定的特殊技能手法。方法：一是划缩物品单位，进而以物查人；二是调查懂此知识或掌握此类技能者。

7．根据逃离现场踪迹，从追缉堵截、架网蹲守入手。条件：一是获悉作案人逃离现场不久，尚在逃匿之中；二是作案人逃跑时留有脚印、车痕、蹄迹比较明显或嗅源未被破坏的；三是判断作案者可能是得手就逃的流窜犯罪人；四是获知作案人的社会关系或落脚点，有可能预先截获。方法：组织力量追捕，布置沿途堵截或架网布控、蹲守缉捕。

8．根据现场受伤、出血情况，从控查不明外伤入手。条件：一是被害人、事主、目击者提供作案人曾被打伤、割伤、咬伤、挠伤；二是在追捕中作案人可能被枪弹击伤；三是进出现场时被砸伤、摔伤、撞伤；四是现场发现有非被害人的血迹，或遗留作案人的残肢断指。方法：布置医疗部门注意发现、协控。

9．根据作案规律、习惯手法，从查犯罪资料入手。条件：一是接受报案时被害人提供作案人的语言、行为有一定特异性，联系同类案件认为有关联者；二是勘查中发现作案手段熟练成型，工具痕迹与打击处理过的案犯相同。方法：核查犯罪情报资料，比对寻找嫌疑人，查证发案时去向、活动及现实表现。

10．根据在押人犯知情条件，从开展狱所调查入手。对于具有影响的重特大案件和久侦不破的疑难案件，分析属于惯犯、累犯或在逃犯所为的，监狱、看守所内在押人员可能有知情者。从审查在押人犯入手，通过对其教育、感召、号召、鼓励知情者对狱所内外的犯罪嫌疑人揭发检举、提供案件线索，发现犯罪嫌疑人、深挖犯罪行为。

11. 根据使用力量条件，从开展内线侦查入手。条件：一是本地人作案，手段狡猾，隐蔽较深，反复摸排没有线索；二是侦查对象具有重大犯罪嫌疑，案后掩赃不动，一时难拿证据或急待销赃的；三是犯罪团伙成员复杂，涉及面广，一时难以查清内幕；四是正在密谋作案，随时可能发案，外围难以控制的。方法：安排秘密力量搜集情报、秘密贴靠、打入拉出。

12. 根据多起案件共性，从组织并案侦查入手。依据犯罪人连续犯罪、重复作案、发案集中、活动规律特点相同选择确定。条件：一是特殊并案，能充分证明数起案件为一人或一伙人所为，如手、足、工具、枪痕迹，DNA 检材，一条即可；二是一般并案，同时具备若干相似或相近条件，实行并案。方法：集中线索，施用措施。针对活动规律，组织蹲守；针对体貌特征，组织摸排；针对赃款赃物，组织控赃；针对痕迹物证，集中检验调查。

开辟新型侦查途径，挖掘破案增长点。从通信、聊天、交通工具入手，从监控录像入手，从网络调查控制入手，从电子信息痕迹入手，从大数据分析入手，从银行卡监控入手，从定位系统跟踪入手，从人脸识别入手，从游戏账号调查入手，从3D打印技术重塑现场入手，从脑电波频谱入手，从新型生物鉴定技术入手等，开辟新型途径，挖掘破案增长点。

在侦查途径选择中，首先把可供选择的途径梳理出来，然后在众多可选途径中，从侦查效果、花费时间、耗费人力物力方面进行分析比较，看哪一条或几条途径能抓住案件的关键，侦破效果最佳、效率最高，属最佳途径；选择科学、合理能突出重点的最佳途径为主，其他途径为辅助途径。

五、制订侦查方案

（一）什么是侦查方案

侦查方案是对开展侦查工作的办法和步骤所预先拟订的总体规划和行动方案。侦查方案又称侦查计划，是公安应用文的一种，一般在完成现场勘查、分析案情、研究案件特点的基础上制订。侦查方案可分为全案方案、阶段方案，个案方案、并案方案，专项方案、补充方案等。

（二）侦查方案的内容

1. 对案情的初步分析和判断（线索来源可靠程度和涉嫌范围的测定）；

2. 侦查方向和侦查范围；

3. 可以选择和优先选择的侦查途径；

4. 查明案情应当采取的措施；

5. 侦查力量的组织和分工；

6. 需要有关方面配合的各个环节如何紧密衔接；

7. 侦查所必须遵守的制度和规定；

8. 对预谋案件，提出制止现行破坏和防止造成损失的措施。

值得一提的是，侦查方案中侦查途径的内容缺失，常常导致侦查活动的盲动性，使得侦查工作陷入僵局。

（三）侦查方案制订要求

1. 全面研究案件材料；

2. 充分发扬民主、集思广益；

3. 全面安排，点面结合；

4. 适时必要修正、调整充实内容、保证侦查方向。

侦查方案的制订，必须具有明确性、可行性、及时性和合法性。

知识作业：

1. 案情分析及其依据是什么？

2. 侦查方向、范围及其确定、划定的依据是什么？

3. 什么是侦查途径，什么是侦查方案？

技能作业：

1. 针对案例，试着分析案情，确定方向范围，选择侦查途径；

2. 针对具体案情，制订侦查方案。

第四节　侦查实施，突破案件

知识目标：了解搜集侦查线索的渠道、打破摸排僵局的对策，熟悉侦查对象常用的反侦查伎俩，了解破案的相关知识。

技能目标：掌握对重点嫌疑对象调查取证的突破口和审查证据的内容、方法。

一、实施侦查方案，发现犯罪嫌疑人

侦查方案制订以后，侦查指挥员要组织侦查力量实施侦查方案，落实侦查措施。根据方案提出的侦查任务，确定的侦查方向和范围，选择的侦查途径和措施，有组织、有领导、有步骤、有秩序地开展侦查活动，诸如搜集侦查线索，获取犯罪证据，捕获犯罪嫌疑人，达到及时破案的目的。

（一）搜集侦查线索

侦查线索是与犯罪有关的人、事、物、时、空等信息材料。搜集侦查线索，是指搜寻汇集与犯罪案件有关的人、事、物、时间、空间等情况。搜集侦查线索是侦查中的重要任务，是寻找确定嫌疑对象的基础工作。侦查线索具有广泛性、群众性、复杂性、待查性特点，需要认真进行查证。搜集线索的渠道也属于阶段性侦查途径。搜集侦查线索的主要渠道一般有以下几种：

1. 询访获得被害人、事主、知情人的陈述材料；

2. 公安保卫基层组织提供的情况；

3. 审讯已经拘捕嫌疑人及调查团伙成员获得材料；

4. 通过监所调查，对在押人犯的审查，获取的材料；

5. 控制阵地、高危人员及打抓现行获得的材料；

6. 查核有关情报信息和数据库资料；

7. 秘密力量或技术侦查措施取得的材料；

8. 特种行业和复杂场所管理控制发现的情况。

对于搜集到的侦查线索，须运用公开或秘密的措施逐条进行调查核实，以便查清案件事实，肯定、否定犯罪嫌疑人，发现、确定重点嫌疑人。

（二）调查摸排嫌疑人

（见摸底排队措施，此处略）

（三）确定重点嫌疑人

（见摸底排队措施，此处略）

（四）打破摸排僵局

摸底排队工作复杂又细致，稍有疏忽可能漏掉重大线索，导致发现不了重点嫌疑对象，出现摸排僵局。如果出现这种情况，须要认真回顾侦查工作，全力找出形成僵局的原因，进而提出推进侦查方法，打破摸排僵局。摸排僵局形成原因和打破僵局基本对策有以下几种：

1. 立案不实，可能是假案，需要重新审查立案依据；

2. 勘查现场粗疏不细，痕迹物证有疏漏，需要认真复查现场；

3. 案情分析有误，性质、方向、范围出现偏差，需要重新分析案情；

4. 发动群众不够，摸排措施无力，线索阻塞疏漏，必须充分发动群众，过细调查摸排；

5. 线索查证不力，轻易否掉嫌疑，需要全面、深入、细致查证线索；

6. 忽视传统途径、措施，依赖手机、电脑和监控视频信息，需要新老结合，综合运用；

7. 嫌疑对象人户分离，摸排途径过于单一，开辟更多新的侦查途径；

8. 侦查力量过于薄弱，致使摸排没能到位，需要调整补充侦查力量。

二、认定犯罪嫌疑人，获取审查证据

随着侦查工作的推进，侦查范围越来越小，主要对象逐步突出，犯罪嫌疑越加上升。侦查实践证明，此时犯罪嫌疑人会千方百计掩盖罪行，逃避罪责。为了防止侦查对象掩盖罪责搞反侦查，须要对其进行严密监控，从而保证调查取证活动顺利进行。

（一）监控反侦查活动

1. 湮没转移罪证。主要表现为设法掩藏、转移、销毁各种罪证，例如抛赃、甩赃、销赃、烧毁血衣，扔掉作案工具等。

2. 割断与案件联系。主要表现在时间、空间因素上，想方设法证明自己在作案时间、接触现场上不具备条件，知情却故作不知情等。以作案时间为例：两头露面，抽时作案；出差外地，潜回作案；模糊视听，扰乱时空；巧施烟幕，延迟发案。

3. 潜藏、逃匿、躲避侦查。有的潜藏、逃窜，有的借故外出躲避，虽不能直接消灭罪证，但可使侦查失去目标，拖延时间，会对侦查造成损失。

4. 嫁祸于人，转移视线。有的把罪责转嫁给他人，有的编造谎言，有的将赃证挪于他处，偷取他人的工具、衣服、鞋帽等，在作案时故留痕迹。

5. 探听虚实，搞反侦查。有的犯罪嫌疑人利用关系或自己接近侦查员，打听情况，探听虚实，进行反侦查活动。

6. 故作伪证，干扰侦查。有些犯罪嫌疑人伪装积极，以知情人的面目出现，向办案人员提供假线索、假情况，力图干扰侦查工作。

7. 铤而走险，继续作恶。自知法网难逃，怀鱼死网破心理，铤而走险，继续实施犯罪，制造影响，把矛头直接指向社会，对干警和群众进行反扑。

8. 声东击西，变换手法。继续作案而且改变已有的犯罪活动规律，在犯罪地点、时间及侵害目标上，作案工具、方法手段上，故意做出调整。

对这些反侦查活动都要予以监控，一般需采取跟踪、窃听、特情、密搜等内线、外线、技术侦查措施，予以秘密监视，发现掌握动态，适时获取证据。必要时可以采取强制措施予以控制。

（二）突破取证方法

调查摸排的过程也是侦查取证的过程，为了获取证据还可以采用调查询问、勘验检查、搜查辨认、侦查讯问等各项侦查措施。针对重点嫌疑对象要选择取证突破口，找准进攻点。具体突破口因案情、对象不同而异。

1. 从现场物品上突破。现场遗留物品和从现场拿走的物品，既是分析案情的依据，又是证明犯罪的证据。例如，作案工具、血衣，遗落的随身携带物品，包括身体脱落物、分泌物，顺手牵羊掠走的物品，都能在一定程度上证明犯罪事实，可作为突破口之一。

2. 从遗留痕迹上突破。现场遗留的各种痕迹，诸如作案人的指纹、足迹、血迹，用以撬压、破坏的工具痕迹，交通运输工具痕迹，被害人身上的伤痕等，既是犯罪行为的客观反映，也是认定犯罪的有力证据。可设法取得比对鉴定样本，用作侦查取证突破口。

3. 从电子信息上突破。与犯罪案件相关的通信工具、电子信息，常能成为重要的证据之源。被害人、事主尤其犯罪嫌疑人的手机、电脑及各种卡类，存留的与案件有直接、间接关系的电子信息，包括相关部位探头摄录的监控录像、视频信息，都可能成为侦查取证的突破口。

4. 从赃款赃物上突破。俗话说：捉贼拿赃。对于侵犯财产犯罪案件，赃款赃物不仅是发现、确认犯罪嫌疑人的重要依据，更是证明侵犯财产犯罪的有力物证。通过控制赃款赃物或搜查、辨认措施，取得或确认了赃款赃物的，可用作对重点嫌疑人的突破口。

5. 从自身矛盾上突破。犯罪行为人为了割断自己与案件的联系，设法掩盖罪行、伪装自己，总会编造谎言、虚构事实、隐瞒真相，从语言和行为上就会矛盾重重、漏洞百出。抓住这些不能自圆其说的矛盾环节，正面进攻，迫其就范，突破全案。

6. 从攻守同盟上突破。犯罪行为人为能逃避打击、掩盖罪行，常与同案嫌疑人、家属、亲友订立攻守同盟、串通编谎，指使他人故作伪证，干扰侦查。可选择比较容易突破的薄弱环节，教育震慑、打开缺口；或利用案件同伙间的矛盾纠葛、利益冲突，进行分化瓦解、各个击破。

7. 从心理情感上突破。有些犯罪行为人因案情重大、罪行严重，思想包袱较重，心理障碍较大。例如，家庭观念较深，顾虑家破人亡；虽有悔罪心理，恐难得到宽容；情感比较脆弱，焦虑忧心忡忡；等等。可从心理疏导、情感抚慰、政策攻心入手打开缺口。

8. 从掌握内情上突破。对一些重大团伙案件，由于其按兵不动、隐藏较深，会造成一时难以取得证据。可通过实施外线侦查，监控重点嫌疑人的外部活动，发现同伙密谋联络、转赃藏赃销赃，等等，进一步掌握内情；通过物建秘密力量，开展内线侦查，贴靠套取内情，进而掌握案件内幕。

（三）审查犯罪证据

证据是用以证明案件事实的材料，是犯罪人作案的根据，也是侦查破案的重要依据。收集到的物证，书证，证人证言，被害人陈述，犯罪嫌疑人、被告人供述和辩解，鉴定意见，勘验、检查、辨认、侦查实验等笔录，视听资料、电子数据，都必须进行认真的审查，查证属实排除合理怀疑。

1. 审查证据的真实性。审查证据反映的事实是否真实可靠，是否客观存在，须是不以人的意志为转移的客观事实，排除主观印象、怀疑、推测、猜想。例如，物证、书证是否原始实物，被害人陈述是否真实可靠等。

2. 审查证据的相关性。审查证据反映的是否是与案件有内在联系的客观事实，对案件认定事实确定犯罪人的刑事责任具有相关性。例如，获取的物证、书证和证人证言材料所反映的情况是否与本案密切相关。

3. 审查证据的一致性。审查证据是否符合案情发展规律，证据之间是否具有客观联系，能否相互补充、印证，形成链条，无矛盾冲突。例如，物证、书证与鉴定意见，证人证言与嫌疑人供述辩解相一致，相互佐证。

4. 审查证据的合法性。审查证据是否由法定人员依照法定程序收集而得，也即证据来源合法、程序手续完备、具备法律效能。例如，证人证言、嫌疑人供述和辩解的取得，有无暴力、威逼、利诱，非法证据须当排除。

5. 审查证据的充分性。审查证据的数量、质量是否足以证明犯罪事实，是否完整、充分。例如，收集调取的电子数据要保证完整性，无删除、修改、增加情形，方可作为证据使用。若证据不足，应加以搜集补充。

6. 审查证据的科学性。审查证据的科学、合理性，是否符合一般的科学常识，能够经得起科学实验验证。例如，侦查实验结论、技术鉴定意见证据的取得条件、过程、方法必须合乎规则，遵从科学原理。

三、把握条件，及时破案

（一）什么是破案

破案是侦查工作发展的积极结果，是在突出嫌疑人并取得了证明其犯罪的充分证据前提下，揭露犯罪真相，捕获犯罪嫌疑人归案的行动过程。破案是侦查过程的一个重要环节，在案件侦查中具有里程碑式的作用。

（二）破案的条件、时机

破案应同时具备三个基本条件：

1. 犯罪事实已有证据证明；

2. 有证据证明犯罪事实是犯罪嫌疑人实施；

3. 犯罪嫌疑人或主要犯罪嫌疑人已经归案。

首先，涉案的主要犯罪事实已经查明，已有确实可靠的证据证明犯罪事实的存在；其次，已获取的各项证据材料，足以证明是所查获犯罪嫌疑人所为；最后，一人作案的犯罪嫌疑人必须已经抓捕归案，多人作案的主要犯罪嫌疑人必须抓捕归案，犯罪集团作案的首犯和犯罪行为主要实施人必须抓捕归案。

破案应把握以下几种时机：

1. 及时破案。刑事犯罪案件具有现实侵害性和破坏性，符合了破案的基本条件就要及时破案。绝大多数案件都应该把握这一时机，及时破案既是侦查方针的要求，也可避免作案人继续犯罪，危害社会。

2. 提前破案。少数案件嫌疑人有出境潜逃、自杀毁证、继续犯罪可能，对证人构成严重威胁，或重大预谋、严重暴力案件，如果基本事实清楚且取得了重要证据，可以破例提前破案，待破案后再深入侦查补充确凿证据。

3. 延缓破案。部分案件虽然具备了破案条件，但如果破案行动可能会影响到其他案件的侦查活动，或导致本案其他嫌疑人自杀、逃跑、毁证，为顾全大局、全面考量，在主要嫌疑人可控前提下，可暂时延缓破案。

4. 破案留根。在侦破重大走私、贩毒、涉枪、文物等案件时，尤其是为了深入侦查某些犯罪集团案件，可选择"局部破案"方式，对某些个别成员"网开一面"，留根侦查，控制经营，以图垂钓"大鱼"。

（三）实施破案行动

1. 破案准备。（1）制订破案计划。制订周密破案计划，说明侦查结果、破案理由；拟订抓捕嫌疑人方案，配套措施，例如住所、人身搜查，警戒监视，组织审讯等；警力部署准备，人员、武器、警械、车辆等。（2）撤离秘密侦查力量，以保护秘密力量的人身安全和保障秘密手段、技术措施的保密为目标。（3）拟订突发事件应急方案，严密防控犯罪嫌疑人行凶、反扑、逃跑、自杀行为。（4）办好法律手续。采取强制措施的相关法律文件，诸如拘传、拘留手续，搜查、扣押手续，尤其是执行逮捕的相关文件。

2. 破案方式。对具备强制措施适用条件者，采取强制措施归案。（1）公开拘捕。案情及影响重大，适用于一网打尽的情况，可实施公开拘捕，既能震慑犯罪，也起到宣传教育作用。（2）秘密缉捕。对重大集团或预谋犯罪案件，适合于单抓归案，缉捕一个嫌疑人不触动他人，避免打草惊蛇。可采用对侦查对象跟踪守候、架网布控等措施，选择合适地点实施缉捕行动。针对不同情况也可采取其他强制措施，或者非强制措施，须要等同于犯罪嫌疑人已经归案。

（四）破案善后工作

1. 查获物品的处理。（1）随案移交。具有证据作用的应当随案移送，并制作移送清单，清单上应当根据案情写明对涉案财物的处理建议。对于实物不宜移送的，应当将清单、照片或其他证明文件随案移送。案后处理，随案移交或不宜移送的物品，案后按照人民法院判决或意见处理。（2）返还物主。已经查明与案件无关的物品，应当及时发还给物品的原持有人或单位。与案无关的违禁品，经县级公安机关负责人批准后予以销毁。

2. 整理破案文件材料。填制《破案报告表》，对符合破案条件的一般案件，都应当填制《破案报告表》；对重特大案件还应当制作"破案报告"，内容包括案件侦查的结果、破案的理由和根据、侦查破案的经过、经验教训的总结。此外，还应阶段性整理侦查破案过程的各种材料，待侦查终结时分门别类、归档装订入《诉讼卷》《侦查工作卷》《秘密侦查工作卷》。

知识作业：

1. 简述打破摸排僵局的侦查对策。

2. 侦查对象常用的反侦查伎俩有哪些？

3. 破案的条件和时机是什么？

技能作业：

1. 针对某重点对象，选择取证突破口。

2. 针对某冤错案件，找出审查证据的薄弱环节。

第五节　侦查终结

知识目标：了解侦查终结的概念、条件、程序，移送审查起诉的条件及程序，案件终结材料的组成。

技能目标：掌握《起诉意见书》及相关文书的撰写方法。

一、侦查终结的概念

侦查终结是指公安机关经过一系列侦查活动后，认为已查明有关案件事实，证据确实充分，依法足以认定犯罪嫌疑人所涉罪名并应当追究其刑事责任，决定结束侦查，依法对案件提出处理意见的一项诉讼活动。

侦查终结是侦查工作的终止，也是刑事诉讼的程序之一。

二、侦查终结的条件

公安机关侦查终结的案件，应当同时符合以下条件：

（一）案件事实清楚；

（二）证据确实、充分；

（三）案件定性准确；

（四）法律手续完备；

（五）依法应当追究刑事责任。

对侦查终结的案件，公安机关应当全面审查证明证据收集合法性的证据材料，依法排除非法证据。排除非法证据后证据不足的，不得移送审查起诉。公安机关发现侦查人员非法取证的，应当依法作出处理，并可另行指派侦查人员重新调查取证。

三、侦查终结的程序

侦查终结的案件，侦查人员应当制作结案报告。结案报告应当包括以下内容：

1. 犯罪嫌疑人的基本情况；

2. 是否采取了强制措施及其理由；

3. 案件的事实和证据；

4. 法律依据和处理意见。

侦查终结案件的处理，由县级以上公安机关负责人批准；重大、复杂、疑难的案件应当经过集体讨论决定。

侦查终结后，应当将全部案卷材料加以整理，按照要求装订立卷。向人民检察院移送案件时，只移送诉讼卷，侦查卷由公安机关存档备查。

对查封、扣押的犯罪嫌疑人的财物及其孳息、文件或者冻结的财产，作为证据使用的，应当随案移送，并制作随案移送清单一式两份，一份留存，一份交人民检察院。对于实物不宜移送的，应当将其清单、照片或者其他证明文件随案移送。待人民法院作出生效判决后，按照人民法院的通知，上缴国库或者依法予以返还，并向人民法院送交回执。人民法院未作出处理的，应当征求人民法院意见，并根据人民法院的决定依法作出处理。

四、移送审查起诉

(一) 移送审查起诉的条件

对于犯罪事实清楚，证据确实、充分，犯罪性质和罪名认定正确，法律手续完备，依法应当追究刑事责任的案件，应当向同级人民检察院移送审查起诉。

1. 犯罪事实清楚，是指以下事实清楚：①犯罪嫌疑人的身份；②立案侦查的犯罪行为是否存在；③立案侦查的犯罪行为是否为犯罪嫌疑人实施；④犯罪嫌疑人实施犯罪行为的动机、目的；⑤实施犯罪行为的时间、地点、手续、后果以及其他情节；⑥犯罪嫌疑人的责任以及与其他同案人的关系；⑦犯罪嫌疑人有无法定从重、从轻、减轻处罚以及免除处罚的情节；⑧其他与案件有关的事实。

2. 具有下列情形之一的，可以确认犯罪事实已经查清：①属于单一罪行的案件，查清的事实足以定罪量刑或者与定罪量刑有关的事实已经查清，不影响定罪量刑的事实无法查清的；②属于数个罪行的案件，部分罪行已经查清并符合起诉条件，其他罪行无法查清的；③无法查清作案工具、赃物去向，但有其他证据足以对犯罪嫌疑人定罪量刑的；④证人证言、犯罪嫌疑人供述和辩解、被害人陈述的内容中主要情节一致，只有个别情节不一致且不影响定罪的。

3. 对以下羁押期限届满的案件，应当移送审查起诉：①流窜作案、多次作案的犯罪嫌疑人的主要罪行或者某一罪行事实清楚，证据确实充分，而其他罪行一时又难以查清的，应当对已查清的主要罪行或某一罪行移送审查起诉；②共同犯罪案件中主犯或者从犯在逃，在押犯罪嫌疑人的犯罪事实清楚，证据确实充分的，应当对在押犯罪嫌疑人移送审查起诉。

（二）移送审查起诉的程序

对侦查终结的案件，公安机关应当制作起诉意见书，经县级以上公安机关负责人批准后，连同全部案卷材料、证据，以及辩护律师提出的意见，一并移送同级人民检察院审查决定；同时将案件移送情况告知犯罪嫌疑人及其辩护律师。对于犯罪嫌疑人在境外，需要及时进行审判的严重危害国家安全犯罪、恐怖活动犯罪案件，应当在侦查终结后层报公安部批准，移送同级人民检察院审查起诉。

起诉意见书的内容包括：首部，包括制作文书的公安机关名称和文书名称、文书字号、犯罪嫌疑人的基本情况及违法犯罪经历情况；正文，包括案件办理情况、案件事实、能证明案件事实的证据、案件的有关情节、犯罪性质及移送审查起诉的法律依据；尾部，包括送达部门、移送审查起诉时间并加盖制作文书的公安机关印章和公安局局长名章、附注事项。

犯罪嫌疑人自愿认罪的，应当记录在案，随案移送，并在起诉意见书中写明有关情况；认为案件符合速裁程序适用条件的，可以向人民检察院提出适用速裁程序的建议。共同犯罪案件的起诉意见书，应当写明每个犯罪嫌疑人在共同犯罪中的地位、作用、具体罪责和认罪态度，分别提出处理意见。被害人提出附带民事诉讼的，应当记录在案；移送审查起诉时，应当在《起诉意见书》末页注明。

五、对不起诉的处理

人民检察院作出不起诉决定的，如果被不起诉人在押，公安机关应当立即办理释放手续。除依法转为行政案件办理外，应当根据人民检察院解除查封、扣押、冻结财物的书面通知，及时解除查封、扣押、冻结。人民检察院提出对被不起诉人给予行政处罚、处分或者没收其违法所得的检察意见，移送公安机关处理的，公安机关应当将处理结果及时通知人民检察院。

公安机关认为人民检察院作出的不起诉决定有错误的，应当在收到不起诉决定书后七日以内制作要求复议意见书，经县级以上公安机关负责人批准后，移送人民检察院复议。要求复议的意见不被接受的，可以在收到人民检察院的复议决定书后七日以内制作提请复核意见书，经县级以上公安机关负责人批准后，连同人民检察院的复议决定书，一并提请上一级人民检察院复核。

六、补充侦查

侦查终结，移送人民检察院审查起诉的案件，人民检察院退回公安机关补充侦查的，公安机关接到人民检察院退回补充侦查的法律文书后，应当按照补充侦查提纲在一个月以内补充侦查完毕。补充侦查以二次为限。

公安机关对人民检察院退回补充侦查的案件，根据不同情况，报县级以上公安机关负责人批准，分别作如下处理：

1. 原认定犯罪事实不清或者证据不够充分的，应当在查清事实、补充证据后，制作《补充侦查报告书》，移送人民检察院审查；对确实无法查明的事项或者无法补充的证据，应当书面向人民检察院说明情况；

2. 在补充侦查过程中，发现新的同案犯或者新的罪行，需要追究刑事责任的，应当重新制作起诉意见书，移送人民检察院审查；

3. 发现原认定的犯罪事实有重大变化，不应当追究刑事责任的，应当撤销案件或者对犯罪嫌疑人终止侦查，并将有关情况通知退查的人民检察院；

4. 原认定犯罪事实清楚，证据确实、充分，人民检察院退回补充侦查不当的，应当说明理由，移送人民检察院审查。

对于人民检察院在审查起诉过程中以及在人民法院作出生效判决前，要求公安机关提供法庭审判所必需的证据材料的，应当及时收集和提供。

七、案件终结材料

刑事案件侦查终结后，应当将全部案卷材料加以整理，按照要求装订立卷。全部案卷材料，是指与案件有关的所有法律文书和证据材料。法律文书，包括对外使用的法律文书和内部审批使用的法律文书。证据材料，包括证明犯罪嫌疑人有罪、罪重、无罪、罪轻的证据材料。严禁隐匿、篡改、销毁应当入卷的文书材料。与案件无关的文书材料，不得归入案卷。

知识作业：

1. 简述侦查终结的概念和条件，列出结案报告的主要内容；

2. 简述公安机关怎么处理人民检察院退回补充侦查的案件；

3. 简述案件终结后应该备齐哪些案卷材料。

技能作业：

根据案例正确撰写起诉意见书。

侦查文书式样链接——起诉意见书

×××公安局起诉意见书

×公（　）诉字〔　〕号

犯罪嫌疑人×××……［犯罪嫌疑人姓名（别名、曾用名、绰号等），性别，出生日期，出生地，身份证件种类及号码，民族，文化程度，职业或工作单位及职务，居住地（包括户籍所在地、经常居住地、暂住地），政治面貌，违法犯罪经历以及因本案被采取强制措施的情况（时间、种类及执行场所）。案件有多名犯罪嫌疑人的，应逐一写明］

辩护律师×××……［如有辩护律师，写明其姓名，所在律师事务所或者法律援助机构名称，律师执业证编号］

犯罪嫌疑人涉嫌×××（罪名）一案，由×××举报（控告、移送）至我局（写明案由和案件来源，具体为单位或者公民举报、控告、上级交办、有关部门移送或工作中发现等）。简要写明案件侦查过程中的各个法律程序开始的时间，如接受案件、立案的时间。具体写明犯罪嫌疑人归案情况。最后写明犯罪嫌疑人×××涉嫌×××案，现已侦查终结。

经依法侦查查明：……（详细叙述经侦查认定的犯罪事实，包括犯罪时间、地点、经过、手段、目的、动机、危害后果等与定罪有关的事实要素。应当根据具体案件情况，围绕刑法规定的该罪构成要件，进行叙述）

（对于只有一个犯罪嫌疑人的案件，犯罪嫌疑人实施多次犯罪的犯罪事实应逐一列举；同时触犯数个罪名的犯罪嫌疑人的犯罪事实应该按照主次顺序分别列举；对于共同犯罪的案件，写明犯罪嫌疑人的共同犯罪事实及各自在共同犯罪中的地

位和作用后，按照犯罪嫌疑人的主次顺序，分别叙述各个犯罪嫌疑人的单独犯罪事实）

认定上述事实的证据如下：

……（分列相关证据，并说明证据与案件事实的关系）

上述犯罪事实清楚，证据确实、充分，足以认定。

犯罪嫌疑人×××……（具体写明是否有累犯、立功、自首、和解等影响量刑的从重、从轻、减轻等犯罪情节）

综上所述，犯罪嫌疑人×××……（根据犯罪构成简要说明罪状），其行为已触犯《中华人民共和国刑法》第××条之规定，涉嫌×××罪。依照《中华人民共和国刑事诉讼法》第一百六十二条之规定，现将此案移送审查起诉。（当事人和解的公诉案件，应当写明双方当事人已自愿达成和解协议以及履行情况，同时可以提出从宽处理的建议）

此致

×××人民检察院

公安局（印）

年　月　日

附：1.本案卷宗　卷　页。

2.随案移交物品件。

第四章 刑事案件侦查

教学目标：了解刑事案件的基本知识，理解各类案件发案规律、案件特点；掌握各类案件询问、勘验重点，各类案件的案情分析内容方法和侦破方法。

第一节 刑事案件侦查概述

知识目标：了解刑事案件概念、构成要素、种类分型，理解刑事案件侦查及其任务、侦破模式。

技能目标：掌握刑事案件类型和侦破模式的认定。

一、刑事犯罪案件

刑事犯罪案件又称为刑事案件，是指触犯刑律依法应当受到刑罚处罚，并经侦查机关立案侦查的犯罪案件。换言之，刑事案件是公安、司法机关立案侦查、处理的，触犯了刑律，需要追究刑事责任的事件；也就是公安、司法机关认为有触犯刑律的犯罪事实存在，依法履行立案手续，决定侦查、审理的犯罪事件。这一概念包括三层含义：一是以犯罪行为为基础，即犯罪事实条件，客观上存在具有社会危害性的犯罪行为事实；二是以司法认定为前提，即法律责任条件，经过审查认定触犯了刑律，按照《刑法》应当负刑事责任；三是以履行手续为标志，即立案程序条件，依法办理了立案手续，决定侦查的事件方可称为案件。

（一）刑事案件构成要素

刑事案件的构成有静态结构和动态结构之分。一般认为，静态结构由与犯罪案件相关的人员、时间、空间、行为、物品及信息等基本要素构成。这些基本要素是构成一起刑事案件的必要条件。

1. 与案件相关的人。人员要素是行为主体，是构成刑事案件的核心要素。主要包括作案人、被害人、知情人等。作案人即犯罪行为人，是犯罪行为的主体，在刑事案件案发阶段起主导作用。作案人还会牵涉到同案人、窝赃人、销赃人及直系家属等。被害人是人身权利、民主权利、财产权利等直接遭受犯罪行为侵害者，包括自然人和单位，与作案人同处于刑事案件的对立统一体中。知情人是直接间接知悉刑事案件情况的人，常常是提供犯罪案件线索的重要来源。

2. 与案件相关的事。犯罪人实施犯罪的行为事实，是刑事案件构成的基础要素。犯罪人的行为很多，主要是指与犯罪案件有关的行为，即作案行为。与案件有关的行为不单指犯罪人所为，也包括被害人、知情人的若干行为，但犯罪行为是刑事案件的行为主体，构成刑事案件的基础，是区分犯罪案件与非犯罪案件的基本标志，也是确定立案侦查的事实根据。换句话说，没有确定的犯罪行为，就不构成刑事案件。

3. 与案件相关的物。在实施犯罪过程中与犯罪相关联的具体物品，是构成刑事案件的客观物质要素。实施犯罪中使用的物品，主要指作案工具包括已破坏的工具，如凶器、毒物、爆炸物，撬棍、钳子、锤子等；犯罪行为侵犯物及破坏物，如被害人身体、赃物、赃款，门窗、箱柜、金库等；犯罪现场遗留物品，包括随身穿着衣物、携带物以及身体排泄物、分泌物、脱落物，如衣裤、手套、烟头，精斑、血迹、汗液、痰唾、粪便、毛发等；还包括沾附物，如血迹、泥土、铁锈、木屑、纤维、油漆等；犯罪过程中制作的物品，如假钞、假药、假合同；各种物质痕迹。这些痕迹物品都是开展侦查工作的重要依据。

4. 与案件相关的时间。主要指作案时间，是犯罪人实施犯罪行为的具体时间，构成刑事案件的存在形式要素。作案时间表现为具体的日期与时刻，可以认为是某一犯罪行为发生的时间点，也可理解为作案起始过程的时间段。作为犯罪存在的一种形式，确定作案时间是分析判断案情的一项重要内容。对犯罪时间的研究，有利于准确判断案件性质和作案过程，有利于准确刻画嫌疑人行为轨迹，排查犯罪嫌疑对象，也是选择侦查途径采取侦查措施甚至认定犯罪嫌疑人的重要依据。

5. 与案件相关的空间。主要指作案空间，即实施犯罪行为的具体地点和空间场所。作案空间以犯罪现场为标志，是犯罪活动的另一种存在形式要素，具有客观真实性、相对稳定性、发现滞后性、特殊可知性等特点。实施犯罪的相关场所都与物质因素相关联，如抛埋尸体的地点，发现凶器、血衣的地点等。任何一起刑事案件都必定占有空间，只有在犯罪时间内到过作案地点的人才有可能直接实施接触类犯罪行为。非接触犯罪如电信诈骗等，虽然通过网络跨越时空在虚拟空间作案，但也需要现实的作案地点、操作空间和终端取款地点。作案空间是分析案情、发现线索、搜集证据所依据的"宝库"。

（二）刑事案件种类构成

1. 案件结构状态种类。从动态结构看，刑事案件的形成按照作案活动过程分为三个阶段：一是犯罪行为预谋准备阶段，作案人表现为周密策划、预谋准备，准备作案工具，选择作案方法，观察作案地点，确定作案时间，寻找作案时机等，这时被立案侦查则为预谋案件。二是犯罪行为活动实施阶段，作案人表现为对作案目标的人、财、物实施了侵害行为，被害人身体、心理及现场财物状态发生了相应变化，这时侦查调查则为现行案件。如果一段时间内因案情没被发现而未立案则成为隐案。三是犯罪行为后应变阶段，也可看成实施阶段的延续，作案人表现为对犯罪行为进行更为隐蔽的应变处理、伪装破坏、掩盖掩饰，以躲避侦查逃避打击。如果一段时间未能侦破，则有可能形成积案。

2. 刑事案件罪名种类。按照刑法分则罪名划分，一个罪名对应一类刑事案件。1979年我国《刑法》颁布后，公安部《关于刑事侦察部门分管的刑事案件及其立案标准和管理制度的规定》规定，刑事侦察部门分管刑法规定的杀人案、伤害案、抢劫案、投毒案、放火案、爆炸案、决水案、强奸案、流氓案、盗窃案、诈骗案、抢夺案、敲诈勒索案等24类刑事案件。现行《刑法》几经修改，罪名已达几百种。《刑事诉讼法》相关条款规定："刑事案件的侦查由公安机关进行，法律另有规定的除外。"公安机关除刑侦、技术部门外，治安、经侦、禁毒、网监、政保、经保等部门也都承担若干刑事案件的侦查工作。

3. 案件严重程度分类。传统上刑事案件按照严重程度分级为一般案件、重大案件、特别重大案件。达到公安部立案标准，尚未达到重大、特大案件立案标准的是一般刑事案件；情节和后果严重的案件，立为重大案件，例如，杀人致死、重伤的；情节恶劣、后果特别严重的案件，立为特别重大案件，例如，一次杀死伤数人或者杀人碎尸的，持枪杀人、持枪抢劫、持枪强奸妇女的。公安部把放火、爆炸、劫持、杀人、伤害、强奸、绑架、抢劫等犯罪案件列为八类严重暴力犯罪案件。此外，《刑法》规定的需要追究相对刑事责任的八类严重刑事案件分别是故意杀人、故意伤害致人重伤或者死亡、强奸、抢劫、贩卖毒品、放火、爆炸、投放危险物质犯罪案件。

二、刑事案件侦查

刑事案件侦查又称侦查破案，是指公安机关和其他有侦查权的机关，对犯罪事件依法履行立案手续，采取侦查措施、手段和刑事技术，收集证据、查明案情、揭露证实犯罪，抓获犯罪嫌疑人的刑事诉讼活动。

刑事案件侦查之主体，是公安机关和其他有侦查权的机关。主要包括：公安机关的刑侦、治安、政保、经侦、禁毒、网监等部门，铁路、民航、林业、交通、海关缉私等行业公安机关，国家安全机关，人民检察院，监狱管理机关和军队保卫部门，等等。刑事案件侦查的客体是依法履行立案手续的犯罪事件即刑事案件。刑事案件是刑事侦查活动的客体和目标，没有刑事案件的发生刑事侦查活动就失去存在的意义。例如，侦查措施、技术侦查措施、刑事科学技术都是以刑事案件为目标，因刑事案件的存在而产生、发展和完善的。

刑事案件侦查的性质，是刑事诉讼活动过程之一部分。刑事案件侦查的依据，是《刑法》《刑事诉讼法》《公安机关办理刑事案件程序规定》等法律法规。刑事案件侦查的方法，包括各项侦查措施、技术侦查措施、刑事科学技术。刑事案件侦查的目的，是在收集证据、查明案情、揭露证实犯罪、缉获嫌疑人的基础上，实现《刑法》和《刑事诉讼法》等法律要求，依法惩处犯罪人、打击犯罪活动，维护社会治安秩序，保护国家、集体的利益，保障公民个人的财产权利、人身权利、民主权益不受侵犯。

刑事案件侦查的任务即侦查破案的任务具体包括以下内容。

1. 查清犯罪事实。这是刑事案件侦查的前提和基础，刑事犯罪案件的主体内容就是犯罪行为和犯罪事实，刑事案件侦查的首要任务就是调查清楚犯罪行为事实，以及犯罪行为所涉及的人员、物品、时间、空间、经过、后果等。

2. 查明作案人员。查明作案分子是刑事案件侦察的主要任务。作案分子是实施犯罪行为的主体，多数案件作案分子是隐蔽潜藏起来的，只有查明作案分子是谁（人是案件结构的要素核心）才能破案。

3. 搜集犯罪证据。这是刑事案件侦查的中心任务。侦查破案的过程实质是收集证据过程。案件侦查从开始立案到讯问嫌疑人都围绕收集证据进行，只有获取证据才能查清事实、查明案犯、认定作案人，收集证据贯穿于刑事案件侦查的始终。

4. 缉捕嫌疑人员。缉捕嫌疑人员是刑事侦查的直接目的，只有捕获犯罪嫌疑人才能更有利于查明事实，也才能对其依法惩处，只有捕获犯罪嫌疑人才能更好地追缴赃款、赃物。

5. 制止犯罪活动。这是案件侦查的最终目的。刑事犯罪对国家，集体，个人生命、财产直接侵害，危害极大，缉捕案犯本身就是制止新的犯罪。广义地说，侦查破案可以对刑事犯罪起到打击、震慑、控制、防范作用，也可制止犯罪活动。

以上五个方面相互联系，相互作用，相互依存，构成完整的侦查破案任务系统。侦查破案要求合法、准确、及时，贯彻"依靠群众、抓住战机、积极侦查、及时破案"的刑事侦查方针。

三、刑事专案侦查

刑事专案侦查是指侦查部门对需要专门处理的案情复杂、情节严重的案件或特定的刑嫌人员，组织专门力量，采取专门措施和技术措施，进行的专门侦查工作。所谓需要专门处理，是指案情复杂、情节严重的案件或特定的刑嫌人员需要给予专门处理，强调案件的严重性。所谓专门力量即专案组织，具有专一性和相对稳定性，强调组织的专业性。所谓专门的措施和技术措施，强调措施的综合性（公开和秘密相结合），非采取措施和技术措施不能侦破。所谓专门侦查即组织专门人员，采取专门措施，完成专门任务，强调办案形式的特定性，即常称的专案专办。

刑事专案侦查种类范围包括：重大、特大刑事案件，集团犯罪、流窜犯罪案件，严重暴力案件、重大预谋案件，重大疑难案件（系列案件）、涉外案件，上级部门交办的案件。刑事专案侦查具有案件的严重性、组织的专业性、措施的综合性、形式的特定性等特点。刑事专案侦查是刑事案件侦查的重要组成部分，是同刑事犯罪作斗争的一项专门工作，是刑事侦查工作的中心和重点。刑事专案侦查把侦破处置严重暴力案件摆在突出位置，侦破控制重大、特大案件作为重点，侦破系列案件、多发案件作为突破口。刑事专案侦查也是向刑事犯罪主动进攻的一项重要手段。

四、案件侦查模式

侦查模式是在侦查过程中根据案件自身特点和侦查活动的一般规律对不同类型的刑事案件所采用的侦查方式类型的概括。刑事案件侦查活动因起点不同而形成了多种侦查模式：从案到人，从人到案；从供到证，从证到供；信息到案，数据到案，以线立案；等等。从案到人和从人到案，是两种传统的基本侦查模式类型。

（一）以事立案，从案到人侦查

从案到人是以已经存在的犯罪事实为依据，以事立案，再从案找人进行侦查的方式，或称为从事到人。这种侦查模式最初的工作对象是犯罪事实，其实质是从犯罪实施阶段形成的痕迹入手开展侦查，是侦查机关最常用的传统侦查模式。侦查破案模式可概括为：犯罪结果→犯罪原因→犯罪人员。一般从围绕犯罪现场勘验、检查、调查开始。这种模式在专案侦查中是基本的、大量的，大多是已发案件，需要抓紧时机"速侦速破"，但是属于"后发制敌"策略，具有一定被动性。基本上属于静态的侦查模式：从报案和案件线索出发，以犯罪现场为中心，通过采取调查和有关侦查措施从已知推断未知，以支离破碎的案件线索推断出案件事实经过的侦查模式。

（二）以人立案，从人到案侦查

从人到案是以特定的犯罪嫌疑人为最初的工作对象，以人立案进行侦查的方式，或称为从人到事。以特定嫌疑人和嫌疑线索为依据，从具体嫌疑人出发调查有什么犯罪行为或可能（嫌疑迹象），已经造成了什么后果，或正在策划什么犯罪活动（预谋案件）。侦查破案运作模式可概括为：嫌疑线索→犯罪行为→犯罪结果，一般围绕"情报"开展调查、侦查，常常需要使用特殊情报人员、开展阵地或刑嫌控制。这种模式在专案侦查中还占少数，有的是预谋，有的是隐案，侦查难度较大，战机难以掌握。斗争策略属于"先发制敌"，具有主动性。属于动态侦查模式：以情报信息为中心，通过对犯罪嫌疑人侦查发现犯罪线索，是从人到案破获刑事案件的侦查模式。

（三）查人查事，同步开展侦查

在侦查实践中，两种基本侦查模式又派生出来其他侦查方式，如查人查事，同步侦查；从人到人，从案到案开展侦查；等等。刑事案件侦查中，从案到人和从人到案两种基本模式不是相互对立的，也不是孤立无关的，有时必须采取交替运作的方式。例如，对一些突发性案件，像劫持人质等严重暴力犯罪案件，大多采取"从人、从事"同步侦查的模式。既要从事侦查，调查劫持人质的原因、时间、地点和可能的后果等，又要从人侦查，调查作案者的基本情况，以"先发制敌""速战速决"为指导思想，双向收集情报线索与现场勘验、临场处置同步进行。另外，对于现行抓获的犯罪嫌疑人，查获的流窜犯罪人员，也大多运用调查人员身份和调查事件性质同步进行的侦查方式。

（四）信息引领，数据驱动侦查

随着信息技术的迅猛发展，大数据时代悄然来临，除互联网外物联网络、人工智能、3D打印、5G通信正融入人们日常生活的各个角落，对刑事犯罪以及侦查破案也将产生深刻影响，使侦查模式更加趋于多元化。可疑物品、触警信息、异常数据、身份资料都能成为立案侦查的起点，即从物到人、从资料查人和以信息导侦、从数据发现线索立案侦查，成为基本侦查方式与常态侦查模式。在大数据与云计算技术推动下，实现区块链接、万物互联，捕捉利用可疑人员的身份卡证信息、手机通信信息、电脑网络信息、监控录像信息、吃住行销信息，即时动态锁定嫌疑人员所处时间空间、行踪轨迹、驾乘车辆、使用工具、接触人员、行为活动等，实现主动破案、精准打击、趋势预防。引入数据驱动情报侦查的侦查模式，可以促使侦查机关创新侦查思维和侦查模式，全面提升侦查破案效能。

知识作业：

1. 怎样理解刑事犯罪案件及构成要素？

2. 刑事案件怎样进行级别分类？严重犯罪案件、严重暴力犯罪案件分别指的是什么？

3. 刑事案件侦查的任务有哪些？

技能作业：

对某刑事案件类型予以认定，对侦查模式加以判定。

第二节　杀人案件侦查

知识目标：了解杀人案件基本知识，理解杀人案件概念、分类、特点。

技能目标：掌握杀人案件询问、勘验重点，分析案情方法、内容，侦破杀人案件一般方法和无名尸案件、碎尸案件侦查要点。

一、杀人案件的概念

杀人案件是以故意非法剥夺他人生命的犯罪行为为目标立案侦查的刑事案件。这里讲的杀人案件是指故意杀人，即行为人主观上具有剥夺他人生命的意图，追求剥夺他人生命的目的；非法剥夺他人生命，即违反《刑法》等法律规定使用暴力或其他方法致人伤亡的犯罪行为。不言而喻，杀人犯罪是最凶残的刑事犯罪，危害后果极大，社会影响极坏，严重破坏社会治安秩序，所以历来是公安机关打击的重点。

尽管杀人案件在刑事案件中所占比例不大，但由于直接危害公民的生命安全，杀人案件的社会危害性极大。公安部在《关于刑事侦查部门分管刑事案件及其立案标准和管理制度的规定》中明确规定，杀人致死或致重伤的，应列为重大案件；一次杀死、杀伤数人或持枪杀人，杀人碎尸的，应列为特别重大案件。杀人案件是刑事侦查部门侦查工作的重点。

在公安司法实践中，需要注意区分杀人案件与伤害案件。故意伤害是行为人故意非法损害他人身体健康，达到一定严重程度，应当受到刑法处罚的犯罪行为。故意杀人和故意伤害案件的侦查同属于刑事侦查部门管辖，但许多案件在立案定性和诉讼环节常有不同观点，更成为法庭上控辩的焦点。这两类刑事案件在客观上具有某些相似之处，尤其是伤害致死与故意杀人，在公安司法实践中极易混淆，应当引起高度重视。

二、杀人案件的种类

杀人案件因其犯罪构成因素复杂，案件的分类方法也较多。按照案件后果严重程度，可划分为重大杀人案件和特别重大杀人案件，还可以按照以下方法进行分类。

（一）按照杀人方法手段和凶器划分

可分为持枪杀人案件、爆炸杀人案件、纵火杀人案件、捅刀杀人案件、斧劈杀人案件、砖石杀人案件、棍棒杀人案件、绳勒杀人案件、手掐杀人案件、驾车杀人案件、溺水杀人案件、投放危险物质杀人案件、雇佣杀人等。

（二）按照死者身源和尸体状态划分

可分为知名尸体案件、无名尸体案件、杀人碎尸案件、新鲜尸体案件、陈旧尸体案件、腐尸案件、白骨案件、裸体尸体案件、水中浮尸案件、无尸体杀人案件等。

（三）按照犯罪行为人杀人动机划分

杀人案件按照犯罪人杀人动机划分，在侦查实践中最具有意义。因为杀人犯罪动机目的不同，引起杀人的原因不同，即杀人案件的性质不同，那么开展侦查的方向、范围和侦破措施、方法也不尽相同。

按照动机目的杀人案件可分为以下几种。

1. 报复杀人。简称仇杀，指作案分子以报私仇、泄私愤为动机的杀人案件。作案者与被害人之间有新仇旧怨、利害冲突，作案中杀人犯罪动机明显，选择凶器具有杀伤力，手段凶残，致命伤多，报复性强。报复杀人常常为熟人所为。

2. 图财杀人。简称财杀，指作案分子为图谋财物而进行的杀人案件。一是抢劫杀人，为直接劫得财物而杀人，或者因盗窃被发现、被阻止转化为抢劫杀人；二是谋财害命，为谋划取财物而害人命，如争夺遗产、诈骗保险等都是以非法获取财物为动机。

3. 强奸杀人。简称奸杀，是指作案者意欲强奸被害人，为使强奸得逞排除反抗、强奸已遂或未遂而惧怕告发，或为顺利逃跑进行杀人。作案者以发泄性欲为动机，一般第一动机是强奸，第二动机是杀人。偶有先杀后奸即奸尸。

4. 奸情杀人。简称情杀，是指由奸情关系即婚外两性关系诱发的杀人案件。一是为排除干扰长期苟合，杀掉阻碍维持这种关系者；二是不正当关系中一方为摆脱纠缠，甩掉另一方而杀人，例如女方怀孕，男方怕暴露而杀人；三是婚外性关系当事人被本夫、本妇及关系人谋杀。

5. 婚恋矛盾杀人。是指由于恋爱、婚姻受阻，因对方或者其父母拒绝，家庭成员反对而引起的激情性杀人。被害人多为女方及其家庭成员。作案人一杀多人或对全家实施灭门，大多具有疯狂性，常持枪或爆炸物杀人，犯罪行为表现极为凶残。

6. 殴斗打架杀人。是指以呈强、寻衅滋事为动机的杀人。因一言之恼、一拳之争而引发的殴斗打架杀人；因分赃不均、争夺势力、争抢地盘而诱发火拼类杀人。此类杀人大多呈团伙性、公开性、激情性和暴力性，常常群哄而上、一哄而散、逃之夭夭。

除以上几种外，还有犯罪动机明确的灭口杀人、遗弃杀人、谋官害命、嫉妒杀人、封建迷信杀人等，还有犯罪动机不甚明确的变态心理杀人、精神病杀人等。

三、杀人案件的特点

（一）多有比较明显的因果关系

杀人作案者与被害人之间大多有某种矛盾冲突、利害关系或仇怨纠葛等特定的因果关系。例如，私仇怨恨、财产纠葛、奸情矛盾是因，杀人报仇泄愤、侵占财物、满足私欲是果。这种因果关系有的直接，有的间接，多数明显，有的潜在，但无不是侦破杀人案件中发现嫌疑线索和排查犯罪嫌疑人的重要依据。一般地，可从这种因果关系判断是否具有杀人犯罪动机；反之，也可从已经判定的犯罪动机去调查发现具备相应因果关系者。

（二）多有周密预谋准备过程

杀人是一种严重的刑事犯罪行为，一旦被揭露必将受到最为严厉的刑罚惩处。为了杀人得逞又逃避打击，作案人一般都有严密周到的预谋准备过程。主要表现为：熟悉了解作案目标，选择杀人手段，准备杀人凶器，选择杀人地点和杀人时机；为此掌握其生活习性、活动规律、作息时间，研究其自身弱点和可利用的攻击漏洞；选择毁尸灭迹方法，逃跑路线等。这些预谋准备活动会给群众留下印象，为侦查破案提供线索。

（三）有尸体或伤残者可供检验

大多有尸体或伤残者是杀人案件的一个突出特点，尸体、伤者、血迹也是造成杀人现场比较明显的一个原因。被害人尸体及伤残者，是犯罪行为人案中主要的侵害目标，实施犯罪的袭击对象，所以也是分析研究的中心和重点。通过对尸体及伤痕的检验鉴定有助于判明案件性质、杀人时间、作案凶器、杀人方法和犯罪动机。法医检验尸体和调查询问受伤未死者，是侦破杀人案件的重要环节，也是破案线索的主要来源。

（四）现场复杂痕迹物证较多

有了尸体，杀人案件现场就增加了复杂程度。杀人过程一般较长，杀人前有预伏活动，杀人中有行凶过程，杀人后毁尸灭迹，会留下许多痕迹物证。案犯常与被害人发生厮打搏斗又有抢劫、强奸等其他犯罪行为，都能增加现场的复杂性，同时又留下了犯罪信息。提取现场遗留的痕迹，物证越多，判断案情、确定性质、分析犯罪人体貌特征就越准确。对杀人现场遗留的痕迹、物品要尽量发现、提取，加以研究和利用。

（五）杀人手段凶残而且多样

杀人手段是指使用何种凶器如何置被害人于死地，包括使用的杀人凶器、方式、时机等。杀人手段多种多样，凶残无比。杀人手段与杀人案件性质有关，又受被害人的具体情况和作案人的自身条件以及杀人作案时的情境影响。例如，作案人从事的行业及职业、特殊技能，被害人的生活习惯、活动规律，双方的熟悉程度、接触条件等，都能影响作案手段的选择。常见的杀人手段有：① 刀砍；② 斧劈；③ 枪杀；④ 手掐；⑤ 绳勒；⑥ 棒打；⑦ 气熏；⑧ 药毒；⑨ 爆炸；⑩ 高坠；⑪ 电击；⑫ 石砸。

四、杀人案件的侦破方法

（一）认真勘查现场，掌握案件基本情况

侦破案件大多从勘验、检查现场开始，这是发现、收集证据以及了解掌握案情的重要方法和途径。针对杀人案件的突出特点，诸如现场明显且有尸体及伤残者，痕迹物证相比其他案件现场多。杀人现场勘验、检查一般应首先观察杀人现场环境，现场内部尸体、血迹、凶器、遗留物品以及陈设的分布情况。在此基础上从三个方面着手工作：尸体检验、痕迹物证勘验、调查访问。

1. 进行尸体检验。杀人现场大多有尸体，这是其他案件现场所不具备的，所以杀人现场勘验常常以尸体为中心。尸体检验一般分为尸表检验和解剖检验。尸表检验主要是对尸体的姿势、着装、附着物以及外表的检验。这种检验需要对尸体躺卧在现场的位置、形态姿势、四肢屈伸状态，衣着装束和随身携带物品，有无挣扎、搏斗迹象和反常现象，有无精斑血迹和被强奸迹象，进行认真细致的勘验、检查。

对尸体伤痕、尸体现象进行全面检查、细致研究，检查探明伤痕部位、伤痕数量、长宽深度，属于生前伤还是死后伤；探明尸冷、尸斑、尸僵、尸腐等尸体现象。解剖检验是对尸体体内检验。若有必要，提取胃内容物和内脏器官进行检验。通过勘验、检验尸体，尽量明确：死亡原因，死亡时间，致死方法，损伤种类，致命伤数，凶器种类，发现尸表可疑迹象，判断有无自杀、自伤可能等。

法医检验尸体，侦查人员一定要积极参加、主动配合。这样不仅能够对尸体的损伤情况有直观明了的印象，而且能帮助解决侦查中的许多疑难问题，诸如作案凶器特点、作案人职业技能、行为动作习惯、尸体附着物来源等问题，侦查人员随时可以提出与法医共同商量研究，使难题得以及时顺利解决。侦查人员全面熟悉了解现场情况，掌握尸检第一手材料，对强化侦查意识、把握侦查方向具有重要意义。

2．勘验痕迹物证。杀人现场遗留的痕迹常有血迹、足迹、指纹以及搏斗痕迹等。在杀人现场中血迹最为多见。一是发现血迹：首先在尸体周围寻找，无尸体的室内要在地面、门窗、家具、被褥、墙缝等部位及纸篓、鞋底、便池、洗手池等部位仔细查找。发现血迹时注意颜色变化：鲜红→暗红→红褐→褐色→绿褐→绿色→灰色，根据变化规律可大致判断时间。二是形态研究：血迹从形态可分为滴落血、喷溅血、血泊、血流柱、血印痕、擦拭血等。血迹形态和形成过程能够反映是不是原始现场、被害人移动情况和活动能力、现场有无伪装等。三是提取保存：提取、保存血迹注意防止血迹与其他物品混淆或变性消失，以免影响检验结果。通过对血迹形态、数量及分布进行研究，可以判断杀人地点、被害人或作案人情况及作案过程。

杀人现场遗留物品主要有杀人凶器、人体分泌物或脱落物、随身携带物等。这些物品是摸排犯罪嫌疑人并证实犯罪的有力证据，所以应当认真发现和提取。现场遗留的手套、衣帽、纽扣、烟头、毛发、痰唾等，弄清这些物品为何人所有或产销地区及职业范围，可以发现侦破线索。对尸体上的包尸物如麻袋、床单、塑料布等，捆扎物如电线、麻绳、尼龙绳等，附着物如泥土、灰尘、木屑、铁锈、纤维等，聘请有关专业技术人员进行鉴定识别，为调查这些日常物品和微量物质的出处提供科学依据。

杀人现场遗留的痕迹，除发现、提取手机、计算机中的电子信息痕迹外，主要有手印、足迹、枪弹痕迹、破坏工具痕迹、交通工具痕迹及厮打搏斗痕迹等。要注意从作案人可能触及的客体和到过的部位寻找发现这些痕迹，并注意发现潜藏的犯罪信息。现场足迹痕迹，可反映作案人年龄、身高、体态和步法特征；现场遗留的破坏工具痕迹、交通工具痕迹，能够反映工具种类、规格、磨损程度等。勘查中注意观察遗留痕迹、物品在现场中的位置、状态、方向、角度，测量遗留痕迹、物品在现场中的高度、距离，以分析研究形成时间、先后次序、形成原因和过程，可以据此判断犯罪人在现场作案的活动过程。

3. 现场调查访问。杀人案件调查访问一般围绕犯罪现场情况、被害人情况、作案人情况以及发现哪些可疑迹象和反常现象等情况开展调查。现场调查对象主要包括：发现现场和报案的人，被害未死者及被害人家属，现场周围的群众，有规律路过现场的人，犯罪人来去路线上的群众，参加抢救的医护人员；等等。

围绕现场情况调查访问的内容：现场的发现经过及报案经过，现场发现人是否就是报案人，发现尸体或尸块的时间、地点和经过；现场案前原始情况和案发后现场情况，门窗门锁、窗帘拉合、电灯开关情况，案后至勘验前有哪些变动情况，是否有人到过现场并触动过哪些物品，言行表现如何；发案时间是否有人听到厮打、呼救及其他可疑声音，捡到什么可疑物品，闻到什么可疑气味；现场凶器等遗留物是否知道归谁所有，是否曾经见过；现场有哪些财物丢失，品名、种类、规格、数量，价值多少，有哪些特征，保管和存放情况。

围绕被害人情况调查访问内容：被害人个人及家庭的一般情况，身份职业、人生态度、婚恋状况、经济状况、生活作风；被害人近期表现，工作生活是否正常，言行举止有无反常；社会交往、经济往来、商业竞争关系有无特殊变化，近期与何人通信联络频繁；生活上、工作上是否受到打击，心理状态和精神是否正常；被害人死前的行踪去向，曾经到过哪些地方，是否与人有过邀约，接触过哪些人，随身携带财物是否缺失；等等。

围绕作案人情况调查访问的内容：哪些人与被害人具有矛盾冲突、利害关系、经济纠纷、感情纠葛，有无曾经扬言置被害人于死地者；案发前后发现过什么可疑人和可疑迹象，是否有人到过被害人家中，是否有可疑人曾经进出现场，有无在现场周围观望、打探消息的可疑人；与被害人关系密切者中有无反常迹象，哪些人案前邀约或接触过被害人；家属、亲友对被害人之死持何观点，怀疑谁是作案者或犯罪嫌疑人，依据是什么；等等。

（二）研究各种材料，分析判断杀人案情

经过勘验现场和调查访问，就会对案件有了初步的认识，也占有了一些材料。要研究这些既得材料，进一步对案情进行分析判断。对杀人案件的案情分析需要判明杀人案件性质，杀人作案时间，杀人地点，杀人手段方法，杀人作案过程，犯罪行为人情况，据以判定侦查方向、范围，排查嫌疑线索，选择侦查途径，采取侦查措施，获取犯罪证据。

1. 分析案件性质、杀人动机。在分析杀人案件案情性质之前，首先要明确是不是杀人案件，也即事件性质。人命事件中按照死亡原因，除了自然死亡一般有三种可能：杀人案件、自杀事件和意外事故。尤其要注意区别自杀与他杀，一般以尸体伤痕、尸表现象、死者衣着、尸体位置姿势、现场状态及血迹分布为着眼点，结合自杀因素、自伤可能、可疑迹象和有无伪装等来判断。例如，有无抵抗伤、防御伤、试探伤，缢死多为自杀，扼死均为他杀。杀人动机是指推动犯罪人实施行凶杀人的内心动因，决定着杀人案件的性质类型。推断杀人作案动机有助于判断案件性质，确定侦查方向和范围。下面以最为常见的四类杀人案件为例进行分析。

（1）报复杀人。①现场破坏程度较大，可能有捣毁物品现象，多有泄愤迹象，一般少有伪装，但也有为了转移视线逃避打击从现场劫掠物品，伪装成盗窃、抢劫杀人。现场体现出案前有预谋、有准备，工具和时机选择得比较准确，大多自带有杀伤力凶器；有时一杀多人，殃及无辜。②在尸体上可能有泄愤迹象，手段残忍，有的挖心、掏肝、抠眼球、纵火焚尸；损伤分布范围比较集中，多在要害部位，为连续、快速动作重复打击或砍刺；损伤种类较多，唯恐不死，又使用其他凶器，损伤程度比较重，常有两处以上致命伤。表现出心狠手毒，选择凶器得心应手。③在调访中发现，死者平素就有与之矛盾冲突者、仇怨憎恨人，矛盾尖锐不可调和，新仇宿怨难以消解，冲突纠葛日积月累，如同事同学矛盾、左右邻里纠纷，或曾有人已经流露想置被害人于死地。

（2）图财杀人。①室内现场门窗被破坏、箱柜被撬、杂物被翻，或有坐卧攀谈迹象，有明显搜寻翻找痕迹，有财物丢失；室外现场有预伏拦截、跟踪尾随痕迹，财物被掠，有杂物及随身携带物散落于地。如在荒郊野外常形成无名尸案。②死者衣兜外翻，随身提包、拎兜被割开或被拉开，钱款、手表、手机、金银首饰失踪，尸体伤痕由钝器、锐器造成的，有携带而来的刀枪、棍棒，或有就地取材的砖石、瓦块；银行卡丢失者可能有被威逼折磨伤口，多人被害者或有捆绑、堵口现象。

③调查访问中发现死者是公私财物保管或持有者，曾炫耀财富或财情外露，存放钱款、文物、珠宝被人知情，与人有经济往来或债务纠纷，去某地交易或投资而后失踪或被害，或因存在被害人之死有获取较大利益者。

（3）强奸杀人。①犯罪现场多有厮打搏斗痕迹，呈现性暴力迹象，地面、草丛或床榻、被褥上有精斑血迹及擦拭物品，现场附近或外围发现避孕套或情趣用品，现场遗落有腰带、内衣、内裤、口罩、墨镜之类衣服、物品，或有绑手、堵口用的绳索和毛巾之类。②被害人大多为女性，尸体多呈赤裸或半裸状，有遭受性暴力征象，前胸、后背、肩膀等部位常有暴力伤和抓咬痕，致命伤多在头颈、胸背部位，致死杀人手段多为手掐、绳勒、捂嘴或刀捅，在死者的手中或指甲缝里常有犯罪人的毛发、皮肉、衣片等。③调查访问中获知被害人大多是单居、单宿、单行的青年妇女或少女，死者或其他女性在附近遭遇过跟踪尾随或预伏拦截，或有人在其住宅附近逗留踩点，有男人或明或暗地追求过被害人而不得，等等。

（4）奸情杀人。①犯罪现场体现出作案人早有预谋、准备，表明根据被害人居住地点、工作环境、生活规律及现有条件选择作案时机、杀人地点及杀人方法；杀人现场多有伪装，呈现熟人或有意掩盖熟人作案迹象，常有同行、同坐、顺奸迹象。②尸体伤痕一般不太明显，除绳勒、手掐外，药毒、气熏、触电、高坠致死多见；也有的暴力迹象明显，多有移尸、碎尸现象，偶有割挖生殖器行为。③调查访问中了解到被害人家庭夫妻关系反常，死者或配偶有婚外性关系，女性被害人多有异常妊娠情形等；有的几次遇险被害，呈反复遭遇谋害态势，有非死不可的迹象。犯罪嫌疑人多为中青年，已婚者居多。

分析定性必须持审慎态度，尤其对具体杀人动机需要全面研究材料综合考量。侦查实践中可能会遇到各种复杂情况，例如作案动机转化、复合犯罪动机、自身动机不明等，可以以一种性质为主兼顾其他，不要盲目随意取舍，以防出现侦查方向偏差，贻误最佳侦破战机。

2．分析作案时间、杀人地点。所谓杀人时间是指杀人行为发生、发展、结束的时间。杀人作案时间涵盖作案人进入现场时间，行凶杀人时间，被害人死亡时间，其他犯罪时间，逃离现场时间以及抛尸移尸、毁尸灭迹时间等。准确分析判断杀人时间及作案时间段至关重要，时间具有一维性，是排查犯罪嫌疑人的重要依据。杀人地点是指杀人的空间，也即发生杀人行为的地方，包括周围环境有多大范围。广义地讲，杀人作案地点也可涵盖杀人案件中其他犯罪的地点，包括碎尸、抛尸地点等。多数发现尸体的地方就是杀人地点，但也有尸体、尸块所在地并非杀人地点。空间具有排他性，可以为准确判断杀人及作案地点，对犯罪嫌疑人作案时间定时定位，肯定、否定嫌疑提供重要依据，甚至可以由此直接寻找到作案人的住所、窝点。

分析判断杀人时间：

（1）从调访材料中获知杀人作案时间。例如，什么时间直接见到行凶，听到打斗声、枪爆声、呼救声，被害人离家出走的时间，与亲友家人分手的时间，等等。

（2）从现场遗留痕迹新旧程度判断杀人时间。现场遗留足迹、血迹、水渍、奶汁、便迹的干湿、颜色所反映的时间，以及其他痕迹受雨雪、风霜、气温等自然条件影响变化体现的时间。

（3）从直接记载时间的物品确定杀人时间。现场的钟表、计算机、手机、台历所反映出的时间，停翻挂历、停写日记、收到快递的时间节点，反映行程的车票、船票、机票、公交卡所标记的时间，等等。

（4）从被害人死亡时间推断杀人时间。利用尸体检验结果的尸体现象和胃内容确定死亡时间，进一步推定判断杀人时间，例如尸冷、尸僵、尸斑、尸腐、眼角膜混浊等尸体现象，胃内容物消化排空程度、膀胱残存尿液，甚至蝇蛆产生时间，等等。

（5）从死者活动规律判定杀人时间。根据被害人平素的生活习惯和日常活动规律，例如起床、锻炼、就餐、工作、学习、下班、如厕、就寝的时间，结合被杀时身体、衣着、位置、姿态所处的状况，综合判断杀人时间。

分析判定杀人地点：

（1）现场具有喷溅血、血泊位置附近；

（2）尸体姿势、尸斑、位置有无移动迹象；

（3）尸体、血迹、凶器态势吻合；

（4）尸体附近就有死者自己足迹；

（5）尸体附近有厮打搏斗迹象。

确定杀人地点后，除要仔细勘验、检查外，还要认真分析这一地点在整个作案过程中的关键作用，或者说为什么杀人行为在此实施。

移尸、抛尸现场的特征有：一是尸体位置、姿势与尸斑不相符合；二是尸体有严重开放伤口，附近没有喷溅血和血泊；三是尸体有多处抵抗伤，现场没有明显搏斗痕迹；四是尸体附着物或现场散落物非现场所有；五是现场有拖拉痕迹、滴血路线、倒伏植物、运尸工具痕迹；六是江、河、湖、井发现尸体，有明显沉尸迹象；

七是现场来去足迹明显，唯独没有死者足迹；八是野外尸体鞋袜不全，脚上没有泥土痕迹；九是包裹尸体、肢解碎尸，现场却没有包裹条件和分尸痕迹；十是尸体有被奸迹象，现场却没有躺卧条件和精斑血迹。

对移尸案件要设法找到原始杀人地点，以发现更多痕迹物证，杀人地点或与作案人有直接、间接的联系。

（1）通过拖拉移动尸体痕迹、滴落血迹寻找；

（2）沿着运尸工具痕迹或逆向步法追踪足迹寻找；

（3）通过遗留物、包尸物、附着物寻找；

（4）通过抛尸体、扔尸块规律，结合碎尸现场特点寻找；

（5）通过使用警犬寻找杀人现场。

3．分析杀人凶器、作案手段。杀人手段是指犯罪人利用何种凶器，使用何种方式、方法置人于死地。分析杀人手段应考虑杀人凶器和杀人方式，还有杀人时机问题。正确判定杀人凶器和杀人手段，不仅有助于判断犯罪人的性别、年龄、身份、职业以及生活、生产习惯和特殊技能，还可以帮助推断其与被害人及现场的生熟关系，甚至判定案件性质和作案过程。杀人性质（杀人动机）常常与使用凶器种类、杀人手段有内在联系。为准确而全面地判断杀人手段，一般从对杀人凶器、杀人方法、杀人时机的分析着手展开。

一是判定杀人凶器。从刑事侦查的角度大多以凶器的具体种类研究作案手段，例如刀砍、斧劈、枪杀、绳勒、锤敲、石砸等，这样便于接下来摸排调查工作的顺利开展。根据法医检验结果从尸体伤痕（性质、位置、形状、大小、深浅、形成方法、成伤条件等）、尸表现象（尸斑颜色、性状等）和伤口附着物（铁锈、木屑、泥灰、油垢等），结合现场状态和遗留物不难推断犯罪人杀人所使用的凶器种类，甚至确定具体凶器。例如，刀尖捅刺、斧刃劈砍，形成锐器伤；棍棒击打、砖石锤砸，形成钝器伤；剪刀剪切，形成剪切伤；枪击、弹炸，形成火器伤；绳索绞勒，形成绞勒伤痕；交流电击，形成电灼伤；等等。使用凶器种类与形成尸体伤口特征虽然有一定规律，但也并非一一对应，所以认定杀人凶器必须谨慎行事。

二是推断杀人方法。从法医尸体检验结果可以判断杀人方法。法医尸检确定致死原因，常有机械性损伤、机械性窒息、失血过多、中毒、电击、火烧致死等。从法医检验角度讲，杀人方法即是用凶器剥夺生命的方法，一般分为钝器、锐器杀人，火器杀人，扼、勒杀人，投毒杀人，气熏杀人，电击杀人，溺水杀人，高坠杀人，等等。钝器伤特征为：创角钝，创缘不齐，有组织间桥、表皮剥脱、皮下出血，创口有异物碎渣等。锐器伤特征为：创缘整齐，创角锐利，无组织间桥，创缘光滑等。火器伤有出入口、烟晕、附着物，可以判断射击方向、角度等。扼勒伤根据索沟、掐痕，绳索与两手的关系、结扣的方法和位置，结合绳索的质地、性状进行判断。其他杀人方法也需考虑对凶器的把握方法，袭击距离、方向、角度等。

三是推断杀人时机。杀人时机也即犯罪行为人选择行凶杀人的时间节点和有利机会。从作案主体的犯罪人角度看，杀人时机可以是公开侵袭、暴力硬拼，还可以乘人不备、突然袭击；可以是守候伏击、密谋暗算，或者是麻痹诱骗、设计圈套。从作案客体的被害人角度看，被害人被杀是处于什么状态、有无准备、有无反抗、双方相对位置，是在有所准备下，还是毫无防备中；是在厮打搏斗中，还是在无还手能力下；是近距离或身贴身，还是远距离甚至被遥控杀害；是死在工作岗位、出席典礼，还是与人约会、锻炼运动中；是死于睡眠梦中、卧床病中，还是驾车行驶、醉酒途中；生前有没有被要挟逼迫、折磨摧残；等等。推断杀人时机要根据现场状态、尸体姿势、伤口位置、杀人方法、致死原因，结合死者生前活动规律、生活习惯和作息时间综合判定。

4. 分析作案人基本情况。所谓作案人情况即犯罪人各方面的情况，是实施犯罪行为者具备的必备及参考条件。主要指作案人数、体貌特征、个人特点，以及与犯罪现场、被害人和现场遗留物的关系等。准确地分析刻画犯罪行为人及其作案条件，是确定侦查方向，划定侦查范围，有重点地开展摸底排队，发现犯罪嫌疑人员的重要依据。

一是判断作案人数。作案人数即有多少人作案，参与实施杀人犯罪活动。判断作案人数包括需要判明是单人作案，结伙作案，还是团伙作案。分析作案人数一般依据以下内容：从目击者提供的进出现场人数，被害人数及身体状态结合作案手段，尸体伤痕反映的凶器种类数量，手印、足迹、交通工具种类数量，碎尸的方法和移尸、抛尸的方式、路线、距离，现场遗留多少种衣帽、鞋袜、手套物品，被劫掠财物的数量多少、体积大小结合有无运输工具等方面考虑。

二是分析作案关系。所谓作案关系是指犯罪人与犯罪现场的关系、与被害人的关系、与现场客体物的关系。通过作案关系分析，准确判定犯罪行为人与被害人的生熟程度、对犯罪现场的生熟关系和了解程度、与现场客体物是否直接联系，是对杀人案件准确定性、对侦查方向范围准确把握的关键点。犯罪人对现场的生熟程度，可从犯罪现场出入口、来去路线的选择，是否有乱翻乱撞或直奔目标迹象，是否准确躲避巡逻值守保安、值班人员，是否就地取材利用现场工具作案等方面进行分析。另外，还需分析哪些物体是作案人作案目的物和遗留物。

分析犯罪人与被害人的生熟关系。分析双方生熟关系一般从现场有无坐卧攀谈、待客留宿迹象，尸体致命伤多少、有无唯恐不死的迹象，杀人时机的选择是否非常准确，作案手段是否极度凶残或过于隐蔽甚至伪装，是否叫门进入或用钥匙开门进入现场等方面考虑。在侦查实践中经常遇到的具有熟人杀人作案的特征有：熟悉杀人现场环境，作案侵害目标准确，掌握被害人活动规律，使用钥匙开启门锁，杀人手段残忍奇特，伪装作案转移方向，邀请赴约地点被害，具有坐卧攀谈迹象，被害人有性交现象，夜宿现场家犬不吠，电子信息牵涉熟人，抛尸、移尸、碎尸、毁尸，等等。

三是判断作案人特征。分析判断犯罪人的个人特征，即从性别、年龄，体态、相貌，身份、职业，文化层次，婚姻、家庭，特殊技能，行为习惯，走跑姿势，居住地、口音、方言，穿着打扮，携带物品，驾乘车辆，爱好特长，癖好、嗜好，接触关系以及前科劣迹等方面，为作案分子"画像"。需要根据现场遗留的痕迹物证和调查访问材料，进行综合分析研究。例如，从现场出入口大小、高低推断凶手的身材和力量，从足迹特征推断犯罪人身高、年龄、性别等。任何一起杀人案都不可能把犯罪人的特征描述得那么全面、细致和准确无误，在判断中要求客观实际，而不能主观臆断。

5. 分析杀人作案过程。杀人作案过程是指作案人在杀人现场自始至终的全部系列活动及其行进的先后顺序。广义的作案过程还包括实施杀人前的准备过程和为逃避打击的"善后行动"过程。分析判断杀人作案过程，需要在前述各项分析内容的基础上综合分析研究，同时也是对各单项分析结论的检验。通过分析作案过程，可以看出各单项结论之间是否有矛盾冲突，是否能流畅衔接而且相互印证。准确分析判断杀人作案过程，有助于全面、系统、准确地发现杀人犯罪痕迹物证，判断杀人动机，判断作案人与被害人之间的关系，准确把握侦查方向，合理缩小侦查范围。

分析杀人作案过程一般可以分解成若干活动阶段和短暂行为过程。例如，侵入现场、接近被害人的过程，坐卧攀谈和有关活动过程，厮打搏斗、反抗、还击过程，施暴杀人及其他犯罪过程，毁尸灭迹、移尸、抛尸过程，伪装、逃跑、掩赃的过程，等等。分析杀人作案过程，需用辩证唯物主义观点，全面、联系、发展、运动地进行分析研究。充分利用目击者、知情人提供的材料，有关场所监控探头摄录的视频资料，现场勘验获取各种痕迹及形成顺序，尸体检验伤痕的性状及形成顺序，结合整个杀人犯罪现场的状态情形，运用犯罪心理、侦查逻辑，尤其是刑事侦查知识进行综合分析，并不断地修正分析结论，最大限度地逼近真实作案过程。

依据杀人案情分析的结论，尽可能明确侦查方向和侦查范围。对侦查方向可理解为指向哪一类人，即陌生人、熟人，近人、亲人或仇人，男人、女人，单人、结伙、团伙，初犯、惯犯，前科劣迹，年龄阶段，等等。这以对案件性质、作案动机、作案手段、作案人情况的分析结论为依据。侦查范围主要指地域范围，即农村的村、屯、乡、县，城市里的街区或某一单位范围。这要依据案件的具体性质，侦查方向，犯罪人情况判断，结合当地的敌情、社情，社会治安状况和地理环境而定。

（三）调查因果关系，摸排杀人嫌疑线索

针对杀人案件具有明显因果关系这一突出特点，在案件侦破中围绕因果关系开展调查是最为重要的途径之一。作案人与被害人间存在一定的相识交往关系，如亲戚朋友、街坊邻里、同事同学、恋爱对象、同桌赌友、同案共犯、同监狱友等。处理经济、亲情、友情关系及日常琐事方法不当，导致意见分歧、利害冲突。尽管杀人原因各异情况错综复杂，但多数都有仇恨矛盾、利害冲突、财产纠纷、婚姻纠葛、奸情私通等特定的因果关系。

既然杀人，作案人与被害人之间、杀人结果与犯罪动机之间多有因果关系，可以研究这些因果关系反映在各个环节的某些迹象，由结果追溯原因，由作案动机查找杀人犯罪嫌疑人。具体地，可通过对被害人及交往关系的深入调查，发现嫌疑线索、摸排嫌疑对象。

1. 私仇杀人调查。为报仇雪恨、发泄己愤而杀人害命。一是直接仇恨，作案人与被害人之间素有积怨或新结仇恨，在作案人看来不杀死对方不足以发泄愤懑；二是间接怨恨，作案人与被害人的亲属、家人或作案人的亲属、家人与被害人之间曾有矛盾冲突、利害关系。私仇怨恨是因，杀人解恨是果，可以从熟人有交往特别是有仇怨，或曾有过语言流露方面去摸排线索。摸排中围绕与死者和家人平素有积怨仇恨、利害冲突的人进行，无论新仇旧恨都在调查范围之中。调查摸排时要结合作案时间、物证条件，并考虑嫌疑人的性格类型、气质特征，是否心胸狭窄、度量小气等。

2. 谋财害命调查。为满足物欲占有财富杀人。一是图财谋害，因被害人死亡有人获利，诸如争占遗产、赖掉债务、骗保险金等；二是见财起意杀人，垂涎财富杀人占有，或盗抢转而杀人，箱柜被撬、细软被掠、现金或卡内存款被提等；抢劫杀人与强奸杀人虽没有私仇杀人、奸情杀人那样明显的因果联系，但也有短暂的因果联系。三是不当经济竞争，杀人间接获利。摸排中可以联系被害人的财富往来、交往关系、行踪去向、露富情况，围绕家属亲友、街坊邻居、同事同学、经营伙伴、竞争对手、同伙案犯、赌伴毒友，结合侵财劣迹、急需钱款、知底细者，发现具有明显因果或短暂因果的杀人嫌疑。

3. 奸情杀人调查。为保持或结束奸情私通关系以及为满足性欲而杀人。一种是作案者与被害人或其配偶具有通奸、姘居等私通关系，为喜新厌旧、摆脱纠缠、长期霸占、争风吃醋、掩盖怀孕导致的杀人；另一种是作案者与被害人平素相识或网络结识，交往接触中欲行非礼、欲奸不成，为满足性欲或脱身灭口而行凶杀人。通奸为长期苟合，排除干扰是因，谋杀亲夫、谋害亲妇是果；有不正当关系是因，摆脱纠缠杀人灭口是果；争风吃醋是因，杀死情敌是果。可以从与被害人或配偶有不正当关系的人中去摸排嫌疑线索。摸排中应联系被害人及配偶生活作风、夫妻关系，围绕与死者及相关人员有私通姘居、婚外恋情关系，或者与之交往密切、关系暧昧者进行。凶手多为被害人的熟人或最为亲密关系的人。

4. 谋官害命调查。为谋官升职或拒绝调查保住官位而杀人。一是为升任某一官职，排除竞争对手，消除异己力量，尤其是处于弱势者，企图通过杀人致死致残，消除对手反败为胜；二是遭遇反腐调查，为保住官职和既得利益，谋划杀害"多事"的举报者、知情人或纪检监察干部在内的调查者。摸排中要围绕与被害人在仕途上的竞争对手，尤其具有急欲升官发财野心者；关注被害人担负查处任务、掌握腐败证据的对象，举报、揭发者最了解哪些人的底细。审查作案条件时，要特别注意有无雇用杀手作案的可能迹证。

5. 婚恋矛盾杀人调查。因为婚姻恋爱产生矛盾，感觉难以调和而杀人。作案者与被害人之间大多有过一段婚姻、恋爱交往关系，有亲有疏有远有近，或订婚约或处热恋或尚初恋，多因父母阻拦拒婚、相互了解不够、攀高枝另有选择，促使一方失去理智，愤而杀人。摸排中要联系被害人及家庭成员的婚姻状况、恋爱关系、作风品德，围绕与之有过婚姻恋爱历史，因关系破裂、断绝来往而心怀不满者。这类杀人案大多使用严重暴力手段，施用纵火、爆炸、枪杀等方法，动辄一杀多人甚至杀害全家。

6. 遗弃杀人调查。为摆脱经济和精神上的生活负担对家庭成员杀而弃之。一是除杀家中"害群之马"，杀害不务正业、好逸恶劳、残暴不孝、打爹骂妈的逆子；二是为减轻经济负担杀害老弱、闲人、重病亲人，以省却生活费和高昂的医疗费；三是为卸掉抚养之累或精神包袱杀掉残疾、瘫痪、精神病人或私生子女，以消除后患。多是家庭成员所为，作案手段常采用不甚痛苦的气薰、药毒，而且多有伪装。分析中要注意准确判断作案人数，摸排中要注意准确定位是家庭哪位成员所为。"安乐死"在没有立法予以支持之前，也大致属于此类案件。

7. 嫉妒杀人调查。由于嫉妒心重、心理失衡、丧失理智而杀人害命。街坊邻里之间因贫富差距，自觉命运不济、财运不顺而嫉妒难耐杀人；叔伯妯娌之间因受到长辈垂爱程度不一，或无子嗣自觉受到歧视，因嫉妒心理失衡杀害侄子侄女；同事之间因晋升职务、工资奖金多少而嫉妒谋害；同学之间因学习成绩、奖助学金、竞选班干、入党入团投放危险物质残害人命等。摸排中要围绕与被害人本人或家庭居住邻近、关系密切、条件相近甚至友好亲密者人群，注意发现性格偏执、趋于内向、心胸狭隘、嫉妒心强的具备作案条件者。

8. 封建迷信杀人调查。因痴迷封建迷信或受到邪教蛊惑而杀人害命。一是利用封建迷信思想，装神弄鬼、巫医治病将病人折磨致死，或者以宣传封建宗法观念、家法族规为名残害生命；二是利用邪教蛊惑人心、煽动群众、愚弄信徒，以升天得道或除杀魔鬼的名义杀人害命。两者共同之处都是骗取信任、骗取钱财、骗奸妇女、残害生命。调查摸排中注意不仅要查清直接动手实施杀人者，而且要关注躲在幕后的指使教唆者。前者往往是受到愚弄和欺骗的帮凶，后者才是杀人害命的始作俑者。

9. 灭口杀人调查。为使对方不再能对外说出自己的秘密消除活口而杀人。一是对方掌握自己不可告人的秘密，比如家庭身世、婚恋情史、生活作风、不良言行、前科劣迹等，杀掉以灭活口；二是自己的贪污腐化、索贿受贿、挪用公款等行为被人知悉，杀人灭口以保清白；三是在抢劫、强奸、绑架等犯罪活动后杀死侵害对象或目击者、知情人，以逃避法律制裁，也属短暂因果范畴。摸排中要注意发现死者知道何人不可告人的秘密，一旦泄露足以影响其名望、声誉、仕途、财富，尤其要关注那些曾经被死者作为把柄要挟过的人。

从因果关系侦破杀人案件是一条有效途径，但因果关系越明显，越容易形成冤假错案。究其原因，这一侦查途径本身不具有证据价值含量。古今中外在侦查中只重因果因素，忽视搜寻证据，导致冤假错案者不胜枚举。既注重充分利用因果关系开展调查、侦查的高效率，也要注意科学严谨地取证防止造成冤错。对从因果关系途径发现的杀人犯罪嫌疑人，既要对照作案的必备、参考条件进行多层次排查筛选，更要注重深入细致调查、严谨规范取证。

（四）依据作案条件，排查杀人嫌疑对象

作案条件是指犯罪人实施杀人行为具备的作案因素和条件，包括必备条件和参考条件。摸排杀人嫌疑对象，一般需要全面摸排动机因素条件、时间空间条件、知情条件、职业技能条件、凶器工具条件、赃物条件、体貌特征条件、遗留物品和痕迹条件、结伙条件、反常条件和电子信息条件等。在实际侦破杀人案件过程中更要注重排查以下条件：

1. 作案时间条件。即嫌疑人具备作案时间，或作案时间内无法排除在现场的可能性条件。作为作案要素条件，时间条件是绝大多数杀人犯罪嫌疑人的必备条件。由于时间具有一维性，空间具有排他性，具备杀人作案时间与否，或作案时间有无在现场可能，这是肯定否定杀人嫌疑的关键性问题。所以，务必要认真研究杀人嫌疑人员发案前后在何处，发案前后在干什么；发案之时在何处，发案之时的活动细节；关于杀人作案时间段的行踪去向的证人证言。

排查时间条件要结合空间条件，这样才能使得调查工作落到实处，达到定人员、定时间、定位置、定行为活动细节。哪些人有条件接触到现场，发案时间是否到过现场。除证人证言外，有没有监控视频、手机信息能够帮助定时、定位。值得强调的是，排查中要经过多方调查，反复印证，防止作案人施展反侦查伎俩，利用各种方法掩盖具备作案时间条件，为逃避打击从时间、空间上割断自己与案件的联系。

2. 痕迹物证条件。现场痕迹、明显物证较多是杀人案件的又一突出特点。现场痕迹物证是作案人杀人行凶最客观、最真实的反映，从调查现场痕迹物品入手，是侦破杀人案件的重要途径。遗留痕迹、遗留物品、杀人凶器、尸体附着物、涉案赃款赃物，作为条件在摸排杀人嫌疑时都很重要；是否具备凶器条件，显得最为重要。可以围绕凶器的生产、销售、使用环节开展调查，要仔细研究嫌疑人是否曾经拥有过类似凶器，是否使用、借用过同类工具，是否购买、自制过同类凶器，凶器的种类与嫌疑对象职业有无关联，凶器藏匿地与嫌疑对象有何联系，等等。

可以调查现场遗留痕迹、人体分泌物、脱落物，诸如指纹、足迹、精斑、血迹、毛发、唾液、汗液、便迹，以及破坏工具痕迹和交通工具痕迹，通过技术鉴定，发现、确定犯罪嫌疑人。调查遗落现场的穿戴物、随身携带物，诸如手机、手套、手表、鞋袜、衣帽、纽扣、腰带、证件等，查明归谁所有或穿戴使用过。调查尸体包裹物、捆扎物、附着物，以便寻找杀人主体现场，或从物到人查获犯罪嫌疑人。根据赃物种类、数量、特征、用途，调查赃物可能的流向和持有疑似赃物者的其他嫌疑条件，以确定犯罪嫌疑人。

由于物证是证明杀人犯罪的有力证据，所以在根据各种犯罪条件摸排嫌疑对象的同时，要紧紧围绕痕迹物证开展调查研究。例如，可通过商业、供销部门调查现场遗物的生产使用，销售环节，查清流通渠道，进一步划缩范围，从物到人发现犯罪嫌疑人。这些涉案物质特征条件排查，本身可能就是调查取证的过程。

3. 行为表现条件。行为表现条件是指在案前案后的行为表现符合杀人作案的特征条件。广义的行为表现条件包括部分作案因素和身心因素条件，诸如反常表现条件、知情条件、接触死者条件、职业技能条件、前科劣迹条件、结成团伙条件等。反常表现条件在杀人案件犯罪嫌疑人摸排中比较突出。杀人犯罪罪行重大，犯罪人心理压力巨大超出负荷，不堪重负表现反常，或由于对抗压力反弹过度，矫枉过正表现反常。观察研究嫌疑对象是否有行为反常，语言反常，神志反常，打扮反常，记忆反常，经济反常等表现，例如神态惊慌、语无伦次、突然离家、更衣换鞋、过度购物、拆洗被褥、粉刷墙壁、维修屋地等。从反常迹象调查可以发现犯罪线索，也是排查杀人嫌疑对象的有效途径。

调查接触被害人条件，研究嫌疑人发案前后行踪去向，结合死者生前行踪去向的调查，看行踪有无交汇点，进一步判断是否有偶然巧遇、预伏跟踪甚至约会见面的过程，以便肯定或否定嫌疑。调查受伤和血迹条件，结合现场厮打搏斗痕迹和非死者血迹，发现、确定受伤未愈和身染血迹的犯罪嫌疑对象。调查职业技能条件，结合杀人作案中表现出的职业特征和特殊技能，如医生、护士、屠户、电工、程序师等，可以划缩侦查范围，排查锁定嫌疑人员。调查违法犯罪前科劣迹条件，对杀人作案中胆大妄为、不计后果、手段熟练成型者，结合以往发生的系列案件，可缩小到具有相应前科劣迹人员作为侦查范围。调查结伙条件，对判断是结成团伙作案的杀人案件，可把侦查重点指向犯罪团伙成员。

（五）运用措施手段，获取杀人犯罪证据

可以通过杀人作案条件对嫌疑线索和嫌疑人员的排查，肯定或否定某些嫌疑人员的犯罪嫌疑。研究因素条件、时空条件和证据条件，确定杀人作案重点嫌疑对象。要围绕重点嫌疑对象，抓住有利时机，综合运用侦查措施和技术侦查措施，尽快查明犯罪事实，获取犯罪证据，缉捕犯罪嫌疑人，做到及时破案。

1. 追堵缉捕归案。杀人作案分子在逃离现场过程中，由于体貌特征明显、携带大量赃物、足迹血迹具备码踪条件或驾驶交通工具特征明确，暴露了行踪去向的；犯罪嫌疑人在被调查摸排过程中杀人嫌疑重大，突然离开常驻工作地、居住地，有躲避侦查、畏罪潜逃、畏罪自杀或继续作案迹象的，可以立即采取追缉堵截等紧急性措施，沿着其可能的逃跑方向和路线循迹追捕或架网缉拿。追捕缉拿的过程也是在侦查调查的基础之上进行的，应当一路收集逃跑犯罪嫌疑人的犯罪证据，例如到过哪些地方，接触了哪些人员，是否抛扔了或藏匿了涉案物品；对捕获的杀人犯罪嫌疑人，必须立即进行人身搜查、检验、讯问，以便及时发现获取杀人犯罪证据。

2．公开、秘密搜查。搜查措施用于收集杀人犯罪有关的痕迹物证，寻找杀人第一现场等。一是通过对人身搜查，发现携带的杀人凶器，如绳索、毒物、刀具等，或发现作案人身上的损伤、血迹；二是通过对住处搜查，发现杀人凶器、工具、赃款、赃物、血衣、血迹，甚至发现第一杀人现场；三是通过对露天场所检查，发现杀人犯罪嫌疑人藏匿的踪迹、足迹，甚至直接查获犯罪嫌疑人。秘密搜查主要适用于因素明显，嫌疑重大，杀人现场不清或缺乏认定依据的重点嫌疑对象。密搜场所多是嫌疑人的住宅和工作地点，大多可以确认为杀人现场，要注意提取凶器、血衣、赃物，甚至毁证残留物。应当注意的是，密搜发现的杀人罪证，可以转为公开搜查固定提取。

3．组织侦查辨认。一方面可以组织公开辨认。一是通过未死被害人、知情群众辨认嫌疑对象，肯定或否定嫌疑；二是由亲属、家人或相识者辨认死者尸体，查明无名尸体身源，确定死者生前身份；三是对涉案的杀人凶器、现场遗留物、赃款赃物进行辨认，以物找人、从物定人；四是对某些地点场所进行辨认，主要是杀人碎尸、抛尸现场的辨别指认。另一方面秘密辨认用于未死的被害人和目击者有辨认能力，又不愿意或不能公开辨认，或者不宜过早惊动嫌疑对象的时候。秘密辨认结果肯定且经评断有使用价值，可以转为公开辨认制作辨认笔录。在秘密辨认阶段要尽可能创造条件遵守混杂辨认、分别辨认的规则。

4．控查赃款赃物。调查控制赃物既是发现嫌疑线索和犯罪嫌疑人的一条有效侦查途径，也是获取犯罪证据、确定犯罪行为人的一项有力侦查措施。侦查图财类杀人案件，包括谋财害命、抢劫杀人和盗窃转化为抢劫的杀人案件，或杀人之后顺手牵羊劫掠财物的案件，如果被劫掠的财物特征明显，有据以控制的条件，可以通过控制对赃物的销售、转运、维修、寄存和对赃款的挥霍、花用、藏匿、销毁过程，发现、认定杀人作案分子。一是通过控制赃款赃物，获取嫌疑线索进而开展侦查；二是监控犯罪嫌疑人销赃、花赃的犯罪活动，获取杀人犯罪证据。

5．跟踪盯梢监视。对杀人行凶后作案分子有可能移尸、抛尸，转赃、运赃，销毁证据、通风报信、订立同盟、伺机逃跑或再行犯罪的，可以对重点嫌疑对象采取外线侦查，跟踪盯梢或守候监视的技术侦查措施，发现其外部活动、接触关系，发现杀人现场、尸体及残肢、杀人凶器、涉案赃物，甚至共同犯罪的同伙成员，以获取直接、间接杀人犯罪证据。跟踪监视的原则是注意勿丢勿露。若有其他措施手段作以后备，嫌疑人已在掌控之中，一旦惊动会有巨大危害的，可选择宁丢勿露；为了防止逃跑、自杀和再行犯罪，则宁可暴露也勿丢踪。

6. 采取秘密侦听。秘密侦听是了解杀人犯罪过程，获得真实情况，肯定或否定嫌疑，准确认定犯罪的一项重要技术侦查措施。针对杀人罪行严重，刑罚严厉，犯罪人常常会与家属、亲友、情人、同伙交代事项、密谋对策、订立同盟的特点而实施。主要用于事实不清，合伙作案，共谋杀人的重点嫌疑对象。一般地，选择合适的监听地点，在公开搜查、秘密搜查、拘传、拘留的同时实施，对嫌疑对象正面接触，施加一定心理压力，促其露出马脚。同其他技术侦查措施一样，秘密侦听必须严格遵守审批手续，由专门技术人员稳妥实施。

7. 使用秘密力量。针对杀人犯罪性质和后果严重，多数犯罪人案后潜藏较深，不会轻易暴露罪行和证据的具体情况，选择开展内线侦查的途径，深入内部获取杀人犯罪证据。适用于杀人因果关系明显，但缺乏犯罪证据，取得证据难度较大的案件。根据杀人案件具体情况，调用已建或物色新建有接近条件，又能取信于侦查对象的秘密力量也即特殊情报人员，贴靠嫌疑对象，套取发案内情，摸清犯罪事实，把握思想动态，控制行为活动，获取犯罪证据，甚至配合侦查审讯促使其坦白交代罪行。

8. 组织并案侦查。针对疑似同一人或一伙人所为的杀人系列案件，可以组织串案分析、并案侦查。一是对杀人案件性质，作案时间地点，侵害对象目标方面有共同特征，可以考虑组织并案侦查；二是对杀人作案手段、方式方法相同相似，包括处理尸体方法一致者可以考虑组织并案侦查；三是现场遗留痕迹物证，例如手印、足迹、枪弹痕迹、破坏工具痕迹、交通工具痕迹有相同特征的，可以组织并案侦查。对已经并案侦查的杀人案件，除了认真研究每起案件的共同点，以发现规律进而把握侦查方向范围，更要注意研究特殊的差异点，这往往是突破全案的关键之处。

9. 开展信息侦查。对传统的侦查措施方法，违法犯罪人员不仅熟悉而且有一套反侦查伎俩。侦查部门必须开辟新的侦查途径。在侦破杀人案件过程中开展信息侦查，不失为一条崭新的有效侦查途径。要及时收集天网工程、交通探头、互联网、物联网及相关智能楼宇、门禁刷卡及刷脸信息，用以分析研究与杀人案件相关的时间、空间、人员、事件、物品。

勘验检查被害人或嫌疑人的手机、电脑，发现、固定、提取上网信息，除通信信息外，就餐、住店、行车、乘车、登机、登船、消费、娱乐、快递、外卖信息；登记、下单、刷卡、转账、收付信息；通讯录、朋友圈、粉丝群、备忘录、微信、微博信息，相册照片、视频信息等，皆可有效利用，用于发现杀人相关线索、排查嫌疑对象。

综合利用这些电子信息，不仅可以分析判断案情，确定作案时间、地点，描绘出行轨迹，发现交往关系和密切人员；利用电子信息调查摸排、查控赃物，利用视频信息跟踪控制、缉捕同伙，更能直接间接用作犯罪证据。大数据信息在系列杀人案件侦查，尤其在串并案中能够发挥重要作用。

（六）侦查讯问审理，补充杀人犯罪证据

为了突破全案，必须加强侦查讯问，补充并核查必要的杀人犯罪证据。对拘捕的杀人犯罪嫌疑人，应当及时开展讯问。通过讯问获取口供进而查清全部事实，查遗补漏，揭露、证实杀人犯罪，查清有无其他同案犯罪行为人，核实、补充、审查证据，保障无罪的人不受刑事追究。

1. 讯问杀人犯罪嫌疑人要查清的事实。一是杀人作案的时间、地点，杀人的手段、方法；二是杀人的凶器和其他作案工具，名称、种类、下落、来源；三是被害人员情况，如人数、性别、年龄、身份，致死、致伤情况；四是杀人的动机，与被害人间的矛盾、仇怨、利害关系；五是本案中除杀人外还有哪些犯罪行为，有无赃物及下落情况；六是还有哪些人参与作案，各自的行为和作用；七是杀人作案的详细过程。此外还应注意除本次作案外，嫌疑人还涉及哪些其他犯罪案件，以深挖余罪扩大战果。

2. 讯问杀人犯罪嫌疑人的准备工作。审讯杀人犯罪嫌疑人是一项严肃、艰苦的工作，政策性、法律性、业务性、技巧性极强，不可有半点马虎和大意，必须做好充分的准备。首先，组织好讯问力量，并且力求人员相对稳定；其次，全面熟悉案情，尤其是案件基本事实、犯罪证据材料、嫌犯的具体情况，以保障审讯顺利进行；最后，制订审讯计划，做到有计划、按步骤地推进侦查，完成审讯。

3. 审讯杀人犯罪嫌疑人策略。一是抓住案件特点和作案人心理，有针对性地施谋用策开展审讯。破除绝望、抗拒心理，政策证据相结合；打消蒙混、侥幸心理，巧妙适时使用证据；利用犹豫、悔恨心理，抓住时机突破防线。二是把握好第一次讯问，选准讯问的突破口和突破时机。可以选择以下内容作为讯问的起点：从作案时间入手，揭露其模糊时空、扰乱视听的伎俩；从杀人凶器入手，把握工具物品的来龙去脉；从与被害人之间关系入手，发现作案动机因素；从密切接触人员入手，发现杀人犯罪行为同伙人，以便各个击破；从伤痕、血迹入手，追根溯源弄清原委；从经济收支入手，弄清涉及财物罪行；从痕迹物证入手，厘清其活动过程，发现其矛盾破绽。三是进行政策、法律教育，促使其坦白交代罪行争取从宽处罚。正确运用宽严政策和相关法律条文，从其动机目的、手段方法、作案对象方面找出可能从轻的情节，促其从拒绝供述求生转变为坦白交代求生。

4. 审讯杀人犯罪嫌疑人基本方法。审讯杀人犯罪嫌疑人常用的方法有以下几种可供选择：

一是避虚就实，见机行事，遇招拆招。从已经查明的、有一定把握的部分事实着手问起，打消蒙混、侥幸心理，再见机行事、见招拆招。

二是由浅入深，迂回渐进，把控有度。先从非主要问题开始问起，旁敲侧击，迂回渐进，可进可退，逐步进入杀人行凶实质问题，以诱其深入，陷于必须交代罪行的境地。

三是选择弱点，切中要害，突破防线。再强势的嫌疑人也有薄弱环节，可以将其选作突破口，出其不意攻其不备，突破其心理防线，严密逻辑进行追讯；对结伙作案的，选准容易突破的薄弱人员先行突破。

四是利用矛盾，制造矛盾，各个击破。利用嫌疑人交代中的矛盾点，戳穿谎言，揭露虚假供述；对结伙作案人，利用隔阂制造矛盾，再进行各个击破。

五是详略得当，巧用证据，追讯事实。对顽固抵抗拒不交代杀人者，适时巧用已掌握的证据；对不掌握且对方不愿吐露的情节，可先一带而过，暂时不宜细问；对已经承认杀人，判断其交代的情节真实可信，需要详问，追讯清楚过程的每个细节。

六是政策疏导、法律教育、情理并重。尽管杀人犯罪罪行严重，同样适用宽严政策。适时宣讲政策和法律，做好心理疏导，消除抵抗情绪，动之以情，晓之以理，入情入理，情理并重，促其悔罪伏法，坦诚交代杀人事实。

七是问清动机，印证过程，准确定性。嫌疑人交代杀人犯罪行为后，应当乘胜追击问清杀人犯罪的动机，并且印证整个作案过程是否顺理成章符合逻辑，以准确认定杀人案件性质。

（七）审查核实证据，完备各种法律文书

为提高办案质量，保证不枉不纵，在审讯中必须遵循"重证据、重调查研究，不轻信口供，严禁逼供信"的基本原则。审讯后也需对杀人案件的全部材料进行全面系统地审查核实，并完备各种案件手续法律文书。审查核实证据有以下几个主要方面：

一是审查核实证据的来源。即从各项证据的来源出处，以及收集、固定、提取、保管方面，可能影响其客观真实性方面进行审查。例如，当事人是否有因要逃避杀人罪责，嫁祸栽赃于人，庇护亲属关系等，而提供虚假证据的可能；是否因生理、心理、认知、记忆、表达等局限，提供了不实的陈述；是否因受空间隔断、距离障碍、光线暗淡、声音嘈杂等限制，或现场情况、检材数量质量受到天然、人为干扰，影响陈述证言、检验笔录和鉴定意见的准确性；是否因取证手段的方法正确与否、程序合法与否，影响证据的法律效率。

二是审查核实证据的内容。即审查核实证据反映的事实与杀人犯罪行为之间，是否存在内在联系，内容本身是否合理等。对物证书证审查核实，例如杀人凶器来源是否清楚，有材料证明该凶器致死致伤，有证明犯罪人使用此凶器实施杀人；对嫌疑人供述和辩解、被害人陈述、证人证言审查核实，看有无虚假陈述、伪证，各自有无佐证材料，是否相互矛盾，能否相互印证；对勘验、检查、辨认、实验笔录和鉴定意见审查核实，看是否按照相应规则进行，操作条件是否合适，操作方法是否科学，单项结论是否经过评断，鉴定者资质和经验水平，各项材料之间有无冲突矛盾；对视听资料、电子数据审查核实，看材料自身是否合理，是否有剪接、拼凑甚至伪造等。

三是审查核实证据之间的联系。例如，对各项证据与本案的关联程度予以判断，看是不是本案的证据、是否充分合理、明确清晰、合法有效；对同一类证据进行综合判断，证人的几次证言前后是否一致，杀人嫌疑人前后供述有无矛盾；对不同类证据结合起来审查判断，嫌疑人供词、被害人陈述和证人证言之间有无矛盾；与物证书证、勘查检验笔录、鉴定意见有无冲突；等等。

对各项证据审查无误后，检查各类证据材料是否已经按照法律要求完成了正式的法律文书，证据的取得是否合法有效，证人、鉴定人、勘验检查人是否已经在文书材料上签名、盖章或捺印指纹。最后按照法律文书规定格式，形成完整的杀人案件诉讼卷宗，移交有关部门。

五、无名尸体案件侦查要点

无名尸案件，是指经过现场勘查、尸体检验，仍然不能确定死者身份的杀人案件。总体上说，无名尸体既可能是自杀尸体，也可能是他杀尸体，还可能是意外死亡尸体。这里所谓无名尸体单指他杀致死形成的无名尸体案件。

（一）无名尸体成因

他杀案件中形成无名尸体有很多原因：

1. 死者是外地人，可能是路经此地被杀害，少有人认识；

2. 被杀害以后，遭到抛尸、移尸至此地点；

3. 被害地点偏僻，长期无人发现，兽食鸟啄或日久导致腐败；

4. 尸体被故意损毁容貌，难以被辨认出身份。

（二）无名尸体案件特点

1. 身份不清，尸体身源暂时不明。尸体上没有能够直接证明身份的证件和物品，暂时身源不清楚、身份不明确。

2. 异地被害，案后易地抛尸移尸。外地人来此地被杀害，本地人很少有人认识；外地杀人或本地某处杀人之后抛尸移尸至发现尸体处。

3. 同为无名，实际包括多种类型。属于无名尸体的情况，包括无名尸案件、碎尸案件、白骨案件等多种类型。

4. 若为抛尸，第一现场更为关键。抛尸、移尸案件第一杀人现场可能与作案人关系密切，或尸体更容易被发现。

（三）无名尸体案件侦查要点

1. 查明身源，变无名为有名。（1）从死者携带证件、物品查证核实，或通过对衣着服饰、生理、病理调查，如手术伤疤、牙齿缺损、尸表文身等，组织有关人员进行辨认认定尸源；（2）发协查通报，附尸体照片或十指指纹，请有关地区协助查找；（3）从报告失踪人中查核寻找尸体身源，或利用新闻媒介公布案情查找尸体身源等。

2. 深查因果，发现嫌疑线索。（1）调查利害关系，发现嫌疑线索。围绕利害关系，联系生前死者的为人，从与被害人有新仇旧恨、利害冲突关系的人员中，发现排查线索。（2）调查奸情关系，发现嫌疑线索。联系死者生前生活作风，围绕奸情关系，从与被害人有奸情、私通关系或与配偶有关系的人中去发现嫌疑线索。（3）调查知财条件，发现嫌疑线索。联系死者的财情外露，围绕与被害人关系密切，从具有知道财底，具有谋杀因素的人中去发现线索。

3．溯查行踪，发现嫌疑对象。（1）调查与被害人同行者发现嫌疑人员。联系死者生前行踪去向，围绕具有接触条件与被害人同行人员排查，发现嫌疑人员。（2）调查路遇者，发现嫌疑人员。联系死者生前是不是单行女性或携财在路上，围绕与之有过接触或可能路过，具有流氓劣迹、盗抢前科者排查线索，发现嫌疑人员。（3）调查约会者，发现嫌疑人员。联系死者身份年龄、生活作风、婚姻恋爱状况，围绕与死者的往来关系，排查与之有邀约的恋爱对象、情人关系，或同行、同事、同学，发现嫌疑人员。

4．研究痕迹物品，追查犯罪人。（1）研究包尸物，追查犯罪人。无名尸体常有包裹物品，如毯子、油纸、麻袋、被单、塑料布等，看能否反映出作案人的某些特征。（2）研究附着物，追查犯罪人。通过尸体附着物，发现可能藏尸地点、杀人现场，进而追查杀人犯罪嫌疑对象。（3）研究运尸工具，追查犯罪人。通过尸体周围的运尸工具痕迹以及拖拉痕迹，判明运尸工具种类和运送尸体方法，追查犯罪嫌疑人。

六、碎尸案件侦查要点

碎尸案件是指作案人将被害人杀害后又肢解尸体，进行分尸灭迹、隐匿抛弃的杀人案件。出现碎尸的情形除他杀肢解以外，也有可能是遭遇火车车轮类辗轧、飞机失事、高空坠落或爆炸损毁。这里独指他杀后肢解尸体案件。

（一）碎尸行为动机

1．杀人后碎尸，以图报仇雪恨、发泄私愤；

2．杀人碎尸，目标缩小，使之不易被发现而掩盖罪行；

3．碎尸损毁容颜，让人难以辨认，借以模糊视听；

4．碎尸目的便于抛尸、便于隐藏，割断自己与案件的联系。

（二）碎尸案件特点

1．杀人手段凶残，犯罪性质极其恶劣。作案人能够做到杀人而且碎尸，必然胆大妄为，大多品行不端，常常是有前科劣迹之徒。杀人手段凶残，分尸刀砍斧劈，不仅性质恶劣，而且说明是有一定体力之人。

2．作案人与被害人之间大多关系密切。杀人碎尸案件因果联系一般更为明显，双方接触或更为密切，利害关系、矛盾冲突也更加明显。这也许是导致杀害并且碎尸的根本原因。

3．发现尸块地点，多非第一犯罪现场。抛扔尸块范围较大，藏匿地点更为隐蔽。诸如垃圾箱、公厕里、下水道，江河、湖泊，公路、铁路旁甚至火车上。发现尸块地点一般不是杀人碎尸的原始现场。

4．杀人碎尸在隐蔽空间，痕迹物证更多。肢解尸体的场所需要具备一定的条件，单门独院、独立空间，诸如仓房、棚厦、菜窖、地下室等。分尸场所多留有血迹、肉末、骨渣、毛发，或有粉刷、刷蹭、填挖痕迹。

（三）碎尸案件侦查要点

1．搜集检验尸块，查明死者身源。组织力量寻找尸体残肢，拼接尸块，验明特征，变无名为有名，查清身源。通过法医检验，确定死因、伤痕、死亡时间，提取血型、DNA和包尸物、捆扎物、附着物，认定碎尸工具；可以组织警犬搜寻、侦查辨认、协查通报或利用新闻媒介广告查找。

2．排查因果关系，发现嫌疑人员。碎尸案件一般作案人与被害人联系更为显著，甚至关系密切，作案人多是被害人的亲人、近人、熟人，或交往较频繁的人。从明显的因果关系入手，围绕被害人生前生活作风、婚姻状况、接触关系、行踪去向调查摸底，发现有因果联系的嫌疑人员。

3．围绕碎尸尸块，排查嫌疑人员。研究包尸物、捆扎物、附着物、碎尸工具以及运尸工具，来划缩侦查范围，排查嫌疑人员。因为这些物品、工具大多出自作案人的住宅或窝点，与作案人有千丝万缕的联系。碎尸工具非常重要，一般具有合手、锐利、有一定重量等特点，侦查中需特别注意。

4．查找第一现场，获取犯罪证据。杀人碎尸案件的杀人分尸地点大多与犯罪人有密切联系，一般是住宅或相关场所。发现碎尸现场对破案至关重要。从尸块属于抛弃、藏匿判定大致范围：抛尸块越远越随意，藏尸块越近越隐蔽。碎尸现场大多是一个偏僻、幽静、隐蔽的空间，如单门独院、仓房、菜窖之类。要注意发现喷溅、流滴血迹，碎肉骨渣等。

七、白骨案件侦查要点

（略）

知识作业：

1．杀人案件有哪些特点？

2．杀人案件案情分析的内容？

3．无名尸、碎尸案件侦查要点。

技能作业：

1. 给出某人命事件案例，试着分析案情。

2. 对某案件选用侦查途径、措施。

3. 对某杀人案件"嫌疑人"组织讯问。

第三节　投放危险物质案件侦查

知识目标：了解投放危险物质案件的基本情况，如概念、性质类型；理解投放危险物质案件的作案手段和案件特点。

技能目标：掌握投放危险物质案件一般侦查方法，包括调查访问和勘验检查重点，案情分析内容等。

一、投放危险物质案件概念

投放危险物质案件，是指故意投放毒害性、放射性、传染性病病原体等危险物质，致使人员、牲畜伤亡或者使公司财物遭受重大损失，危害公共安全的刑事案件。投放危险物质案件作为危害人的生命健康或重大公私财产安全的案件，属于公安机关刑事侦查部门立案侦查的刑事案件。投放危险物质造成人员重伤、死亡或财物损失重大的，列为重大投放危险物质案件；致死数人，直接损失巨大或者造成生产巨大损失的，列为特别重大投放危险物质案件。投放危险物质造成他人中毒，虽经抢救脱险未造成重伤、死亡，但抢救过程耗费人力物力，给公私财产造成重大损失的；在河流、水源、谷场、粮源投放危险物质，虽未造成严重后果，但构成危害公共安全罪的，也应该予以立案侦查。

投放危险物质案件，传统上被称作投毒案件。投放的危险物质比传统意义的事物更加宽泛。投毒作为一种手段，既可用于杀人，又可毒害牲畜、家禽、宠物，还可用作损毁养殖动物、农业作物和珍稀植物。投放危险物质作为一种行为手段，既可以侵犯公民人身权利构成杀人罪，又可危害公共安全构成投放危险物质罪，还可以构成破坏公私财物罪和破坏生产罪，等等。投放危险物质案件涉及的主要罪种是投放危险物质罪，属于危害公共安全罪。投放危险物质既可有特定对象，又可有目的无特定对象。投放危险物质杀害特定人，严格讲属于杀人罪种，并不列为投放危险物质案件，但侦破方法与投放危险物质案件相似，所以也在此节加以讲授。

二、投放危险物质案件分类

（一）以杀害特定个人为目标，危害公共安全的投放案件

作案人主观目的是杀死特定个人，但实际上已经危及不特定多数人的生命、健康和财产安全。为了杀死某被害人，在其家米袋子、水龙头投放，就可能危及多数人，危害公共安全。根据动机不同，常见的可分为四种类型：

1. 私仇报复投放。由于同事、同学矛盾，婚姻、恋爱矛盾，财物、利益冲突，邻里之间纠纷，导致产生私仇怨恨，投放危险物质予以报复泄愤。由于与人有矛盾，多采用偷投方式，一般使用毒性威力较大的毒物。

2. 奸情纠葛投放。由于奸情私通、婚外关系或姘居关系，为排除干扰、长期占有，为排除讹诈、避免纠缠，或为回归家庭、清除障碍，对特定关系人投放毒物。多有接触条件，采用隐蔽方式或有伪装，意志坚决反复谋害。

3. 图谋财物投放。以非法占有财物为目的，采用投放危险物质的方式，谋害特定人为目标，但客观上可能危害多数人。自古就有利用蒙汗药谋财方法，以吹毒烟为手段。以投毒方式害人生命、谋人钱财，也偶有发生。

4. 遗弃甩锅投放。为卸掉经济负担和精神包袱，投放危险物质除杀负有抚养义务的老、弱、病、残人员，或打爹骂妈的逆子，或逆反不听话的单亲子女。平素可有虐待行为。采用隐秘方法，使用令人不太痛苦的毒物。

（二）以损毁特定财物为目的，危害公共安全的投放案件

这类案件，作案人为了报复被害人，毒死其所拥有的耕畜、家禽，饲养的动物、宠物，农作物、养殖物，并且危害到了公共安全。以毁坏特定财物为目的，只有危害公共安全的投放危险物质行为，才应当立为投放危险物质案件开展侦查。如果毒死特定耕畜或农作物，不管为报复还是为低价收购，没有危及公共安全的，应当立为破坏生产经营案件；如果危害到公共安全，应当立为投放危险物质案开展侦查。如果毒死耕牛为低价收购，再到市场出售有毒牛肉，则构成破坏生产经营罪和出售有毒、有害食品罪（毒狗卖肉同后者）。毒害家畜、家禽造成损失重大或情节严重的，应当立为故意毁坏公私财物案件。

（三）以侵害不特定人生命、健康、财产为目的投放案件

这类案件是典型的投放危险物质案件。作案人不是以特定的个人、特定的财物为投放对象，而是把危险物质投放到公共水源、食源或地域之内，危害到较大范围内的不特定人员或财产安全。例如，在饭店后厨、学校食堂面粉里投放毒鼠强，造

成几十人、数百人中毒，或在农村某户门前街道撒扔带毒糖果，众人捡拾到都可能中毒，严重危害公共安全。这类案件在侦查实践中虽不多见，但危害后果非常严重。1991 年公安部制订《严重暴力犯罪案件立案标准》，将其立为严重暴力犯罪案件。时至今日，这类案件也属于刑法处罚需要追究相对刑事责任的八大类严重犯罪行为之一。

三、案件特点和常见作案手段

（一）投放危险物质案件特点

1. 多数案件具有明显因果联系。投放危险物质作案人与被害人之间一般具有明显的矛盾冲突和利害关系，尤其是有特定对象的投放危险物质行为，因果联系就更加明显。投放危险物质大多由于私仇怨恨、奸情纠葛、婚姻矛盾、邻里纠纷等引起。近年来，由于机构改革、干群矛盾，竞争上岗、升职提薪，商业竞争、图谋垄断，学生竞争、为获奖学金等诱发的案件有所增加。另外遗弃（甩掉精神包袱、除杀逆子等）类投放案件也时有发生。

2. 投放作案多有预谋准备活动。犯罪行为人要投放危险物质作案，大多有比较充分的预谋准备活动过程。投放危险物质者一般作案意识坚决，经过长期思想酝酿；准备危险物质，索取、偷盗、购买，包装、储存、保管；选择投放方式、方法、时机和作案地点；观察了解侵害对象活动规律、生活习惯、作息时间和周围环境。有的甚至做毒物实验，研究药力及性能。投放危险物质经常反复作案，多成系列案件。预谋准备活动经常有所暴露，常常是破案的线索。

3. 作案方式诡秘，手段隐蔽伪装。投放危险物质案件作案手段隐蔽性极强。常常悄悄行事，偷偷下手，神不知鬼不觉中作案，无明显杀戮迹象。即便验明中毒结果，也可能有多种原因导致。除投放渠道隐秘外，作案人为转移方向大多进行伪装：（1）伪装成意外事故，造成疏忽大意，意外中毒假象，有的自己也稍服食；（2）伪装成暴病而亡，常投放药物之中，提供身患重病证明；（3）伪装自杀事件，伪造现场，假造遗书、遗嘱；（4）辅以高坠、触电、逆水等手段，声东击西。

4. 现场残留毒物并有中毒迹象。投放危险物质案件犯罪现场，大多有中毒死亡人员和动物尸体或者未死的被害者。被害人大多有过恶心、呕吐、腹痛、腹泻、昏迷、抽搐、大小便失禁等症状。死者尸体多出现口唇干燥、皮肤皱缩、尸斑特异、尸僵明显，口角鼻腔有泡沫黏液等。犯罪现场可留有剩余毒物、包装、器皿或含有毒物的饮料、食物、水源等。现场多有呕吐物、排泄物，大多有异味。也可有二次中毒现象：猫、狗、猪、鸡、鸭、鹅出现中毒等。

5. 作案者具备毒物来源和知识。投放危险物质的作案者，之所以选择投放危险物质实施侵害，必定有该危险物质的来源途径，有事先取得毒物的条件和接触某种毒物的机会，或者曾在某种场合使用过该类物质。这是作案的物质条件，侦查中要格外关注。另外，具有使用该危险物质的知识，了解毒物性能并掌握使用方法和技巧。投放危险物质方法常和作案者的社会身份、职业岗位、行业技能，取得毒物条件有联系。投放危险物质案件常有地区、区域性特征。

（二）投放危险物质作案手段

投放危险物质案件发案量绝对数不高，但作案手段却五花八门、种类繁多。从作案方式上看，有偷偷投、骗取投、逼迫投三类。以特定个人为目标类案件为例，具体作案手段常常有以下几种：

1. 投放在饮食物品中。投放于饮食物品中最为常见，将危险物质掺入饭内，撒入菜汤，投入酒品、饮料中，令人消化道吸收中毒。多是趁被害人不察觉之机投放，甚至同餐、同饮。此类案件多是味道不浓的毒物。

2. 投放在医疗药物中。作案人大多数利用被害人患病之机，将危险物质掺入治病的药物中，一般掌握被害人服药规律和药物存放地点，大多数为熟悉人、近亲属作案。近年来，利用保健品作案时有发生。

3. 投放于皮肉、静脉中。将危险物质直接注入被害人的皮肤、肌肉、静脉、血液中，大多是利用被害人患病治疗之机，有时把常用药投放到特殊穴位、部位，或把常用药加大剂量，也能造成中毒死亡。

4. 投放于人身其他器官中。投放危险物质入牙腔、鼻腔、耳腔、肛门、阴道、皮肤黏膜或者原有的伤口中，致使快速中毒。这也是最阴险狡猾的一种投毒手段。偷偷投、欺骗投、逼迫投三种情况都有发生。

5. 投放于空气、日用品中。投放挥发性危险物质在空气中，也称气熏投毒，也是最多见的投放方法。日常用品如餐具、内衣、内裤、口罩等，多采用少量投放慢慢中毒的方法。大多也是亲人、熟人的投放手段。

四、投放危险物质案件侦破方法

（一）勘查检验现场，掌握案情材料

1. 调访中毒者情况。（1）中毒的时间、地点、病状及人数，死亡人数，餐饮药物的情况，家中有否该药物来源，怎样得到此类药物。（2）中毒者行踪情况。中毒人去过什么地方，遇到过哪些人，与什么人就餐，有无去过医院看病，有无与人约会等。（3）中毒者基本情况。工作、生活、健康、交往、家庭情况，生活作风、人生态度、自杀迹象、自杀因素等情况，婚姻状况、夫妻关系、利害关系人等。（4）有无家畜、家禽动物、宠物中毒，是一次中毒，还是二次中毒，是在人中毒前中毒还是在人中毒后中毒。（5）对中毒人中毒的反应。家人、亲属、邻居、同事、群众对中毒的反应和看法，如何议论，认为有无自杀可能，怀疑是被投毒有什么依据，等等。

2. 勘验提取痕迹物证。（1）现场有关部位剩余的毒物、药物、饮料、食物及残渣，剩饭、剩菜、汤酒，做饭炒菜用的调味品，等等。（2）盛装毒物的器具，可能投放的工具，如杯盘、碗筷、锅盆、水缸、水桶、玻璃瓶、塑料瓶、塑料袋、纸口袋、胶皮管儿，注射用的针头、针管儿、塑料管儿，等等。（3）呕吐物、排泄物、唾液物。（4）检验家中食物、饮料是否有中毒类毒物。（5）对天然气灶具、煤气管道及开关进行检查，发现有无破漏、损伤。（6）检验被害人的床头、枕边、痰桶、纸篓、写字台、电脑桌及键盘、鼠标，查看所写日记、用药处方、医嘱、遗嘱，等等，提取可疑的指纹、足迹、字迹。

3. 检验尸体，提取检材。（1）尸体位置、姿势和所处环境。注意尸体在床上、地上，仰卧、俯卧，有无拘谨痉挛姿势，有无变动和破坏迹象。（2）中毒症状，嘴角、前胸、肩膀有无毒物流痕，口鼻有无泡沫外溢，齿缝有无残留毒物颗粒；死亡原因、中毒及死亡时间等。（3）中毒种类，吸收途径，有无呕吐、抽搐痕迹，有无异味等。（4）尸表检验：尸体损伤、尸僵、尸斑，肛门、直肠、女性阴道内有无毒物，身上不明针眼及其他可疑迹象等。（5）解剖检验：提取胃部、肝部、肾部、肺部、脑部组织及血液等，作为检验、化验检材。

（二）分析判断性质，查明投放经过

1. 判明事件性质。中毒事件情况复杂，除投放危险物质外可有服毒自杀，误食中毒、食物中毒等意外事故。因此首先要判明事件性质，才能准确立案。投毒案件特征：（1）投毒因果明显，毫无自杀因素和迹象；（2）所中毒物不常见，吸收途径比较奇特；（3）家中无此毒种类，个人没有索取条件；（4）中毒者所用水源、食源中发现毒物；（5）现场无剩余毒物、器皿有被拿走迹象；（6）中毒尸体有暴力伤痕或被强奸迹象的；（7）现场有伪装迹象，如他人写的遗书等；（8）家属报称病死，急于埋葬、火化，表现反常；（9）牲畜、家禽及养殖类大量死亡，原因不明。

自杀者一般因素明显，有思想基础，有迹象表露；现场多有剩余毒物、盛毒器皿，剩余带毒食物、药物；自杀服毒几乎全是口服、呼吸途径，自己有索取毒物的条件；现场有种种自杀特征，如隐蔽、幽静，关门、关窗等。

2. 判断投放经过。（1）判断危险物质种类。毒物种类有挥发性毒物、非挥发性毒物、重金属类毒物、农药鼠药类毒物、动物植物类毒物、放射性物质、传染病病原体等。最为常见的毒物种类有毒鼠药、砒霜、氰化物、安眠药、一氧化碳、盐卤、农药等。从中毒者症状判断：例如砒霜，有恶心、呕吐、腹痛、腹泻等症状。从现场残留物、检材检查化验、味道识别：氰化物，苦杏仁味；磷化锌，臭蒜味；有机磷农药，辛辣味。从尸体解剖检验：肝部、胃部、肾部、脑部等病理切片。（2）投毒时间、地点、方法。投放时间，从人们提供中毒症状时间，餐饮服药时间，死亡时间，法医检验结论等判断。投放地点，从死亡地点、出现症状地点、餐食服药地点，发现毒物或有毒食物地点等判断。投放方法，从尸检病理切片、吸收途径判断投毒方法。例如，胃部浓度高，考虑消化道；肺部浓度高，考虑呼吸道等。从现场遗留毒物判断投毒方法。例如，药包、药袋、药瓶，考虑口服；针管，考虑注射；等等。

3. 判明案件性质。（1）私仇报复。多采用偷偷投放方法，一人中毒或亲人、近人、家人中数人中毒、患病，或以养殖物、宠物为目标投放，多有矛盾冲突等因素。（2）泄愤社会。多属于集体中毒，多人中毒，受害范围大，陆续投毒，或投放在食源、水源里。（3）奸情投放。针对性强，隐蔽伪装，利用生活规律、作息时间，方法多种多样，或有多次投放。（4）遗弃投放。对象特定，多掺入食物药物，不是很痛苦的毒类。（5）嫉妒投放。大多针对生意兴隆的店主，养殖致富的富裕户，或家境优越、儿女双全的人家投放，目标突出，但可能危及无辜。（6）图财投毒。投毒对象牲畜、家禽为多见，有财物丢失或财产被侵占等。

（三）选择侦查途径，排查嫌疑对象

1. 从调查因果关系入手发现嫌疑人。针对案件特点，从因果关系入手调查是侦查投放危险物质案件的一条有效途径。通过因果关系发现具备投放动机的人，诸如可能有私仇怨恨、婚恋矛盾、奸情纠葛、经济纠纷、不当竞争、嫉妒愤懑、遗弃甩包袱，使用投放危险物质达到自己目的者。发现嫌疑对象，要认真排查其他条件。

2. 从排查时空条件入手确定嫌疑人。时间空间条件是投放危险物质案件重要的作案因素条件，排查嫌疑人员是否具备投放时间条件和接触现场条件，是否在关键时刻到过投放场所，或有条件接触被害人。排查中要注意嫌疑人利用被害人饮食、服药规律，打时间差借以模糊时空的伎俩；也要注意可能借助"第三者之手"投放，或者采用邮寄快递的投放方式。

3. 从危险物质、包装及投放技能入手开展侦查。查明危险物质的来源渠道、包装物品、投放媒介物以及实施投放的技能和知识，是肯定否定嫌疑的关键所在。何时、何地，向何人购买、索要或者窃取到的危险物质，种类、数量、性能，投放之后有无剩余，转运、携带、存放、保管的每一个环节，都应当查清查实。对同类物质是否具有使用知识和投放技能，也要认真调查。

4. 从调查痕迹物证入手发现嫌疑人。案件犯罪现场遗留的痕迹、物证，是投放危险物质作案人犯罪行为的有力证据。对这些痕迹、物品开展认真调查，诸如指纹、足迹等痕迹，瓶子、注射器、胶管儿、纸袋儿等投放工具物品，包括遗落的随身携带物品，大多能反映出行为人的体貌特征、社会身份、职业技能，不仅能缩小侦查范围，甚至能锁定投放危险物质犯罪嫌疑人。

5. 从反常表现入手调查发现嫌疑对象。投放危险物质犯罪虽然多有准备预谋，但由于案情重大，经常会导致多人死亡造成巨大损失，常常是作案者始料未及的。巨大心理压力下作案者大多会出现反常表现，或者为表现正常而出现反常。拖延救治、处理现场，不愿验尸、急于火化、惶恐不安、自我表白，散布流言、混淆视听，无故外出、躲避调查，都可能是反常表现。

（四）采取侦查措施，取证确认犯罪

1. 调查询问知情人，获取证人证言。围绕嫌疑人投放危险物质的作案动机、因素条件，危险物质的来源去向、投放技能，向有关群众和知情人作调查，收集与被害人有矛盾冲突、利害关系的言论、行为和通过索取、购买等途径获取危险物质的事实；收集嫌疑人案前案后的反常言论和行为及链接的事实，取得证人证言，以证实或证否投放犯罪嫌疑。

2. 调查时间、空间条件，锁定嫌疑人行踪轨迹。对具备作案动机因素和反常条件的嫌疑人，也要定时、定位、定证，进一步获取投放危险物质犯罪的证据。除取得证人证言外，可以调取相关场所的监控探头视频资料，手机基站信息；对在时间、空间上施以反侦查伎俩者，调查获取反证，以证明犯罪行为。也可以组织模拟实验，确定行程时段锁定行踪轨迹。

3. 采取搜查措施，获取剩余毒物及包装。投放危险物质犯罪行为人身上、口袋和住所有关地方可能有作案时、准备时沾染的毒物，甚至剩余的毒物、投放的媒介物及盛装毒物的纸包、瓶罐等器皿。为了获取犯罪证据，对重大嫌疑人可以采取秘密或公开搜查措施，包括人身搜查和相关场所搜查。对人身、场所搜查时，注意发现微量物证，例如手指夹缝残留的微量毒物。

4. 辨认嫌疑人员和遗留物品。投放危险物质犯罪人在采购毒物、现场踩点、投放作案过程中，都会在一定程度上有所暴露，甚至会留下录像。通过调查设法找到各个环节上的当事人、目击者，组织这些人对嫌疑人进行侦查辨认，以便肯定或否定犯罪嫌疑。另外，对犯罪现场遗留的投放工具、曾经停放的交通工具等进行辨认，也能取得相应的证据。

5. 检验尸体和其他痕迹物证，获取相应鉴定意见。除了对案中投放物质包括呕吐物、餐饮剩余物进行检查、化验外，还应对现场提取的指纹、足迹等痕迹进行鉴定，以确定投放物质的性质、种类、成分。有中毒尸体和中毒的动物、植物的，也需要通过检验获取鉴定意见。对已经埋葬、火化的，若有必要应当开棺检验，对尸体、骨骼、毛发或对骨灰进行检验鉴定。

（五）加强侦查讯问，补充犯罪证据

对已经拘捕的犯罪嫌疑人，要充分准备并制定严密的方案，组织侦查讯问把案情彻底查清。通过侦查讯问不仅核实、核否已经获得的证据，还可以补充新的犯罪证据。在讯问中着重查明：危险物质的种类，投放工具、媒介物，危险物质来源，剩余毒物去向，投放的时间、方法，投放危险物质动机，作案过程中接触过哪些人员等。

投放危险物质作案人大多工于心计、心思缜密，可研究其不同阶段的心理，有针对性开展攻心术和审讯策略，会收到事半功倍的效果。对毒杀亲属或遗弃性质的投放案件，可动之以情促其悔罪；对造成惨重后果、损失巨大的案件，既要对其心理减压，又要激发其承担罪责；对于一案多次投放或曾经多次作案者，抓住薄弱环节，一举突破其他；对技术手段投放案件，要吃透专业知识，做到有的放矢讯问；对合谋作案的，利用相互间的矛盾或不信任，采用各个击破策略。对隐藏比较深，直接犯罪证据不够充分的，可考虑物建力量开展监所侦查。

侦破投放危险物质案件，一定注意全面系统审查犯罪证据。因果关系明显既是有利于案件侦破的条件，也是容易出现怨错的前提。全面审查核实犯罪证据，防止冤假错案发生。

知识作业：

1. 什么是投放危险物质案件？有哪些特点？

2. 简述投放危险物质案件常见作案手段。

技能作业：

1. 对某投放危险物质案，如何了解基本案情？判断案件性质？

2. 对投毒嫌疑从哪些方面调查取证？

典型案例链接——

南京汤山特大投毒案件

2002 年 9 月 14 日早晨，江苏南京市江宁区汤山镇发生一起严重食物中毒事件。部分学生和民工因食用了"正武面食店"售卖的油条、烧饼、麻团等食物后发生大面积中毒。中毒者达几百人之多，经抢救无效陆续有 42 人死亡。南京市卫生监督部门和公安部门从中毒者所进食食物中查出"毒鼠强"成分，这是一种被称为"三步倒""闻到死"的高毒药物。汤山中学的住校学生，只要是这天早上吃了这家店的烧饼和豆浆的，都中毒了。这天吃了这家烧饼店豆浆和烧饼的，还远不止汤山中学的学生，镇上不少居民也是这里的常客。南京汤山中毒事件是人为投毒案，经警方 78 小时连续奋战，此案已告破。犯罪嫌疑人陈某平被抓获归案并交代了投毒作案的过程。

陈某平系南京浦口区桥林镇人，在汤山镇开了一家小吃店，警方已掌握了他投毒犯罪的确凿证据。9 月 17 日下午，陈正平向警方交代：他因生意竞争，心怀恨意，用国家明令禁止的剧毒灭鼠药"毒鼠强"进行投毒犯罪。据陈正平交代，他与陈某武在江苏省南京市江宁区汤山镇各自开店经营面食早点生意，两店相邻。陈某平眼见陈某武经营的面食店生意兴隆，而自己经营的小店却生意清淡，于是心生妒忌，加之此前双方曾因打牌、发短信息等琐事发生过矛盾，遂产生在陈某武店内投毒的恶念。2002 年 8 月 23 日，陈某平购买了"毒鼠强"鼠药剂 12 支，粉剂 50 克，并在其小店内做试验。9 月 13 日晚 11 时许，陈正平潜入陈某武的面食店外操作间，将"毒鼠强"投放在白糖、油酥等食品原料内并加以搅拌。至此轰动全国的投毒案告破。

此次投毒事件一共造成 42 人死亡，300 多人中毒。2002 年 9 月 30 日，南京市中级人民法院依法公开审理了南京汤山特大投毒案，一审判处被告陈某平死刑，剥夺政治权利终身。陈某平提出上诉，江苏省高级人民法院驳回上诉，维持原判。10 月 14 日，经江苏省高级人民法院核准，南京汤山特大投毒案犯陈某平于当天上午在南京市被执行死刑。❶

---

❶ 选取自 https://www.sohu.com/a/307748613_99991687。

第四节　抢劫案件侦查

知识目标：了解抢劫案件的概念、分类，掌握抢劫案件发案规律和案件特点。

技能目标：掌握抢劫案件侦查要领，包括询问、讯问思路，勘验检查重点，案情分析内容等。

一、抢劫案件的概念

抢劫案件是指以暴力、胁迫或其他方法强行劫取公私财物的犯罪行为为目标立案侦查的刑事案件。抢劫犯罪嫌疑人以非法占有为目的，当场使用暴力、胁迫或其他方法，强行劫掠他人财物。所谓暴力是指作案人持枪支、刀斧、棍棒、绳索等凶械对被害人施以殴打、捆绑、伤害等，使其不能抗拒，被迫交出财物；所谓胁迫是指以暴力威胁、言语恫吓，使被害人精神恐惧，不敢抗拒而丧失保护财物能力；所谓其他方法是指对被害人施用药物麻醉等手段致其昏睡，使得被害人无法反抗而劫走财物。

抢劫犯罪的固有行为特征属于公开侵袭，大多属于严重的暴力型犯罪行为。抢劫不仅侵害公私财产，对国家、集体和公民个人财产造成重大损失，而且危及被害人人身、生命安全，严重破坏社会治安、扰乱社会秩序。公安机关把抢劫犯罪列为同刑事犯罪作斗争的重点之一，把抢劫案件列为严重刑事犯罪和暴力案件范畴。

抢劫案件与抢夺案件是两种相类似的犯罪案件。两者犯罪目的相同，都是公开地侵犯公私财产非法地归为己有，但两类案件的作案手段和危害后果又不尽相同，在侦查实践中应当注意加以区别：一是作案手段不同，主要区别在于案犯是否采取了暴力或以暴力相威胁的犯罪手段。抢劫手段是采取暴力、胁迫或其他方法，对被害人的身体或精神实行强制，使被害人处于不能、不敢、无法抗拒的状态而占有财物；抢夺手段是乘人不备，夺下财物逃之夭夭。二是危害后果不同，主要区别就在于抢劫案件除了造成财产损失，还兼有危害被害人的身体健康和生命安全。

二、抢劫案件的分类

抢劫犯罪虽然以暴力侵袭为固有行为特征，貌似形式单一，但抢劫案件却有多种分类方法。抢劫案件可以根据不同的划分标准分类。

（一）根据作案地点不同分类

根据作案地点和案发场所不同，抢劫案件可分为入室抢劫、拦路抢劫、旅途抢劫几种类型。

1. 入室抢劫。入室抢劫也有称入户抢劫，除了侵入居民私人住宅抢劫外也包括进入国家机关、企事业单位的办公、生产、生活、经营、学习、服务等封闭性场所进行抢劫。

2. 拦路抢劫。拦路抢劫是在市区、农村、城郊接合部的街道或露天野外的抢劫案件。拦路抢劫有预伏拦截、尾随后拦路或与被害人恰巧相遇拦路实施抢劫等具体方式。

3. 旅途抢劫。旅途抢劫是指专门针对旅行、旅途中的被害人实施的抢劫案件。作案地点多在同乘的车、船、机等各类交通工具上，或同住宿的宾馆、旅店里实施抢劫。

（二）根据作案人数不同分类

根据作案主体的数量多少，即作案人数不同，抢劫案件可以分为单人抢劫案件、结伙或团伙抢劫案件以及集团抢劫案件。

1. 单人作案抢劫。作案人独自一人单枪匹马实施的抢劫案件。作案人大多身强体壮或使用特殊手段，抢劫对象一般防劫反抗能力较弱，以老人、幼年、弱者及女性被害人居多，赃款赃物多少不限，一有机会便行抢劫。

2. 结伙作案抢劫。作案人两人结伙或三人以上结成团伙进行的抢劫。作案成员平时就纠集在一起，游手好闲，无所事事，吃喝嫖赌，伺机作案；也有先选准作案目标，再临时勾结同伙一起作案的。

3. 集团作案抢劫。三人以上的固定犯罪组织在首要分子的指使并参与下，为了共同的目的有目标、有计划、有分工地实施抢劫。抢劫集团犯罪手法老练，不计后果，常作大案、要案，动辄杀人害命。

（三）根据作案手段不同分类

1. 暴力侵袭抢劫。以当场使用暴力殴打、捆绑、伤害手段实施抢劫，以爆炸破坏突击进入武装抢劫，或以暴力做后盾胁迫、威逼、要挟手法实施抢劫等。暴力所指对象多为财物所有人、保管人、持有者。

2. 药物麻醉抢劫。犯罪人利用安定、利眠灵等麻醉剂，投放在被害人的食品、饮料或烟酒里，致使其沉醉或昏睡，趁着其沉睡不醒、神志不清劫取财物。多发于旅客列车、客船及车站、码头附近的宾馆旅店之中。

3. 色相勾引抢劫。以浪漫情缘或色情服务手段吸引被害人至某独立场所，先色相勾引、投怀送抱，再凶相毕露、劫人钱财。色相勾引抢劫常常是结伙或团伙所为，各扮角色、分工负责。抢劫见面"网友"常用此手段。

以上手段也常被抢劫作案人综合使用，多法联用。此外，还有以冒充身份审查、揭发隐私抓把柄、雇用他人实施抢劫等。

三、抢劫案件发案规律

抢劫案件发案规律，这里指在一段时期内抢劫案发过程中遵循的内在必然联系。如忽略特定时期并考虑社会环境变迁，可具有一定或然性。

（一）抢劫作案时间段有所选择

户外拦路抢劫多发于夜深人静或清晨行人稀少时段，一般没有预定的侵犯目标，临时物色抢劫对象，选择诸如谈恋爱的青年男女，下夜班或上早班的女工为主要抢劫目标。入室抢劫以"白日闯""白日抢"案件居多。发于公共场所的抢劫案件，作案时间多根据现场环境和人流密度做出选择。无论拦路抢劫或入室抢劫，有特定抢劫目标的案件，大多根据侵害对象活动情况选择作案时机。选择时间的依据，是便于作案得逞又可隐蔽自己。

（二）作案地点多发于偏僻场所

抢劫地点多选择在幽静街巷、山乡小路、城乡接合部等行人稀少、住户分散的偏僻场所。作案地点的选择与抢劫对象有关：农村青纱帐边、公路两旁，以单身过路行人为对象；公园景点、山林草地，以幽会的情侣为侵害对象；车站、码头、机场附近，以外地旅行、采购人员为抢劫对象；银行、储蓄所，以存取款人员为抢劫对象；城郊僻壤、开放小区，以居民住户为对象，多为知情者所为或有知情人提供情况。

（三）作案目标选择具有时令性

抢劫案件侵害对象多是财物保管、持有者，作案目标具有时令性，趋于高档化。一般的抢劫目标主要是钱和物，便于花用或易于销赃物品，尤其小型易带物品，如随身手机、高档手表、首饰珠宝、拎兜挎包等。以出租司机、厂长、经理为侵害目标的抢劫案件曾经高发，近年来富商、明星被劫案件开始多发。抢劫私人财物也有逐步转向金融机关、厂矿企业的财物部门趋势，以金库、保险柜为多。抢劫银行、运钞车、加油站、黄金店、珠宝店、贵重品仓库等案件屡屡发生。抢劫军警枪支案件偶有发生。

（四）作大案多有预谋准备过程

为减少作案的盲目性，增加抢劫活动得逞可能性，抢劫案犯一般事先进行预谋准备，尤其在实施有既定目标的重特大抢劫案件之前，常常周密设计、充分准备。选择目标、时机，制定抢劫方案，准备犯罪工具。入室抢劫，案前抢劫案犯以各种名义接近财物保管场所，探测虚实，观察存放情况，了解事主、保管人、保安员及周围群众的活动规律，择机作案。拦路抢劫，抢劫案犯经常出没抢劫地点，物色目标，选好逃跑路线择机下手。结伙抢劫，案前抢劫案犯频繁聚集，预谋策划，尤其武装抢劫案件，抢劫案犯还要准备枪支弹药、爆炸物品。

（五）案中行为多样，案后迅速逃离

抢劫犯罪案件中作案人接近被害人的方法，往往是施以伪装的技巧，威逼恐吓的语言，实施抢劫的行为，再加上其他犯罪，分门别类多种多样。拦路抢劫作案队接近被害人的方法有预伏守候、跟踪尾随等，入室抢劫有冒充欺骗、尾随跟入、偷偷溜进、逼迫开门、撬门破窗甚至爆破闯入等方法，旅途抢劫一哄而上暴力开抢或攀谈论熟接近被害人。伪装方法有蒙面、化装、假口音、假嗓音甚至假冒公安、武警身份，或者男扮女装。作案手段有暴力抢劫、施以麻醉、色情引诱等。作案行为表现凶狠多样，除抢劫外还常伴有杀人、伤害、强奸、猥亵、纵火等。为了增加机动性，便于案后迅速逃离，驾车抢劫多发甚至开车作案撞人后潜逃。

四、抢劫案件的特点

抢劫案件特点，是指在某一段时期内抢劫案件各构成要素及其相互关系方面表现出的突出特征。案件特点也可构成案发规律的一个方面的表现。

（一）作案成员呈团伙化年轻化

为提高作案得逞把握，增加力量优势，迅速制服对方，抢劫犯罪大多几个人结成团伙作案，分工负责，迅速行动。特别是抢劫银行、金融部门或厂矿、企事业单位的团伙，配备枪支弹药，动辄武装抢劫，以受过打击处理的惯犯、逃犯为骨干，常常是狱友结成团伙。抢劫犯罪青少年占比较高，有的网上勾结、线下作案，青少年作案高达80%以上。也有一些具有恶劣影响的大案要案，是壮年甚至老年主谋作案，偶有女性参与。抢劫案件中手段凶狠残暴的案犯多是一些屡经打击、胆大手黑、贪婪成性的惯犯，除抢劫犯罪外还有其他犯罪。

（二）事主与作案人多有正面接触

抢劫犯罪明火执仗公开侵袭，暴露性比较突出。究其原因是在抢劫案件中，无论作案人采用什么方法和手段，总会与事主有一个或长或短的接触过程。绝大多数情况下事主对作案人的男女性别、大致年龄、身高体态、口音方言、作案人数及作案过程，会有比较准确的反映。虽然有些案犯采用蒙面化装等伪装手段，或因天黑光线不好，或被害人过于惊恐，但抢劫犯罪的行为人的身高、体态、人数等基本特征，以及接近方法、携带工具、作案手法、来去路线、逃跑方向等，都会有所暴露，很难完全掩盖。

（三）持凶器和作案工具实施抢劫

抢劫是一种暴力型犯罪，犯罪人持械作案是一个普遍性特点。近几年来，随着暴力行为的不断升级，作案工具和凶器也在不断更新换代。从砖石、棍棒到尖刀、菜刀，从火药枪、猎枪、仿造枪到制式手枪、半自动步枪、折叠冲锋枪，甚至炸药包、火箭筒，应有尽有；传统的蒙汗药、现代的麻醉剂，装有"传染病毒"的注射器也偶有使用。针对作案用的绳索、通信工具、交通工具以及购买、制造、窃取、抢劫枪支弹药、爆炸装置的特征及行为，在侦破中根据被害人和知情人提供的线索，循线调查进而查明犯罪嫌疑人是侦破抢劫案件的重要途径。

（四）大多有赃款赃物可以控查

抢劫犯罪一旦得逞，犯罪行为人占有赃款赃物后，无论是自己使用还是销赃出售，甚至在隐藏、转移、维修、赠送他人过程中，都不可避免地要暴露出蛛丝马迹。即使现金赃款，也会因新币号码特征或旧币残损、粘补特征，而具有控制查获的可能。调查控制赃款赃物是抢劫案件侦破的重要途径。有一些案件即使没能劫得财物，至少也暴露出犯罪行为人对某种财物的需求。认真调查分析作案人的需求情况，准确判断抢劫作案的内在动机，也可为缩小侦查范围提供依据。

（五）作案手法呈习惯性连续性

对被害人实施抢劫犯罪后暂时未被抓获，犯罪行为人常会以相同的方式、方法和作案手段，对相同类型的被害人再次行抢。一次抢劫得逞会刺激其犯罪意识进一步强化，贪婪欲望更加膨胀。由于心理思维定式、动作习惯定型，加上具备某些物质条件，且自以为手法高明，常会用相同相似手段连续作案，形成比较顽固的作案习惯。例如，利用药物麻醉的方法进行抢劫，采取色情引诱方法抢劫，在犯罪语言、伪装手法、作案工具，甚至案后销赃挥霍方面，都可能如出一辙。抢劫作案的这种习惯性、连续性，为组织并案侦查提供了依据。

五、抢劫案件的侦破方法

（一）及时赶赴现场，进行仔细勘验、检查

1. 拦路抢劫案件现场勘查的重点。（1）作案地点。停留时间较长，犯罪活动多的中心地点，主要发现、提取犯罪留有的足迹、厮打搏斗痕迹、血迹、凶器或其他扔弃、遗留的物品，如纸片、烟头、口罩等。（2）来去路线。这是犯罪人进入和逃离犯罪现场的必经之路，主要发现、寻找犯罪人的足迹、交通工具痕迹、遗弃物品，寻踪追迹，搜索发现犯罪者逃跑的方向，以及案前预伏隐藏、逗留徘徊的痕迹。

2. 入室抢劫案件现场勘查的重点。（1）进出路线。进出路线是犯罪人侵入和逃离现场的通道，常常有犯罪行为人窥视、钻入、爬卧、蹬踩时遗留的痕迹和物品，在勘查中要注意发现、提取。注意研究、发现犯罪行为人逃匿的踪迹，隐蔽赃物的地点和出入现场的方法手段等。（2）室内现场。在勘查时，要注意犯罪行为人的活动范围、接触部位和碰动的物品，发现、提取足迹、破坏痕迹等。如有杀人犯罪行为，应从伤痕性质、形状，判断所用的杀人凶器。

（二）询问被害事主，全面了解发案经过

与作案人有正面接触是抢劫案件的重要特点，通过询问被害人了解发案经过，是获得有关犯罪情况的重要来源。对被害人、事主询问，主要从以下方面进行：

1. 案件发生的情况。案件发生于何时、何地，作案人来往路线，多人作案是否同来同去。拦路抢劫案犯是突然出现还是跟踪尾随，侵入现场的方式怎样，对现场地形、周围环境、出入路线是否熟悉。

2. 被抢劫财物情况。抢走何种财物，保管制度如何，犯罪人知道财情范围，抢劫的主要目标是什么（钱、物），是伸手翻找、指名索要，还是直奔财物而去，被抢财物品名、数量、规格及可资辨别的特征。

3. 犯罪行为人情况。作案人是单人、两人，还是多人，性别、年龄特征，穿着打扮，携带物品，有无未露面的幕后人员；团伙成员间的分工及称呼如何，是否有化装、伪装，避灯怕亮，闭口不语，假声、假嗓，回避事主等现象。有无怀疑对象，怀疑是谁，有哪些疑点，有何依据。

4. 犯罪工具的情况。作案人使用了哪些凶器和作案工具，是传统的棍棒、砖石还是匕首、刀斧，是枪支弹药还是爆炸装置，是麻醉药物还是绳索之类；是随身携带而来，还是就地取材使用；是徒步而来还是驾乘交通工具。

5. 犯罪行为实施情况。是否使用了暴力或其他方法，双方是否有厮打搏斗，是否有抵抗，案犯是否受伤，伤在什么部位。除了抢劫还有无伤害、强奸、猥亵等其他犯罪活动。

6. 被害人有关情况。自然情况，生活规律，是否受伤，所伤部位，伤势程度；女被害人是否被强奸，先抢后奸或先奸后抢；被抢劫中神志是否清楚，有无昏迷嗜睡现象。

（三）分析判断案情，确定侦查方向范围

1. 拦路抢劫分析：（1）是有预谋行抢，还是无目标地拦劫行人。预谋：作案人对路线规律较为掌握，行抢中常有打骂、指责污辱等报复行为。无目标：有啥抢啥，抢不到财物才骂人、侮辱。（2）是惯犯作案还是见财起意的偶犯打劫。惯犯沉着老练，手法利落，下手狠毒，有时兼有其他犯罪。偶犯惊慌，手法笨拙，目的性不强，稍有反抗即逃。（3）是本地人还是流窜犯行抢。本地犯熟悉地形环境，有的备有交通工具，穿着简单。流窜犯路线不熟，逃跑方向不佳，服饰与本地不符，有异地口音。另外，也要对几人作案、是否专门拦截妇女作以分析。

2. 住宅行抢分析：（1）是熟悉人作案，还是有知情者参与。熟人或知情者作案特点：多有蒙面化装，用各种伎俩掩护，闭口不说话或故意改变嗓音、声调，白天作案对事主蒙头盖脸，夜间作案不敢开灯，团伙作案其中有人回避事主；表现出了解被害人活动规律和安保看护人员作息时间，了解被害人家庭经济条件和财物存放情况，作案时机选择准确，指名索要财物或直奔目标拿取。了解被害人家庭成员情况，或以找人为名叫门进入。（2）是否陌生人作案。陌生人作案特点：目标不准，室内翻得较乱，反复胁迫被害人或无目标地索要财物，停留时间不长，害怕家人返回，多少不嫌，得手即逃。

3. 侵入银行、厂矿等企事业单位抢劫分析：（1）是否本地人作案。本地人作案特点：熟悉现场环境，侵入线路选得准确，掌握单位营业时间，作案多戴墨镜、戴口罩，或有面具伪装，抢走财物量多而笨重，却不一定驾驶运输工具。（2）是否流窜案犯作案。流窜案犯作案特点：多有作案经验，因手法熟练现场不留痕迹，或有不怕留痕迹心理，急于求成，抢劫目标不准，多以现金或轻便物体为主。流窜作案大多是惯犯，胆大心毒手狠，动辄杀人，不计后果。（3）是否知情人作案，或有人提供内情。作案时机选得较准，熟悉内部人员活动规律，尤其了解财物存放和保管情况；利用仿配钥匙进入，临场点名指要财物；作案多有伪装，无意中会提及单位内部人和事；若开杀戒必心狠手辣，有唯恐不死迹象；有的案前寄宿于单位内部，作案得逞后伺机逃跑。

4. 谎报抢劫案件分析：在侦查实践中常遇到要求立案侦查，实则谎报被抢的虚假抢劫案件。若不能及时识破揭露假案，不仅浪费侦查资源，不能破案或办成冤假错案，还会有损公安机关形象。（1）分析是否发生过抢劫事实。从报案人陈述的案发时间、地点、手段、语言及过程细节，分析前后有无矛盾，与现场有无矛盾，结合抢劫案件的一般发生规律看是否反常，有无疑点破绽。（2）分析是否确有财物被抢。问明被抢财物品名，来源于何处，归谁所有，价值多少，有无贪污、挪用可能，有无转移、掩藏、占为己有可能。（3）分析犯罪现场真伪和被害人成伤原委。研究现场痕迹物证，分析现场本身有无疑点，进出线路、撬破痕迹、搏斗痕迹、散落物品、赃物空位，是否合乎常规逻辑，或可进行侦查实验以确定某些情节是否发生，怎样发生。尤其要注意捆绑、受伤情况，有无自己形成可能，伤势轻重，试探伤痕，等等。

（四）选择侦查途径，积极开展侦查措施

1. 从作案条件入手，调查摸排嫌疑对象。抢劫案件的一个突出特点，是被害人与作案者有一定的正面接触，人身形象、体貌特征暴露较为充分；作案时间记忆准确，作案地点表述清晰；能大致判断是否知情人作案；对作案工具、凶器及遗留物判断，也比较完整。这为调查、摸底、排查打下了基础。（1）体貌特征条件。根据犯罪行为人体貌特征，在一定范围内调查摸底，排查确定嫌疑人员。（2）作案时间条件。根据确切发案时间，调查发现具备作案时间，尤其发案时间到过现场的人员。（3）知情条件。判断熟人抢劫或知情人作案的，调查摸排具备知情条件的嫌疑人员。（4）遗留工具及痕迹物证条件。调查这一条件可以划缩侦查范围，甚至可以从物到人排查确定抢劫嫌疑人。（5）电子信息和监控录像信息条件。利用作案人在犯罪现场或来去路线上留有的手机信号和监控录像信息，排查锁定犯罪嫌疑人。

2. 从逃匿踪迹入手，追缉堵截捕获嫌疑人。针对抢劫犯罪人作案快、逃跑快的特点，采取以快制快的紧急侦查措施。如果报案及时，案犯刚刚逃匿，还没来得及改变衣着特征，赃款赃物也未能及时脱手，痕迹物证亦未销毁，可以迅速组织追缉堵截嫌疑人，既争取了时间又减少许多复杂侦查过程，有可能人赃并获。适用条件：案犯刚刚逃匿，特征明显，逃向明确或知道落脚点，赃款赃物量大，足迹、车辆痕迹、手机信号明显等。具体方法：（1）跟踪追击。案犯刚刚逃走不远，依据衣着打扮、体貌特征、逃跑方向，结合可能收集到的手机信息、监控录像资料，顺线追击。（2）前堵后追。在跟踪追缉的同时，在案犯必经之路堵截守候，形成前后夹攻之势。（3）迂回包抄。判断可能是流窜犯作案，按照逃走的时间和可能逃往的地点，抄近路迂回到其前方，出其不意，将其抓获。（4）步法追踪。根据足迹痕迹、车马痕迹或汽车轮胎痕迹及气味嗅源，采用步法追踪或警犬追踪，缉捕犯罪嫌疑人。

3. 从赃款赃物特征入手，控制销赃查获嫌疑人。针对抢劫案件有赃可控的特点，采取控查赃物、从物到人的侦查措施，确定抢劫嫌疑。抢劫案犯为消除身边赃物，消灭罪证，多是有赃必销。控制销赃的方法有：（1）对赃款的控制。主要把握住花用、挥霍、还债、赌博、储蓄等几个环节，对于暂未动用的赃款，一是调查和侦查埋藏地点，创造条件密搜发现罪证；二是制造错觉或创造条件，诱其花用暴露。（2）对有价证券控制。在支取、兑换环节布控守候。（3）对其他赃物的控制。把握使用、维修、销售、变卖等环节。如果被害人报案及时，在追缉堵截过程中利用随身携带赃款赃物特征，结合搜查、辨认等措施，可以直接达到人赃并获的效果。（4）异地、网络销赃控制。向某些地区范围内发赃物协查通报，可控查异地、易地销赃犯罪人。针对购赃销赃网络化趋势，可以采取网控措施及时发现通过网络销赃的抢劫嫌疑人。

4. 从体貌和遗物特征入手，组织辨认发现嫌疑人。针对抢劫作案人特征暴露相对充分，作案工具、遗留物品、涉案赃物特征比较清晰，可采取侦查辨认措施，认人、认物，排查嫌疑。（1）组织侦查辨认。已经发现抢劫嫌疑者，为了肯定或否定嫌疑，可以组织事主、被害人公开辨认或秘密辨认。（2）安排巡查辨认。如果没有发现嫌疑人，可根据抢劫活动规律，在其可能出没的场所由侦查人员带领事主、被害人进行巡查辨认。（3）辨认工具和遗留物。对于遗留现场的工具和物品，如刀斧、枪支、绳索、面具、麻醉品及车辆等，可以组织嫌疑人周围或可能知情的群众进行侦查辨认，以缩小侦查范围或辨定归属，再由物到人确定抢劫嫌疑。（4）辨认劫案赃款、赃物。发现嫌疑人持有的疑似赃款、赃物，通过密搜密取取得，交由被害人进行公开辨认或秘密辨认。

5. 从作案习惯入手，采取蹲坑守候措施缉捕嫌疑人。针对抢劫犯罪人重复性、连续性作案的规律，在作案时间、作案地点、选择侵害对象、作案手段和方法上具有一定习惯性特点，采取蹲坑守候措施缉拿捕获再次伺机作案的抢劫犯罪嫌疑人。（1）对可能继续发生抢劫案件的地区蹲坑守候，秘密监视。一旦犯罪嫌疑人再次出现实施作案，即可抓获现行抢劫犯罪行为人。（2）对预谋抢劫犯罪的目标场所进行蹲坑守候监视。通过内线侦查得知预谋抢劫的行动计划，在可能预谋作案的地点守候，以保护侵害对象和作案目标，防止抢劫得逞缉捕现行案犯。（3）对隐藏赃证物品的地点和兑换、销售赃物的地点进行守候监视，以发现和捕获前来取赃、兑赃、销赃的犯罪嫌疑人员。

6. 从物建秘密力量入手，利用特殊情报人员开展侦查。针对抢劫案件，尤其是重特大抢劫案件，团伙作案、集团作案、预谋犯罪，以及作案手段狡猾，隐藏较深的特点，采取内线侦查手段。（1）发现线索和嫌疑人。对于线索材料不多的抢劫大案，为了收集案件线索发现犯罪嫌疑对象，在发案地区物建秘密力量，作为特殊情报人员加强社会面的控制，发现案件线索和犯罪嫌疑人。（2）搞清内幕。对经过调查侦查发现是团伙、集团作案，成员复杂案情重大，具体内情不明，团伙内幕不清，为了弄清主次分工和犯罪事实，找准薄弱环节，拉出打入秘密力量，获取内幕情况。（3）获取证据。对具有重大嫌疑的侦查对象，若进展缓慢一时拿不到证据，难定难否，可考虑物建有接敌条件的人员为秘密力量，贴靠获取抢劫犯罪证据。（4）打击预谋。针对一段时期内某些地区抢劫案件频发，抢劫犯罪活动嚣张，而控制不利，破案率不高的情况，为了控制发案侦破预谋，物建活动能力较强的秘密力量，发现预谋抢劫线索，制止预谋和现行抢劫犯罪案件。

7. 从连续性作案特征入手，组织开展并案侦查。针对抢劫案件惯犯、累犯较多的特点，利用连续作案共性特征或前科劣迹犯罪资料，对可能是同一人或一伙人所为的抢劫案件，组织串案分析开展并案侦查。（1）对现场痕迹物证认定同一的若干抢劫案件实施并案侦查。痕迹物证同一为特殊并案条件。多起案件现场遗留指纹、足迹、枪弹痕迹、破坏工具痕迹，精斑血迹、皮屑、毛发、唾液及DNA材料，经技术鉴定，认为是同一人、同一工具、同一枪支所遗留、发射，即可认为系同一人或一伙人所实施的抢劫案件，可以开展并案侦查。（2）对案件要素和条件特征相同的抢劫案件开展并案侦查。案件要素条件为一般并案条件。若干案件的人员特征、作案时间、抢劫地段、侵害目标、方法手段及作案人数相同或相似，认为系同一人或一伙人所实施的抢劫案件，可以开展并案侦查。（3）对不同地区的发生的案发规律、案件要素和条件、痕迹物证相同的案件，可以通过网络平台进行信息比对查证，进行并案侦查。

（五）加强审查讯问，查清全部犯罪行为

对抢劫犯罪重大嫌疑人，要及时进行正面讯问。通过讯问不仅可以审查核实已经收集的犯罪证据，查获赃款、赃物，缴获作案工具、凶器，还能掌握尚未掌握的犯罪事实；通过讯问可以查清犯罪同伙成员和身上背负的其他案件，深挖余罪扩大战果。

1. 通过讯问进一步查清犯罪事实。犯罪事实包括：抢劫作案的时间、地点，抢劫的财物及被害人情况，使用的工具及其下落，犯罪动机及抢劫预谋活动过程，作案手段、方法、过程，被害人是否受伤及抵抗情况，结伙、团伙作案中各个嫌疑人在实施抢劫中的行为、语言及各自的地位、作用，案犯同伙人案后分赃情况，作案人是惯犯还是初犯、偶犯等。

2. 分析研究已经获得的证据材料。认真分析被害人陈述材料是否真实可靠，是否准确无误；仔细研究现场勘验检查获得的痕迹物证材料，做到了然于胸；全面掌握采取摸排、查缉、搜查、辨认、控赃、鉴定等措施获得的证据材料，尤其要重点研究抢劫作案工具和涉案赃物方面的已有证据材料。通过分析研究这些证据材料，对在讯问中可以使用哪些材料做到心中有数，以便驾轻就熟达到用之到位且不过火。

3. 了解掌握抢劫嫌疑人心理特征。一个精神正常的人有正常的思维，心理决定言行。全面掌握嫌疑人的心理活动特征，有助于采取正确的讯问方法突破嫌疑人心理防线。抢劫嫌疑人被拘捕后，一般具有恐惧、畏罪、蒙混、抵赖、抗拒等心理，表现为混淆案件性质，认小不认大，故意轻描淡写；认罪不供细节，讲虚不讲实，拒不透露作案工具和赃物下落；拒不认罪或时供时翻，顽抗抵赖；团伙犯罪者把罪行推给他人，保全自己，敏感多疑，猜忌同伙；以假乱真，示假隐真，企图蒙混过关；等等。

4. 选准讯问抢劫嫌疑人突破口。针对抢劫案情不同和嫌疑人认罪态度不同，选择不同的突破口和讯问方法。对现行抓获的抢劫嫌疑人，可采取先发制敌策略，令其交代基本犯罪事实，并追讯是单人还是团伙，围绕关系人、落脚点讯问，发现作案工具、赃物罪证。对预谋抢劫案件嫌疑人，可以围绕着已经掌握的手机、电脑、网络信息和监控录像，结合准备工具、踩点活动和交往关系人入手讯问。对重大抢劫案件嫌疑人，可采用引而不发策略，讯问其发案时间活动情况，可疑物品来源，进行旁敲侧击促其逐渐暴露。

对结伙抢劫案件，利用团伙成员推诿罪责、争取从宽心理，制造矛盾、利用矛盾，采取各个击破的讯问方法，并深挖尚未落网的同案嫌犯。对流窜抢劫嫌疑人，从其流窜落脚点和携带可疑物入手，研究其他地区的同类案件，追破其身负的其他案件。对疑似抢劫惯犯、累犯，从其作案手段、活动规律、经济来源、交往关系、销赃渠道入手，对照未破积案深挖，问清余罪。

5. 讯问重点围绕工具和赃物展开。通过讯问补充收集证据，包括从物（凶器、工具、遗留物、赃物）入手、从人（被害人、知情人、嫌疑人、关系人）入手、从方法（作案手段、方法）入手。侦查讯问的重点还是紧紧围绕着作案工具、凶器和赃物深追细问，诸如棍棒、刀具、绳索、枪支、子弹、炸药、麻醉剂的来源、下落，实施了哪些犯罪，对被害人造成了什么危害后果，等等。赃物的下落也是讯问的重中之重。一旦问出这些物证的来龙去脉，要迅速及时对所交代物品和其他可疑物品予以收缴并查证核实，做到清楚无疑、定准定实。

侦查人员对于侦破抢劫案件中收集的各种证据材料，必须经过认真审查分析、查证核实。审查分析证据内容包括：是否客观、真实，是否关联、一致，是否充分、合法。经过这样审查分析、查证核实的证据材料，才能作为定案的根据。

知识作业：

1. 抢劫案件有哪些分类方法？

2. 抢劫案件具有怎样的规律、特点？

技能作业：

1. 模拟对某抢劫案件被害人进行第一次询问。

2. 对某抢劫案件进行案情分析。

第五节　强奸案件侦查

知识目标：了解强奸案件的概念、分类，熟悉强奸案件发案规律、案件特点和案情分析内容以及侦查中注意事项。

技能目标：掌握强奸案件侦查要领，询问被害人和勘验检查现场的重点。

一、强奸案件的概念

强奸案件是指违背妇女意志，使用暴力、胁迫或其他手段，强行与妇女发生性交行为的犯罪案件。强奸案件涉及的主要罪种是强奸罪，而强奸犯罪的本质特征是违背妇女意志。违背妇女意志强行发生性交行为，是强奸案件的重要标志。所谓暴力手段，即施以捆绑、掐颈、殴打、伤害等进行身体强制，使之不能反抗；所谓胁迫手段，即采用威胁杀死、伤害或残害家人、揭发隐私等相要挟进行精神强制，使之不敢反抗；所谓其他手段，即采取药物麻醉、催眠、催情或趁其醉酒、沉睡、疾病状态，使之无力、无法或不知反抗。

强奸案件发案率并没有因为社会开放程度提高而降低。强奸案件多发，危害后果严重。对被害人在失去抵抗和防卫能力的状态下，实施强行奸淫行为，严重侵犯妇女人身权利；尤其是强奸幼女案件，严重摧残被害人身心健康，犯罪性质极其恶劣。许多被害人因遭受强奸而患上生理疾病和精神疾病，出现心理障碍，甚至寻短见自杀。强奸犯罪案件具有严重的社会危害性，极度影响广大妇女的正常生活、学习、工作，严重破坏社会治安秩序，降低人民群众的安全感。强奸案件历来属于公安机关立案侦查的严重刑事犯罪案件之一。

强奸案件分类及立案标准。按照强奸侵害对象年龄不同，可分为强奸妇女和奸淫幼女案件；按照作案地点不同，可分为入室强奸、拦路强奸和旅途强奸案件；按照作案人数不同，可分为单人强奸、团伙强奸和轮奸案件；按照强奸作案手段分为暴力强奸、胁迫强奸和其他手段强奸，其他手段强奸又可具体分为麻醉强奸、诱骗强奸等多种类型。按照生熟关系，可分为熟人强奸和生人强奸；按照有无预谋，分为蓄谋已久强奸和临时起意强奸；按照遴选对象，可分为随机强奸和强奸特定人等。强奸已遂或奸淫幼女列为重大刑事案件，持枪强奸、轮奸妇女列为特别重大刑事案件。

二、强奸犯罪活动规律

（一）强奸犯罪具有明显的季节性

强奸案件季节性规律突出，我国大部分地区尤其北方以春夏季节最为多发。城乡发案规律有所不同，如常见多发地带、高发时间等。夏季发案明显增高，一般5～9月份属于高发季节。究其原因，夏季人们户外活动增多，郊游踏青、公园景点人多，室内开窗、开门睡觉居民增多，对作案人来讲可选目标增加，作案机会增大；草木丛生，树林茂盛，青纱帐起，方便犯罪人隐蔽作案，有助于其藏身、逃跑；女性穿着简约暴露，衣衫单薄，色彩鲜明，引人注目，以轻、薄、露、透为时尚，超短裙、紧短裤、敞背服、露腹装、迷你衫之类，无疑对不法之徒是刺激、诱发犯罪的因素；暖夏季节，犯罪人荷尔蒙升高，也被认为是作案的因素之一。

（二）案件发生时段多在傍晚、夜间

为犯罪得逞又逃避打击，强奸作案多发生于天黑傍晚、深更半夜或凌晨时分，这时路上行人稀少，住户多数睡觉。走夜路的女工，下晚自习的女生，看夜场电影的情侣，与家人赌气夜不归宿的女孩儿，单居独住的女青年，成为强奸犯罪人寻觅的作案目标。强奸案犯借着黑夜似鬼魂游荡行罪恶之事。由于夜黑光暗，会给被害人描述犯罪人体貌特征和侦查辨认带来困难。也偶有光天化日拦路强奸的案件发生。入室强奸多经过踩点，选择习惯开窗睡觉、关门不严的女性。偶有"白日闯"

入室强奸案件，选择院内、楼内、户内人员较少之时作案。

（三）案件发生地点多在偏僻场所

为避人耳目，强奸案犯多选偏僻场所作案。强奸案件多发地点是僻静街巷、未竣工楼房、公厕附近、仓房菜窖、仓库车库，山村路、山洞里、江河边、青纱帐、灌木丛、机井房、瓜窝棚，等等。近年来，公共复杂场所、娱乐消遣场所，如公园景点、影舞剧院、酒吧歌厅、网吧、游戏厅、健身房、足疗店、按摩室、养生会所甚至学校校园，强奸案件多发；偶有作案人嚣张至极，在旅客列车、长途客车甚至街区广场，众目睽睽之下强奸、轮奸。青工宿舍、学生宿舍、出租房屋，也是强奸案件多发场所。

（四）作案对象青年女性、少女居多

强奸案件被侵害者多是青年妇女、少女或幼女。强奸案犯选择作案对象多是单走独行女性，上下夜班女工，值班女护士，下地劳动女青年，放学路上女学生，幽会的情侣，左邻右舍的年幼女孩儿，熟睡梦中、患病休养的女青年，聋哑、呆傻、精神障碍，甚至老年、体弱妇女。醉酒、怯懦、忧郁、疲惫女性更易成为侵害目标。有的完全陌生，随机挑取；有的蓄谋已久，熟识对象；也有的是符合犯罪人某些变态需求，诸如胸部丰满、穿高跟鞋、穿红衣服、烫头露背之类。

（五）接近被害人的方式多种多样

强奸犯罪作案手段固然是以暴力、胁迫和其他手段无疑，但作案人以什么方式接近、接触被害人却是各式各样。关注这种周旋接触的方式，在侦破强奸案件和防范强奸犯罪中具有特殊意义。拦路强奸，有预伏守候、尾随跟踪、恰巧相遇等方式；旅途强奸，有搭讪同乡、旅途相帮、拦截问路、搭顺风车等方式；入室强奸，多是暴力破门、尾随进门、试探叫门、欺骗开门进入或事先潜藏；等等。随着人们防范意识的增强，以各种身份、名义叫门侵入，如送外卖、送快递等入室强奸案件日益多发。伴随熟人强奸案件比例不断升高，周旋接触形式花样繁多，诸如吃饭喝酒、聚会派对、唱歌跳舞、游戏活动、网友会面等。

三、强奸案件的特点

（一）被害人与作案者有周旋接触过程

强奸案件作案者与被害人之间有正面接触过程，在案前案后有一段周旋过程，引诱、胁迫、挣扎、抗拒、厮打搏斗，这是由强奸犯罪行为所决定的。多数被害人能够提供出强奸犯罪的人数、年龄、口音、方言、体貌等特征，作案时间、地点、过程，涉案的物证等。有的被害人甚至能够提供出犯罪行为人的内衣内裤、身体生理、体表伤痕、身体气味等特征。被害人能够真实提供这些情况，对侦查破案极为有利。被害人即使高度紧张，作案者蒙面化装，自然环境光线不良，也常能提供出一些有用的线索。

（二）被害人多有反抗常使犯罪人受伤

强奸案件的固有行为特征是违背妇女意志。被害人在被侵害过程中常常有抗拒、挣扎行为甚至明显的反抗行为，本能或技能地把犯罪行为人抓伤、挠伤、咬伤，都是比较常见的现象。有的被害人奋起反抗，与之展开殊死搏斗，夺取凶器，将作案人刺伤、砍伤甚至置于死地。反抗行为对强奸案件立案定性具有参考价值，犯罪人受伤情况有利于警方进一步开展侦查控制活动。通过控制犯罪人的伤情侦查强奸案件，是一条经常选择而且非常有效的侦查途径。

（三）现场多留痕迹物证但容易遭变动

强奸案件犯罪现场，在作案者与被害人周旋的过程中可能留有痕迹物证，如足迹、手印、烟蒂、手机、提包、凶器、麻醉剂、催情药等；被害人反抗及双方厮打、搏斗过程常留下痕迹物证，如皮屑、毛发、衣片、纽扣及墨镜、口罩、腰带等其他脱落物品；发生性行为过程中常常留有精斑、血迹、擦拭物、铺垫物、避孕套以及躺倒滚压的痕迹等。入室强奸案件痕迹物证相比拦路强奸案件就更加集中明显。露天现场痕迹物证受环境影响易遭破坏，室内现场痕迹物证被视为脏乱常被清理。对这些痕迹物证要及时发现，认真提取，仔细检验，因为这些是发现案件线索，确定强奸嫌疑人，获取犯罪证据的关键环节。

（四）惯犯作案多带有习惯性和连续性

强奸犯罪人大多道德沦丧具有"流氓"秉性，平素就有猥亵、调戏妇女的表现或有强奸罪前科、性骚扰劣迹。一次"得逞"，强烈的心理体验和快感刺激会促使其继续犯罪，抱着侥幸心理再次或多次作案，有的甚至被判刑入狱、劳动改造几进几出，仍然不思悔改。作案者自以为行动诡秘、手法高明，会在一地或多地连续或陆续作案，而在作案时间、犯罪地段、侵害对象的选择，接近方式、作案手段、犯罪工具的使用，甚至流氓语言、习惯动作、变态嗜好等方面，都能表现出很强的习惯性。这对侦查破案、侦破积案、并案侦查至关重要。

（五）常有隐忍不报案或者报案不及时

隐案比较多是强奸案件一个突出的特点。一部分被害妇女、少女和幼女的家长，过多考虑名誉问题对被侵害隐忍不报，或在亲朋的再三劝导下才去报案。报案不及时的情况比较普遍，使得犯罪痕迹物证损毁丢失严重。以幼女被害为例，即使知道作案者是谁，有的家长也不愿报案，而是试图"私了"解决。这对侦查破案极为不利，隐忍不报的结果是不能立案侦查，有时缉获了嫌疑人却难以找到被害人或者被害人不予配合，使得犯罪者不能受到应得惩罚。强奸案件很少有见证人，询问被害人极为重要，报案迟缓对调查取证造成重重障碍，不利于案件顺利侦破。

四、强奸案件常见作案手段

以最为多发的两大类型强奸案件为例列举常见的作案手段。

（一）拦路强奸作案手段

1. 暴力劫持强奸。作案人直接使用暴力，殴打、捆绑、蒙头、掐颈、堵嘴等，对妇女实施身体强制，制服或打昏，使其不能呼喊不能反抗，拖拉至树林、草丛、青纱帐、壕沟，或门洞、墙角、厕所，再行强奸。

2. 持械胁迫强奸。作案人持有刀具、枪支、注射器等，以杀死、伤害、毁容或注射艾滋病毒相威胁，对妇女进行精神强制，使其不敢反抗。或者先试探挑逗再纠缠威逼，劫持到野外或室内场所实施强奸。

3. 抓把柄胁迫强奸。作案人利用某些女性犯了错误，抓住把柄进行讹诈威胁。例如，在僻静场所窥视私会的男女，以检举或公之于众相要挟，然后动手动脚使被害人内心恐惧不敢反抗，达到强奸目的。

4. 乘人之危劫持强奸。趁女性遭遇困境时，作案人以见义勇为、济危助困者现身，假意帮忙再讨酬谢进而实施犯罪。例如，趁着被害人遭抢被盗机会，"凛然"出手相助，再纠缠强奸。偶有团伙分工各扮角色而为。

5. 借口审查劫持强奸。冒充公安、市政、工商、税务等管理、执法人员身份，假借查验证件审查身份名义，把被害人劫持到偏僻场所强奸。有团伙专门劫持情侣幽会人员，分别劫持男女再实施犯罪行为。

6. 驾车劫持强奸。作案人单人或结伙驾驶汽车、摩托车寻觅单行或结伴的女性，以捎脚、接站、引路为名诱骗劫持上车，开到偏远场所实施强奸。劫持到住所、窝点的，多有蒙面、堵嘴过程。

7. 结伙劫持轮奸。作案人结帮成伙，酒后兴起性发，东扎西撞，游荡在某段街区，寻觅于人群之中。一旦发现目标，搭讪挑逗女性，仗着人多势众，一哄而上，劫持到偏僻角落或既定窝点，实施强奸犯罪。

（二）诱骗强奸作案手段

有较长的周旋接触、引诱欺骗过程，很多是邻居、熟人、同事、家人，或有长期接触条件者，可能一次强奸，更多是一段时间或长期实施强奸。

1. 利用物质引诱哄骗强奸。以物质利诱博得女性好感，再要求回报谢恩，伺机占有对方身体。在遭遇特殊困难时照顾笼络，在日常生活上施以小恩小惠，以求得报偿。幼女被害案件多数为此类手段。

2. 许诺帮助成功诱骗强奸。利用青年女性、少女的欲求设套骗色、骗财，诸如许诺帮助升学、就业，帮忙当演员、做模特、成明星，帮助成为网红，以此按照所谓"潜规则"占有少女身体。

3. 利用特殊身份实施强奸。利用真假特殊身份、职务和权威地位，软硬兼施，威逼利诱，实施强奸。诸如上下级、教师导师、监护人、资助人的特别地位，生父、继父的特别关系，牧师、教主特殊身份等。

4. 假借请求帮助欺骗强奸。作案者利用少女的天真热情，以遇到困难请女孩子帮忙为名，诱骗她们离开众人视线到达偏僻地点，伺机施暴强奸。诱骗借口常见的有请求帮忙引路、帮忙协助找人、帮忙送货上门等。

5. 网上交友线下会面强奸。作案者利用网络上交友软件或游戏平台，语音聊天、视频交友甚至进行网恋，待激起对方好奇或赢得对方信任后，邀约线下到指定地点见面，再以持械威逼或抓把柄相要挟实施强奸。

6. 利用淫秽物品诱骗强奸。利用少女情窦初开、性欲萌动，对性充满好奇和渴望之际，提供淫秽物品和道具，或引导其观看淫秽录像、淫书淫画，诱骗模仿尝试，使其陷入泥潭难以自拔，以达到强奸目的。

7. 欺骗喝酒、吸毒、下药强奸。利用灌酒致醉，偷下毒骗吸毒，偷下催情药，使其不知、无力、无法反抗，暗下黑手实施强奸。近年来，屡屡发生投放催情药物的强奸少女案件。

五、强奸案件侦破方法

（一）审查立案条件，准确予以立案

在强奸案件侦查中，经常遇到事件性质难以弄清的问题。最为常见的问题有：一是否认被害，本来强奸已经发生但被害人出于人所共知的原因，不承认被侵害的事实；二是谎告强奸，出于种种原因当事人故意编造事实，诬告某人实施强奸。这两种情况都严重干扰、影响侦查部门准确立案。

强奸案件少有见证人或目击者，对于被害人对作案人单向的指控和嫌疑人矢口否认强奸，侦查人员都要认真调查研究、分析审核。

1. 研究"被害人"陈述，发现陈述材料之中的矛盾；

2. 研究"现场上"强奸迹象，发现现场异象及与陈述间矛盾；

3. 研究控告人作风、品德与交往，发现谎报因素。

判断确有强奸事实的，应予及时准确地立案。

（二）及时进行询问，了解案情详情

强奸案件具有被害人与作案者有周旋接触过程的特点，被害人大多能够提供作案人的体貌特征、着装特点以及作案过程等。接受报案以后，及时询问被害人是侦破强奸案件的一个重要环节。

1. 询问了解被害人在何种情况下被侵害。案件发生时间，即什么时间开始什么时间结束；案件发生地点，即在什么地点预伏蹲守、尾随跟踪，什么地点实施强奸，劫持所到过的地方等。有时需要启发询问或组织指认。

2. 询问了解实施强奸作案过程。包括作案人接近被害人过程、暴力胁迫过程、发生性行为过程、其他犯罪过程、逃跑过程等。以暴力胁迫过程为例：伤害，威逼？要挟，恫吓？使用凶器，有哪些语言、动作等。

3. 询问了解犯罪行为人情况。包括作案人数，有无女性参与；年龄、身高、体态、相貌；穿着打扮，佩戴服饰；生理特征，包括特异特征；皮肤特点，身体气味；说话口音、方言。另外携带物品、驾乘车辆等。

4. 询问了解搏斗受伤情况。这是比较重要的问题。被害人有无反抗，双方厮打搏斗过程；作案人是否受伤，怎样形成，受伤部位，受伤程度，需就医否；被害人受伤与否，有无血迹，作案者身上有无血迹。

5. 询问了解涉案物品情况。了解被害人手里有哪些与强奸有关的物证：内衣、短裤，精斑血迹擦拭物，沾附物；作案者遗落的物品，抢走的物品；使用的交通工具、通信工具；等等。

6. 询问了解被害人、嫌疑人情况。被害人案前行踪，案后对谁诉说，对有疑点者了解作风、交往；被害前后有无可能的目击者或听到风声的人；有无嫌疑人，怀疑目标是谁，怀疑依据；等等。

虽然强奸案件一般知情面窄，但如果有耳闻目睹者、知情人，或者还有其他被侵害人，应该及时询问详尽了解有关情况。

（三）勘验检查现场，提取痕迹物证

多数强奸案件现场留有痕迹物证，所以在及时询问被害人和有关知情人的基础上应仔细勘验、检查犯罪现场。一方面，借此收集线索，发现嫌疑人；另一方面，收集相关物证，可作为诉讼证据。

1. 从作案地点发现搏斗、躺压的痕迹。无论室内室外，拖拉、躺压、厮打、搏斗痕迹是违背意志的标志，有时也是强奸已遂、未遂的判断依据；野外的交通工具痕迹、足迹等痕迹也应努力搜寻发现、固定提取。

2. 从有关部位收集精斑、血迹、毛发。精斑是强奸案件特有的物证，要注意从被害人的阴部、腿部、内衣、内裤，甚至地面、被单上收集提取；还应注意收集阴毛、头发、血迹，齿痕、手印等痕迹及避孕套等物证。

3. 从犯罪现场提取案犯脱落遗留物。在厮打搏斗、强奸犯罪活动中，犯罪人脱落、遗落的凶器、衣服、腰带、手绢、纽扣等物品都应注意提取，还应发现提取周旋、攀谈中留下的烟头、火柴、打火机、手机、纸张物品。

如果确有必要，可以组织搜索外围现场，抓获藏匿逃跑的强奸嫌疑人并可发现更多的痕迹物证。

（四）确定方向范围，刻画作案人员

侦查方向，即重点指向；侦查范围，即在什么领域内开展侦查。

1. 地域范围。作案者居住在什么地方，工作在什么单位，藏身窝点在哪里等。根据作案者口音、方言，衣着、打扮，携带物品，驾车牌照，来去路线，作案地点以及系列案件的分布情况，划定地域范围。拦路强奸案比入室强奸范围，可能要稍大一些。

2. 职业范围。作案者有业无业，属于哪一行业，什么工种岗位。可以从服装、行话、气质特点，携带物品，身上沾附物，职业气味以及作案时间的选择，分析判定作案人可能的身份、职业种类：农民工、锅炉工、在校学生、无业者、自由从业者等。

3. 人头范围。作案成员人数、相貌、年龄、身高、体态，生理特征，特殊标记，身体气味，说话口音、方言、嗓音等，以及性生活经验，变态言行，特殊癖好、嗜好，婚姻状况，是否强奸惯犯、累犯，有无其他前科劣迹等。可以结合以上方面刻画作案人形象，为组织排查搜寻作案人提供条件。

（五）选择途径，采取措施，开展侦查

1. 迅速追缉堵截，抓捕逃匿犯罪嫌疑人。一旦有报案及时者，若判断强奸犯罪嫌疑人尚未逃远，要迅速组织力量开展追缉堵截，争取直接抓获嫌疑人员，这是破案的捷径。也有时是被害人再次遇到强奸作案人报告警方的。追缉堵截时要注意嫌疑人的体貌特征、穿着打扮、携带物品及交通工具等特征。

2. 组织摸底排队，确定强奸犯罪嫌疑人。在确定的侦查范围内，根据刻画的犯罪条件进行摸底排队。依据结伙人数、职业特征、年龄结构、体貌特征以及作案时间、接触现场、前科劣迹、作案因素等必备条件和参考条件调查摸排。注意排查对象在发案时段的行踪去向，尤其是否具备其他物质性条件。

3. 调查检验物证，发现证实犯罪嫌疑人。对发现提取的各种痕迹物证，如刀具、枪支、子弹等凶器，绳索、麻醉品、催情剂等作案工具，衣服、纽扣、腰带、口罩等脱落物、遗留物，在适当的范围内进行调查、核实，对指纹、足迹、精斑、血迹、毛发等进行刑事技术检验鉴定，以发现嫌疑人确定证实嫌疑。

4. 组织侦查辨认，确认强奸嫌疑人。已经发现嫌疑人的，可以组织被害人、知情人等进行辨认，不宜公开辨认的组织秘密辨认，不能直接认人的可以辨认照片、录像；暂时没有找到嫌疑人的，可以先行模拟画像，再组织大范围侦查辨认。模拟画像还能延长被害人的记忆时间。

5. 跟踪守候监视，打抓现行强奸犯罪。对强奸作案活动规律突出的，判明在一段时间内极有可能再选择某地点作案者，可以组织蹲坑守候，以便打抓现行犯罪，直接抓获图谋实施强奸犯罪的嫌疑人；对重点可疑人员暂没有作案的，应该采取外线侦查跟踪监视予以监控，注意尽量获取相关活动证据。

6. 控制不明外伤，抓获受伤强奸嫌疑人。判断强奸犯罪人在实施犯罪行为中受伤，例如舌头、手指咬伤，脸部、皮肤抓伤，甚至被刀捅伤的，要对伤情加以调查控制，特别对伤情比较重的，可以从大小医院、个体诊所的接诊者中排查犯罪嫌疑人员。

7. 追查被掠赃物，发现藏、销、用赃嫌疑人。有赃物被掠的强奸案件，可以通过控制花赃、销赃发现嫌疑人员。对抢得的手机、手表、项链、戒指、耳环以及提包、化妆品等，进行调查控制，以发现作案者藏赃、赠赃或销赃的过程，以获取犯罪证据。

8. 调查车辆特征，确定驾车强奸嫌疑人。对驾驶车辆实施强奸、劫持轮奸的作案者，可以通过其车种、车型、牌照的辗转调查，发现强奸嫌疑线索。尽管车辆有自用、偷开、借用、抢劫等多种情况，仍不失为一条有效的侦查途径。必要时可对车辆进行辨认、勘查、搜查等。

9. 组织并案侦查，破获系列强奸案件。对疑似一伙人或一个人所为的强奸系列案件，可以组织串案分析，进行并案侦查。集中人力、物力，集中线索、物证，尤其通过精斑、血迹、毛发乃至 DNA 并案的，很容易突出犯罪嫌疑人，为破案提供强有力的支撑。包括相同性质或不同性质的案件都有可能组织并案侦查。

（六）加强审讯，补充证据，深挖余罪

讯问强奸犯罪嫌疑人的重点，是实施强奸行为的手段、方法，判定违背妇女意志的依据，与被害人陈述相对照，与现场痕迹物证相佐证；对待拒供者，适时、适度出示证据；打消顽固抵抗心理。通过高质量讯问，补充强奸犯罪的有力证据，防止出现乱供、翻供问题。

对于一次强奸案件，可以从凶器工具的准备，作案目标的选择，接近被害人的方式，欺骗、劫持的过程，强奸犯罪的手段，实施侵害的语言，厮打搏斗的行为，双方受伤情况，抢劫物品情况等环节作为讯问突破口。

对于多次奸淫案件，注意从作案人与被害人之间的关系，开始接触到最终报案的来龙去脉，每一次侵害的时间、地点、方法，尤其第一次和最后一次的作案经过，进行详查细问。讯问中注意揭露其以熟识关系为由或被害人生活作风问题为借口的辩解谎言。

对于团伙实施的强奸案件，注意对纠结成伙的过程，预谋准备活动，各自携带的工具、凶器，驾乘车辆归谁所有，团伙作案中的各自分工，暴力劫持或欺骗诱哄的各自言行、作用，轮奸过程的顺序，实施犯罪的主从地位，遗留痕迹物证的归属，劫掠财物的人员定位，案后分赃的情况等，问明查清。对于推诿责任拒不认罪者，可采取制造利用矛盾各个击破策略。

由于强奸犯罪案件中惯犯、累犯较多，在审讯中要注意掌握其犯罪活动规律、作案方法手段，结合本地和附近相邻地区已发未破的积案，参考并案条件，在侦破串案、积案，深挖余罪上下功夫。

六、侦查强奸案件注意事项

（一）注意保护被害人名誉

强奸案件涉及被害人的隐私，稍有泄露就会损害被害人的名誉，干扰其正常的生活、工作和学习，甚至影响夫妻关系。侦查中要注意保护被害人名誉，在公布案情、印发通报时不能公布姓名、身份和住址，更不能公布案情细节。按照规定，诉讼中一般不得公开审理。

（二）注意询问的方式方法

找被害人了解情况，注意回避单位人员，尽量减少询问次数，最好请检察院提前介入，不要轮番取证，以免给被害人造成思想压力。侦查实践中询问强奸被害人，最好由女侦查员参与询问。注意安抚被害人思想情绪，不在其丈夫、男友或同事、同学面前询问。询问幼女可有家长在场陪同。

（三）身体检查须按规定进行

侦查中有时需要对被害人、嫌疑人身体进行检查，以确定受伤情况、生理状态或某些特征。检查妇女身体，应由女工作人员或医师进行。对被害人一般不做生殖器官检查，若确有必要须经被害人及家长同意，由女法医或妇科医生进行。嫌疑人拒绝身体检查的，侦查员认为必要可强制检查。

（四）不做有伤风化的实验

在强奸案件侦查中，为了查明犯罪事实，有时也可能需要进行侦查实验，以确定某些情节是否能够发生，或者怎样发生。值得注意的是，开展侦查实验需要经过领导批准。不得组织被害人进行有伤风化、侮辱人格的现场实验，禁止一切足以造成危险的侦查实验。

（五）注意保障被害人安全

侦查中组织被害人对犯罪嫌疑人进行巡查辨认，或带领被害人协助守候监视时，要征得本人同意，讲明注意事项。尤其是按照与犯罪嫌疑人的约定组织被害人前往约会地点"赴约"时，必须周密设计稳妥实施，安排足够的侦查力量暗中保护，规定好联络信号，确保被害人的安全万无一失。

（六）禁止引诱他人犯罪

侦查中可以在强奸案件易发地段，组织侦查人员化装侦查，预伏守候或巡逻监视。女侦查员化装侦查或男女侦查员化装成情侣侦查，在实践中都很常用。必须严禁"钓鱼执法"，即男扮女装或女性化妆成流氓，袒胸露乳、搔首弄姿，搭讪挑逗他人，用情色引诱他人犯罪。

知识作业：

1. 强奸案件有哪些分类方法？

2. 强奸案件具有怎样的规律、特点？

3. 强奸案件侦查中有哪些注意事项？

技能作业：

1. 对某强奸案件犯罪手段进行归类。

2. 针对某强奸案件选择有效的侦查途径。

第六节　放火案件侦查

知识目标：了解放火案件的概念、性质类型，理解放火案件的发案规律和案件特点。

技能目标：掌握放火案件作案手段和侦查要领，包括调查询问和勘验检查重点，案情分析内容等。

一、放火案件的概念

放火案件又称为纵火案件，是指故意点火焚烧公私财物，危害公共安全和人身安全的犯罪案件。放火犯罪人为了达到一定目的，故意引燃公私财物，可能造成重大财物损失和人员伤亡，危害或足以危害公共安全和人身生命安全。侦查阶段的放火案件，不仅指《刑法》规定的危害公共安全类放火案件，也包括以放火为手段实施的杀人案件、侵犯财产类案件及破坏交通工具、交通设施、电力设备、广电设施、电信设备等案件。

放火案件尽管在刑事案件中所占比例不大，但其危害后果十分严重。放火犯罪造成的损失后果，不是犯罪行为人所能够控制的，常常远远超出作案原始动机的预期，一旦燃烧起来往往火烧连营，一个工厂连厂房加仓库，一条街甚至相邻的几条街，一个完整村庄都可能在顷刻之间化为灰烬。放火案件不仅危害人民群众生命财产安全，而且对社会安全危害极大，直接破坏我国的社会主义建设。

日常生活中发生的火灾事件，基本上有三种性质：一是行为人故意放火，也即放火案件；二是用火人对火源管理不善，即由于过失造成失火；三是达到一定的自燃条件，物品自燃起火。在侦查实践中，必须认真加以区别，严格把住放火案件的立案审查关。只有行为人有主观上故意放火犯罪行为的案件，才属于刑事侦查部门管辖的放火犯罪案件。

二、放火案件的特点

（一）多有明显的因果联系，放火动机突出

放火案件性质严重，危害极大，一旦得逞，很可能造成家毁人亡的后果，不仅会给特定的被害人造成灾难性损失，而且极易殃及四邻、危害大众。足见作案人与

被害人之间的利害冲突达到何等程度。因果关系及放火动机明显，是放火案件一大突出特点。正是由于动机突出，因果联系明显，所以放火案件大多为本地人作案，也是摸排发现放火嫌疑人员的重要依据。

（二）放火案件多有预谋、准备过程

预谋准备表现在选择目标、熟悉环境、准备纵火物质等方面。放火犯罪行为人首先选择最有利的目标，容易点燃而又不暴露自己；窥探观察环境，寻找有利点火部位，选择最佳进出路线；作案时机以不暴露自己并且能延迟发现火灾为宜（如看电影、吃饭、打牌、开会等）。工具有点火用的火柴、火机、引火用的蜡烛、蚊香、导火索，助燃用的汽油、煤油等。这些工具有的随身携带，有的是单位生产使用，有的与职业和接触人员有关。现场遗留工具、引火物也是认定犯罪的依据。

（三）放火现场大多遭到严重破坏

现场多遭到严重破坏且极难保护，这是放火案件的一个突出特点。由于火势蔓延，焚烧剧烈，加上灭火过程中搬运物品，抢救伤员，水浇、火烧、沙埋，使犯罪现场的痕迹物证多遭到严重破坏，往往是烟熏火燎的残墙断壁，是勘验难度较大的"残缺现场"。这对案件侦查极为不利。犯罪人因此也容易大意，往往把作案工具扔入火中或遗留在现场。

（四）放火犯罪行为人以初犯居多

除了极少数为掩盖侵财行为的放火案件，故意放火犯罪大多无利可图，一般较少重复犯罪，所以多为初犯。一旦达到作案目的，便不再继续作案，未达到目的者，也会由于因果关系明显，极易被纳入侦查视线，不敢再轻举妄动。所以单纯性质的放火案件，大多是一次犯罪，意味着难以从前科劣迹入手开展侦查调查。

三、放火案发规律、作案手段

（一）放火案件规律

1. 农村地区多发。农村具备放火的客观物质条件：房屋较简陋，木质结构多，棉粮柴草到处可见，放火目标比较明显。农村相对落后，小农思想严重，法制观念淡薄；干部工作方法相对简单粗暴，邻里矛盾较多，易产生报复心理。城市人口密集，钢筋结构多见，各方面管理严格，实施放火难于得逞。

2. 秋冬季节多发。秋冬季多发这个规律在我国北方表现比较突出。秋冬季节风大干燥，万物枯萎，一旦放火常难于救助。另外，冬秋季节粮食入库，柴草成堆，囤积大量的饲料、种子等越冬物品。作案人焚烧这些物品正能解心头之恨。春夏季节，雨多潮湿，客观上也降低了放火犯罪得逞的可能。

3．夜晚时间多发。放火犯罪后果严重，一旦暴露必然得罪大众，等于以全民为敌。既要作案得逞，又要逃避打击，作案人不得不避明就暗，掩人耳目。夜间光线暗淡，便于犯罪人潜入逃出，不易被发现；另外夜深人静，多数人已经熟睡，外边人迹稀少，当有人发现起火时，已经很难救助，犯罪易得逞。

4．刮风天气多发。百姓有谚语"夜黑杀人日，风高放火时"，说的就是放火案件最多发于刮风天气。火借风势，风助火威，火会烧得非常猛烈。风大人稀，风大易燃，难以扑救，甚至会火烧连营。放火犯罪人，尤其是鲜有的放火惯犯，大多会利用这一自然条件实施放火。

（二）放火作案手段

1．用明火直接点燃。使用火柴、打火机、蜡烛等燃烧的明火直接点燃被侵害客体，使之燃烧。采用这种放火方法，被破坏烧毁的目标多是容易点燃和焚烧的物体。犯罪行为人多选择在便于出进的现场位置，于夜间作案。多见于农村和室外，现场很少遗留完整的痕迹和物品。

2．用暗火潜伏点燃。用香烟火、蚊香火、棉条火而不是点燃的明火，迎风放在被侵害客体上，然后马上逃离现场，经过风吹与氧充分接触，使之逐步燃烧。这种方法使得案犯有逃离现场的时间，也更便于掩盖作案时间，但有一定的时间间隔，极其容易被发现或者自灭。

3．用助燃物品点燃。案犯有的将引火物上涂浸汽油、煤油、柴油等，点燃后扔于被侵害目标上；也有将蚊香、绳子的另一头绑上火柴，然后放在易燃物上。这种方法潜伏期很长，能够较为准确地定时，也有时间逃离现场，一般放火成灾比率较高。

4．用炸药引爆点燃。先在被害目标上泼洒汽油、柴油等助燃物，然后放置炸药，引燃炸药导火索后迅速逃离现场，通过炸药引爆起火，这种方法破坏性强，既达到了破坏目的，又烧毁放火时留下的痕迹和物品，达到掩盖犯罪的目的。目标多是房屋建筑、机械设备，林区矿区多发，有接触炸药和熟悉引爆技能的条件。

5．用电源短路点燃。犯罪行为人采用技术手段，将电源短路点燃目标放火。将保险丝负荷加大，然后将电线短路，使保险丝或短路处打火引起火灾。多发于厂矿、企业，难以扑救，并且难以与意外事故区分。犯罪行为人具备基础电工知识。

四、放火案件的侦破方法

（一）审查立案条件，认定事件性质

一般的，在现场上发现有以下情形之一者即考虑作为放火案件立案侦查：一是火灾现场内发现有引火物品。起火处发现有烧剩的火柴梗、煤油瓶、蜡烛、火把等引火物品。二是现场内发现有破坏迹象。事先破坏了消防设备、电信设施，或打开门窗助长火势，堵塞救火通道，打开天然气阀等。三是现场内发现有被盗迹象。门窗被撬，室内箱柜被撬，包兜被搜寻翻找，确有钱财及贵重物品丢失。四是发现现场有尸体存在。有被捆绑、折磨、杀害的尸体，尤其是经检验确定是着火前死亡的尸体。五是现场周围连续发生火灾。相近地区连续多次发生火灾或同一时间内多处起火，在一个火场内发现两个以上起火点的。六是现场没有火源、电源，没有自燃可能的。自燃要有蓄热条件，必须达到一定高的温度，以草堆为例，一般内部有过一定湿度腐烂发热，达到自燃起火点才能着火。

（二）认真勘查现场，发现痕迹物证

现场大都破坏严重，应在消防人员配合下确定重点，细致筛选，查找起火点，寻找引火物，搜集放火的痕迹物证，发现犯罪线索。

1. 查找起火点。（1）最先冒烟的地方。详细了解火情的发现经过和发展情况，火是最先从什么地方、几个部位着起来的，哪里是最先冒烟的地方。大火着起后，什么部位烧得最旺、火光最亮，火焰、烟雾呈现什么颜色。还要向事主了解，被烧的房屋或物品中有无易燃物品。（2）有引火物的地方。注意发现和寻找烧剩的引火物品。火场内发现有烧剩的火柴梗、蜡头、油类物质等引火物的地方和周围应视为起火点。这些现场遗留的物证，既是判明起火点和火灾性质的依据，又是揭露犯罪、证实犯罪的有力证据。（3）燃烧最严重的地方。往往是最先起火的部位，燃烧的时间长，或有油品助燃剂，多表现为燃烧速度快，物质烧得狠，水泥地面常常烧得发酥变白。（4）发现尸体的地方。清理火场时注意搜寻有无尸体，受伤尸体倒卧的地方常是起火点。这多是犯罪人杀人后放火焚尸灭迹，妄图转移侦查视线。（5）嗅到油味的地方。在清理火灾现场时，注意寻找发现遗留油迹或油气味的地方。如果犯罪人在放火时使用油类助燃，现场可能留有油迹或异常气味，通过嗅觉可以发现和判断起火点。（6）起火时的风向。火灾顺风蔓延发展，沿着火势发展的方向也是寻找起火点的依据。如果物体被烧毁一空，起火点就是迎风口处；如果物体烧一半，起火点多在被烧物体中间。

另外，要注意在中心现场和外围现场中寻找发现盛装助燃物品的油桶、油瓶、蜡头及打火机等。

2．检查现场出入口。主要是检查勘验现场的门、窗和防火通道，以及其他可能出入部位；注意碰撞、撬压、挖掘等痕迹，注意犯罪行为人遗留的各种与犯罪有关的物品。同时，对这些痕迹和物品在现场中的位置、距离、方向和状态，要认真调查核实，以判断犯罪行为人出入现场的方法和部位；在什么位置有过逗留，以判断行为及动机。

3．寻找可能造成起火因素。注意现场是否有其他火源，是否有电气设备，是否有易燃易爆物品，是否有吸烟、带火作业，进行充分考虑和细致地逐一检验，判断起火原因。了解现场建筑物、构造物的耐火等级，被损毁程度，金属变色、变热、变形情况，烟熏程度情况，多少油能够形成大致多少温度，等等。

（三）访问有关群众，了解案件情况

以火场发现人、报告人、救火人、值班人、周围群众、事主、被害人等为访问对象，主要了解以下内容：

1．谁是第一个报警者，是谁第一个发现火情，何时、什么情况下发现的，当时火场的情况是怎样的。

2．哪些人参加了救火，灭火时火场的情况怎样，有无异常现象，如何施救的也即救火的详细经过。

3．火灾发生前后，着火现场及其周围有哪些可疑人、可疑事、可疑物、可疑车辆或可疑迹象。

4．发生火灾前的值班、值宿情况，谁是最后离开现场的人，当时现场的状态如何，注意做好前后对比。

5．现场是否存有账目票据、贵重物品、爆炸物品或重要文件等，这些物品存放位置，损失情况如何。

6．现场是住宅还是工厂或仓库，有无极其重要部位，火场中有哪些可以引起火灾的因素，有无易燃易爆物品。

7．被害事主的表现如何，与何人平素就有矛盾、有何矛盾。

8．周围群众对着火有何反映，怀疑哪些人作案，有些什么依据。

（四）分析判断案情，确定案件性质

放火案件最为常见性质。一是泄愤社会放火破坏。敌视整个社会，仇视人民大众，对社会现实不满，纵火进行破坏活动。也有因对财物保管人员或防火负责人不满，放火破坏而嫁祸于人的。二是私仇报复放火。与被害人之间因财产纠纷、奸情矛盾、债务关系、打仗斗殴、婚恋矛盾，结怨结仇，同事间、上下级、邻里之间矛盾激化而泄愤报复纵火。三是掩盖犯罪放火。犯罪人由于实施了杀人、抢劫、盗窃、贪污、挪用公款等犯罪活动，为了焚尸、毁证、灭迹，放火破坏现场，掩盖罪行。四是变态心理放火。以放火为乐趣，见到可燃物压抑不住内心冲动，见到救火人群有特殊兴奋。也有精神病人、呆傻者实施放火，与此相类似。

1. 根据纵火目标，判断案件性质。放火活动是在一定的动机驱使下进行的，动机目的不同，纵火破坏的目标也不一样。若以首脑机关、军用设施、厂房车间、物资仓库，以及党政干部的住宅为目标，可能是带有政治色彩的破坏活动；若以居民住宅或私人财产为目标的纵火，极有可能是私仇报复泄愤放火。

2. 根据现场物品，判断案件性质。尤其是一些刚着火即被扑灭的现场。例如，勘查发现室内有翻动、撬压痕迹，缺少了物品。丢失贵重物品，判断是盗窃行为，则以盗案为主攻方向。又如，中心起火点是办公桌、金库、存放物资的地方，而烧毁的是账册、票证、证券等，可能是财会、保管人员的贪污和监守自盗行为，则以内查为重点。

3. 根据尸体状态，判断案件性质。如果火场中发现了尸体，必须进行仔细勘查、检验。根据尸体姿势、伤情，有无被捆绑、束缚及口鼻、气管的烟灰痕迹，确定死亡原因、致死方法。排除睡梦中老弱病残，来不及逃脱被火灾烧死情况，有可能是故意行凶杀人后放火焚尸灭迹。

4. 根据反常情节，判断案件性质。放火案件中如果出现一些反常情节和迹象，诸如发案时间、放火地点、纵火目标，出人意料，有悖常理，尤其是一条街、几条街，一个村、附近村，发生多起火灾，除泄愤社会的破坏纵火外，极有可能是变态心理或精神病人放火。

此外，还应对放火作案时间，犯罪人具备条件，作案人与被害人间因果关系等，进行系统、细致的分析研究。

（五）针对案件条件，采取侦查措施

除采取一般的侦查方法外，针对现场破坏大，本地人作案，犯罪行为人与被害人因果关系明显的特点，可以采取一些相应的策略。

1. 深入发动群众，摸排嫌疑人员。可以针对此类案件危害性大，百姓极为痛恨，参与热情颇高的特点而为。一是公布放火案情，大造破案声势，在一定程度上树立正气。二是召开适当范围座谈会，充分发动群众，组织摸排筛选。由于因果关系明显,群众可能知情,虽然难取证据,但能制造压力。由于初犯居多,要注意防控自杀。三是正面触动,促其自首,主动坦白交代。筛选过程,也即调动摸排过程,尤其适用农村放火案件。

2. 调查痕迹物证,发现犯罪嫌疑。放火案件虽然现场破坏严重,但也有痕迹物证可查,诸如点火器物、引火物品、助燃物品、包装容器及随身携带物品等;另外,翻动撬压的痕迹、成伤的凶器、滴落的血迹等,也可作为排查、认定嫌疑人的依据。具体操作,可酌情选择:(1)辨认物证,组织群众或家属辨认。(2)密搜密取或公开搜查获取样本,进行对比鉴定。(3)调查物证来源,取之何处,谁有条件等。

3. 查核时空条件,排查犯罪嫌疑人。调查核实已纳入视线嫌疑人的作案条件,尤其是是否具备作案时间、空间条件,有助于肯定否定放火嫌疑。放火案件很少有雇佣作案,又属于接触犯罪,必然占据时空。着重查明起火时嫌疑人是否到过现场,着火前后所在地点、做何事情、谁人证明,做到定人、定时、定位。通过技术侦查措施,也可对嫌疑人手机、车辆定位。

4. 控制赃款赃物,追查案件嫌犯。对于判断为掩盖盗窃、抢劫、贪污、挪用公款罪行的放火案件,紧紧抓住赃物赃款这根主线,去追查放火犯罪嫌疑人。针对赃物可能的掩藏、销售、转移、维修、销毁及赃款的挥霍、花用、焚烧等环节,判明赃物流向和渠道,严密架网布控或发出协查通报,既可以从物找人,又可以获取犯罪证据。

5. 组织侦查实验,侦查难点。放火案件中有些环节,可能一时搞不清楚来龙去脉。例如,放火点燃需要的时间,燃烧的材料能否自燃,作案、逃跑需要的时间,助燃物流淌的方向、面积、范围,现场材料燃烧后的状态等,都可以通过侦查实验帮助弄清、弄准。《折狱龟鉴》中最著名的"张举烧猪",就是针对疑似杀人焚尸现场所采取的侦查实验。

6. 反常表现入手,调查确定嫌疑。重特大放火案件常常造成巨大财物损失和人员伤亡,也许超出犯罪人事先预期。尽管案前充分预谋,案中专注谨慎,救火"积极表现",案后也会故作镇定,但还是会有反常表现,如探听消息、散布谣言、借故外出等。尤其在火烧连营、损失惨重的案件中,嫌疑人反常表现会更为多见。从各种反常表现可以发现犯罪嫌疑。

7. 使用秘密力量,开展内线侦查。放火犯罪现场容易遭到破坏,勘验中取得痕迹物证不多的案件,最终必将难获放火犯罪证据。对因果关系明显,具备时空条件，放火嫌疑重大，但事实不清、证据不足的嫌疑人，可物建力量内线侦查。适用条件还包括：（1）范围确定，但线索上不来；（2）嫌疑已定，但证据不足难以认定；（3）有一定依据，但直接证据少。对已拘捕的嫌犯，也可采取狱所侦查。

8. 外线跟踪守候，缉捕犯罪嫌疑人。对有可能连续放火、多次作案的犯罪嫌疑人，可以采用外线跟踪、守候监视等措施，发现控制现行放火犯罪活动。通过跟踪、守候，还可以发现控制藏赃、销赃、转赃、毁赃等活动，发现控制、缉拿捕获企图逃跑、准备自杀和再次放火的犯罪嫌疑人。

9. 讯问犯罪嫌疑人，补充犯罪证据。讯问放火犯罪嫌疑人，除依照法定程序外，把放火作案时间、放火手段方法、放火作案过程（含其他犯罪行为）作为讯问重点，注意结合放火动机目的、双方因果关系问清查明，以验证与勘验调查获得的材料是否相一致。讯问还应当抓住点火物、引火物、包装器皿和其他作案工具及盗窃、抢劫的赃物，查清这些物证的来龙去脉，是肯定、否定嫌疑，证实、证否放火犯罪的最有力证据。

知识作业：

1. 放火案件有哪些常见性质类型？

2. 放火案件具有哪些规律、特点？

技能作业：

1. 对某火灾现场分析确定起火点。

2. 试分析判断某放火案件的性质。

第七节 爆炸案件侦查

知识目标：了解爆炸案件的概念、性质类型，理解爆炸案件的作案手段和案件特点。

技能目标：掌握爆炸案件侦查要领，包括调查访问和勘验检查重点，案情分析内容等。

一、爆炸案件概念

爆炸案件是指犯罪行为人用爆炸的方法故意炸死、炸伤他人，炸毁公私财物，危害公共安全的犯罪案件。爆炸行为也包括利用炸药炸死、炸伤他人饲养的宠物、家禽、家畜达到一定数目，或以受保护野生动物为目标实施的爆炸。根据犯罪人的作案动机、目的和侵害客体不同，爆炸犯罪在《刑法》中分别属于危害国家安全罪、危害公共安全罪、故意杀人罪和故意毁坏公私财物罪等。

爆炸事件有正常爆炸和非正常爆炸，非正常爆炸又有爆炸事故和爆炸案件之分。重大爆炸责任事故，如果涉案人员是党政机关公职人员，由人民检察院直接负责立案侦查；如果重大爆炸安全事故涉案人员不是党政机关公职人员，由公安局刑侦部门负责立案侦查。过失爆炸罪也由刑侦部门立案侦查。爆炸犯罪一旦得逞就会给人民群众生命财产带来灾难性损失，造成恶劣的社会影响，严重危害社会公共安全，所以爆炸案件历来被公安机关列入"严重暴力犯罪案件"范畴，是公安机关侦破和打击的重点。

我国爆炸案件数量近年来总体上呈下降趋势，但在林业矿业为主的资源类城市，还是时有发生，而且犯罪性质、危害后果还相当严重。这与我们努力建设稳定的政治、经济、治安环境极不协调。公安部规定，将严重爆炸案件列为严重暴力犯罪案件的范围，在临战处置上，要遵循严重暴力犯罪案件的临战处置准则：主动进攻，先发制敌，安全第一，预防为主，统一指挥，协同作战，快速反应，因案施策。

二、爆炸案件的特点

（一）现场破坏严重，勘验检查困难

爆炸过程产生大量的高温、高压、高速气体和强烈的冲击波。在爆炸产物和冲击波作用下，现场物体会被爆碎、熔化、抛掷、破裂。爆炸现场破坏的方向非单一而"三维"，也即以爆炸点为中心，上下、左右、前后形成一个被严重破坏的三维空间。遭破坏的不仅是侵害目标，还会波及目标以外更大区域范围。这导致现场在爆炸前后状态发生很大变化，破坏和掩盖了一部分犯罪痕迹物证，再加上爆炸后抢救伤员，扑救火灾，转移易燃易爆物品等因素，使现场破坏更大。因此爆炸现场多数属于变动现场，乱无头绪，大无重点，这对勘查工作带来极大的困难。

（二）现场发现及时，爆炸物证较多

发生爆炸之后，现场附近及周围群众对爆炸产生的光亮、声响、烟雾能够及时地看到、听到、感知到，甚至也能嗅出炸药的气味，对爆炸后出现的可疑人、可疑事也会有较深的印象，这对于开展调查访问极为有利。现场虽然遭到破坏，手印、足迹等常规犯罪痕迹证据难以获取，但爆炸物证如爆炸尘土、炸药残沫、引爆装置碎片、包装物残片等还是大量存在的，也难以进行掩盖和伪装。只要按照爆炸作用

机制和发生规律，全面、细致地进行勘验，就不难发现和提取到有证据价值的痕迹物证。

（三）爆炸案件的因果联系较为明显

犯罪人与被害人之间、爆炸动机与犯罪结果之间的因果联系，还是比较明显。爆炸犯罪危害极大，刑法规定严厉惩罚，敢冒风险实施爆炸者必定犯罪动机强烈，非达目的不可。有的意欲报复社会，爆炸公共设施、重要建筑、生产设备、物资仓库，破坏生产、制造影响，或爆炸人员密集的公共场所、公交车辆、旅客列车、旅游景点，炸人屠众，制造恐怖甚至杀人自毙。有的因工作矛盾、利益冲突、经济纠纷、邻里纠纷、奸情纠葛、私仇怨恨，爆炸房屋、残害杀人、损毁财物。从爆炸前迹象，周围环境，爆炸目标，爆炸物及装置的构思和意图，可以发现因果联系。

（四）作案人有较长预谋准备过程

爆炸案件发生前，犯罪人都有一段较长时间的预谋准备过程。预谋犯罪行为所涉及的环节较多，范围较广。例如，选择爆炸地点和部位，准备爆炸物品（或偷盗或购买）；确定爆炸的方法，组装爆炸装置，有的要进行爆炸实验；选择爆炸时机，若有亲友在爆炸杀伤范围内，事先还要转移他们离开；等等。这必然要接触到一些人和物，就会在有关人员中留下一定印象，在有关物品上留下一些痕迹。这是侦破爆炸案件的有利条件。

（五）犯罪人具备爆破技能和爆炸物

采取爆炸手段进行犯罪活动，首先必须掌握或具有使用爆炸物的知识和技能。掌握得越多制作的爆炸装置越精细，杀伤力、破坏力越大。犯罪人的爆炸知识和技能与其职业、专业和爱好分不开（开山采石的民工，采煤炸煤的矿工，保管爆破器材的人员等）。犯罪人还必须具备接触和取得爆炸物的条件，如职业条件（生产、销售、保管、使用爆炸物工作）、社会交往条件及非法获取爆炸物的条件等。

案犯常用的爆炸物，多数来源于流失民间的民用爆破器材。主要渠道是转借转卖，赠送滥用，多领少用，积余不退，以料抵酬；另外，仓储保管不善，丢失严重，尤其是普通雷管，是用来制作具有遥控、定时、反拆卸爆炸装置，制造严重爆炸案件的基本物质材料。

三、爆炸案件类型和作案成员

（一）爆炸案件性质类型

爆炸犯罪动机、目的不同，则案件性质不同。常见的性质类型有：

1．政治破坏爆炸或谋害。具有分裂国家动机、危害国家安全目的，通过实施爆炸制造动乱甚至恐怖氛围，或对领导人物、政界人士图谋爆炸，制造混乱和影响。多属于有组织行为或团体实施。

2．仇视社会泄愤爆炸。对个人工作、家庭、生活不满，事业不顺，经商赔本，遭遇挫折，身处逆境，精神失落。以报复整个社会为动机，在公共场所实施爆炸发泄对社会的不满。常常杀人自毙，多是个体行为。

3．私仇报复泄愤爆炸。由于工作矛盾、生活冲突、邻里纠纷、经济争执、利益纠葛、奸情怨恨而产生报复泄愤动机，对具有私仇怨恨的特定目标人、住宅居所、财产财物实施爆炸，也多属于个体行为。

4．谋求个人私利爆炸。使用爆炸手段满足个人利益，为除掉精神包袱、消除异己、栽赃陷害，甚至为图谋财物实施的爆炸。近年来，屡屡发生以爆炸手段实施的重特大抢劫案件，偶有团伙所为。

无论哪种性质、类型爆炸案件，在客观上都有可能造成多人伤亡和重大损失，危害公共安全，严重损害国家、集体和公民个人的利益。

（二）爆炸案件作案成员

1．从职业身份看，总体上犯罪成员中农民工和林区、矿区工人占比较大，许多大案是外出务工或者经商的农民。动机大多以私仇报复、激情犯罪为主，或者将个人恩怨转向社会，滥杀无辜。

2．从作案条件看，有接触爆炸物条件和懂得爆炸常识的人在犯罪成员中居多。作案人工作上、生活中原本就能接触到炸药，或直接、间接学到过爆炸的知识和技能。有组织类爆炸大多由组织提供炸弹及培训操作技能。

3．从个人特征看，除以政治破坏为目的的爆炸案件犯罪人以外，其他性质类型的爆炸犯罪行为人多是"三低"人员：社会地位低，文化水平低，个人素养低。近年来，也有拥有一定经济地位者为恶意竞争实施爆炸。

四、常见爆炸装置和作案手段

（一）常见爆炸装置

1．火雷管爆炸装置。爆炸物是以工业硝铵为主的炸药；爆炸装置以火雷管系统这种初级装置为主，常把利用金属罐、玻璃瓶等自制的爆炸装置与作案侵害目标放在一起，引爆破坏达到犯罪目的。引爆方式常有点燃、撞击、拉发等。

2．电点火爆炸装置。这种爆炸装置主要用电阻丝引燃导火索引发爆炸，常以电灯、手电筒、电饭煲等电器，沙发、汽车座椅、玩具等日常用品为伪装物。有的电爆炸装置是通过打开箱子、打开门窗，或者打开书本，开启开关引燃电雷管引发爆炸。此外，还有拉发、压发、松发等引爆方式，技术含量稍高一点的定时、反拆卸类爆炸装置也偶有所见。

3. 遥控爆炸装置和线控爆炸装置。遥控爆炸装置是把无线电接收系统装在电引爆炸弹中、炸弹装在汽车、无人机、会议主席台、电视机、复印机、电话机上，通过遥控器引发爆炸。线控制爆炸装置是把插入炸药包内的电雷管脚线接上导线，接入隐蔽处，接电引爆爆炸。

（二）常见作案手段

因爆炸目标、作案对象和欲达到的目的不同，使用的作案手段也不同。

1. 投掷偷袭，扔完就跑。多以报复为目的，多发于居民住宅、院落，把手榴弹、炸药、雷管束、炸药包从门窗偷偷扔进室内。时间多在深夜，损害情况视案犯对现场情况的掌握而定。

2. 选位偷放，定点爆破。多发于公共设施、著名建筑，工厂车间、物资仓库及居民住宅。作案人敌视社会或报复大众，先踩点选好地点时机，将炸药包放好，然后定点引爆爆炸装置。

3. 送上车船，定时引爆。多发于车、船等交通工具上，有的是针对特定的乘客，有的是政治目的进行破坏。作案人将装有定时引爆装置的炸弹用行李、包裹等作以伪装，然后放置在车船上，自行撤离。也有让别人随身携带，形似自杀，真假难辨，伤及无辜。

4. 随身携带，杀人自毙。多发于火车、汽车、车站候车厅等公共场所。将爆炸物放在包里、揣在怀里，或绑在身上，手握引线，随时引爆，有三种情况：与被害人同归于尽；畏罪潜逃时劫持人质以引爆相威胁；对社会不满，仇恨大众，厌世自绝，伤及无辜，制造影响。

5. 汽车炸弹，驾驶引爆。把炸弹安装在汽车内，汽车快速接近目标后引发爆炸。现成炸弹，改装方便，隐蔽性强，甚至在汽车内另装炸药，增加威力。多为恐怖分子所使用。

五、爆炸案件侦破方法

在爆炸案件侦查工作中，进行现场勘验和调查访问的同时，甚至在接到报案之后勘查之前，经常需要采取紧急措施，诸如：抢救伤员，尽可能做到保护现场状态；排除隐患，排除暂未爆炸的爆炸物攻，清理危险状态的建筑物；追缉堵截，缉捕因发现及时尚未逃远的爆炸犯罪嫌疑人。

（一）勘验爆炸现场，搜集犯罪证据

1. 确定爆炸中心点。爆炸中心点即炸点，指安置爆炸物并引起爆炸，造成明显的破碎痕迹的部位。除粉尘、可燃气爆炸外，现场勘验检查首先确定爆炸中心点，然后以炸点为中心，向外围分片、分段进行勘验。爆炸中心点确定依据有：一是破坏最严重的地方。爆炸冲击力最大的地方是炸点附近。物体毁坏最严重，离炸点最近，反之亦然。二是根据地面炸坑来判断。裸露在地表面的爆炸物爆炸，会形成浅形炸坑，坑的深度通常小于坑口半径。炸弹若埋入地下，会形成深形炸坑，坑的深度大于坑口半径。坑内均形成压缩区或粉碎区，炸坑中心即为炸点。三是从被炸缺口、孔洞来判断。将离炸坑不同距离的缺口、孔洞连线，交叉处即为炸点，缺口、孔洞越密集离炸点越近。四是被炸物体抛射散落的反方向连线交点即为炸点。炸点确定后，要测量记录炸点的形状、深度、烟痕、气味、残留物等。

2. 发现提取爆炸物证。爆炸物证是爆炸抛出物，爆炸残留物和爆炸痕迹的总称。爆炸抛出物：炸点周围的物质，被炸碎后抛离爆炸中心点，形成抛出物。爆炸残留物：炸药颗粒、肉眼不易分辨的微观残留物、引爆装置残骸、包装物、捆绑物残片等。爆炸痕迹：受爆炸力的作用引起不同程度的破坏或变形，形成的爆炸痕迹，空气冲击波破坏痕迹和抛掷作用痕迹等。爆炸物的散落有一定分布规律，爆炸现场一般分为三个地带。第一地带：爆炸产物直接作用地带。介质粉碎被抛射出去，宏观上形成炸坑。此范围内人体组织被击粉碎，爆炸残留物极少。第二地带：产物和冲击波共同作用带。宏观上有燃烧痕迹。此范围内坚硬介质被炸成碎块抛散，人体衣物剥脱并引起燃烧，人体组织外形完整，残留物逐增。第三地带：空气冲击波作用带。宏观上房屋倒塌，门窗家具破碎，玻璃震碎，人体耳聋。破坏程度向外逐渐减轻，残留物由多渐少。残留物大多位于二、三交接地带，这个地带称为负压区，爆炸产物、残留物迅速降落，形成残留物高量区域。

3. 勘验、检查爆炸伤。对爆炸受伤者及尸体查验爆炸伤。爆炸伤分为爆炸力直接作用炸伤和间接作用炸伤（摔、抛、坠、压伤等）。查验爆炸伤重点在研究伤者及尸体的方位、姿势、衣着，损伤部位、形状，伤口粘附的爆炸残留物。对尸体要逐一编号，为查明身源做准备。综合被害者的空间位置、变动情况和受伤情况，逐个定人定位，尤其对中心部位发现的损伤和撕裂最严重的死者要重点检验和查证，判明是杀人自毙还是被杀害的对象，或是无辜被害者。

4. 发现提取其他痕迹物证。除了对爆炸残留物、抛出物、爆炸痕迹认真勘验，还要注意发现、提取其他痕迹物品。在爆炸现场中心部位，出入现场的必经之路及现场周围，发现犯罪行为人的指纹、足迹、破坏工具痕迹、交通工具痕迹。尤其在爆炸装置和包装物上，仔细寻找安装或携带爆炸装置时留下的指纹，例如在电池锌皮和造革提包上，经常能够发现和提取到指纹。另外，还要注意发现、提取犯罪人在现场逗留、爆炸作案和其他犯罪遗留的打火机、烟头、手套、鞋套等物品。

（二）开展调查访问，了解爆炸情况

1. 了解爆炸发生时的爆炸现象。访问现场周围群众和爆炸受伤者，了解爆炸发生的时间、地点和爆炸现象，爆炸时所看到、听到的光亮、火焰、烟雾、声响。包括爆炸火光的颜色、亮度、形态，火焰的颜色及出现在爆炸前或爆炸后的情况；爆炸声音的远近、脆闷、大小及响声的次数、间隔，烟雾的颜色、浓淡、形状、高度及范围，嗅到的气味种类及刺激程度，等等。以及案发前后在附近见到的可疑人、可疑物和可疑事。

2. 了解爆炸前后现场状态变化。访问爆炸受伤者和家属及公共场所管理者，了解爆炸发生的具体位置和范围，爆炸前后现场物品变动情况，原来是否存有爆炸危险品，哪些物品因爆炸受到破坏。现场出现的可疑物、可疑事、可疑人及其体貌特征、姓名、住址，尤其是携带物品有无异样。如果是在火车、汽车类封闭的空间，则需要受伤人员提供周围人所处的空间位置、状态表现、体貌特征、衣着打扮及随身携带物品特征等。另外，要询问现场保护人，哪些人参加了抢救工作，听到、看到了哪些情况。

3. 了解爆炸时现场所有人的位置。对于公共场所爆炸案件，例如汽车、火车车厢中爆炸，尤其是多人受伤的爆炸案件的侦查，可以采用"滚雪球"方式进行访问，了解爆炸发生时每个人各自所处的位置，周围人的具体情况。要对每位人员逐个定位并将结果制作示意图，以便从中发现爆炸犯罪嫌疑人。要拟订调查访问提纲，内容包括：（1）自然状况；（2）何处上车；（3）衣着、携带物；（4）位置姿势；（5）同行周围人员；（6）目睹情况；（7）异常情况；等等。

4. 了解爆炸被害人和被炸单位情况。访问伤者、死者家属亲友及相关人员，了解爆炸被害人、事主和被炸单位相关情况。首先要查明死者的身份，了解其生前的社会交往、家庭关系、经济状况、生活作风、现实表现、政治态度，与他人有无矛盾冲突、私仇怨恨，有哪些反常表现，有无自杀倾向，自己有无获取爆炸物的条件，有无爆破技能，等等。询问家属亲友对爆炸的看法。另外，了解爆炸单位有无保管、私藏爆炸物品，单位人员接触爆炸物品情况，等等。

（三）分析判断案情，确定案件性质

1. 分析爆炸案件性质。首先分析爆炸性质，确定是否故意引爆的犯罪行为，为立案侦查提供依据。在此基础上分析判断爆炸案件性质。（1）从爆炸作案目标分析。以危害国家安全为目的的爆炸案件，主要目标是党政军领导、首脑机关、要害部门、重点场所，重要设施等；泄愤社会爆炸案件，多发于公共交通工具、旅游景点人多密集场所；其他爆炸案件，主要目标是特定的关系人和住宅居所。（2）从作案时间地点分析。以危害国家安全为目的的爆炸，多选在重大节日、重要集会地；以泄愤社会为目的的爆炸，时间地点以爆炸作案人压抑不住内心愤懑或意欲寻死时刻及其活动轨迹为准；具有特定目标的爆炸案件的时间地点，以指定目标活动为依据，一般是特殊时机、必经之路等。（3）从爆炸方法手段分析。危害国家安全爆炸案件爆炸方法先进，爆炸规模大，破坏力度强，甚至采取人体炸弹手段；一般个体爆炸案件，爆炸装置粗糙简单，炸药种类常见，炸药量较少。（4）从现场遗留物分析。爆炸现场如果残留某些犯罪人遗留的物品，诸如极端组织旗帜、标志等，可以为判定爆炸案件性质提供依据。

2. 推断爆炸物种类数量。确定爆炸物种类，主要以现场提取的爆炸残留物进行的化学检验结果为准。此外，还可根据现场爆炸时产生的火光、声响、烟雾、气味、烟熏痕迹等判断种类。例如，TNT：冒黑烟，呈苦味；硝铵炸药：灰白烟，化肥味；黑火药：灰黄烟、臭鸡蛋气味。计算炸药量常用经验公式估算，可根据现场爆炸痕迹范围结合爆炸的破坏程度进行推算。必要时可以开展侦查实验，估计判断炸药数量。

3. 分析判断爆炸装置。尽可能对被炸毁的装置进行复原，复原过程也是分析判断爆炸装置的过程。爆炸装置构成要素包括炸药（成分、数量、性状）、包装材料（材质、容积、形状）、引爆装置的构造（发火方式是导火索点火还是电热点火；引爆方式是定时还是触发）、炸药包捆绑物（麻绳、化纤、铁丝等）、药包中的填加物（铁钉、钢珠等）、爆炸物的盛装物（手提包、背包、行李等）。要结合上述残留物进行综合分析。若在现场找到铁钉、铝链、拉手，经检验沾染有炸药成分，则可推断铁钉是填加物，铝链、拉手是以提包作为爆炸物的盛装物。若在现场找到导线、金属片、电池锌皮、塑料盖等物品，则表明电引爆或雷管引爆可能性大。

4. 分析爆炸作案人特点。主要从作案对象、爆炸目标，从因果关系推断作案人动机目的；根据爆炸装置物品，推断其身份、职业、技能条件和所处社会阶层；

依据调访材料和现场提取痕迹物证，推断其身体特征条件、时空条件。另外，还要分析炸死、炸伤人员中有无引爆者。(1)看有无引爆动作。无论电发火还是机械发火，点火动作一般都用手来操作，手指、手掌或手臂可能被炸毁。(2)看是否接触过炸药。收集炸药和组装爆炸装置，犯罪行为人指甲、手掌、衣服口袋里会残留有微量炸药。(3)看被炸人体上有无炸点。根据爆炸伤口的位置、性状和严重程度，结合爆炸时的体位，判断是否是炸点。

（四）选择侦查途径，排查嫌疑对象

1. 从追缉堵截措施入手，发现爆炸嫌疑人。爆炸案件发生后有比较明显的爆炸现象，案件暴露快、现场发现及时，这一特点为采取紧急措施开展追缉堵截，查获爆炸嫌疑人提供了可能。侦查实践中有许多爆炸案件，一声巨响之后，定点守卫的保安队员和附近巡逻的军警人员闻风而动，当场发现、抓获了具备爆炸嫌疑的可疑人员。有的案件由于报案及时，侦查部门组织追缉堵截，成功查获未及远逃的犯罪嫌疑人，经过搜查、辨认和爆炸微量物证的检验鉴定，最终确认爆炸犯罪作案人。

2. 从调查因果联系入手，发现嫌疑对象。根据案件性质，研究作案动机，调查因果联系，据此发现犯罪嫌疑人。对于私人住宅、特定具体人的爆炸，可以调查与被害人有新仇旧恨、婚恋矛盾、奸情纠葛、利害关系者，排查发现泄愤爆炸嫌疑人。对于工厂车间、生产设备、物资仓库的爆炸，可以调查与负责人有矛盾冲突、仇怨纠纷者，排查发现陷害泄愤的爆炸嫌疑人。对于公共场所、公交车辆、无特定人的爆炸，可以调查个人欲望未得到满足，具有反社会倾向和自杀欲望者，结合被炸死、炸伤者情况，确定犯罪嫌疑人；对于党政机关、著名建筑、重要设施的爆炸，可以调查具有颠覆政府、分裂国家和恐怖主义倾向的嫌疑对象。

3. 从被炸死、伤人员着手，排查嫌疑对象。爆炸犯罪现场大多有尸体和伤残者存在，犯罪行为人也有可能就是死伤者中的一员。从调查被炸死、伤人员基本情况着手，开展侦查工作常能发现自杀爆炸或未及逃离的爆炸作案人。对受伤者需要询问了解身份及案件情况，对尸体也要逐一核查身份。尤其是对于无名尸体和残缺不全的尸块，要通过体貌特征、衣物辨认和指纹、DNA检验鉴定查清死者身源，弄清其生前身份。在此基础上，调查死伤人员的被炸心理状态，分析其有无爆炸犯罪思想基础，进一步排查其是否具备其他作案条件，肯定或否定嫌疑。

4. 从犯罪现场爆炸物入手，排查嫌疑对象。炸药及爆炸装置材料的来源，是侦查爆炸案件必须调查清楚的关键环节。通过调查炸药、雷管、导火索之类的爆炸物品、引爆器材、控制设备及支撑物、包装物的来源，不仅可以从生产、销售、使用渠道缩小调查侦查范围，发现什么人具备接触同类爆炸物品的条件，甚至有可能认定核实犯罪行为人偷拿索要、非法购买、亲友提供、自己制造相关爆炸物品的过程。有些犯罪人为做到万无一失，实施爆炸犯罪前组装爆炸装置，事先进行爆炸实验。调查中也要注意排查嫌疑人是掌握实施爆炸的技能条件。

5. 从现场遗留痕迹物证入手，确定犯罪嫌疑。爆炸犯罪嫌疑人因为确信爆炸后会损毁一切痕迹，常常忽视在爆炸装置及包装物上留下的指纹痕迹。对于从现场提取的指纹、足迹、交通工具痕迹、破坏工具痕迹，以及可能遗留在现场的安装工具、随身携带物品，进行认真细致调查，常能发现、确定犯罪嫌疑。因为这些痕迹物证，在一定程度上能够反映犯罪行为人的个人特征、职业特点、技能条件、居住范围，均可作为排查爆炸犯罪嫌疑对象的重要依据。

6. 从串案分析并案侦查入手，侦破系列案件。一方面，针对相同性质的爆炸案件，同时或一段时间内发生的多点爆炸案件，可以集中收集案件资料，对比侵害目标、作案对象、爆炸方法、作案手段、爆炸物品、痕迹物证，发现相同点，研究确定是不是同一人、一伙人所为。特别注意作案对象的交叉汇集线索和作为特殊并案条件的痕迹条件。另一方面，针对不同性质的案件，例如偷盗、抢劫、倒卖炸药和爆炸器材案件，与爆炸犯罪案件串案分析并案侦查，以炸药物证为脉络主线，可以把爆炸案件办成"铁案"。

（五）采取侦查措施，获取犯罪证据

1. 采用"三定"方法，获取作案时空方面证据。所谓"三定"方法，即"定时、定位、定人"的方法，是对调查发现的爆炸犯罪嫌疑人，通过以爆炸物安装、放置的时间和接触过现场空间作为定时、定位、定人的标准。爆炸时在现场者，不能确定就是作案人；爆炸时刻不在现场，也不能排除其具备作案时间和空间条件。爆炸存在遥控爆炸、定时爆炸、邮寄爆炸物，甚至借助无人机实施等情况。可以运用"三定"思路来取得人证、物证、监控录像等证据。

2. 采取搜查措施，获取爆炸物品方面证据。运用搜查措施，获取与爆炸物品相关的物证。除对嫌疑对象人身公开搜查外，可以对其住所、工作场所、窝点及其他相关场所进行搜查。可先秘密搜查再公开搜查，也可公开与秘密相结合。通过搜查发现获取剩余炸药、导火索、雷管、导线、电池等爆炸物、起爆物、控制物、包装物、捆扎物等。要对搜查所得物品与现场遗留物品认真进行比对，一旦做出同一认定，即可作为诉讼证据。

3. 运用辨认措施，认证嫌疑人或作案工具。爆炸犯罪人在实施作案过程中，人身形象、体貌特征、携带物品会给某些群众留下印象，通过侦查辨认措施可以认定犯罪嫌疑人。另外，对于爆炸装置中的控制系统物（如闹钟、手机、玩具汽车等）、包装物（如提包、罐头铁盒等）和遗留在现场的作案工具，也可以组织相关人员进行辨认，以此认定犯罪嫌疑人。对犯罪嫌疑人和现场遗留作案工具及随身物品的辨认，必须按照辨认规则进行，并制作辨认笔录，方可作为证据使用。

4. 运用技术措施，获取爆炸物证鉴定意见。对于从爆炸现场提取的爆炸装置、包装物、捆扎物、支撑物残片与从嫌疑人处搜查获取的各种材料，除组织辨认认定以外，还须运用刑事科学技术进行鉴定，尤其是对炸药残留物的鉴定意见，是辨认笔录所无法取代的。另外，对有些隐藏比较深的爆炸嫌疑人，可考虑运用技术侦查措施，诸如跟踪盯梢、守候监视、密拍密录、密取和窃听，或物建秘密力量获取内情。

5. 开展侦查实验，检验、校正对案情的推断。爆炸案件侦查相较于其他案件侦查，侦查实验是采用最多的，这一措施的作用是独特的、多方面的，可以在侦查破案的任何一个阶段和环节上采用。尤其是对于爆炸物种类、炸药数量、起爆装置以及爆炸痕迹如何形成等，都可借助模拟实验结果来检验、校正对案情的推断。在侦查收尾阶段也可用以证实犯罪人供述的作案过程和每个环节是否真实可靠。

6. 组织侦查讯问，补充核实爆炸犯罪证据。拘捕犯罪嫌疑人后，应当迅速拟订方案，适时组织开展侦查讯问、审查讯问。施用有效的讯问策略，促使其如实交代爆炸犯罪事实。通过讯问可以查清嫌疑人是否具备时间条件、空间条件、动机条件、结伙条件、痕迹物证条件，尤其是可以问清、查实爆炸相关物品的来源、去向。通过讯问取得的供述和辩解，一方面可以用来查证核实、核否已有的人证、物证，另一方面可以补充新的犯罪、无罪与罪重、罪轻的证据。

最后要对爆炸案件中各类犯罪证据进行综合审查分析，研究爆炸证据是否能够形成链条，是否能够相互印证，是否存有矛盾。如发现存有矛盾，需进一步审查矛盾产生的原因，以完全证明爆炸犯罪事实真相。

知识作业：

1. 爆炸案件有哪些常见性质类型？

2. 爆炸案件具有哪些特点和常见作案手段？

技能作业：

1. 对某爆炸目击者进行访问，了解基本案情。

2. 试分析判断某爆炸案件的性质。

典型案例链接——

石家庄"3·16"特大爆炸案件

河北省石家庄市刑满释放人员靳×超，因家庭琐事对其邻居以及继母、前妻、姐姐等人怀恨在心，决意采用爆炸的方法报复以泄私愤。2000年5月、6月间，靳×超找到从事非法制造炸药的王某顺、郝某琴，用其提供的炸药及雷管、导火索进行试验。随后，靳×超又从河北省鹿泉市石井采石一厂工人胡某洪处，购买了50枚雷管及20余根导火索。

2001年3月12日至3月14日，靳×超3次到王某顺、郝某琴处，先后购买了600千克硝铵炸药，并进行了爆炸试验。3月15日，靳×超以搬运饲料为名，先后租用一辆客货车及一辆农用三轮机车，将炸药运到石家庄郊外一废弃房内藏匿。3月15日晚到16日凌晨，靳×超以搬运饲料为名，先后雇用三轮摩托车，将藏匿的575公斤炸药和从胡某洪处购买的雷管及导火索制成的引爆装置分别运送并放置到其前妻父母、儿子所住建设北大街市建一公司宿舍楼，其前妻夫妇所住电大街13号宿舍楼，其姐售出房屋所在民进街12号院和自己所住的育才街棉三16号宿舍楼。随后，靳×超连续换乘出租车，依次将放好的炸药一一引爆，致使上述地点连续发生爆炸。共造成108人死亡，多人受伤，其中重伤5人，轻伤8人。

此前，靳×超于2001年3月9日在云南省马关县持柴刀将一名曾与其同居的女青年杀死。法庭审理还查明，自2000年3月以来，王某顺、郝某琴一直非法制造大量硝铵炸药，以每吨1300元到1700元的价格卖给他人，总计非法制造并出售硝铵炸药2.3万多千克。经法庭调查，上述事实有证人证言、书证、物证等大量证据证实，靳×超以及王某顺、郝某琴、胡某洪均供认不讳。法庭认为，被告人靳×超为泄私愤，持刀行凶并致死人命，又以极其残忍的手段，连续在4处居民楼、院内实施爆炸行为，造成人员重大伤亡和财产的巨大损失，其行为已分别构成故意杀人罪、爆炸罪，情节和后果均特别严重，且系累犯。石家庄市中级人民法院依照刑法有关规定，对靳×超以爆炸罪判处死刑，剥夺政治权利终身；以故意杀人罪，判处其死刑，剥夺政治权利终身，决定执行死刑，剥夺政治权利终身。

法庭还认为，被告人王某顺、郝某琴为谋取私利，非法制造、出售爆炸物，其行为均已构成非法制造、出售爆炸物罪；被告人胡某洪为谋取私利，非法买卖爆炸物，其行为已构成非法买卖爆炸物罪。王某顺、郝某琴、胡某洪非法制造及出售爆炸物数量巨大，其中向靳×超出售的爆炸物被其用于实施犯罪，并且造成人员重大伤亡和财产巨大损失，后果特别严重。石家庄市中级人民法院依照刑法有关的规定，分别判处王某顺、郝某琴、胡某洪死刑，剥夺政治权利终身。❶

---

❶ 中国新闻网，http://www.chinanews.com/2001-04-18/26/86529.html。

第八节　绑架、劫持案件侦查

知识目标：了解绑架案件的概念、行为类型，理解绑架案件的特点。
技能目标：掌握绑架案件侦查要领，询问、分析要点，现场处置思路。

一、绑架案件概念

绑架案件是指犯罪行为人为勒索财物或其他目的，采用暴力、胁迫、麻醉或其他方法，绑票或劫持人质的犯罪案件。按照《刑法》规定，绑架犯罪行为主要有两种类型：一是绑架勒索，也即俗称的绑票案件，表现为以暴力、胁迫、麻醉或其他方法将人质控制、藏匿起来，再向人质家属或关系人勒索钱财；二是绑架人质，也即俗称的劫持人质案件，以暴力、胁迫等手段劫持人质，之后或当场向政府、警方等部门或其他团体、个人提出非法要求。另外，还有劫机、劫船、劫车案件，即犯罪人员使用暴力手段或以机、船、车及上面人员的安全相威胁，强行迫使飞机、船只、车辆驶向指定地点的案件。这类劫持案件与上述绑架劫持具有大致相同的特点。

我国《刑法》规定，以勒索财物为目的绑架他人的，或者绑架他人作为人质的，处十年以上有期徒刑或者无期徒刑，并处罚金或者没收财产；情节较轻的，处五年以上十年以下有期徒刑，并处罚金。杀害被绑架人的，或者故意伤害被绑架人，致人重伤、死亡的，处无期徒刑或者死刑，并处没收财产。以勒索财物为目的偷盗婴幼儿的，依照前两款的规定处罚。以暴力、胁迫或者其他方法劫持航空器，以暴力、胁迫或者其他方法劫持船只、汽车的，分别构成劫持航空器罪和劫持船只、汽车罪。绑架犯罪和劫持犯罪，严重侵害被害人的身心健康，甚至构成生命威胁，属于严重刑事犯罪，被列入严重暴力型犯罪案件，是公安机关重点打击的对象。

二、绑架案件行为类型

尽管绑架劫持的刑法分类比较简单，但侦查实践中发现有多种性质和行为类型：

（一）绑架勒索钱财

这是最为常见的绑架案件，属于图财性质，也即绑票勒索钱财。作案者绑架人质，以撕票（杀害人质）为要挟，逼迫家属、亲人把巨额钱款送到指定地点。绑架作案对象大多经过精心选择。

（二）制造政治事端

以宣扬某政治主张或倾向，以绑架、劫持人质作为手段，以反政府、反社会为作案目的，作案者力图制造更大影响，使得此类绑架常常呈现恐怖色彩。绑架劫持对象的选择以令人瞩目为原则。

（三）报复泄愤劫持

作案者因与人有仇怨纠纷而绑架劫持对方或家庭成员，借此来消仇解恨。这类劫持对人质多有打骂、折磨甚至伤害行为，也常常转化为绑架勒索钱财案件。另有泄愤社会，劫持无辜人员者。

（四）婚恋矛盾要挟

由恋爱、婚姻、家庭矛盾引起的激情性犯罪案件。作案者劫持人质逼迫其作出某种承诺，诸如同意继续恋爱、维持婚姻，答应财产分割、孩子抚养等问题。被劫持人质多为婚恋对象、家庭成员。

（五）对抗警方拘捕

作案人在现行犯罪、逃跑过程中与警方遭遇，或在被拘留、逮捕之时劫持人质，把人质作为护身符负隅顽抗，使警方"投鼠忌器"，企图逃避缉拿抓捕。被劫持人质常常随机选择，具有不确定性。

（六）逼迫索要债务

通过绑架、劫持欠债人或其家庭成员，逼迫其偿还债务案件屡有发生。这类案件虽有"绑架""劫持"行为，但以索回合法财物为目的，属非法扣押、拘禁行为，若以索债为借口勒索更多钱财，应视为绑架、劫持行为。

警方对绑架、劫持案件按照内外关系分为内抗型、外抗型、内外复合冲突型；按照隐蔽程度分为隐蔽型、公开型；等等。

三、绑架案件的特点

（一）绑架案件类型不同绑架对象各异

有的绑架案件有特定的侵害对象，除报复型外，政治类绑架和绑架勒索案件大多经过选择，以特定的对象为作案目标。前者考虑轰动效应、公众影响，多以知名人物或大众关注群体为绑架对象；后者考虑付款能力、勒索效果，多以富商巨贾及子女为绑架对象。婚恋矛盾劫持案件，以婚恋对象或家属为主；泄愤社会或对抗拘捕的劫持案件，具有不特定性，大多是即时随遇的侵害对象，也有自我劫持者。

（二）对特定对象的绑架多有预谋准备

除激情性劫持案件外，犯罪人在实施绑架犯罪时大多进行预谋准备活动，尤其是具有特定作案对象的绑架案件，作案人花费较长时间做充分的预谋准备。准备活动常常包括：物色作案对象或对既定对象的活动规律、作息时间进行考察，甚至徒步、驾车尾随跟踪一段时间；网罗同伙，准备凶器、工具，选择关押人质场所；制订绑架方案，确定绑架时间、地点、方法和与人质家属联络方式、赎金数量、交赎地点，甚至杀害人质手段等。

（三）绑架者大多了解被绑者家庭情况

绑架作案人实施绑架手段是为了达到经济、政治、婚恋，甚至心理满足和发泄情绪方面的目的。犯罪人作案前对被害人及其家属会有一定的了解，例如经济条件、富裕程度、钱财来源，身份地位、公众影响，婚恋动向、思想态度等。有些案件的作案人就是被害人的左右邻居、同乡同族、同事同学、亲朋好友，对被害人及家庭情况有比较深入的了解，甚至对其案发后所持态度，如是否就范、能否报案有个预先判断。

（四）绑架勒索以隐蔽为主，作案人诡秘多变

以勒索钱财为目的的绑票案件，常采用隐蔽突袭的方式劫持人质而去，将其隐藏起来，在一定的时间内处于隐蔽状态。由于大多采取蒙蔽被害人双眼的做法，被害人往往不知道被绑架到什么地点、场所。"绑匪"表现诡秘多变，随时会杀害人质，可能频繁更换藏匿人质场所和交赎钱款地点。这对侦查破案造成了极大难度。警方正确地采取侦查、调控措施，是侦破案件并保障人质安全的关键。

（五）劫持对峙呈现公开性，社会影响极大

绑架劫持人质与警方对峙案件呈现公开性，犯罪人不回避警方及周围群众，公开绑架、劫持控制人质，向有关方面提出要求和放人条件，甚至公然邀约某些人到现场交涉。这类劫持案件社会影响极大。有人认为公开型劫持人质无须侦查，理由是作案人与被劫持者都在明处。为了做好现场控制与处置，警方须采取明暗结合策略，对劫持案发的前因后果及作案人身份、动机目的、家庭状况、社会背景及交往关系，进行侦查调查。

（六）多为结伙作案，同人质的关系人联系

由于绑架劫持案件一般过程复杂，犯罪环节较多，作案人既要制服、劫持、藏匿、看押人质，又要与人质家属联络索求、获取赎金，单人作案难以进行，完成起来会有困难，所以多系结伙作案。一旦暂时得逞，犯罪人会以同样手段多次重复作案，从而形成系列案件。作案人为取得赎金会设法同人质家属取得联系，多采用电话、信件、网络等方法。隐蔽型案件在勒索过程中，银行转汇及其他转账账号、押人地点、场所信息可能会有所暴露。

四、绑架案件侦查对策

（一）侦查与处置原则

由于被绑架、劫持者生命安全受到威胁，处于生命危险状态，对绑架勒索、劫持人质案件的侦查调查与现场处置必须要遵守以下原则：

1. 保障人质和群众安全。在侦查调查过程中，尤其是在现场处置中，保证人质和围观群众人身安全是首要原则。安全第一，而且是整体安全，确保人质（群众）的绝对安全。同时要尽量减少处置失误，避免造成谈判人员、警察力量不必要的伤亡，也尽可能保护劫持作案者的生命安全。

2. 公开与秘密相结合。绑架劫持案件，有的暴露有的隐蔽；同一起案件，有时暴露有时隐蔽。不同类型案件、不同案件环节暴露程度不一，要求警方在侦查调查中将公开措施与秘密手段、侦查技术与技术侦查相结合，做到掌握外围侦查、调查和现场控制、处置的主动权。

3. 实行内紧外松策略。所谓"内紧"，就是内部的侦查调查工作要严密紧致，不留空隙，扎密搜捕犯罪人的天罗地网，对现场的处置活动不疏漏、不懈怠，战术、措施周密、严谨；所谓"外松"，就是在社会上营造"宽松"的氛围，在现场处置上缓和对峙情绪，防止作案者背水一战，加害人质。

4. 制订预案、多策并举。反劫制暴预案是针对绑架、劫持犯罪活动的规律、特点，结合实际情况制订的，包括多种应对方案。预案应做到有效制订，万无一失，最佳效果，最小损失。平时要注意进行模拟实战演练，做到一旦发案有条不紊快速反应。

（二）调查询问知情人

侦查中首先要向被绑架人质家属和有关知情者做调查询问，了解人质被绑架的过程、人质的情况、家庭情况和嫌疑人情况等。侦查人员询问人质家属应当采取秘密方式进行，做好身份掩护，以防绑架作案人察觉警方介入而转移藏匿地点甚至杀害人质。具体应当询问以下几个方面的内容：

1. 人质与家庭及社会交往情况。询问了解被劫人质的基本情况，掌握体貌特征，获取本人照片，了解家庭成员情况，了解家庭收入、经济状况；了解人质及家属的社会关系、交往关系、经济往来情况；了解人质在发案前后情绪态度、思想状况，有无反常的迹象；等等。

2. 案件发生过程与被绑架情况。包括如何知道被绑架的事实，是亲眼看见还是道听途说；绑架的时间、地点、过程，所了解的人质状态；作案人通过何渠道与家属取得联系，联系方法、时间、次数，提出了哪些要求，赎金数量和交付地点，让什么人、以何方式前往送交；等等。

3. 有关绑架犯罪嫌疑人的情况。询问了解犯罪嫌疑人情况，诸如人数、性别、年龄，穿着打扮、体貌特征、口音方言，携带工具、驾驶车辆、逃跑方向；获取犯罪嫌疑人的电话录音、短信和微信资料、邮送的信件便笺，以及其他能够反映犯罪嫌疑人相关特征的物品资料。

（三）分析判断案件情况

在对人质家属及知情者调查询问和绑架地点现场勘验的基础上，研究能够获得的各方面材料，综合分析绑架、劫持案件案情。绑架案情分析主要围绕绑架案件性质、作案动机，作案人与被害人及家属关系，藏匿人质的位置场所、人质状态，绑架作案人的情况。

1. 分析判断绑架案件性质及双方关系。公开劫持人质案件，从作案人在现场对被害人家属及对峙的警方所提要求，即可准确判明案件性质和劫持动机；隐蔽绑架案件，从作案人的联络方式、所提要求及涉及的人、事、物和了解程度，判断绑架动机、案件性质和双方的生熟关系。

2. 分析判断人质可能藏匿场所及状态。根据作案人绑架后的逃向，结合对汽车、手机跟踪监控，联络家属索要赎金时涉及地名，判断绑架人质藏匿的大致方位和区域范围，再进一步确定可能藏身的场所，也可通过电子信号准确定位。根据索要赎金时反映的信息，判定人质生死状态。

3. 分析判断绑架作案人的情况和特点。根据犯罪嫌疑人口音方言、来往方向和可能的隐藏范围，判断是本地人、外地人；根据作案手法、索要金额、逼迫语言，判断是偶犯初犯、惯犯累犯；根据语言特点、书写特征，判断文化程度；根据调访材料和作案过程，判断作案人数和体貌特征。

（四）发现、排查犯罪嫌疑人员

在分析判断案情、确定侦查方向、划定侦查范围的基础上，优化选择侦查途径，综合采取侦查措施，梳理绑架案件线索，发现、排查犯罪嫌疑人员。以下是侦查绑架劫持案件最为多用的发现、排查嫌疑人的侦查途径：

1. 从人质、家属交往关系发现、排查犯罪嫌疑人。围绕被劫持人质及家属的交往关系人开展调查，发现具备作案动机、作案因素、知情条件、体貌特征，尤其了解被害人家庭经济情况的人，排查是否具备时间空间条件、作案工具条件、结伙作案条件、前科劣迹条件等，以确定嫌疑对象。

2. 从被害人案前活动过程发现、排查犯罪嫌疑人。围绕绑架案发生时间、地点，人质案前活动行踪，结合其平素活动规律，确定绑架方式是事先预伏定点劫持，还是尾随跟踪择机劫持，还是欺骗引诱突然绑架，以确定作案者行踪轨迹，既可发现更多目击作案人公开暴露者，也可能帮助确定嫌疑对象。

3. 从作案人同家属的联系，排查、确定犯罪嫌疑人。绑架作案人可能会多次与人质家属、亲友联络，提出索要赎金等要求。通过监控这种联络渠道，研究绑架者的勒索书信、电话录音、短信微信、电子邮件等，可以进一步突出嫌疑人特征甚至锁定嫌疑人，也有助于侦测出通信及藏匿人质地点。

4. 从绑架现场获取的信息发现、排查犯罪嫌疑人。绑架劫持现场可能会遗留犯罪人的物品、痕迹及信息，例如面罩、绳索类作案工具、交通工具及痕迹等。手机信号、车辆信息以及有关人、车、物的监控录像信息，常常能够帮助发现、确定犯罪嫌疑人。

（五）监视、控制重点嫌疑对象

1. 监控、伏击交赎地点和取款环节。无论实地交付赎金还是账号汇款交付，都是发现甚至缉获重点嫌疑人关键环节。要认真部署、多策并举，争取设伏抓捕成功；注意提防作案人的反侦查伎俩，如声东击西、频繁更换地点、雇人取款等；如果没有抓捕条件或时机不成熟，要做到"监视得到，控制得住"。同时慎防人质家属情急之下撇开警方私下交付赎金，以免扰乱警方部署和抓捕行动。

2. 外线跟踪、守候监视重点嫌疑人。对已经发现的犯罪嫌疑人，尤其重点嫌疑对象，可采取外线跟踪、守候监视等措施，发现其同伙及外部活动，发现其居住地点及人际交往，发现犯罪窝点及看押人质地点。全面掌控其活动动态，搜集其犯罪证据，也为最终收网、解救抓人奠定基础。

3. 围绕窝点、车辆、手机开展侦查。针对重点嫌疑人的居所、窝点、车辆、手机，采取技术侦查措施，如密搜密取、密拍密录、麦克侦听、车辆跟踪、手机监控、银行账号监控等，获取犯罪案件内幕信息，发现在押人质的地点、位置及生死状态、生存状况等。

4. 使用秘密力量贴靠套取人质状况。绑架勒索案件作案者多结伙作案，且常常周密策划、准备充分、隐藏较深，可物色建立秘密力量打入、拉出开展深入侦查。通过秘密力量既可破获预谋绑架案件，又可贴靠套取已发案件的情报信息，诸如人质所在位置和看押嫌犯力量布置等。

（六）现场处置，解救人质，缉捕犯罪嫌疑人

绑架劫持案件大致分为隐蔽类绑架案件和公开类劫持案件，隐蔽类绑架绝大多数时段处于非对峙状态，公开劫持案件大多处于对峙状态。对峙、非对峙状态因条件变化可能会随时转化。对峙与不对峙状态决定了怎样选择现场处置对策，如何采取解救人质、缉捕嫌疑人的战术措施。

1. 隐蔽类绑架案件，在交付赎金地点解救人质、缉捕犯罪嫌疑人。在交付赎金地点突击缉捕犯罪嫌疑人，属于非对峙状态抓捕。尤其是人质被带到现场的情况，解救与抓捕能够同时进行；如果已经查清并围控住人质在押场所，也可同时采取行动；如果不能保证人质的安全，交付地点的缉捕行动要谨慎进行，尽量采取秘密拘捕形式。

2. 隐蔽类绑架案件，在已掌握关押场所解救人质、缉捕嫌疑人。经过侦查已经发现犯罪嫌疑人看押人质的场所，在详细了解地形地貌、房屋结构、嫌犯人数和人质被束缚状态下，精心策划、周密部署、果断采取解救、抓捕战术行动。可诱敌调动犯罪嫌疑人与人质分离，伺机抓捕嫌疑人、安全解救人质；可秘密接近、突击行动，在保障人质安全的情况下进行解救、缉捕。

3. 隐蔽类绑架案，在更换关押场所转移人质途中解救缉捕。为了牢牢控制人质，争取索要赎金的主动权，绑架嫌疑人经常会更换看押人质的地点和场所。如果掌握了犯罪嫌疑人转移人质的情报信息，可以在其转移人质的必经之路上隐蔽设伏、突击行动，安全解救人质的同时缉捕绑架犯罪嫌疑人。关键是行动地点的选择，注意做到前后围堵，落实责任到人。

4. 公开劫持类绑架案件，在对峙状态下，设法说服犯罪人缴械，认罪伏法。为了贯彻遵守现场处置人质时群众安全第一的原则，公开对峙状态下处置的首选策略是"不战而屈人之兵"。可以采取以武力做后盾的反劫制暴谈判措施。安排谈判专家介入危机谈判，与劫持作案人建立信任，沟通对话，针对其要求和心理做说服

工作，力争促使作案人释放人质，缴械投降、认罪伏法。

5. 公开劫持类案件对峙状态下，突袭擒拿、武力制服犯罪人。使用武力要以谈判做基础。尽管在对峙状态下劫持者处于高度戒备状态，或对人质以凶器相威逼，但总有松懈或疲惫的时刻。可以采用声东击西分散其注意力策略，创造、利用、抓住作案人疲惫、松懈或与人质暂时分离的时机，采取突袭行动，徒手擒拿、武力制服，同时解救人质。或可采用非致命武器、警械致其暂时失去伤害人质能力，诸如催泪弹、眩晕弹、消防水枪、束缚警绳、警犬扑咬等，然后使用武力制服。

6. 公开类劫持案件对峙状态下，高精度射击，击伤、击毙犯罪人。反劫制暴行动的最后选择是当作案人意欲开始动手行凶、伤杀人质，人质处于极度危险之中，生命受到严重威胁时刻，由事先占据有利地形和最佳位置的狙击手进行精准射击，击伤或击毙犯罪行为人。注意考虑作案人持有凶械种类和可能伤害人质的最短时间，设法为狙击手创造射击的最佳时刻，保证人质的绝对安全。击毙犯罪行为人应当在穷尽其他处置方法难以奏效的情形下实施，且应做好紧急救治的准备。

对于绑架劫持类案件的侦查中更要注重犯罪证据的收集与审查，以保证诉讼活动的顺利进行，依法、从快、从重严惩严重暴力型犯罪。

知识作业：

1. 绑架案件有哪些常见类型？绑架案件有哪些特点？

2. 绑架案件的侦查与处置原则是什么？

技能作业：

1. 拟订对被绑架人质家属调查询问的主要内容。

2. 拟订对某绑架劫持案件现场处置与解救缉捕思路。

第九节　恐怖主义犯罪侦查

知识目标：了解恐怖主义、恐怖活动的概念及范围，恐怖主义犯罪特点，恐怖主义犯罪的侦查要点。

技能目标：掌握反恐怖主义情报信息收集的基本方法。

一、恐怖主义形势及相关概念

美国"9·11"事件之后，恐怖主义逐渐成为全球的安全焦点之一。近些年，以"基地组织"和"伊斯兰国"为代表的恐怖组织在全球范围内建立分支、开展恐怖活动，给全球安全、稳定带来巨大的威胁。加之种族歧视、白人至上主义、宗教极端主义、反对移民等思潮的蔓延，也导致各种类型的恐怖活动日趋严重，给全球安全形势带来重大影响，给人类社会带来重大灾难，也使全球反恐怖主义形势面临严峻的挑战。据不完全统计，2018年全球发生1127起恐怖袭击事件，造成13000多人死亡。同样，我国也面临着恐怖主义的巨大威胁。自1990年至2016年底，"三股势力"在新疆等地制造了数千起暴力恐怖案（事）件，造成大量无辜群众被害，数百名公安民警殉职，财产损失无法估算。自2014年以来，新疆打掉暴恐团伙1588个，抓获暴恐人员12995人，缴获爆炸装置2052枚，查处非法宗教活动4858起、涉及30645人，收缴非法宗教宣传品345229件。（上列数据源自中华人民共和国国务院新闻办公室2019年3月发表的《新疆的反恐、去极端化斗争与人权保障》白皮书）

面对严峻的恐怖主义形势，为了防范和惩治恐怖活动，加强反恐怖主义工作，维护国家安全、公共安全和人民生命财产安全，2015年12月27日，第十二届全国人民代表大会常务委员会第十八次会议通过《中华人民共和国反恐怖主义法》并于2016年1月1日起开始实施。

根据《中华人民共和国反恐怖主义法》的相关规定，恐怖主义是指通过暴力、破坏、恐吓等手段，制造社会恐慌、危害公共安全、侵犯人身财产，或者胁迫国家机关、国际组织，以实现其政治、意识形态等目的的主张和行为。

恐怖活动是指具有恐怖主义性质的行为，具体包括：

1. 组织、策划、准备实施、实施造成或者意图造成人员伤亡、重大财产损

失、公共设施损坏、社会秩序混乱等严重社会危害的活动的;

2. 宣扬恐怖主义,煽动实施恐怖活动,或者非法持有宣扬恐怖主义的物品,强制他人在公共场所穿戴宣扬恐怖主义的服饰、标志的;

3. 组织、领导、参加恐怖活动组织的;

4. 为恐怖活动组织、恐怖活动人员、实施恐怖活动或者恐怖活动培训提供信息、资金、物资、劳务、技术、场所等支持、协助、便利的;

5. 其他恐怖活动。

二、恐怖主义犯罪的特点

与普通刑事犯罪相比,恐怖主义犯罪具有以下特点:

1. 恐怖主义犯罪具有政治、意识形态方面的犯罪动机。包括颠覆政府,分裂国家、地区独立,建立极端宗教国家,挑起种族仇恨等。例如我国"疆独""藏独"等恐怖主义势力策划、实施了大量恐怖活动,其犯罪动机就是要分裂中国和寻求地区独立。正是由于恐怖主义犯罪动机的特殊性,恐怖分子往往比普通犯罪人员犯罪意识更强、更顽固、更不计后果,有些恐怖分子被极端思想洗脑,甚至愿意成为"人体炸弹"与被袭击对象同归于尽。例如2018年5月在印度尼西亚的一起恐袭事件中,深受极端思想影响的一对信仰伊斯兰教的夫妇带着他们的4个孩子一起对三所教堂实施了"自杀式"炸弹袭击,袭击者当场毙命,同时也造成大量无辜民众伤亡。恐怖主义犯罪的这一特点也使得案件在调查、讯问、取证等方面都比普通刑事案件更加困难。

2. 恐怖主义犯罪的侵害对象具有随机性和任意性。"滥杀无辜"是恐怖主义犯罪的典型标签,虽然每次恐怖活动都有其犯罪目标,例如对某火车站进行攻击、对某宗教场所实施爆炸等,但是对于具体的侵害对象则不加以选择,通过对不特定人进行无差别攻击、伤害,以造成重大伤亡后果并引发恐慌。例如在2014年3月1日的昆明火车站恐袭事件中,恐怖分子手持长刀对火车站的人群进行无差别的砍杀,造成大量无辜群众伤亡。

3. 恐怖主义犯罪手段多样,刻意打造社会恐怖氛围。不同于普通犯罪大多采取隐蔽、低调的犯罪手段,恐怖主义犯罪更趋向于采用更加高调、多样性的犯罪手段。恐怖分子在策划恐怖活动时,对袭击目标和袭击手段都会经过精心选择,不仅仅考虑要造成严重的损害后果,更寻求借助恐袭最大限度地制造社会恐怖氛围。使用遥控爆炸装置是常见的恐袭手段,但是恐怖分子在很多情况下却选择使用"人体炸弹"的方式来进行恐袭，其目的之一就是在民众中形成恐怖分子不怕死甚至勇于赴死的印象，从而对恐怖分子更加恐惧。再如 2019 年 3 月 15 日，恐怖分子在新西兰的基督城对清真寺发动恐袭，造成多人伤亡，恐怖分子还将整个恐袭过程在网络上进行直播，造成极其恶劣的影响，也极大渲染了恐怖氛围。

此外，除了使用枪击、爆炸等传统恐袭手段，恐怖分子也随着各国反恐措施的变化而调整其恐袭手段，以适应新形势的变化。例如，近些年各国加大反恐力度，加强对枪支、爆炸物品的管控，恐怖分子转而采用更简便有效的方式进行恐袭，其中利用卡车、轿车冲撞人群就是近几年在西方国家普遍采用的恐袭手段。例如，2016 年 7 月 14 日，恐怖分子在法国尼斯利用大卡车冲撞人群进行恐袭；2017 年 3 月 22 日，恐怖分子在英国伦敦议会大厦外利用汽车冲撞人群进行恐袭。这些新的恐袭手段不但简单易行、防范难度大，而且也使普通民众产生恐袭就在身边，随时可能遭遇恐袭的恐慌心理。

4. 恐怖主义犯罪活动大多会精心组织、充分预谋。恐怖活动的策划、实施都需要人力、资金、物资等方面的支持，因此恐怖主义犯罪背后大多会有恐怖主义组织或其他恐怖主义势力为其提供各种帮助和支持。为了达到恐怖主义犯罪的目的，恐怖分子会对恐怖袭击的目标、恐怖袭击的手段进行精心选择，对恐怖袭击的过程进行精心策划，以期达到最大的恐怖效果。美国"9·11"事件即为恐怖主义事件的典型代表，该事件从策划到实施历经数年时间，其后果和影响远超人们的想象，也彻底改变了全球的恐怖主义形势和反恐形势。

近几年随着全球反恐措施的不断强化，"伊斯兰国""基地组织"等恐怖组织遭到重创，加之大型的恐袭预谋容易被侦测，因此恐怖组织趋于分散化，充分利用网络的便利性进行恐怖主义宣传、人员招募、资金募集，并通过网络号召全球各地的恐怖分子或追随者采取任何方式随时随地发起"独狼式"袭击。这些"独狼式"恐怖活动大多缺乏组织，一般没有明显的预兆，很难被发现、监测，因此也给此种类型的恐怖主义犯罪的预防和侦查带来很大的难度。

三、恐怖主义犯罪侦查要点

（一）反恐怖主义情报信息收集

反恐怖主义情报信息的收集对于预防、打击恐怖主义犯罪至关重要。公安机关应当依靠群众，加强基层基础工作，建立基层情报信息工作力量，提高反恐怖主义情报信息工作能力。同时，随着网络技术的发展，恐怖分子通过互联网、通信软件等工具进行恐怖主义宣传、人员招募、恐怖活动策划、资金筹集等活动，因此，公安机关要加强对网络的监控，及时从中发现、发掘与恐怖主义相关的情报信息。对收集到的恐怖主义情报信息，公安机关应进行筛查、研判、核查、监控，认为有发生恐怖主义事件危险，需要采取相应的安全防范、应对处置措施的，应当及时通报有关部门和单位，并可以根据情况发出预警。

因反恐怖主义情报信息工作的需要，根据国家有关规定，经过严格的批准手续，公安机关在其职责范围内，可以采取技术侦查措施。使用技术侦查措施获取的材料，只能用于反恐怖主义应对处置和对恐怖活动犯罪、极端主义犯罪的侦查、起诉和审判，不得用于其他用途。

（二）恐怖主义犯罪活动调查

公安机关接到恐怖活动嫌疑的报告或者发现恐怖活动嫌疑，需要调查核实的，应当迅速进行调查。公安机关调查恐怖活动嫌疑，可以依照有关法律规定对嫌疑人员进行盘问、检查、传唤，可以提取或者采集肖像、指纹、虹膜图像等人体生物识别信息和血液、尿液、脱落细胞等生物样本，并留存其签名。可以通知了解有关情况的人员到公安机关或者其他地点接受询问，有权向有关单位和个人收集、调取相关信息和材料。

公安机关调查恐怖活动嫌疑，经县级以上公安机关负责人批准，可以查询嫌疑人员的存款、汇款、债券、股票、基金份额等财产，可以采取查封、扣押、冻结措施。查封、扣押、冻结的期限不得超过二个月，情况复杂的，可以经上一级公安机关负责人批准延长一个月。

公安机关调查恐怖活动嫌疑，经县级以上公安机关负责人批准，可以根据其危险程度，责令恐怖活动嫌疑人员遵守下列一项或者多项约束措施：

1. 未经公安机关批准不得离开所居住的市、县或者指定的处所；

2. 不得参加大型群众性活动或者从事特定的活动；

3. 未经公安机关批准不得乘坐公共交通工具或者进入特定的场所；

4. 不得与特定的人员会见或者通信；

5. 定期向公安机关报告活动情况；

6. 将护照等出入境证件、身份证件、驾驶证件交公安机关保存。

公安机关可以采取电子监控、不定期检查等方式对恐怖活动嫌疑人员遵守约束措施的情况进行监督。相关约束措施的期限不得超过三个月。对不需要继续采取约束措施的，公安机关应当及时解除。

公安机关经调查，发现犯罪事实或者犯罪嫌疑人的，应当依照《刑事诉讼法》的规定立案侦查。

（三）恐怖主义事件应对、处置

发现恐怖主义事件或者疑似恐怖主义事件后，公安机关应当立即进行处置，并向反恐怖主义工作领导机构报告。中国人民解放军、中国人民武装警察部队发现正在实施恐怖活动的，应当立即予以控制并将案件及时移交公安机关。

在恐怖主义活动处置现场，反恐怖主义工作领导机构尚未确定指挥长的，由在场处置的公安机关职级最高的人员担任现场指挥员。公安机关未能到达现场的，由在场处置的中国人民解放军或者中国人民武装警察部队职级最高的人员担任现场指挥员。现场应对处置人员无论是否属于同一单位、系统，均应当服从现场指挥员的指挥。

恐怖主义事件发生后，负责应对处置的反恐怖主义工作领导机构可以决定由有关部门和单位采取下列一项或者多项应对处置措施：

1. 组织营救和救治受害人员，疏散、撤离并妥善安置受到威胁的人员以及采取其他救助措施；

2. 封锁现场和周边道路，查验现场人员的身份证件，在有关场所附近设置临时警戒线；

3. 在特定区域内实施空域、海（水）域管制，对特定区域内的交通运输工具进行检查；

4. 在特定区域内实施互联网、无线电、通讯管制；

5. 在特定区域内或者针对特定人员实施出境入境管制；

6. 禁止或者限制使用有关设备、设施，关闭或者限制使用有关场所，中止人员密集的活动或者可能导致危害扩大的生产经营活动；

7. 抢修被损坏的交通、电信、互联网、广播电视、供水、排水、供电、供气、供热等公共设施；

8. 组织志愿人员参加反恐怖主义救援工作，要求具有特定专长的人员提供服务；

9. 其他必要的应对处置措施。

人民警察、人民武装警察以及其他依法配备、携带武器的应对处置人员，对在现场持有枪支、刀具等凶器或者使用其他危险方法，正在或者准备实施暴力行为的人员，经警告无效的，可以使用武器；紧急情况下或者警告后可能导致更为严重危害后果的，可以直接使用武器。

（四）恐怖主义犯罪现场勘查、取证

对犯罪现场进行勘查是证据收集的重要途径。恐怖主义犯罪现场保存了大量与犯罪有关的信息，为判断案件的性质、确定侦查范围和方向提供了重要依据。因此，各方力量在恐怖主义犯罪现场进行救助、排险等工作的同时，公安机关的侦查人员应当立刻对犯罪现场开展认真、细致的勘查工作。对犯罪现场及周边的目击者或知情人及时进行调查、询问，获取更多相关的证据和线索。另外，恐怖分子往往选择在人员密集、重点防范的区域实施恐袭，这些区域各种视频监控系统较为完备，并且视频信息相对而言更直观、更客观，因此在发生恐袭事件后，侦查人员要及时对相关的视频监控信息进行查看、筛选、分析，以挖掘出更多诸如嫌疑人的相貌特征、体态特征、行动轨迹、行凶工具、行为方式等有价值的证据和线索。

（五）讯问恐怖主义犯罪嫌疑人

对恐怖主义犯罪嫌疑人进行讯问是获取犯罪信息和收集证据的重要手段之一。但与普通刑事案件不同的是，恐怖主义犯罪案件中的犯罪嫌疑人通常具有狂热的宗教意识和极端思想，因而与普通犯罪嫌疑人相比，恐怖主义犯罪嫌疑人更加顽固，对于侦查讯问有更强的对抗意识，也使讯问变得更加困难。因此，讯问人员在讯问前要做好充分的准备工作，并灵活运用多种讯问策略，以从犯罪嫌疑人口中获取更多有价值的信息。

在讯问开始前，讯问人员要全面掌握恐怖主义犯罪案件的各种线索和证据资料，并且要对犯罪嫌疑人的背景做深入的了解，包括其家庭情况、个人性格特征、学习工作经历、宗教信仰情况等。了解得越详细越深入，就越容易与犯罪嫌疑人进行沟通，也越容易找到其弱点和讯问的突破口。

知识作业：

1. 简述恐怖主义的概念，恐怖活动的概念及范围。

2. 简述恐怖主义犯罪具有哪些特点。

3. 简述恐怖主义犯罪侦查的要点。

技能作业：

通过网络、媒体等渠道收集、分析主要恐怖组织相关信息（组织构成，近年来实施的主要恐怖袭击活动、方式，宣传、招募方式等）。

第十节　涉黑犯罪案件侦查

知识目标：了解黑社会性质组织的含义、特征及涉黑犯罪案件概念、特点。

技能目标：掌握涉黑犯罪案件侦查对策要领。

一、黑社会性质组织及特征

（一）黑社会性质组织含义

黑社会性质组织是指以暴力、威胁或者其他手段，有组织地进行犯罪活动，称霸一方，为非作恶，欺压、残害群众，严重破坏经济、社会生活秩序的组织。一般认为，黑社会性质组织是由众多成员组成，具有组织性、规约性，甚至有自己的文化特点，凭借着"保护伞"，通过暴力、威胁等手段，控制一定范围的某些行业，以谋取经济利益为目的，严重危害正常社会秩序、经济秩序的非法团伙组织。这种带有黑社会性质的犯罪团伙组织，已经严重威胁到广大群众的生命、财产安全，危害着国家的经济秩序、安全稳定。

典型的黑社会组织，是由各种社会职业的亡命之徒，多层次、有序列组成的完备犯罪组织。如国外、境外的黑社会组织，经济实力雄厚，控制一定社会面和重要行业，并与政府的司法机关对峙，具有黑社会犯罪集团的性质。专家、学者认为，所谓黑社会组织是非法律概念，我国目前还没有典型意义的黑社会组织，称之为"黑社会性质组织"更适合我国国情。"黑社会性质组织"之称谓，是法律工作者根据黑社会犯罪在我国尚不成熟的状态和发展趋势，进行的前瞻性概括。

"恶势力"是指经常纠集在一起，以暴力、威胁或其他手段，在一定区域或行业内多次实施违法犯罪活动，为非作恶，欺压百姓，扰乱经济、社会生活秩序，造成较恶劣的社会影响，但尚未形成黑社会性质组织的违法犯罪组织。恶势力一般三人以上，纠集者相对固定，违法犯罪活动主要为强迫交易、故意伤害、非法拘禁、敲诈勒索、毁坏财物、聚众斗殴、寻衅滋事等，可能伴随开设赌场、组织卖淫、强迫卖淫，贩卖、运输、制造毒品，抢劫、抢夺，聚众扰乱社会秩序、公共场所秩序、交通秩序及"打砸抢"等活动。

（二）黑社会性质组织特征

根据《刑法》规定，黑社会性质的组织应当同时具备以下特征：

1. 具有组织性特征。形成较稳定的犯罪组织，人数较多，有明确的组织者、领导者，骨干成员基本固定。组织结构稳定，非松散的临时纠合团体，而是有组织地从事违法犯罪活动的稳定犯罪组织；人数达到相当数量，也即非三五人能够企及；既有组织、领导、策划、指挥犯罪活动者，也有积极参与、具体实施犯罪活动的成员，组织中呈现明显的层次性。

2. 具有经济性特征。黑社会性质组织通过违法犯罪活动或者其他手段获取经济利益，具有一定的经济实力，以支持该组织的活动。攫取经济利益，具备经济实力，既是黑社会性质组织实施违法犯罪活动的主要目标，也是其非法控制社会并向黑社会组织发展过渡的物质基础。经济利益是以有组织的方式通过违法犯罪等手段获得，其主要用途也用以支持本组织的活动。

3. 具有行为性特征。黑社会性质组织以暴力、威胁或者其他手段，有组织地多次进行违法犯罪活动，为非作恶，欺压、残害群众。所谓其他手段，是指不管如何变换方法、手段，其实施违法犯罪活动始终以暴力、威胁为基础，以干扰、破坏经济、社会秩序为目的；违法犯罪行为受到组织决策、领导者授意、指使，依照组织规定、惯例行事，具有多次性和多样性特征。

4. 具有非法控制性特征。通过实施违法犯罪活动，或者利用国家工作人员的包庇或纵容，称霸一方，在一定区域或者行业内，形成非法控制或者重大影响，严重破坏经济、社会生活秩序。

二、涉黑犯罪案件及特点

（一）涉黑犯罪案件的概念

涉黑犯罪案件是指以暴力、威胁或者其他手段进行的违法犯罪活动，牵涉到那些称霸一方、为非作歹、欺压残害群众，严重破坏经济秩序、社会生活秩序的黑社会性质组织的犯罪案件。涉黑犯罪案件作为有组织犯罪类案件，包括组织、领导、参加黑社会性质组织犯罪案件，入境发展黑社会组织犯罪案件，包庇、纵容黑社会性质犯罪案件。这类案件多发，严重影响人们正常的生活生产秩序，严重威胁群众的生命、财产安全，甚至危害国家政权的安全稳定。

（二）涉黑犯罪案件的特点

1. 案涉领域广泛呈现政治渗透趋势。尽管涉黑犯罪案件在一定的地域范围，一定的行业内发生应该属于常态，但近年来涉及的领域还是愈加广泛。从建筑、装饰、采矿、淘沙、物流，到食品、屠宰、娱乐、客运，以及房地产、能源、交通、金融等诸多行业，甚至涉及城镇改造、征地拆迁、基层选举。黑社会性质组织凭借经济实力向各层政权渗透，涉黑犯罪案件也牵涉到政治领域，犯罪活动与经济活动、社会活动、群体事件、政治事件相交织。

2. 作案最终目的多是追逐经济暴利。涉黑性质的犯罪案件最根本的作案目的是非法获取经济利益甚至追求暴利，这是此类案件的一个突出特点。一方面，许多案件本身就是涉财性质案件，例如敲诈勒索、抢劫、走私、强迫交易、"黄赌毒"案件等，且多发于暴利行业和场所；另一方面，很多案件是非法经济利益背景下发生的案件，诸如因争夺地盘、垄断市场、收保护费、插手纠纷引发的凶杀、伤害、绑架、寻衅滋事等暴力案件。

3. 作案手段具有极端的残忍暴力性。黑社会性质组织崇尚暴力，恃强凌弱，涉黑案件以暴力、威胁、滋扰、恫吓为常用手段。"无暴不成黑"，除贿赂、引诱、逼迫国家工作人员参与活动、提供保护外，以暴力手段解决冲突，驱逐其他势力控制一定区域；以暴力或"软暴力（纠缠、滋扰、哄闹等）"手段控制或垄断所经营的行业；通过暴力、威胁手段，实施凶杀伤害、非法拘禁、敲诈勒索、寻衅滋事、聚众斗殴、欺行霸市、套路贷款等犯罪活动。一些团伙不惜重金购买颇具杀伤力的刀枪、弹药，常有案件中采用断肢、断指、挑筋等残忍手段。

4. 多种犯罪交织，犯罪案件呈系列性。很多黑社会性质组织和恶势力团伙不仅涉及普通刑事犯罪，诸如诈骗、盗窃、抢劫、伤害、非法拘禁、敲诈勒索等，还常常涉及经济犯罪、黄赌毒犯罪，如组织卖淫、开设赌场、贩卖毒品、容留他人吸毒、行贿等，涉及犯罪种类极多。一些黑恶势力为在寻衅滋事、欺行霸市中增加威慑力并占有上风，也为牟取暴利，其犯罪活动常常与制贩枪支犯罪交织在一起，与社会治安的乱点交织在一起。为争地盘、占行业，许多涉黑犯罪案件不是孤立的，而是成串系列刑事案件。

三、涉黑案件侦查对策

从黑社会性质组织特征及其犯罪案件特点可以看出，涉黑犯罪案件发案数量大、涉案人员多、作案手段暴力、社会背景复杂、社会影响严重，对其侦破较普通案件会更加困难，所以必须实施综合策略和措施。

（一）开展"扫黑除恶"专项斗争，弹压涉黑案件高发态势

为保障人民安居乐业、社会安定有序、国家长治久安，巩固党的执政基础，党

中央、国务院决定，在全国开展扫黑除恶专项斗争。号召各地区各部门要提高政治站位，充分认识扫黑除恶专项斗争的重大意义，切实把思想和行动统一起来，科学谋划、精心组织、周密实施，坚决打赢扫黑除恶专项斗争攻坚仗。坚持党的领导、发挥政治优势；坚持人民主体地位、紧紧依靠群众；坚持综合治理、齐抓共管；坚持依法严惩、打早打小、除恶务尽；坚持标本兼治、源头治理。聚焦涉黑涉恶问题突出的重点地区、重点行业、重点领域，把打击锋芒对准群众反映最强烈、最深恶痛绝的各类黑恶势力违法犯罪，保持对各类黑恶势力违法犯罪的严打高压态势。

（二）组建"主攻反黑"专业队伍，高效侦破涉黑犯罪案件

黑社会性质组织一般结构严密、人员众多、成分复杂，涉黑犯罪案件常常多案相交织、暴力加智能、复杂且隐蔽，这就需要高端指挥、专业侦破、依法诉讼。为此，有必要组建一支由刑侦骨干力量为主的政治可靠、业务精良、经验丰富的"反黑"专业队伍。"反黑"专业队伍要实行严格管理、定期参加教育培训，做到思想过硬、作风硬朗、掌握政策、精通业务、熟悉法律。侦破黑社会性质犯罪案件，专案组长一般由主抓刑侦副局长（甚至局长）担任，专案组成员除了刑侦骨干外还应包括经侦、技侦、情报、网监等部门干警。为能高效侦破涉黑案件，对案件性质恶劣、涉案人员众多、社情案情复杂、当地公安机关侦破有较大难度的案件，可由上级公安机关直接组织侦破。

（三）取得各级党委、政府支持，各个职能部门携手合作

公安机关要取得各级党委、政府支持，发挥社会治安综合治理优势，推动职能部门各司其职、齐抓共管，综合运用措施手段预防和解决黑恶势力违法犯罪突出问题。有关部门要结合自身职能，主动承担扫黑除恶专项斗争中的职责任务，依法行政、履职，强化重点行业、重点领域监管，防止不作为，最大限度挤压黑恶势力滋生空间。各级党委和政府要旗帜鲜明支持扫黑除恶工作，为政法机关依法办案和有关部门依法履职、深挖彻查"保护伞"排除阻力、提供有力保障。对涉黑涉恶问题尤其是群众反映强烈的大案要案，要有坚决态度一查到底，特别要结合"反腐"斗争查清其背后的"保护伞"，坚决依法查办，毫不含糊。

（四）拓展涉黑情报信息渠道，广泛收集涉黑案件线索

各有关部门要将日常执法检查中发现的涉黑涉恶线索及时向公安机关通报，建立健全线索发现移交机制。公安机关要多渠道、多层次、全方位搜集涉黑犯罪情报线索：通过群众来信、来电、来访及群众检举、揭发、控告收集获取，可利用媒体发动群众并设立举报信箱、举报电话、举报网站等；通过舆情调查、网络监控的数

据信息发现获取，经过数据统计、分析研判等；通过对娱乐场所、特种行业、复杂场所有关人员调查获取，如召集座谈会、走访调查等；通过治安管理、治安案件查处过程中发现获取，民间纠纷、打架斗殴、涉"黄赌毒"事件等；通过刑事案件的串并侦查中发现获取，例如凶杀伤害、寻衅滋事、涉枪涉爆等案件；通过对高利润行业管理、高危人员管控、高风险活动监控中获取，如房地产、煤矿、运输业，刑满释放、刑事嫌疑人员，征地拆迁、讨债催款、高利贷纠纷等。

（五）综合施用各项侦查措施，创新涉黑案件办案模式

针对涉黑犯罪案件的特点，尤其是作案手段暴力、残忍等，被害人及家属、广大群众心存畏惧害怕打击报复，常常不愿公开作证，侦查中必须综合运用公开和秘密的侦查、调查措施。针对案件级别，必要时果断配合施用秘密侦查措施及技术侦查措施，例如秘密询问、秘密辨认、秘密搜查、跟踪盯梢、守候监视、秘密侦听、密拍密录及卧底、打入、拉出等内线侦查措施。中共中央、国务院《关于开展扫黑除恶专项斗争的通知》要求：要依法及时采取查封、扣押、冻结等措施，运用追缴、没收、判处财产刑以及行政罚款等多种手段，铲除黑恶势力经济基础。对于群众反应强烈、长期没有进展的涉黑涉恶犯罪案件，可依法采取提级办案、异地用警措施，异地羁押、异地审讯、异地起诉等。

（六）缉捕、讯问犯罪嫌疑人员，收集审查涉黑犯罪证据

由于黑社会性质组织结构的特殊性，缉捕涉案犯罪嫌疑人任务艰巨、复杂，缉捕行动稍有不慎，就可能导致破案障碍。在缉捕行动中要专案专办、措施严密，在抓捕涉黑犯罪嫌疑人，尤其组织者、领导者、"保护伞"时，更要讲究策略、行动保密，或同时出击、分头行动、全部归案、一网打尽，或按部就班、重点剔除、错落有致、破案留根。讯问涉黑犯罪嫌疑人更要讲究策略，充分利用涉黑组织成员钩心斗角的矛盾和推卸罪责的心理，分化瓦解、各个击破、突破全案。一般地，对直接实施作案成员，可从犯罪涉及人、事、物入手突破；对组织、领导者，可考虑从指使犯罪的电话指令、通信信息入手；对涉黑"保护伞"，可从平素人情往来和发案前后密谋活动入手。

对涉黑犯罪案件要注重犯罪证据的收集与审查，除一般暴力性犯罪行为和危害后果证据外，也要注重其组织特征、经济特征、非法控制性特征证据。坚决落实中共中央、国务院《关于开展扫黑除恶专项斗争的通知》的要求："要主动适应以审判为中心的刑事诉讼制度改革，切实把好案件事实关、证据关、程序关和法律适用关，严禁刑讯逼供，防止冤假错案，确保把每一起案件都办成铁案。"

知识作业：

1. 简述黑社会性质组织的含义及特征，说明恶势力团伙与之有何区别。

2. 什么是涉黑犯罪案件，具有哪些特点？

技能作业：

1. 对某涉黑犯罪案件提出线索搜集方案（渠道、方法、注意事项等）。

2. 对某涉黑犯罪案件侦查措施作以整理、归纳。

第十一节 诈骗案件侦查

知识目标：了解诈骗案件的概念、分类，理解传统诈骗案件、新型诈骗案件特点。

技能目标：掌握传统诈骗案件询访的重点内容和网络、电信诈骗案件的侦查要领。

一、诈骗案件的概念

诈骗案件是指犯罪人以非法占有为目的，采用虚构事实、隐瞒真相的欺骗方法，骗取数额较大公私财物的犯罪案件。诈骗犯罪行为人主观上存在非法占有数额较大的公私财物的故意（所谓公私财物即指国家、集体或公民个人的财物）；客观上都采取虚构事实、隐瞒真相的方法，即编造谎言、假冒身份、伪造证件，虚构事实、隐瞒真相、编织圈套，诱人上当。

虚构事实是犯罪行为人把客观上根本不存在的虚假情况或半真半假的事件情节，利用假身份、假证件和弥天谎言故意编造成"完全事实"，以取得对方信任；隐瞒真相是利用编织的圈套，掩盖真实身份和事实真相，使被害人产生错觉，对虚构的"事实"深信不疑或半信半疑，最终将财物"自觉自愿"地交付给犯罪行为人。诈骗案件的固有行为特征属于"巧取"。

二、诈骗案件的分类

（一）从侵犯客体划分

1. 财产诈骗案件。以非法占有为目的，采用虚构事实、隐瞒真相的欺骗方法，骗取数额较大公私财物的财产诈骗案件，财产诈骗犯罪侵犯的客体是当事人的财产所有权。

2. 合同诈骗案件。合同诈骗是以非法占有为目的，利用签订、履行合同中的欺骗手段，骗取数额较大的财物。合同诈骗侵犯的客体是复杂客体，包括财产所有权和正常的市场经济秩序。

3. 金融诈骗案件。金融诈骗包括集资诈骗、贷款诈骗、票据诈骗、金融凭证诈骗、信用诈骗、信用卡诈骗、有价证券诈骗、保险诈骗等。金融诈骗破坏的是市场经济管理秩序。

4. 招摇撞骗案件。招摇撞骗是指以谋取非法利益，假冒国家机关工作人员身份或职称进行诈骗，损害国家机关威信及正常活动。招摇撞骗侵犯的客体是国家机关工作秩序。因与诈骗案件侦查方法相近，故列在其中。

（二）从行为手段划分

诈骗案件从作案方式上，可分为接触类诈骗和非接触类诈骗。从具体行为手段看，又可分为传统、网络、电信诈骗案件。

1. 传统诈骗案件。所谓传统诈骗案件是指使用传统的作案手段，在现实空间通过正面接触，即作案人与受害人面对面地行骗的案件。

2. 网络诈骗案件。所谓网络诈骗案件是以计算机、互联网为工具、平台的诈骗作案手段，在虚拟空间实施的诈骗案件，属于非接触式犯罪活动。

3. 电信诈骗案件。电信诈骗是作案人通过电话、短信、网络方式设置骗局，对受害人实施非接触式诈骗，诱使其转账、汇款的犯罪案件。

（三）从作案人员划分

根据作案人法律地位划分，可分为自然人诈骗案件和法人单位诈骗案件。从作案人数划分，分为单人、结伙、集团类诈骗案件。

1. 单独诈骗案件。诈骗犯罪行为人单人作案，也即"单枪匹马"实施的诈骗案件。作案人更具"表演"能力，巧舌如簧，自导自演，设计行骗。

2. 结伙诈骗案件。两人在一起实施的结伙诈骗案件，或三人以上结成团伙，分工负责、各扮角色实施的诈骗案件，更具迷惑性。

3. 集团诈骗案件。作案人纠集成诈骗集团，具有严密的组织体系，使用成型的诈骗圈套，实施诸如集资、传销、寻宝等诈骗案件。

（四）从作案场所划分

1. 室内诈骗案件。作案人在居住、办公场所"坐钓金钩"实施诈骗，或进入居民住宅、政府机关、企事业单位进行诈骗的案件。

2. 街头诈骗案件。在街头巷尾实施诈骗，如摆棋局、抓彩头、"丢砣子"、卖假药、换外币、卖手机、寻名医等，须达较大数额才构成刑事案件。

3. 复杂场所诈骗案件。在繁华闹市、复杂场所实施的诈骗案件，例如在火车站、客运站、机场、码头等人员密度大、流动性强，环境复杂的场所进行诈骗。

（五）从地域范围划分

1. 国内诈骗案件。从作案者作案范围看，是在国内流窜诈骗；或者身在国内利用网络、电信作案方式，对国内的目标进行诈骗。

2. 跨境诈骗案件。是指跨越国境、边境的诈骗案件，包括内陆地区与港、澳、台地区的边界线。许多电信诈骗案件也都属于跨境诈骗案件。

3. 国际诈骗案件。也即跨国诈骗案件，是指作案者跨国流窜诈骗或利用互联网、电信手段在国家间实施诈骗。网络、电信诈骗常属于此类。

此外，还可从诈骗对象、作案目标和行骗标的物划分诈骗类型，由于诈骗标的物形形色色，不胜枚举，这里不一一列出。

三、诈骗案件的特点

（一）传统诈骗案件特点

1. 多有预谋准备，作案手段多样。诈骗犯罪的固有行为特征是"巧取"，即通过欺骗方法使受害人产生错觉自愿"奉送"财物。为此诈骗作案人必定要周密预谋、细心准备，先要仔细筛选作案对象，研究对方需求，精心设计骗局，甚至适度投资准备行骗道具、投以诱饵实施诈骗。诈骗手段多种多样，且有习惯性。假冒各种身份，伪造各种公章、公文，编织各种圈套，常见的有能人办事、签假合同、中奖分钱、资助寻宝、名医看病、亲属车祸、传销发财、集资高利等，有成型全套方案，花样也在不断翻新。

2. 双方正面接触，书证物证较多。为能获得信任骗取钱财，作案者必须要同作案对象正面接触，有个周旋交往过程，相互熟识起来。通过接触察言观色，深入了解，投其所好，利用弱点，实施诈骗。正面接触过程使得作案者人身形象、体貌特征暴露比较充分，甚至其真实身份、经历、行程、家庭及社会交往情况也会露出蛛丝马迹。作案中某些书证、物证，例如伪造、变造的证件、合同、单据、凭证，可能留在受害人手里或作案现场，甚至可能留有其书写笔迹。这些都能成为破案的有用线索。

3. 涉案数额较大，赃款赃物可查。构成诈骗案件的前提是行骗数额较大，也即给受害人造成严重的经济损失，极大地损害社会治安秩序和市场经济秩序。即使是传统的诈骗案件，近年来的行骗款额也越来越高，尤其以集资诈骗、传销诈骗、合同诈骗等较为突出，如诈骗工程款等类案件动辄几千万元甚至几亿元，令人触目惊心。诈骗暂时得逞，犯罪嫌疑人非法占有财物，因此侦查中一般有赃款赃物可供查控。

4. 团伙惯犯，流窜作案，动态现场。诈骗犯罪多为团伙作案，各扮角色，明确分工，各司其职，布设圈套，引人入瓮。诈骗主谋多系惯犯，有前科劣迹，年龄偏大，有一定社会阅历，有某方面的专业知识和行业经验，自以为高明，使用习惯手法诈骗作案。为了躲避被害人追索钱财，逃避警方侦查打击，诈骗分子大多流窜作案，甲地行骗、乙地藏身、丙地挥霍，成为诈骗作案的活动规律。即便是同一起案件，也多在流动中作案、行进中诈骗，常形成动态现场。

（二）网络诈骗案件特点

网络诈骗案件在客观上利用计算机、互联网实施诈骗活动，有其自身的特点，在以下几个方面较为突出：

1. 不受时空限制，跨地区作案。网络诈骗利用或针对互联网络、金融工具实施犯罪，经过欺骗诱导，能够瞬间完成侵害过程而且能异地实施大跨度、大范围、大面积的犯罪活动。由于互联网的无边界特性，行骗人在任何时间、任何地点，通过网络在虚拟空间散布欺骗信息实施诈骗，超越了时空限制，跨越了物理空间概念，在虚拟中实施，突破时空界限。受害人也不知道是哪里的人、什么样子的人骗了自己，这对侦查、防范造成了一定难度。

2. 侵害对象广泛，有不确定性。网络诈骗既然超越时空条件限制，就可以广泛发布虚假信息，造成行骗范围极大，侵害对象广泛。受害人遍布境内外、国内外，作案过程犯罪人与受害人无须见面，背靠背地实施侵害完成犯罪活动。作案人一般采取广泛撒网、重点培养方式，只要少数人上钩再有针对性地施以诱导，就可达到行骗目的。诈骗初始目标具有不确定性，一旦受害人上当，行骗人便设连环套，层层诈骗。例如"杀猪盘"骗局，利用婚恋平台、社交软件寻找潜在受害者，通过聊天发展感情，将取得信任的受害者引入博彩、理财平台进行诈骗，通过"寻猪""养猪""杀猪"等套路诈骗钱财。常同时行骗大批网民，受害人数众多，是网络诈骗的一个显著特点。

3. 手段日趋多样，高度科技化。网络诈骗是在准备必要的硬件设备、软件程序之后，利用互联网建立虚拟网站、网页和非法链接，或利用QQ、微信等交流软件及网购平台，呈现高科技手段。作案人中必有具备计算机知识和较高智商的人员。常用圈套有网络游戏诈骗、QQ视频诈骗、网络购物诈骗、"网络钓鱼"诈骗等，又把传统的诈骗形式融于网络，出现了网络传销、网络集资、网络彩票、网络中奖、招工聘任、婚恋介绍、情感交友、算命看相、网银升级、网络借款等诈骗圈套。随着网络技术的不断发展，网络诈骗会演绎出更多新手段。

4. 证据时效性强，容易遭破坏。利用互联网的诈骗犯罪活动虽然在虚拟空间实施，但依然会留下各种信息痕迹。例如与账号、网名、昵称对应的聊天记录、语音视频、转账记录，甚至网站域名、IP 地址，这些都可被认定为视听资料、电子数据类证据。这类网络信息、电子数据随着时间推移很容易被覆盖，甚至被人为地破坏，除了对数据信息删除或格式化，还可能频繁更换或注销 IP 地址、户名账号、电子邮箱等，这会给侦查破案、认定犯罪带来难度。

（三）电信诈骗案件特点

电信诈骗案件除了具有网络诈骗的共性特点外，在以下几个方面较为突出：

1. 作案圈套成型，翻新速度极快。电信诈骗大多有成型的圈套，从初始的"熟人借钱""中奖兑现""电话欠费""办理证照"，到"投资理财""账号涉案""家人急诊""亲属车祸"等，花样变幻百出，圈套翻新极快。诸如冒充公、检、法人员的"涉嫌违法"，冒充银行、金融部门的"账号异常"，冒充航空公司、机票代理的"机票改签"，冒充证券公司、专家的"推荐牛股"，冒充移动、联通、电信的"短信链接"等。这些圈套不断更新换代，而且翻新速度极快。

2. 对受害人洗脑，隐蔽、迷惑性强。电信诈骗利用受害人贪财、怕事、轻信等心理，编制诈骗剧本，对受害者循循善诱、层层洗脑，使得受害人对骗子毫不怀疑，深陷诈骗圈套难以自拔，甚至对银行工作人员提醒和警方的劝阻都置若罔闻。诈骗电话可以"任意显号"，冒充政府机关、通信公司客服或受害人亲属的电话号码，消除受害者的戒备心理，具有很强的隐蔽性和迷惑性，使得诈骗得手的概率非常高。

3. 具有典型的非接触类作案形式。电信诈骗作案人与受害人无须见面，以"背靠背"方式在隐蔽、虚拟中实施犯罪，他们盘踞一隅利用手机、互联网、网络电话等通信技术作案。这不再是传统观念的犯罪现场，更是很少留有痕迹物证，而涉案的程控电话、移动手机、信用卡账户则成千上万，给调查取证侦查破案带来了极大难度。例如许多电信诈骗案件幕后主犯在台湾，打行骗电话者在境内或周边国家，服务器设置在美国，而赃款通过地下钱庄又流回到台湾，这给侦查控制工作带来了极大的挑战。

4. 电信诈骗作案成员团伙、集团化。电信诈骗犯罪活动过程的各个环节日益专业化、搭建网络电话平台、拨打诈骗语音电话、开户购买银行卡、转提诈骗获得赃款，由不同的小组成员分工负责，协调配合，既合作又相对独立，形成体系，结成高效运营的公司式团伙，也即常说的诈骗从单个"狐狸"向着群体"狐狸"转化。不仅如此，一些诈骗团伙组织严密，向着集团化发展。他们跨国越境，相互协作，趋于专业化、职业化，导致赃款难追、证据难取、人犯难抓，造成破案率较低。

四、诈骗案件的侦查方法

（一）传统诈骗案件侦查要点

1. 调查访问，了解案件情况。由于行骗过程会暴露在一些群众面前，尤其受害者被骗的过程有较长时间正面接触。通过访问知情群众，询问受害者，了解案件相关情况：（1）诈骗犯罪人情况。作案人数、性别、年龄，体貌特征、衣着、打扮，何地人士、口音、方言，职业身份、文化程度、有何特长，爱好、嗜好、行为习惯等。（2）被骗钱财物品情况。被骗的钱、财、物有哪些，是现金交付还是支票兑付，是银行汇款还是微信、支付宝转账；若是财物，品名、规格、数量及价值等等。（3）诈骗活动整个过程。作案人何时、何地、何身份以何种形式出现，怎样取得受害人信任，如何口说谎言、编织圈套，骗取受害者钱财物，货物如何运走、钱款怎样提取等。（4）行骗道具使用情况。作案人行骗中使用、暴露了哪些"道具"和工具，诸如证件、信件、印章、文书材料，货物样品、包装，运输工具和交通工具，车票、船票、机票等。（5）诈骗作案人的来龙去脉。作案人是经人介绍还是自己主动找上门来，有哪些社会关系和交往人群，居住、活动、落脚的地区范围，案后逃跑方法和去向。（6）受害者自身情况。除了受害人的基本情况，被骗者陈述的真伪程度，有无夸大其词或掩盖事实，为什么选择相信作案人，钻进其布设的圈套；了解其品德、作风、经济状况。

2. 分析案情，确定方向范围。在扎实地访问询问和必要的勘验检查基础上分析判断案情，确定侦查方向，划定侦查范围。（1）分析判定诈骗类型。分析性质类型即客体类型，手段类型，人员类型，场所类型，地域范围类型；判定典型的侵财诈骗案件是否成立，注意同骗婚骗色、骗奸妇女、招摇撞骗等相区别。（2）分析诈骗作案手段。研究分析作案人怎样出场，如何博得信任，编制了什么成型圈套，团伙成员如何分工，使用了哪些文书资料和行骗道具，怎样提走钱财物资等。（3）分析判断作案人特征。除了相貌特征、作案条件，还要分析判断作案人数，是否有诈骗惯犯，有哪些行业经验和专门知识与技能，进一步判断从事什么行业、职业。（4）分析赃款赃物流向。根据行骗的财物种类、数量，结合财物的提取方式，判断赃物的可能流向；根据转款资金账户和开户资料，判断资金流向和取款人所在地等。（5）分析作案人逃向和再作案可能。根据作案人使用的证件，所乘交通工具或购买的车、船、机票，判断其可能的逃跑方向以及继续在某领域诈骗作案的可能性。（6）判定侦查方向、划定侦查范围。综合诈骗作案人的形象特征、文化特征、职业特征、前科劣迹和诈骗涉及的领域，判定侦查方向；根据其熟悉的地区，说话口音、方言，曾经的落脚点和可能的逃向，甚至手机和银行卡信息，划定侦查范围。

3. 选择途径，采取侦查措施。（1）通过体貌特征，摸排嫌疑对象。利用诈骗作案人暴露时间长特点，依据其体貌特征、个人特点结合其他作案条件，摸底排查发现确定嫌疑对象。（2）痕迹物证排查，确定嫌疑人员。充分利用收集到嫌疑人的行骗道具、文书物证，对物证及手印、笔迹等痕迹发现、提取、鉴定，确定诈骗嫌疑人。（3）发布通缉通报，协查嫌疑对象。在掌握诈骗嫌疑人资料、特征基础上，向有关地区发布通缉令或协查通报，请当地公安机关布网查缉、协查控制。（4）控制赃款赃物，以物查找嫌疑。诈骗行为人案后销赃、挥霍是普遍规律，及时控制赃物的转运、藏匿、销售，控制赃款的转账、挥霍、花用，既能发现线索、确定嫌疑人，又能获取赃证。（5）组织侦查辨认，认定犯罪嫌疑。组织受害人及目击者辨认嫌疑人及照片，或到作案人可能出现的地点，如再行作案、提取赃物、兑取赃款的地方巡查辨认，或者辨认遗留物品、书写笔迹、疑似赃物等。（6）通过信息排查，锁定嫌疑对象。利用与案件相关的手机、电脑、网络、银行卡、监控录像等信息，发现嫌疑线索、排查甚至锁定嫌疑对象。（7）组织串案分析，开展并案侦查。利用诈骗作案人多为惯犯特点，研究相邻地区、相同领域发生的同类诈骗案件，根据活动规律、作案手段，结合痕迹物证、侵害对象、诈骗目标等条件，开展串案分析、并案侦查。

4. 缉捕嫌疑，强化审查讯问。对已经确定的诈骗犯罪嫌疑人，尤其是重大嫌疑对象，可采取网上、线下各种缉捕措施收网归案。对已经拘捕的诈骗犯罪嫌疑人，制订切合实际的讯问计划，确定讯问的重点和策略，选择薄弱环节作为突破口，突击审讯。讯问诈骗犯罪嫌疑人，一定要充分吃透案情，利用好已经掌握的证据材料，防止其狡辩、抵赖甚至矢口否认。许多诈骗犯罪案件作案人，人为惯犯、身背积案，讯问中要注意深挖余罪，而不能浅尝辄止。深挖积案的讯问思路为：从其流窜线路、落脚点和当地发生的同类案件深挖，从其作案使用的行骗道具、文书物证深挖，从其身上收缴的手机、电脑信息及通讯录、联系人深挖，等等。

（二）网络诈骗案件侦查要点

尽管网络诈骗犯罪案件有许多新特点，但与传统诈骗相同的是作案手段离不开欺骗巧取，编谎、设套、"洗脑"等，须在借鉴传统诈骗侦查方法基础上采用更加适合的侦查方法：

1. 针对网络诈骗特点，拓展新型侦查模式。由于网络诈骗不受时空限制，利用计算机和网络作案，侦查中一般须首先找到用以作案的计算机，再寻找操作计算机的作案人，也即遵循"事→机→人"侦查模式。"从事到机"阶段在虚拟空间，通过网络监控、过滤，电脑系统勘查、检验，数据跟踪、分析等，获取电子指令、密码，IP 地址、域名及电子文件、文档等痕迹物证，定位到作案的计算机；"从机到人"阶段在物理空间，通过传统侦查措施，如询问、讯问，勘验、检查，搜查、扣押，辨认、鉴定等，获取各种形式证据，以对操作计算机者进行同一认定。与"事→机→人"模式相近的还有"网上痕迹、银行信息、高危人群→机→人"，都是"案→机→人"模式的演绎。

2. 访问受害者及相关人，梳理网络诈骗线索。尽管网络诈骗并非与受害人面对面进行，但通过访问受害者及相关人员，例如活动推荐人、网站管理员等，还是能够获取许多案件线索的，诸如对方的网站、网页、户名、账号，行骗的事由、时间、经过，上当的理由、相信的依据，对方掌握自己哪些信息，能否提供对方的录音、视频及广告资料等。及时发现线索，梳理线索，对分析判断网络诈骗案情至关重要，使得侦查部门能够迅速正确实施进一步侦查活动，这不仅为侦破一案创造条件，通过分析、对比众多骗案的犯罪手段、规律，也能为串并案件提供依据；统计梳理和分析研判，准确判断网络诈骗犯罪动态，还能为侦查部门提供预警信息。

3. 勘查网络诈骗现场，兼防作案人毁匿罪证。网络诈骗案件现场勘验包括对物理实体现场的勘查检验和数字虚拟空间、时间、数据、信息的发现、固定、提取，包括远程电子数据勘验。实体现场分别包括受害人、嫌疑人所处时间、空间，虚拟现场是双方互通信息、数据交互及存储的时间、空间。勘验嫌疑人现场要先行隔离人、机、物，防止作案人毁匿罪证，对涉案电脑、手机、道具及手印、足迹、生物检材等痕迹物证要认真发现、提取，仔细检验、鉴定；勘验数字现场要着重发现、记录相关网站、网页，各种户名、账号，打字、聊天对话，语音、视频信息，交易平台内容，资金流数据信息，以及电脑与网络各项运行参数，作以封存、备份，做好数据比对、分析。

4. 实施网络信息侦查，身份关联锁定嫌疑人。无论是受害人被骗后报案，还是网安情报部门主动搜集到诈骗嫌疑线索，侦查思路都是：案件线索→电子数据→作案人。例如，根据涉案网络信息查找嫌疑人，作案人有一个或多个虚拟身份，由于即时通信工具逐步实名认证，象 QQ、微博、微信、游戏账号等，即便假借他人身份冒名登记，也可能关联到真实身份，可查出某些个人信息；根据通信工具账号注册信息利用 IP 地址追查嫌疑人，调取后台登录日志，可发现网络 IP 地址和物理地址，也即找到嫌疑人位置及活动范围、电脑设备等。另外，对网站域名和备用域名进行解析，也能进而查获绑联的 IP 地址。根据资金流向和转账记录，调查涉案银行卡、网银、微信、支付宝等具有支付汇款功能的金融工具账号及开户资料，结合网络、现实行为轨迹，通过 IP 定位、视频追踪等法认定诈骗嫌疑人。

5. 堵截、控制、追查赃款，尽全力挽回资金损失。公安机关在侦破网络诈骗案件中为了减少、挽回受害人的资金损失，需要启动"全程追赃"模式。主要牵涉到三个环节：（1）案前防范堵赃。对可疑的转账汇款、资金支付，迅速开展紧急查询、止付、冻结工作，及时实施劝阻、拦截，同时做好第三方支付平台的拦截、止付工作，形成银行堵截、公安查封、网上拦截的积极态势，切实做到预防、减少群众财产损失。（2）案中打击追赃。公安机关要密切关注资金流走向，及时上传每一案账户信息和每一笔赃款流转，多策并举全力追赃，尤其对跨境诈骗案件更要最大限度地追缴赃款，换回受害人经济损失。（3）案后依规返赃。公安机关对拦截、止付、冻结或现场缴获的赃款，要协同银行金融机构严格按照相关规定，返还给受害群众。

6. 加强相关部门协作，强化打防网络诈骗。公安机关既要加强内部各警种如刑侦、技侦、网安等部门的紧密协作，同时重视与外地公安机关的沟通合作，也要加强与相关行业、企业单位的合作。例如，与银行部门协作，在网络诈骗中银行转账是最关键的环节，与银行部门协作也是网络诈骗侦查的重点。构建"警银联动"机制，实现对涉案银行、网银账户的紧急查询、冻结、管控协作。加强与电信部门协作，充分利用网络运营商存储的数据库和专业技术人员，尤其是网安情报部门要加强同电信部门在数据分享、技术交流和监管方面的协作。加强与互联网企业协作，除了涉及庞大用户群和海量用户信息记录，其具备资金存储和转账的功能，对于网络诈骗的侦查也至关重要。

（三）电信诈骗案件侦查要点

电信诈骗与网络诈骗并非截然分开，常常属于网络诈骗的变种，特点相似、手段相近，所以除了遵从网络诈骗侦查方法，还要针对具体案情从以下方面展开侦查：

1. 查清电信诈骗的行为类型。调查清楚电信诈骗的作案手段、行为方式，主要指电信行骗圈套和诈骗剧本模式，对受害人洗脑方式和推进方法，团伙组织形式、职责分工模式，以及收转资金的模式和提取现款的方式等。查清电信诈骗行为类型，不仅能为进一步调查确认诈骗嫌疑人身份、资金流向，深入分析案情做好准备，也能为摸清电信诈骗团伙作案规律甚至并案侦查系列电信诈骗奠定基础。

2. 调查电信诈骗电话及嫌疑人身份。电信诈骗多利用改号软件任意显示号码、虚拟号段 170/171 等号码诈骗，近期 95 号段常被诈骗团伙租用施骗，或用 VoIP 网络电话（IP 数据包发送实现语音）诈骗。从（网络电话、线路批发商、诈骗团伙）IP 地址入手，或通过作案手机串并发现微信、微博、QQ 等通信工具号，设法认证犯罪嫌疑人甚至确定身份证号码。以微信为例，若微信与手机同号，可从微信发现通信信息及朋友圈资料和消息。

3. 调查银行卡及账户资金流向。用以电信诈骗的银行卡同电话卡一样，大多是"实名"非"本人"，一般是通过他人身份开卡或从"开卡公司"购买银行卡。从贩卡活动和卡贩人员入手，可实现从卡到人再到案的侦查途径。无论电信诈骗采用什么圈套，作案人最终都会诱使受害人将钱款打入指定账户；无论利用网银转走资金或是从 ATM 机取款，涉案账户及资金流向都是侦查及控赃的关键。调查涉案账户银行流水，调取涉案 ATM 机附近监控录像，可划缩、锁定电信诈骗作案地区和犯罪嫌疑人。

4. 勘验检查电信诈骗犯罪窝点。尽管电信诈骗犯罪呈现时空无限性，但发现、锁定诈骗操作窝点后还是应当认真勘验检查，以发现、固定、提取诈骗犯罪证据。一般在突袭、拘捕、控制犯罪嫌疑人的同时，对诈骗窝点进行勘验检查。电信诈骗犯罪现场勘验、检查，除了传统的犯罪痕迹物证，诸如银行卡、记账本、记录本、指纹、水瓶、烟头等，尤其要注重对电脑、手机、移动数据存储器、网络信息等涉及的证据进行发现、固定并提取、分析。

5. 应用智能语音识别技术。作为非接触类犯罪案件，作案人的电话录音等语音信息常常成为犯罪嫌疑人的唯一生物特征。如果在电信诈骗案件发案过程中受害人或警方取得了作案人的电话录音或其他语音信息，在侦查中可利用语音识别技术，对电话录音内容识别、语音声波识别鉴定、语音个人信息识别，用以分析描绘、锁定确认犯罪嫌疑人。智能语音识别技术在电信诈骗案件的侦查破案、串联并案、证据认定方面具有独到的作用。

6. 调查贩卖公民信息链条。许多电信诈骗案件之所以能够作案得逞，依赖通过违法犯罪手段获取的公民个人信息。常见泄露信息渠道：掌握个人信息单位"内鬼"出售信息牟利；下载各类 APP 安装权限套取、钓鱼式链接；采用木马植入等黑客攻击技术等。通过销售公民个人信息案件线索，调查相关电信诈骗案件；利用电信诈骗案件中涉案的公民信息来源，回溯追查贩卖公民信息案件。据此关联侦破更多案件，以提高电信诈骗案件破案率，也可降低这类案件的侦破成本。

值得一提的是，对电信诈骗必须打防并重，甚至防范控制重于侦查打击。各地公安机关牵头成立了"反电信网络诈骗中心"，协调银行、通信部门，建立"警银联动""警通联动""警企联动"机制，整合社会资源，强化截断止付功能，全力打防电信诈骗犯罪。社会媒介也应当通过宣传典型案例，帮助每一位公民，尤其高危受害者增强个人信息保密意识，防范电信诈骗意识，真正做到：不轻信，任何他人电话信息，换渠道进行核实；不上当，任何逼真成型圈套，独立思考拒洗脑；不转账，任何未经核实账户，守住不打钱底线；听人劝，要听从银行职员的解释和警务人员的制止。

知识作业：

1. 什么是诈骗案件？常见的分类方法有哪些？

2. 传统、网络、新电信诈骗案件有哪些特点？

技能作业：

1. 拟订对传统诈骗案件受害人、群众询访的提纲。

2. 对比分析网络、电信诈骗犯罪案件的侦查要点。

第十二节　盗窃案件侦查

知识目标：了解盗窃案件的概念、种类、特点，把握常见类型盗窃案件的发案规律和案件特点。

技能目标：掌握盗窃案件侦查的基本方法，熟悉溜门撬锁、盗撬金柜、扒窃案件的侦查要领。

一、盗窃案件的概念

盗窃案件是指以非法占有为目的，采取秘密窃取的方法，将公私财物据为己有的犯罪案件。所谓非法占有，即主观上要故意占有他人财物，必然要侵犯他人的合法权利，人身、住宅都是不容侵犯的，要盗窃财物得逞就会侵犯他人人身、住宅或在其他场所的合法权益。所谓秘密窃取，是区别于抢劫、抢夺、诈骗、敲诈勒索等其他侵财案件的标志，也是盗窃犯罪的固有行为特征，没有秘密窃取，难以构成盗窃案件。一方面是利用事主不在场，另一方面是趁着事主没察觉，完成窃取行为。

盗窃案件属于多发性犯罪案件，发案数量在刑事案件中占有较大比例。盗窃犯罪案件不仅发案数量大而且种类繁多，多年来在犯罪案件统计中名列前茅，具有广泛的社会危害面，直接侵犯公私财物，严重危害国家、集体和人民群众的切身利益，极度扰乱社会治安秩序，严重干扰和破坏经济建设。盗窃案件多发是阻碍城市平安建设，影响人民群众安全感的重要因素。认真研究盗窃案件发案规律、特点，提高盗窃案件破案率，有力打击盗窃犯罪活动，对维护社会治安秩序，保障公私合法财产不受侵犯，保卫国家经济建设，具有重要意义。

盗窃案件立案标准。《最高人民法院、最高人民检察院关于办理盗窃刑事案件适用法律若干问题的解释》中规定，盗窃公私财物价值一千元至三千元以上、三万元至十万元以上、三十万元至五十万元以上的，应当分别认定为刑法第二百六十四条规定的数额"较大""巨大""特别巨大"。各省、自治区、直辖市高级人民法院和人民检察院可根据本地区经济发展状况，并考虑社会治安状况，在规定的数额幅度内，确定本地区执行的数额标准，报最高人民法院、最高人民检察院批准。盗窃公私财物，具有某些情形的，"数额较大"标准可按照规定标准的百分之五十确定。数额较大、巨大、特别巨大，对应一般、重大、特别重大案件的立案标准。

二、盗窃案件的种类

盗窃案件由于分类标准不一，分类方法也多种多样。

（一）按照侵害部位不同分类

1. 入室盗窃。犯罪行为人侵入厂矿、企业、机关、部队、学校、团体、居民住宅或其他单位的房室内部，盗窃公私财物的案件。

2. 室外盗窃。犯罪行为人在厂矿、企业、机关、部队、学校、团体、居民住宅等的房室外或其他露天场所，盗窃公私财物的案件。

（二）按照作案成员不同分类

一方面是按照作案人数和组织形式，可分为单人盗窃、团伙盗窃、集团盗窃；另一方面是按照成员属性和被盗单位关系划分，也即所谓盗窃案件性质类型。

1. 内盗案件。指犯罪行为人是发生盗窃案件的厂矿、企业、机关、部队、学校等单位的内部人员，利用了解内部情况作案。多是以国家、集体的公有财产为盗窃目标的案件。

2. 外盗案件。指犯罪行为人不是被盗单位的人员，而是外地的流窜犯罪或本地的单位外部犯罪人员，侵入工厂、企业、机关、学校等处，盗窃公私财物的案件。

3. 内外勾结盗窃。指被盗单位的内部人员提供盗窃目标、出入路线、开门钥匙、内部人员的活动情况等条件和情报，而由外部人员实施盗窃，或被盗单位的内部人员和外部人员共同实施盗窃的案件。

4. 监守自盗。是内盗的一种特殊形式。指被盗窃单位的内部人员利用自己的职务和工作上的方便条件，将自己负责保存管理或看守维护的财物窃为己有的盗窃案件。

（三）按照盗窃作案目标不同分类

1. 溜门撬锁。以居民住宅、企事业单位、机关团体的办公室、仓库为目标，多以现金、票证和型小体轻的高档贵重物品为窃取对象，采取撬门破锁、端窗揭瓦方法的盗窃。发案数量较大，属于多发性盗窃案件。

2. 盗窃金库。以机关、银行、商店、工厂、学校等企业事业单位的财会金库、保险柜为目标，以现金钞票和有价证券为窃取对象。采取撬、砸、锯、钻、切、割等方法破坏金库或保险柜进行盗窃的案件。

3. 扒窃拎包。以个人的衣兜、提包等为偷盗目标，以现金、手机、金银首饰类小型贵重物品为窃取对象，使用掏、拎、割等技术行窃手法，采取单人作案或多人掩护作案方式。属于多发性盗窃案件。

4. 盗窃车辆。以街头巷尾、院里院外、车库及停车场的汽车、摩托车、电动自行车为行窃目标。采取撬压车锁、击毁玻璃、内部装线、偷配钥匙、干扰锁车等方法进行盗窃。作案目标有高档化的趋势。

5. 盗窃枪支弹药。以盗窃枪支（包括军警用枪）子弹、炸药为窃取对象的盗窃案件，以部队的军械仓库、武器弹药库、佩带枪支的武警、民警、司法保卫人员的住室和工作地点为侵害目标。常继发为严重暴力犯罪案件。

6. 盗窃文物。以博物馆、展览馆，甚至古墓群为盗窃或盗挖目标，以珍贵历史文物为窃取对象的盗窃案件。作案过程常常盗窃、运输、藏匿、销售一条龙形式。常呈现系列盗窃型案件。

除了以上几类，还有许多类型，诸如盗窃机密文件，盗窃石油、电力、水利、电信设施、设备，盗窃宠物、大牲畜，名贵动物、珍稀植物等，盗窃案件名目繁多，包罗万象。另外，网络盗窃案件已经占有相当大的比重。

三、盗窃案件的特点

（一）发案数量大，案发后不易被及时发现

盗窃案件发案率最高，居刑事案件前列，而且种类繁多。盗窃案件之所以多发，与人的财物欲望最为普遍相关。从犯罪行为人看来，"秘密窃取"比暴力、胁迫强掠和巧取诈骗更简单、安全、方便，而且行窃不受地点、时间限制，也即随时随地可以发生，侵害对象极为广泛、盗窃目标形形色色。这些都是促成盗窃案件高发的重要因素。不易被发现是由盗窃的固有行为特征决定的，犯罪人多在事主、受害者不在场或没有察觉的情况下作案，案件发生后不易被发现。这种现象具有普遍性，一般报案比较迟，发生与发现的时间差对破案不利。这也是盗窃案件高发的另一原因。

（二）盗窃作案，多有预谋踩点活动

盗窃案件除了极少数临时起意、顺手牵羊外，绝大多数作案人事先有预谋准备活动，尤其在重特大盗窃案件中，为了盗窃得逞而不失手，需要先进行踩点、窥视活动，物色选择作案目标，了解事主和保安人员的活动规律和作息时间，预定进出现场线路和方法，事先准备作案用的工具，甚至先行排除作案时的重重障碍。这在盗窃巨额财物、枪支弹药、珍贵文物、黄金珠宝、贵重物品案件中极为常见。预谋准备、踩点窥视活动会在现场附近留有痕迹物证，也会给周围群众留下印象，也是

侦破盗窃案件可资利用的案件线索。

（三）破坏痕迹明显，多有物证遗留

除扒窃拎包外，绝大多数盗窃案件犯罪现场破坏痕迹明显，尤其以入室盗窃突出。破门撬窗、挖洞、拧锁，出入口的破坏痕迹就非常明显；盗窃中心部位撬箱开柜，别压抽屉，搜寻翻找，也会留下痕迹。另外，犯罪人经常在夜间作案，光线不好，怕出声响，多是试探着摸索进行，加之向外拖拉财物、运送财物，除留破坏性痕迹外也会留下手印、足迹及工具痕迹。有时还会留有作案工具及沾附物，甚至遗落随身携带物品。这就要求在勘查现场时认真仔细，尽最大努力发现提取。相同的痕迹也为并案提供了条件。

（四）盗窃方法多样，惯窃手法有习惯性

作案手法多样是盗窃案件又一特点。破坏障碍物，侵入中心现场，窃取财物等环节方法多种多样。以侵入现场为例，有的钥匙开锁，有的铁棍撬锁，有的踹门端窗，有的挖墙打洞，有的揭瓦钻天棚。体现在作案工具上也是多种多样，诸如钎、钳、钻、斧、凿、棍、锤、锥、钩、刀。作为惯犯行窃，长期利用同一手法进行盗窃而不被揭露，延续运用，手法常有明显的习惯性和相对稳定性。一是积瘾成习，例如扒窃，有的双指夹，有的刀片割；二是与职业或教唆有关。行窃习惯性在一定程度上反映出相应的职业技能特点，这也是组织并案侦查的主要依据。

（五）多有赃款、赃物，可供调查控制

案发后作案人有赃款、赃物在手是盗窃案件的一大特点。犯罪人既想享受赃款、赃物带来的物质利益，又惧怕因赃款、赃物暴露而遭受打击，案后将赃款、赃物进行种种伪装，甚至改头换面并转移外地，但为了在欲望上得到满足，促使其迟早要销售、兑换、花用、挥霍，这些过程总会有所暴露。值得注意的是，近年来通过网络销售赃物、挥霍花用赃款，成为盗案销赃新特点。有赃款、赃物可以调查控制，这是盗窃犯罪行为人的一大致命弱点。抓贼抓赃，也是侦查破案认定犯罪的一大有利条件。

（六）盗窃案件犯罪成员极为复杂

盗窃犯罪成员最为复杂。一是年龄幅度最大，老、中、青、少年无论什么年龄阶段，在盗窃犯罪人中存在。统计表明，盗窃案件中青少年作案占比较高，但也不乏老年案犯。二是不分职业身份，各行各业，分门别类，有的甚至有显赫的社会地位和令人羡慕的职业身份，无论白领、蓝领，或是有业、无业，也有从事一些边缘职业者。有男、有女，有内部人、外部人，有本地作案人、有外来流窜者，有惯犯、偶犯，不一而论，极为复杂。在重特大盗窃案件中，团伙犯罪尤为突出，明确分工各负其责，甚至出现明显的地域性。这些构成盗窃案件的复杂性和难破性。

另外，盗窃犯罪作案手段还出现了专门、专业化，智能、技能化，复合、复杂化趋势。

四、盗窃案件侦破方法

（一）勘验、检查现场，了解盗窃案情

1. 仔细勘验、检查现场。勘验、检查现场是侦破盗窃案件至关重要的一道工序。

（1）勘验进出口。所指进出口，即盗窃犯罪人侵入作案和退出逃走的通道口。在出入口尤其是入口部位，常常留有较多的活动痕迹和破坏痕迹。一是开锁入室的进出口。这样进入的痕迹不太明显，但若是仿配钥匙会留有痕迹，特别是金属残渣；二是破坏障碍进出口。撬门、破窗、揭瓦等方法侵入的，注意发现工具痕迹和指纹等，注意在门前、窗台、洞壁上发现足迹；三是攀爬翻越、预先潜伏、溜进溜出的出入口。注意发现攀爬、蹬踩痕迹及可疑脱落物，潜入现场行窃的，检查预伏处所，查找坐卧痕迹。测量现场遗留痕迹物品在出入口部位的方向、位置和角度，研究是在什么样的情况下怎样形成的；要注意观察出入口在现场中的位置、高低和大小，从而判断犯罪人的特征，判断其对现场的熟悉程度；要注意用正确方法提取、收集现场的痕迹物品，以备继续检验和研究。

（2）勘验被盗中心地点。被盗中心地点，即现场财物存放位置，这里的痕迹比较集中。一是发现确定破坏箱柜的方法，确定用钥匙打开还是撬压打开；二是发现提取各种痕迹物证，从行走处发现足迹，触摸处提取指纹，撬压处提取工具痕迹，并注意发现提取附着物。有遗留物也应注意发现提取。三是验明作案人在中心现场的活动过程。现场中心勘验的目的在于：判断案犯在现场停留的时间；判断人数、体貌特征；判断实施犯罪的方法手段，先后顺序和整个过程。值得注意的是，现场的哪些物质有可能留在犯罪人的身上；要搞清犯罪人实施犯罪后是否对现场进行了伪装和破坏等。

（3）勘验来去路线。作案人的来去路线，是同搜索盗窃外围现场相联系的。一是对现场外围进行搜索，发现犯罪人的足迹、交通运输工具痕迹，确定犯罪人的来去路线。对于盗窃大牲畜案件，尤其注意从蹄迹、粪便确定逃走路线。二是循踪发现作案人徘徊、逗留、藏身处所，发现提取遗留的足迹、烟头、痰迹、粪便等。三是发现清洗赃证，埋藏赃物的场所，例如清点赃物后抛弃的钱包、包装、门锁，埋藏在院外附近的赃物，进一步取得赃证。

2．深入访问事主、群众。在勘验现场和搜索外围的同时，抓紧时机对被盗事主、发现人、知情群众等进行深入细致的访问。

（1）了解发现被盗的情况。发现被盗时间、地点，谁人发现，谁人报案，发现时间，哪些人进入过现场，触摸过哪些物品等。

（2）了解被盗财物情况。被盗财物的品名、数量、规格、特征、标记、号码等；若是现金，票额多大，知否号码，有无特征；若是财物，属哪一类，价值多少，是否参投保险，等等。

（3）了解财物存放情况。被盗财物的存放时间，归谁保管，存放保管的方法和制度，是否安装报警设备，有哪些人知情。有没有更贵重的物品在现场，是否丢失。财物是存放在明面上还是掩藏起来被盗的。

（4）了解现场变动、破坏情况。现场哪些痕迹物品是犯罪行为人所留，门窗是否作案时打开，箱柜是否作案时挪动，哪些是事主自己碰动，哪些是作案者破坏。

（5）了解事主本人情况。包括被盗财物归谁所有，责任人是谁，事主的活动规律，什么时间离开现场、有多大空档时间等。还要侧面了解被害人的职业身份，社会背景，家庭情况，经济状况以及有无私仇、经济纠纷等。

（6）了解有无可疑迹象。案前案后是否发现可疑人进出现场，携带什么物品，是否听到可疑的声音，是否见过可疑的踩点活动，对被盗窃的看法，有无怀疑对象，怀疑依据是什么，等等。

（二）迅速采取紧急侦控措施

针对有些盗窃案件的侦破，对时限性要求较强的情况，可以在初步勘验调查后甚至在接受报案以后勘查之前，就立即采取紧急侦控措施。

1．堵截控制盗枪犯罪行为人。盗窃枪支、炸药属于特别重大案件，也多形成严重暴力犯罪案件。作案人一旦盗取枪支，大多用来实施杀人抢劫及其他性质的严重犯罪，后果极其严重。盗窃犯罪现场比较突出，如果报案比较及时，就应该迅速组织力量堵截控制。部署铁路、码头、车站控制，在交通要道设卡检查，排查形迹可疑者、无证持枪者，力争把盗枪犯罪人围堵在局部范围之中。对于盗窃机密文件及珍贵文物案，要及时通报口岸、边疆地区检查站，严密对出境人员和外运物品的检查，防止文件和文物的外流。调动秘密侦查力量，加强对走私、贩卖文物的监视与控制。

2. 追缉留踪盗窃犯罪行为人。判断盗窃行为人没有逃远，踪迹明显，体貌特征有所暴露，携带具有明显特征赃物，或逃跑线路上留有足迹、交通工具痕迹、大牲畜蹄迹等，可以循踪追击、缉捕抓获。例如盗窃车辆、盗窃牛马案件都比较常用。另外，留有足迹明显者，可采用步法码踪技术追缉盗窃犯罪人；具备良好嗅源的案件的，也可以调用警犬追踪盗窃犯罪行为人。

3. 侦控定点兑赃犯罪行为人。若被盗窃赃物中有银行卡、债券、储蓄存折、提款单、银行支票、汇票等，特别是可以缩划到指定地点兑换成现金的，要迅速采取紧急侦控措施。抢在犯罪人前面架网蹲守，抓获前来兑赃的盗窃犯罪行为人。对于有重要机密文件、特别巨大款额现金、贵重历史文物、黄金珠宝等贵重物品被盗窃的案件，也可以考虑采取紧急侦控措施。这是破案捷径，可以做到人赃并获。

（三）分析判断案情，确定侦查方向

盗窃案件一般很少有现场目击者，被盗事主大多也不在现场。所以分析判断案情尤为重要，是侦查破案关键所在。

1. 分析内盗、外盗。机关、企事业单位的盗窃分为内盗、外盗，居民个人被盗有熟人、生人，知情、不知情之分。内盗、外盗之分，以盗窃人身份为区别，属于被盗单位内部人员作案的，称为内盗；属于被盗单位外部人员作案的成为外盗。

（1）内盗特征。①熟悉现场环境，出入线路选得好，了解贵重物品存放情况，盗窃目标准确而单一，没有多余动作直奔目标，现场不乱。②盗窃时机选择恰当，财物存放时间知情，表现为了解内部更值人员规律和其他人员作息时间。③出入口痕迹不明显，常有伪装现象，可用原配、仿配钥匙，有事先换门锁、松动窗插销、护栏等，中心现场撬破痕迹也较少等。④外部人员不可能进入，现场留有外人不可能索取到的单位内部的工具和用品，没有任何外来人的痕迹，但案情表明应该留下痕迹者。⑤采取"抽签"盗窃或陆续部分盗窃，被盗财物为只有内部使用价值证券，案发后赃物藏在内部偏僻处，或经内部开展攻势，赃物被抛出。

（2）外盗特征。①进出线路明显，而且不一定是最佳路线，撬门破锁、端窗挖洞等外部侵入痕迹明显。有事先潜入躲藏，案后破坏门窗逃走迹象。有的进入现场后才发现门锁牢固，手中工具难以破坏，只好另选其他进出口。②盗窃目标不准，表现为没有特定目标，乱翻乱撬，或贵重财物未找到盗次要物品。③盗窃时机选择不当，此时没有贵重物存放，或正是管理严格之时，此时作案易被发现。④自带工具作案，现场提取到非内部人员手印足迹，或自备交通运输工具运载偷盗物品的。⑤有过踩点等可疑人、事，作案手段方法、侵害目标，痕迹有与外地、外单位有并案条件。

除此以外，还有内外勾结盗和监守自盗。内外勾结盗：内部人提供目标、钥匙或各种信息，由外部人实施现场盗窃。多具有双重性特征。例如，侵入线路、撬破痕迹、目标、时机表明内盗特征；而在中心现场部位，又留有外部人的痕迹等特征。监守自盗：更值守护人员自己盗窃，谎报被他人所盗的案件，属于内盗的一种。具有典型的内盗特征，但常有伪装，故意转移视线，向外盗方向转移。

2．分析本地人、外地人行窃

（1）本地人作案特征。一般有特定作案目标，对现场尤其对外围环境有一定了解，自带主要作案工具，现场遗留属于本地产、本地用的物品。被盗物品体重物大，无法只身携带远行，或本地使用的各种证券，在本地开展摸排赃物被抛出的；多见伪造现场，破坏程度不大，各种痕迹相对较少。

（2）外地人（流窜）作案特征。被盗部位多于交通沿线，便于脱逃的单位、住宅，作案目标不一定固定，对现场内部不太了解。现场翻动较多、较大，现场可留有外地用遗留物，车、船、机票等，遗留有较多外地来人痕迹。窃取轻便易携物品，盗撕介绍信，盗窃随身穿换季衣服；逃跑足迹、交通工具痕迹，甩扔物品，涉案赃物迹象表明已逃离本地的。

3．分析惯窃与偶盗

（1）惯犯作案特征。表现为从容老练、多有伪装，胆大手黑、有反侦查知识；敢闯大门头敢作大案子，对财物洗劫一空，会用多种盗窃工具甚至使用万能钥匙，手段熟练，动作麻利，销赃快逃跑快，带有一定的作案习惯性。例如，案犯专沿车站发出的各主街道步行，游动于各大街道，观察目标（大中型商店）所处的地理环境、安全设施，善于躲避监控探头和报警设备；善于捕捉对作案的有利时机。

（2）偶犯作案特征。行窃技术笨拙，缺乏盗窃经验，表现紧张慌乱，不会利用本已存在的盗窃便利条件；不了解贵重物品存放规律，反复撬压痕迹重叠，破坏痕迹多，遗落物品杂，对赃款、赃物的占有没有耐心；不了解一般单位、家庭的活动规律、作息时间，担心事主和保管者返回，无论多少得手就逃。

4．分析其他情况

（1）分析作案时间。根据发现被盗时间，报案时间，财物存放时间，事主与财物分离时间等分析判断；根据现场周围群众看到的可疑人、事、物，听到的可疑声音进行判断；根据现场破坏工具痕迹和其他遗留痕迹的新旧程度进行推断。

（2）分析作案工具、手段。对现场上遗留的各种痕迹，尤其是破坏工具痕迹的性状和特点加以研究，例如撬压、剪切、割锯类痕迹，判断属于哪类工具造成，作以检验鉴定；根据调访情况和运输工具痕迹，判明使用了哪些交通运输工具。

（3）分析作案人数、特征。根据犯罪现场遗留指纹、足迹和使用工具种类数量，结合盗窃赃物的数量、体积、重量及有无运输工具等，判断盗窃作案人数。从调访获知的材料和现场能够反映作案人身高体态的痕迹，结合作案手段和工具使用情况，判断犯罪行为人的人身特征和技能条件。

（4）分析作案过程。依据现场勘验、调访中查明的来去路线和进出路径，加上盗窃现场的足迹、指纹、工具痕迹以及遗留物品在现场形成的先后顺序，判断犯罪人现场作案的整个过程。

（5）分析盗窃动机。根据作案人条件和盗窃目标，结合已经判断的整个盗窃作案过程，尤其在现场对什么物品感兴趣，碰动了哪些物品又没带走等现象，有可能判明盗窃作案人的真正动机。

（四）研究案件材料，划缩侦查范围

盗窃案件的侦查范围一般包括犯罪行为人的居住、活动范围，销赃、兑赃范围，职业、人员范围等。划定侦查范围常常根据案情分析结论，结合有指示作用的遗留物、作案工具特征，车辆、足迹痕迹；所盗窃赃物种类，可能的销赃流向地；反映职业特点的作案手段、技术方法；当地敌情社情、犯罪形式以及发案现场所处的地理环境等，进行综合研究才能加以确定。

1. 划缩居住、活动范围。通过犯罪现场作案工具、遗留物作为商品的流通渠道，划缩到生产地、销售地、使用地范围；通过外围监控录像、足迹痕迹的延伸，交通工具的来去路线，划缩到来源地区、逃往地区和藏身地范围；通过现场附近基站的可疑手机信号，串并碰撞发现嫌疑人居住地、活动地范围；通过犯罪活动规律、盗窃作案手法，研究并案条件和盗窃团伙的地区特征，确定嫌疑人的原籍范围。

2. 划缩销赃、兑赃范围。盗窃案件除盗取现金之外，还会有目标地盗窃金银珠宝、文物古董、枪支弹药、机动车辆、牛马骡驴、电脑手机等物品。少数作案者除留有自用或赠送他人外，绝大多数要销售变现、挥霍花用。分析研究这些赃物的销路，结合赃物流向规律及附近地区有无同类商品集散地等情况，确定销赃、兑赃范围，把控赃的范围划缩到最大可能销赃、兑赃的地区。

3. 划缩职业、人员范围。通过工具种类、附着物，划缩到具体使用单位；通过对工具种类及操作特点，划缩到使用这一工具的职业工种；通过撬盗方法和熟练程度，划定使用专门手段的前科劣迹范围。划缩人员范围，实质上也是摸排过程的一部分。从一般特征，划缩到作案疑点的形成；从具备作案时间条件的人，划缩到接触现场条件；从经济反常表现，划缩到与本案有关的赃物销售、花用者。

（五）施用侦查措施，排查嫌疑获取证据

1．摸排盗窃嫌疑人。在划缩的侦查范围之内展开摸低排队，摸排出符合盗窃作案条件的嫌疑人员，进一步排除无嫌疑对象并确定犯罪嫌疑对象。（1）具有盗窃作案因素条件；（2）具有盗窃作案时间条件；（3）具有接触现场条件；（4）具有遗留物品、痕迹条件；（5）具有撬盗作案工具条件；（6）具有涉案赃款、赃物条件；（7）具有对盗窃目标知情条件；（8）具有体貌特征条件；（9）具有结伙、团伙条件；（10）具有盗窃犯罪前科、劣迹条件；（11）具有监控录像和电子信息条件；（12）具有案前、案后反常表现条件；等等。

2．调查认定遗留物品。对犯罪现场遗留物品，要深入群众调查，认定遗留物品归谁所有。这是认定犯罪的中间步骤，至少是可能到过现场的依据。一是组织有关人员对现场遗留物进行侦查辨认，确定曾经的使用者和所有人；二是利用良好的嗅源条件，使用警犬对遗留物进行鉴别认定。

3．鉴定现场遗留痕迹。通过对盗窃现场各种痕迹比对鉴定，取得认定犯罪的重要证据。通过对痕迹的发现、提取、鉴定，既可以发现犯罪嫌疑人，又可能直接认定犯罪人。鉴定指纹痕迹，鉴定足迹痕迹，鉴定工具痕迹和微量物证，通过获取嫌疑人的比对样本，或与犯罪资料档案库的样本比对鉴定，以确定嫌疑或证实犯罪。

4．调查控制赃款赃物。俗话说：捉贼拿赃。控制赃款、赃物是侦破盗窃案件、认定盗窃犯罪的有效方法之一。从物找人，既能提供"铁证"，也能减少损失。一是控制对赃物的使用、销售；二是控制各种折卡、票证的兑换和赃款挥霍、花用；三是搜查获取赃款、赃物，或对疑似赃物进行辨认；四是印发协查通报，向有关地区协查赃物；五是开展网络控赃。

5．开展内线、外线侦查。对于重大、特别重大盗窃案件，尤其案犯隐藏较深、犯罪事实不太清楚，涉案赃证难以获取的，为了查清内幕、弄清事实、获取证据，可以开展内线、外线等技术侦查措施。一是使用特殊情报人员，开展内线侦查，获取案件内情；二是外线侦查，跟踪控制犯罪嫌疑人，发现藏身窝点、落脚场所，发现销赃、取赃及与同伙密谋或继续作案的犯罪活动。

6．打抓现行盗窃活动。根据盗窃犯罪活动规律、特点，判断嫌疑人有可能再次作案，组织力量在某地点重点蹲坑守候，抓获现行犯罪；对某类盗窃案件高发区域地段巡查守候，抓获现行作案的犯罪嫌疑人。某些犯罪现场难定，即使进行勘查价值也不大的案件，例如扒窃案件，最好的应对方法，就是发现、跟踪嫌疑人，打抓现行犯罪活动。

7. 深入监所开展调查。对于判断可能是惯犯所为的重大、特大盗窃案件，可以组织力量到看守所、监狱场所对在押嫌犯和判刑人员进行调查，根据作案人体貌特征、作案手法、遗留痕迹物证，从刑满释放人员、解除改造人员和他们熟识的人员中发现犯罪嫌疑对象，进一步开展侦查工作。值得注意的是，有些犯罪人作完通天大案之后再作小案，已被羁押方式躲避被调查，侦查中须防止"灯下黑"现象。

8. 组织开展并案侦查。盗窃案件惯犯较多，系列盗窃案件也越来越高发。在同一地区、相邻地区发生的盗窃案件，认为系一人或一伙所为，可以组织串案分析、开展并案侦查。一是对活动规律相同，作案手段相似的并案；二是对留有相同痕迹、物证的案件并案。通过并案，集中线索、集中力量，开展综合或联合侦查。

9. 拘传拘留讯问突破。通过采取强制措施给盗窃犯罪嫌疑人以压力，在讯问中进一步获取证据。既可制止继续犯罪、畏罪潜逃，又可以防止毁灭罪证、转移物证。对重大嫌疑对象依法拘留，对嫌疑对象及牵连人拘传讯问查清盗窃犯罪事实和情节，尤其赃款、赃物及其他罪证的去向，为突破盗窃案件提供依据，经查证属实也是刑事诉讼的法定证据。

五、溜门撬锁案件侦查要点

溜门撬锁案件是指侵入居民住宅、楼房公寓、职工宿舍、学生宿舍等行窃，属于入室盗窃案件，是盗窃案件最为常见的一种类型。随着人员的流动性加剧和犯罪技能化、智能化的发展趋势，溜门撬锁案件的侦破难度也越来越大，但是只要认真开展工作，侦查方法得当，多数案件仍然是可以侦破的。

（一）溜门撬锁活动规律、案件特点

1. 溜门撬锁犯罪活动规律。一是白天活动多于夜间，深夜溜门扒窗侵入；二是作案集中偏僻街巷，主要溜撬居民住宅；三是目标多指双职工户，校厂宿舍成串盗窃；四是惯犯纠集团伙犯罪，跳跃选择流窜作案；五是自备工具踩点窥视，习惯手法连续作案；六是遭遇事主变盗为抢，保安查询借口逃窜。

2. 溜门撬锁盗窃案件特点。（1）侵害目标多是单门独户居民住宅。写字楼、公寓楼、出租房、学生宿舍、职工宿舍也较多见。（2）盗窃目的物多以现金为主。除现金外，便于携带的贵重物品，诸如金银首饰、手机手表、笔记本电脑、珠宝、字画、文物及高档衣物等。（3）作案时间段与现场环境和作案手法有关。根据现场环境、人流情况和踩点窥视的结果，选择作案时间和手法，白天多乘房内无人撬门压锁，夜间多乘人熟睡毫无防备偷偷溜进溜出。（4）撬门破锁手段分门别类多种多样。破门而入，掐锯锁梁、拧别门鼻、钩顶锁舌、钻砸锁芯、切削门框、切割门轴、端踹门扇、技术破锁；钻窗进入，撬护栏、砸玻璃、拔插销、端窗扇，甚至趁着开窗钻爬侵入；其他进入，凿墙洞、揭房瓦、破天棚、爬水管等等。（5）地域性团伙形成自己的习惯手段。全国多地形成了不同户籍地的溜门撬锁盗窃团伙，应用自己熟悉的撬破方法和作案手段，有的善于攀爬，有的技术破锁，屡作大案危害不小。（6）销赃渠道以网上线下二手市场为主。尤其惯犯团伙盗窃，大多盗窃、销赃一条龙，有比较固定的销赃渠道。

（二）仔细勘查现场，分析研究案情

无论是什么类型的盗窃案件，对每一起案件犯罪现场，在勘查中都应当努力寻找其具备的独有特点，研究犯罪人必须和可能具备的作案条件。

1. 细致搜集物证，深入调查访问。溜门撬锁必然要在现场进出口上留下撬、压、翻、爬、钻的痕迹，在中心现场留有触摸、碰动的痕迹，甚至会留下作案工具和其他物品，须认真发现提取；同时做好对群众的访问工作，作案时可能被临近群众看见或有探头记录影像，附近基站有无可疑手机信息。在此基础上分析判断生人、熟人作案，作案手段是否熟练，是否团伙作案，作案人具备的体貌特征和痕迹物证条件等。

2. 研究破坏手段和活动规律。分析犯罪人使用什么工具破坏，在什么部位侵入；研究其行动路线，翻动寻找财物有无规律，进入室内后有无防范，例如反锁门、准备凶器等；有无伪装、破坏痕迹，取用什么方法灭迹，有无左手用力的习惯，能否反映出职业特征和作案人个人特点，进一步分析判断是惯犯还是偶犯，是偶发案件还是系列案件；嫌疑人作案具备作案人具备的时间条件、职业技能条件、前科劣迹条件等。

3. 研究作案地点和选择目标特点。对犯罪人作案地点和目标选择进行研究，是否专门盗窃平房，专门盗窃高层，专门盗窃新房；什么目标有钱，什么目标安全。有的作案人选择富人居住高档小区，选择防盗门、空调品牌，窗户安高级防盗网等。在目标的选择、试探方式也各具特色，敲门试探、砸窗试探、门贴传单看有无变动等。进一步分析判断是本地人、外地人，本地有无窝点和暂住地点，具备的接触现场条件，等等。

（三）组织巡查守候，发现识别嫌疑人

除按照作案条件调查摸排以外，还可以通过巡查守候发现、识别、抓获踩点窥视、正在作案、案后欲逃的溜门撬锁犯罪嫌疑人或犯罪行为人。

1．针对疑似案前踩点人员，组织力量巡逻守候。注意发现在可能案发地段盲目乱窜，徘徊闲逛，地形不熟，假装问路的人；对"找人"的可疑者，可巧施盘查，追问到底，发现疑点、破绽，可带到公安机关调查询问。

2．针对现场溜撬作案人员，采取定点蹲坑守候。守候者最好熟悉现场环境和附近的人、事、物，讲究配合。注意发现、审查携带撬棍、钳子、螺丝刀、钎子、扁铲类工具者，尤其眼盯门窗，犹豫不定，撬门钻窗的人。

3．针对疑似案后逃离人员，询问盘查发现赃证。注意发现面部紧张，行动惊慌，衣不附体，急于逃离，携有钱物，说不清楚者，严密审查的同时调取录像，核查行踪，确认有无溜撬案件发生。

（四）控制赃款赃物，发现持赃人员

针对溜门撬锁案件涉案赃物的销售渠道以二手市场为主的特点，侦查人员要迅速组织力量，对嫌疑人可能销赃的场所进行严密控制。对赃物控制要充分利用犯罪情报信息资料、阵地控制等基础措施，做到更具有针对性、准确性、主动性、进攻性。一是通过网络渠道控制，既可以加强各地公安机关对赃物信息的交流进行协查控制，又可以直接在监控中发现网上销赃活动；二是深入挖掘涉赃资料档案，借助资料信息碰撞发现控查涉案赃物；三是进行侦查阵地控制，通过对复杂场所、特种行业的日常管控，例如对二手手机和旧货市场、维修部门、典当商行进行调查控制，发现查获涉案的赃物。另外，也可物建秘密力量，协助发现赃物线索。

（五）发现系列案件，开展并案侦查

并案侦查是侦破溜门撬锁案件的重要途径。犯罪人大多连续作案，流窜作案，如果只搞个案侦查，案件线索分散，消耗人力资源。并案侦查溜门撬锁案件，一方面根据传统的作案条件并案，另一方面要利用大数据推动情报信息、侦查技术和协作办案相结合的并案侦查。

1．依据作案手段、工具痕迹相同。（1）预备手段相同，预先潜伏，预设圈套，调虎离山等。（2）侵入手段相同，房门侵入，撞门、踹门、劈门、砸门、撬门等，要看什么方法，破坏什么部位；窗户侵入，研究破窗的方法，使用工具，破坏部位及作用角度；砸玻璃或卸玻璃入室，研究贴胶布砸碎，用工具直接砸碎，砸玻璃的位置。（3）破锁手段相同，钳剪、砸锁、锯断，钻挖锁芯。工具痕迹称为特殊并案条件。（4）伪装、灭迹手段相同，擦抹印痕、水洗痕迹、撒土撒灰、撒胡椒粉、伪装足迹等。

2. 依据作案特点相同或者相似。作案特点是指犯罪人为实现犯罪目的所采取行为方式的习惯性和特殊性。按照作案特点属性及并案需要分为：结伙形式，试探方式，行为习惯，行为特殊性等。（1）结伙形式。有的单个溜撬，有的结伙溜撬，有的男女搭配。（2）试探方式。如借口找人是多数犯罪人利用的方式，想找什么人，怎么打招呼，则各不相同。（3）行为习惯性。作案用左手，设置障碍，反锁门窗，切断电源。（4）特殊行为。例如案后留字条道歉，在现场大小便等。

3. 作案场所、时机选择相同。表现为溜撬活动的规律性，例如跳跃式作案、跨区域作案、赶头班车作案等。本地人在作案地点位置上常有连贯性、跳跃性和时间上间歇性。有的专选风雨天作案，有的专在节假日作案，有的在凌晨作案等。将多起案件归拢一起标明案发位置和时间，便可从散布状态发现一定的潜在联系，比如以某处为中心，案发呈环形状或射线状分布，线路靠偏僻处或繁华地区，可以据此分析判断出案犯居住地或再次可能作案地点和时间，以缩小侦控范围或布置下步工作。只要发现一名嫌犯或把握住一起同类案件，便可突破一系列溜门撬锁案件。

（六）加强审讯，深挖溜门撬锁团伙犯罪

溜门撬锁犯罪人多是团伙惯犯，被采取强制措施后具有一定顽固性。加强对已经拘捕的现行犯和犯罪嫌疑人的审查，挖掘其身背犯罪案件的线索。一是从讯问暂住地点、流窜区域深挖，结合与其相关的租房信息，旅馆信息，车、船、机票信息开展调查；二是从讯问团伙成员深挖，结合手机信息、网络交流信息开展调查；三是从讯问作案手法、现场痕迹物证及涉案赃证物品深挖，结合公安网络信息平台发布的同类信息开展调查。争取做到拘捕一人，挖出一伙，侦破一起，带破一批。

六、盗窃金柜案件侦查要点

盗窃金柜案件，是指以工厂、企业、机关、学校等单位的财会金库、保险柜为目标，采取各种撬盗方法，盗窃现金、证券或贵重物品的案件。

（一）盗窃金柜案件作案规律、特点

1. 盗窃金柜案发规律。一是案前多有预谋，盗窃目标准确。内盗案件、内外勾结盗案件，作案人直接、间接熟悉内情，外盗案件作案人也经踩点窥视了解目标：看门牌，看门窗，看摆设。二是深夜活动作案，行窃决心大。大多昼伏夜出，半夜一、两点钟作案。三是流窜犯罪，得手即逃，团伙犯罪，连续作案。四是破窗入室，选好案后退路。破窗多于撬门，反关插销，留作退路，堵门加锁，掐线断电，破坏报警装置和摄像探头，等等。五是内盗案件多发，偶有内外勾结。内盗案件源于对保险柜内财物的知悉内情，利用便利条件作案；或安排胆大亲信人员进场作案。

2. 盗窃金柜案件特点。一是自带撬盗工具，破坏技术性强。携带小的螺丝刀、钢锯条，中的撬棍、扁铲，大的铁锤、榔头，技术的电钻、焊枪，采用钻锁孔、起号盘、撬库门、锯合页、切柜壁破坏金柜。二是贪婪成性，胆大妄为。盗窃金柜案犯在金钱利欲驱使下，作案中一旦被发现常常变偷为抢，动辄杀人越货。三是盗钱为主，物品为辅。撬盗金柜主要目标是现金钞票，也有为盗窃金银首饰、珍宝文物、枪支弹药者。四是私人住宅，保险柜盗案日渐多发。近年来，高档别墅区的富豪、明星住宅，撬盗保险柜案件也屡屡发生。五是遗留物品多，破坏痕迹明显。尤其外盗案件，无论是现场进出口，还是保险柜体上的破坏痕迹都比较明显，现场还容易遗留作案工具及其配件，微量物证及随身携带物品。

（二）研究撬破方法，分析判断案情

仔细研究撬破保险柜的痕迹，验明开柜的手段，是钻、撬、锯、切、割、砸、炸哪种手段，还是整体搬走，究竟属于哪种方法。撬金柜后盖，撬金柜门，钻、砸、熔锁心，进一步根据技术特点，分析作案者年龄、职业、前科等。研究撬痕及附着物，既可为摸排范围提供依据，最终可能认定犯罪行为人。

（三）开展内部摸排，发现嫌疑人员

如果分析认为作案人熟悉周围环境，盗窃目标准确，作案充分准备，使用原配、仿配钥匙，现场或有伪装，可以考虑内盗案件。这就需要在单位内部进行"四排四查"：排作案条件，排作案时间，排经济收支，排动态表现；查犯罪前科，查痕迹物证，查行迹过程，查赃款赃物。

（四）控制现金支出，认定犯罪人员

撬盗金柜案件，一般赃款现金数量较大，予以查控是一个有效的侦查方法。控制赃物路径：一是控查新钞号码，如果有证券类，也可以从控查号码入手；二是控查旧钞特征，即流通票上可辨别的特征残损、粘糊、字迹等；三是注意发现控制金银、珠宝类的销售兑换；四是注意发现可疑点，由于大量现金埋于地下可能出现霉变、受潮、异味等。

（五）审查可疑人员，发现金柜嫌犯

如果判断盗窃金柜犯罪人是外地流窜者，可在汽车站、客运站、火车站、船码头、飞机场及其附近的酒店、旅馆布控，注意发现具备如下特征可疑人员：一是面带倦意，手脸油污，衣裤尘土；二是携有专业撬盗工具，身带大量不明现金和贵重物品；三是昼休日宿、深夜行动、凌晨逃窜的可疑人员。通过审核调查，发现认定身背盗窃金柜案件的犯罪嫌疑人。

（六）利用信息"碰撞"，组织并案侦查

金柜外盗案件与其他单位同类撬盗案件多有并案条件。开展传统方法与现代手段相结合的并案侦查，是侦破金柜盗案的高效途径。一是利用传统并案条件：侵害行业、系统相同，进出口方法相同，撬盗金柜手段一致，留有相同痕迹物证等。如果符合若干条件，就可考虑串案分析，集中线索、集中力量，开展并案侦查。二是利用现代信息"碰撞"，在网络案件情报信息和手机信息大数据支持下，研究"时间段"、"空间位置"同类信息"碰撞"，不同类信息"交叉碰撞"，对金柜盗案并案侦查，以查获金库、保险柜大盗。

七、扒窃案件侦查要点

扒窃案件，是指采取掏兜、割包、拎袋等方式窃取他人随身携带钱财的犯罪案件。扒窃也称"绺窃"，犯罪人明知被害人在场，利用事主和周围群众未察觉或没留意之机偷盗，属于乘人不备秘密窃取，除了盗窃钱包还偷盗手表、首饰、手机等，多发于公共场所，扒窃作案手法带有一定技术含量，常常是"师傅带徒弟，拜师后学艺"的传承犯罪形式。发案率高而破案率较低。对扒窃作案人称之为"扒手"，也即小偷、掏兜者，岂不知也会屡作大案，危害后果严重。

（一）扒窃案件规律、特点

1. 扒窃活动规律。（1）春秋季节多发。一是换季时节购置衣物，钱财物流动大；二是春秋季节，衣着适中；冬天过厚虽然迟钝，但不易发现目标，夏天单薄目标暴露，但易被触动。（2）节假日期多发。节假日期人、财、物流动大，尤其是春节，也是比较高发时段。偷窃现金者甚至专门从银行储蓄所开始跟踪。（3）商店、市场、车站多发。钱财物多，人多拥挤，尤其快货柜台；市场环境较乱，有钱有货；车站旅客旅途疲劳，有行李包裹。（4）公交、电车多发。人多拥挤，特别高峰时段，上上下下，互不相识，尤其电车固定线路，不便于开往公安机关。（5）火车、地铁多发。火车、地铁上警力薄弱，也便于在不同范围流窜作案。火车旅客长途旅行，有包裹皮箱，困倦打盹，容易丧失警惕；地铁人多拥挤不堪，比肩接踵，符合贴靠下手的条件。

2. 扒窃案件特点。（1）目标多指女性，或者中老年人。中老年人行动迟缓，防范意识薄弱，自卫能力较差；女性背包方式单一、死板，目标明显、携钱较多，好奇心强、爱凑热闹。（2）没有固定现场，少留痕迹物证。扒窃大多在流动场所，行进当中，常常没有固定现场，所以也很少留有较大价值的痕迹物证。（3）大多徒手行窃，较少使用工具。痕迹较少的另一原因是扒手行窃大多徒手进行，很少使用工具。只用自己的手指，所以常自称"11号""钳工"。即使有工具，也很简单，仅有镊子、刀片，或者有凶器、掩护用品。（4）迅速洗赃抛证，赖账拒不交代。扒手得手后保留钱款，迅速扔掉包装及其他标志性物品，俗称"洗皮子"。地点多是草丛、厕所、垃圾箱，也有丢弃在信筒者。一旦被捉拒不交代认账，俗称"老一次"。（5）扒手青少年多，常常结伙作案。青少年行动敏捷，在人群中不显眼。偶有中老年扒手，专作大案，或幕后指使教唆犯罪。有少年团伙多属于被挟持作案。

（二）扒窃作案手段、技能养成

（省略）

（三）侦破扒窃案件主要环节

1. 详细询问事主，弄清被盗情况。对扒窃案件，接到事主报案后，要进行认真详细询问并登记。问清事主的姓名、住址及工作单位；问清被盗时间、地点、车次及详细经过；问清被扒窃财物的种类、名称、数量及有关特征；问清在被盗时现场周围的可疑人员，回忆其性别、年龄、相貌、口音、着装和特征等，以便于开展深入调查。

2. 立即开展调查，发现可疑线索。要立即深入被盗地点或可能发生被盗的场所，向发案地当班的汽车、电车、地铁司乘、安全人员，市场、商场的营业员和在场的有关群众进行调查访问；要调查发案时有哪些可疑人员在场，其性别、年龄、着装和特征；要调查该地点是否经常发生扒窃案件，有哪些扒手经常出没光顾，发案时是否在现场等；调取相关部位监控探头录像，发现可疑线索或嫌犯。

3. 及时组织搜查，查找被窃物品。在开展调查访问的同时，要以被盗地点为中心，及时组织力量对被盗地点周围的一些隐蔽场所，如厕所、下水道、垃圾箱、邮信桶、防空洞、偏僻胡同等处，认真进行搜索检查。搜索有无被犯罪人抛弃的空钱包，工作证、介绍信、提包、车票等物品，根据洗赃地点判断犯罪人逃跑方向和居住范围，为侦查提供线索和依据。

4. 严密控制销赃，发现可疑线索。运用秘密侦查力量或单位行业职工，在犯罪行为人花销、使用、变卖、兑换赃款、赃物的过程中识别抓获。由于扒窃犯罪人经常涉足于复杂场所和特种行业，熟悉哪里是销赃、挥霍的最佳去处。对于具有严重影响的重特大扒窃案件，控制涉案赃款、赃物，首先立足于侦查阵地的控制，其次发挥秘密力量搜集涉赃情报的作用，最后实施网络控赃。

5. 建立反扒队伍，打击扒窃犯罪。建立反扒专业队伍，由年轻力壮、具有识别扒窃犯罪活动能力，掌握擒拿格斗技术的侦查人员组成。有些案犯常常"武装"行窃，最好2～3名侦查人员一组配合作战。同时要建立反扒特殊情报组织，指导反扒群众志愿者队伍。各类队伍明确分工，互相配合，相互支撑，协调补充，在犯罪情报和扒窃线索方面共享共用，攻坚克难破大案，弹压嚣张扒窃犯罪活动。

（四）巡查识别跟踪，打抓现行扒窃

打抓现行扒窃，是打击扒窃犯罪活动重要形式，也是配合侦破扒窃案件的主要方法。

1. 识别扒窃作案人。（1）看眼神。作案人两眼发贼，不断转动，专门盯人的衣兜、背包、提袋，同时又很警觉地四处张望，看人时常流露出一种贪婪的目光。下手窃取时两眼发直、发呆。（2）看举止。窜转：在电车、汽车、地铁、火车站和电车、汽车、地铁、火车上两头窜动，在车门处逆上逆下或阻挡他人上下；在繁华街道中东游西逛；在商店、市场转来转去，物色对象，寻机作案。尾随：选准对象尾随其后，紧跟不放，在其侧面或其前后贴靠。钻挤：在影剧院或上下车或抢购物品人多拥挤之时，专往人群里挤，既不购票也不上车。试探：为弄清对象是否有钱，在拥挤之时，用手背或胳臂试探对象衣兜，有意接触或碰撞对象。（3）看衣着。有的打扮阔气、时尚。有打扮平常、不显眼。但一般上衣肥大，没有纽扣。便于隐藏工具和赃物。有时胳臂搭着外衣以作掩护。（4）听语言。同伙之间以黑话、隐语作交流，天窗、平台、暗仓，得手叫下货，钱多叫蓝海，无钱叫蓝干。（5）看动作。在挤撞的时候，看其有无接触事主衣兜的动作；在用手或手中物品挡住事主视线时，看其另一只手有无动作；在贴靠人身时，有无跟随事主移动的动作；在两眼直呆时，有无胳膊抬高或肩膀偏倚的动作；在用力往前挤时，有无挤上去又挤出来，刚站稳又忽然离去的动作等。

2. 跟踪嫌疑人，打抓现行。识别、跟踪、抓捕是三个主要的环节。一定要很好的掌握时机，一般坚持"非现行不抓"的原则，一定要做到恰到好处。具体方法、技巧，这里省略。

3. 打抓现行扒窃禁忌事项。（1）情况不明，"贸抓"。由于人多拥挤，光线条件差等因素。对扒窃案犯行窃程度心里没有底，而贸然抓捕，造成"夹生"陷于被动。（2）遇到惯犯，"明抓"。发现扒窃惯犯，不论作案与否，先抓起来再说，这样导致其对抗心理，甚至陷入刑讯逼供局面。（3）急于求成，"硬抓"。过早抓捕，往往由于证据不足，而被迫放人。（4）单凭指点，"瞎抓"。轻信情报，不做核实，仅凭指认抓人，往往无法处理或伤害无辜，也容易被利用报复他人。（5）缺乏耐力，"粗抓"。长时间跟踪心理急躁，放弃目标又感觉可惜，带回去再说，造成嫌疑人不服，喊冤叫屈，难以移诉处理。（6）判断失误，"冤抓"。由于对案犯作案时的神态、心理、行窃方法等不甚了解，造成错抓。（7）闹事鸣枪，"武抓"。违反相关规定，在繁华区域滥用武器抓捕扒手，易伤害群众或造成混乱。（8）显露钱包，"诱抓"。侦查人员故意为偷窃提供便利，引诱行窃，"钓鱼"执法，不宜提倡，应当禁止。（9）主次不分，"漏抓"。不注意区分成员之间行窃、掩护、传递、望风的关系，易造成主犯脱逃，毁弃赃证。（10）不顾失主，"傻抓"。造成只抓住案犯，找不到受害人，使犯罪构成要件不全，而难以依法处理。

知识作业：

1. 什么是盗窃案件？常见的分类方法和主要类型？

2. 盗窃案件有哪些特点？

3. 溜门撬锁、盗撬金柜、扒窃案件规律、特点有哪些？

技能作业：

1. 拟订对盗窃被害人、周围群众访问的提纲。

2. 拟订金柜盗案的侦查要点。

3. 整理识别扒手、打抓现行扒窃的几个环节。

第十三节　职务犯罪案件侦查

知识目标：了解贪污贿赂案件的概念及特点。

技能目标：掌握贪污贿赂案件的侦查要点。

一、贪污案件的侦查

（一）贪污案件的概念

贪污案件是指国家工作人员利用职务上的便利实施的非法占有、使用、私分国有财物或公共财物的犯罪案件。主要包括：贪污罪、挪用公款罪、私分国有资产罪、私分罚没款物罪等。其中贪污罪是最主要的罪名，《刑法》第三百八十二条规定，国家工作人员利用职务上的便利，侵吞、窃取、骗取或者以其他手段非法占有公共财物的，是贪污罪。受国家机关、国有公司、企业、事业单位、人民团体委托管理、经营国有财产的人员，利用职务上的便利，侵吞、窃取、骗取或者以其他手段非法占有国有财物的，以贪污论。

（二）贪污案件的特点

1. 涉案人员身份特殊。贪污案件的犯罪主体国家工作人员，是指国家机关中从事公务的人员，包括：（1）国有公司、企业、事业单位、人民团体中从事公务的人员；（2）国家机关、国有公司、企业、事业单位委派到非国有公司、企业、事业单位、社会团体从事公务的人员；（3）其他依照法律从事公务的人员，都以国家工作人员论。

2. 涉案财物性质特殊。贪污案件的犯罪客体是国有财物公共财产，包括：（1）国有财产；（2）劳动群众集体所有的财产；（3）用于扶贫和其他公益事业的社会捐助或者专项基金的财产；（4）在国家机关、国有公司、企业、集体企业和人民团体管理、使用或者运输中的私人财产，以公共财产论。

3. 犯罪形式多样。贪污犯罪的手段形式多种多样，包括利用侵吞、窃取、骗取或者以其他手段非法占有国有财物的行为。（1）侵吞是指行为人利用职务上的便利，将自己主管、经手、管理的公共财物，非法占为己有的行为。（2）窃取是指将自己管理、使用的公共财物以秘密窃取手段转归自己控制的行为。（3）骗取是指行为人利用职务上的便利，采用虚构事实或者隐瞒真相的方法非法占有公共财物的行为。（4）其他手段是指采取侵吞、窃取、骗取以外的方法，将公共财物占为己有的行为。如以"挪用"的形式、"借用"的名义，或者谎称公共财物被骗、被抢，实际为自己占有的行为等情形。

（三）贪污案件的侦查要点

1. 准确分析案情。贪污案件的线索来源中很大比例是来自群众举报，出于各种缘由，举报人对当事人犯罪事实的描述会有较强的主观因素。因此，侦查人员对待举报的内容应当认真甄别，去伪存真，准确分析案情，以免被不实信息所误导，特别是对于蓄意陷害、捏造事实等诬告报复被举报人的行为，一定坚决果断予以处置，以免造成工作被动。

2. 开展秘密侦查。侦查机关在认真梳理案情后，应当制作严密的侦查方案，秘密侦查一般是前期所采取的主要侦查方式，一则是因为涉案人员身份属国家工作人员，在未确定主要犯罪事实的情况下，不宜过早公开侦查对象；二是贪污案件往往犯罪行为较为隐秘，涉案人员关系较为紧密，一旦发现有罪行败露迹象必然会试图掩盖，订立攻守同盟。因此，为避免打草惊蛇，前期一定注意侦查行为的保密。

3. 及时调查取证。在办理贪污案件中，重要的证据来源是涉案的财务账目、报表、凭证、合同等相关文书记录资料，这些证据材料极易被转移、隐匿、销毁或者篡改。因此，侦查过程中应当通过扣押、冻结等方式及时调取固定证据，并对收集的证据材料仔细甄别、反复核验，确保在犯罪嫌疑人拒不供认的情况下，能够通过扎实的证据材料给予有力回击。

二、贿赂案件的侦查

（一）贿赂案件的概念

贿赂案件，是指就国家工作人员职务事项，实施的提供、介绍、非法收受或者索取公私财物的犯罪，是由索贿、受贿、行贿、介绍贿赂等犯罪行为构成的案件。主要包括个人受贿罪、斡旋受贿罪、单位受贿罪、个人行贿罪、个人向单位行贿罪、单位向单位行贿罪、单位向国家工作人员行贿罪、介绍贿赂罪等。贿赂犯罪是行贿人和受贿人互相勾结，以损害国家、集体利益为代价、有意识进行的犯罪。其中最主要的罪名是受贿罪，《刑法》相关条款规定：国家工作人员利用职务上的便利，索取他人财物的，或者非法收受他人财物，为他人谋取利益的，是受贿罪。国家工作人员在经济往来中，违反国家规定，收受各种名义的回扣、手续费，归个人所有的，以受贿论处。《刑法》相关条款规定：国家工作人员利用本人职权或者地位形成的便利条件，通过其他国家工作人员职务上的行为，为请托人谋取不正当利益，索取请托人财物或者收受请托人财物的，以受贿论处。

（二）贿赂案件的特点

1. 犯罪主体特殊性。贿赂案件的犯罪主体国家工作人员是指国家机关中从事公务的人员，包括：（1）国有公司、企业、事业单位、人民团体中从事公务的人员（2）国家机关、国有公司、企业、事业单位委派到非国有公司、企业、事业单位、社会团体从事公务的人员；（3）以及其他依照法律从事公务的人员，都以国家工作人员论。

2. 犯罪形式多样性。受贿罪的行为方式主要是两种：一是索贿。即行为人在公务活动中主动向他人索取财物。二是收受贿赂。即行为人非法收受他人财物，并为他人谋取利益。谋取的利益可以是不正当利益，也可以是正当利益。主动索取他人财物的行为，比被动受贿具有更大的社会危害性。因此《刑法》规定，利用职务上的便利索取他人财物的就构成受贿，而不要求行为人有为他人谋取利益这个条件。受贿罪在客观方面除有索贿和收受贿赂这两种基本行为形态外，还包括以下两种表现形式：一是收受回扣、手续费。国家工作人员在经济往来中，违反国家规定，收受各种名义的回扣、手续费，归个人所有的，以受贿论处。二是斡旋受贿。国家工作人员利用本人职权或者地位形成的便利条件，通过其他国家工作人员职务上的行为，为请托人谋取不正当利益，索取请托人财物或者收受请托人财物的，以受贿论处。

3. 犯罪行为隐蔽性。在实践中，受贿案件行为人往往以各种巧妙手法掩盖其真实的犯罪目的。比如，以交易形式收受贿赂，主要表现为以明显低于市场的价格向请托人购买房屋、汽车等物品的；以明显高于市场的价格向请托人出售房屋、汽车等物品的；以其他交易形式非法收受请托人财物的。此外，还有以收受干股、开办公司等合作投资名义收受贿赂，以委托请托人投资证券、期货或者其他委托理财的名义收受贿赂，甚至以赌博形式收受贿赂，犯罪行为极具隐蔽性，不易被发现。

（三）贿赂案件的侦查要点

1. 初查核实线索，甄别案件性质。侦查机关在获取案件线索来源后，应当进行前期秘密侦查，甄别举报情况的可靠程度，从而确定贿赂行为的客观真实性。全面分析涉案相关人员的身份、职务、相互关系、利益冲突、纠纷矛盾等背景资料。特别是要仔细甄别当事人的行为是属于在亲属、朋友之间没有特定的利益诉求，且未明显超出当地正常经济水平、风俗习惯、个人经济能力正常的礼尚往来行为，还是确属国家工作人员利用职务上的便利，索取他人财物的，或者非法收受他人财物，为他人谋取利益的受贿行为。

2. 固定证人证言，应对翻供串供。受贿行为一般较为隐蔽，往往只涉及行贿受贿两方人员，受贿人员在没有确凿证据面前一般不会主动认罪。因此，及时固定行贿人员和相关证人的证据材料显得尤为重要，尤其是对于受贿的具体时间、受贿地点、受贿次数、具体金额、接受方式及相关的细节描述都应准确取证，通过证人之间相互印证，形成完整证据链条，防止行贿受贿人员串供翻供。

3. 强化狱内侦查，提升讯问技能。狱内侦查一直是侦查机关获取犯罪线索的重要途径，犯罪嫌疑人或者罪犯在监所等羁押场所内，与身处外界不同，心理会发生极大变化，感到孤立无助，失去对局面的把控，产生强烈的焦虑与不安，抵抗情绪会有所削弱，容易暴露弱点。侦查人员可以利用这一时机，通过分析具体案件和涉案人员的特点，运用相应的侦查策略和技巧，彻底瓦解嫌疑人的心理防线，取得讯问的突破。

知识作业：

列举贪污贿赂案件的特点。

技能作业：

针对具体贪污或贿赂案件案情，确定侦查思路。

主要参考文献

[1] 中华人民共和国公安部. 公安机关刑事案卷立卷规范 [S]. 2014.

[2] 中华人民共和国公安部. 公安机关执法细则 [S]. 第三版. 2016.

[3] 中华人民共和国公安部. 公安机关办理刑事案件程序规定 [S]. 2020.

[4] 中华人民共和国公安部. 公安机关刑事法律文书式样 [S]. 2012.

[5] 肖志飞, 肖拥华, 胡森林. 狱内侦查措施的适用 [J]. 法制与社会, 2012 (1).

[6] 靳高风, 守佳丽, 林晞楠. 中国犯罪形式分析与预测 [J]. 中国人民公安大学学报, 2018.

[7] 马忠红. 网上摸底排队的原理和方法 [J]. 上海公安高等专科学校学报, 2006 (4).

[8] 胡泊. 狱内侦查若干疑难问题研究 [D]. 中国社会科学院研究生院, 2012.

[9] 中华人民共和国国务院新闻办公室. 新疆的反恐、去极端化斗争与人权保障 [G]. 白皮书, 2019.

[10] 任惠华. 中国侦查史 [M]. 北京：中国检察出版社, 2004.

[11] 王传道. 刑事侦查学 [M]. 北京：中国政法大学出版社, 2017.

[12] 李增春, 孙建安. 刑事侦查途径 [M]. 哈尔滨：哈尔滨工业大学出版社, 2004.

[13] 高春兴, 阮国平. 侦查对策 [M]. 北京：中国人民公安大学出版社, 2003.

[14] 公安部人事训练局. 侦查措施与策略教程 [M]. 北京：群众出版社, 2000.

[15] 李锡海. 侦查方法学 [M]. 北京：中国人民公安大学出版社, 1993.

[16] 杨宗辉, 刘为军. 侦查方法论 [M]. 北京：中国检察出版社, 2012.

[17] 陈汉彬, 项琼. 刑事侦查实务 [M]. 广州：暨南大学出版社, 2013.

[18] 任慧华, 赵尔平. 刑事犯罪侦查实务教程 [M]. 北京：中国人民大学出版社, 2013.

[19] 何理. 侦查措施教程 [M]. 北京：警官教育出版社, 1999.

[20] 沈大路. 犯罪现场勘查教程 [M]. 北京：群众出版社, 1998.

[21] 欧焕章. 犯罪现场勘查学教程 [M]. 北京：警官教育出版社, 1999.

[22] 马海舰. 刑事侦查措施 [M]. 北京：法律出版社, 2006.

[23] 陈刚. 信息化侦查教程 [M]. 北京：中国人民公安大学出版社，2012.

[24] 杨宗辉. 刑事案件侦查实务 [M]. 北京：中国检察出版社，2011.

[25] 李增春，陈颖达. 刑事专案侦察学 [M]. 北京：中国发展出版社，1986.

[26] 许昆，姚健，刘鸿吉. 侦查讯问学 [M]. 北京：学苑出版社，2000.

[27] 彭文. 刑事案件侦查 [M]. 北京：警官教育出版社，1995.

[28] 最高人民法院. 人民法院司法警察警务实务 [M]. 北京：人民法院出版社，2015.

[29] 周静茹，金琳. 司法警察实务 [M]. 广州：暨南大学出版社，2011.

[30] 何帆. 刑法注释书 [M]. 北京：中国民主法治出版社，2019.

[31] 中华人民共和国刑事诉讼法 [M]. 北京：中国法制出版社，2018.

[32] 谢盛坚，庄华. 刑事案件侦查实训指导 [M]. 北京：中国人民公安大学出版社，2014.

[33] 张鹏莉. 刑事案件侦查 [M]. 北京：中国政法大学出版社，2019.

[34] 韩胜兵、盛日正. 非接触性诈骗犯罪规律特点及智慧治理模式 [J]. 刑事犯罪对策研究，2018.

[35] 公安部刑侦局. 公安机关刑事案件现场勘验检查规则 [S]. 2015.